이 책을 펴고 있는 그대를 환영합니다.

똑. 똑. 똑
호기심과 질문으로
지식의 문을 힘차게 두드리기를

쿵. 쿵. 쿵
알아가는 즐거움으로
심장이 벅차게 뛰기를

이 책을 펴고 있는 그대를 응원합니다.

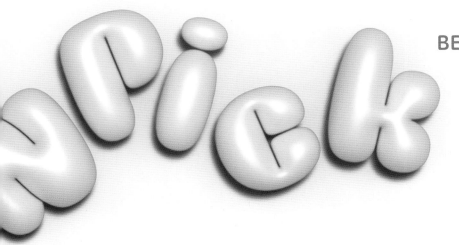

BETTER CONTENT BETTER LIFE

내신 만점을 위한 필수 기본서

중등 **사회**

·1

WRITERS

김희정 치동고 교사
문지영 구포중 교사
유중산 문산중 교사
김 웅 신현고 교사

COPYRIGHT

인쇄일 2024년 11월 11일(1판1쇄)
발행일 2024년 11월 11일

펴낸이 신광수
펴낸곳 (주)미래엔
등록번호 제16-67호

교육개발2실장 김용균
개발책임 김문희 **개발** 김세나, 문지영

디자인실장 손현지
디자인책임 김병석 **디자인** 다섯글자

CS본부장 강윤구
제작책임 강승훈

ISBN 979-11-7311-121-1

내신 만점을 위한 필수 기본서

연픽

중등 **사회**

1·**1**

Mirae N 에듀

엔픽 활용하기

엔픽으로 단계별로 꼼꼼하게
사회 공부를 해요!

개념 학습편

주제 학습

꼼꼼한 정리와
확인 문제로
사회 핵심 개념
완전 정복!

QR 코드를 스캔하면
'핵심 개념 체크 문제'를
확인할 수 있어요.

개념 학습

짧고 간결하게 주제별 1쪽 내용 정리로
구성하여 학습의 집중도를 높였습니다.
• 용어 해설 꼭 알아야 하는 어려운 용어를
  설명하여 개념 이해를 돕습니다.
• 개념 확인 문제 학습한 개념을 제대로 알
  고 있는지 빠르게 확인할 수 있습니다.

꼭 나오는 자료

시험에 꼭 나오는 자료를 엄선하여 이해
하기 쉽게 자료 분석을 하였습니다.

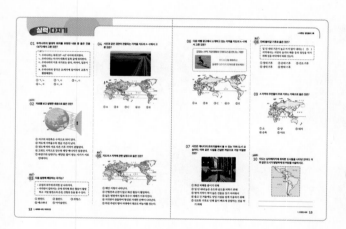

대표 문제로 실력 쌓기

핵심 자료로 구성한 대표 문제로 다시
한 번 개념을 짚어 볼 수 있습니다.

실력 다지기

다양한 유형의 문제를 풀어 보면서 탄탄
하게 실력을 다질 수 있습니다.

대단원 학습

핵심 자료와 문제로
개념 학습
완벽 마무리!

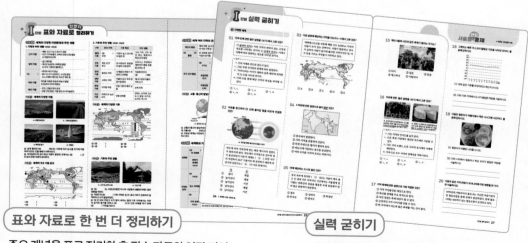

표와 자료로 한 번 더 정리하기

주요 개념을 표로 정리한 후 필수 자료와 연관 지어
확실하게 단원을 마무리할 수 있습니다.

실력 굳히기

다양한 실전 문제로 단단하게 실력을
굳힐 수 있습니다.

시험 대비편

실전 문제로
시험 직전
최종 점검!

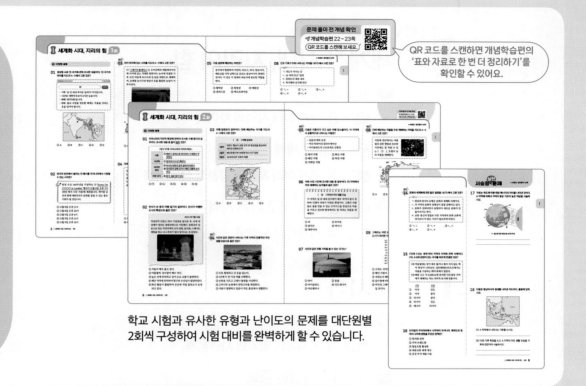

QR 코드를 스캔하면 개념학습편의 '표와 자료로 한 번 더 정리하기'를 확인할 수 있어요.

학교 시험과 유사한 유형과 난이도의 문제를 대단원별 2회씩 구성하여 시험 대비를 완벽하게 할 수 있습니다.

바른답 알찬풀이

엔픽만의
간결하고
명확한 풀이!

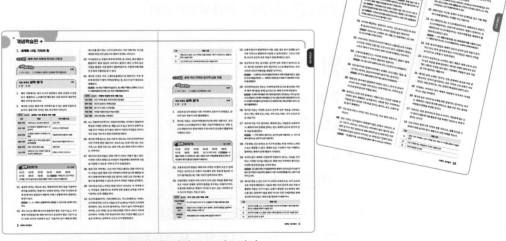

간결하고 명확한 해설, 오답의 이유를 알려 주는 바로잡기, 구체적인 서술형 채점 기준, 핵심 개념을 정리한 엔픽 포인트를 통해 문제 해결력을 키울 수 있습니다.

엔픽 차례 보기

엔픽 과 내 교과서 비교하기

우리 학교 교과서의 쪽수에 해당하는 엔픽의 쪽수를 찾아서 공부해요.

내 교과서 쪽수에 해당하는 엔픽 쪽수를 찾는 방법

① 내가 가지고 있는 교과서의 출판사명과 쪽수를 확인해요.
② 엔픽의 해당 쪽수를 찾아서 공부해요.
  예 미래엔 사회 교과서의 8~11쪽일 경우 엔픽의 10~13쪽을 공부해요.

동아출판	비상교육	아침나라	천재교과서
8~11	10~13	8~13	10~17
12~15	14~17	14~17	18~21
16~19	18~21	18~21	22~25
26~29	28~31	28~33	30~35
30~33	32~37	34~37	36~39
34~37	38~41	38~41	40~43
38~41	42~45	42~45	44~47
48~51	52~55	52~59	52~57
52~55	56~61	60~63	58~61
56~59	62~65	64~67	62~65
66~69	72~75	74~79	70~75
70~73	76~79	80~83	76~79
74~77	80~85	84~87	80~83
84~89	92~95	94~99	88~93
90~93	96~99	100~105	94~97
94~97	100~103	106~109	98~101
104~107	110~113	116~121	106~109
108~111	114~119	122~125	110~113
112~115	120~123	126~129	114~117

I

세계화 시대,
지리의 힘

I. 세계화 시대, 지리의 힘 ❶ 다양한 세계

세계 여러 지역의 차이와 다양성

+ **위도(緯 가로선, 度 정도)**
지구상에서 적도를 기준으로 남쪽 혹은 북쪽으로 얼마나 떨어져 있는지를 나타내는 단위로, 지구를 가로로 나눈 가상의 선이다. 적도(위도 0°)에 가까운 지역은 저위도, 북극(북위 90°)과 남극(남위 90°)에 가까운 지역은 고위도라고 한다.

+ **경도(經 세로선, 度 정도)**
지구상에서 본초 자오선을 기준으로 동쪽 혹은 서쪽으로 얼마나 떨어져 있는지를 나타내는 단위로, 지구를 세로로 나눈 가상의 선이다. 본초 자오선은 영국 런던의 그리니치 천문대를 지나는 세로선이다. 예 영국 런던(경도 0°), 대한민국 서울(동경 135°)

+ **유목(遊 여행하다, 牧 가축을 기르다)**
이곳저곳을 옮겨 다니며 가축을 기르는 일

+ **피오르 해안**
빙하에 깎여 생긴 골짜기에 바닷물이 들어오면서 생긴 좁고 깊은 만

+ **식생(植 식물, 生 살다)**
땅 표면을 뒤덮고 있는 식물 집단의 분포 상태

+ **세계시민**
지구촌 문제가 우리의 문제임을 알고 이를 해결하고자 협력하는 자세를 지닌 사람

1 세계 속 위치 찾기

(1) **위치의 중요성** 지역의 고유한 특성을 파악하기 위해 알아야 할 필요가 있음

(2) **절대적 위치와 상대적 위치**

① **절대적 위치** 변하지 않는 고정된 정보를 표현한 것 예 위도와 경도, 대륙과 해양의 분포 등 자료 ❶

② **상대적 위치** 시대나 상황에 따라 달라지는 정보를 표현한 것 예 주변 국가와의 관계

2 세계의 다양한 지형과 인간 생활

(1) **지형 형성 작용** 지각 운동과 침식·운반·퇴적 과정을 거침

(2) **지형과 인간 생활** 자료 ❷

구분	특징	주민 생활 모습	지역
산지 지형	해발 고도가 높고 경사가 급함	인간 거주에 불리, 유목과 관광 산업 발달 등	히말라야산맥
평야 지형	넓고 평탄함	대규모 농업이나 목축업 발달	그레이트플레인스 (미국)
해안 지형	육지와 바다가 만남	항구 도시 발달, 수산업 발달	베르겐, 피오르 해안(노르웨이)
하천 지형	물줄기가 이어짐	하천을 이용한 운송과 벼농사 발달	메콩강
화산 지형	온천, 간헐천 등이 분포함	관광 산업 발달, 지열 발전	아이슬란드

3 세계의 다양한 기후

(1) **기후의 의미** 어떤 지역에서 오랜 기간 되풀이되는 기온, 강수, 바람 등의 평균 상태

(2) **기후 차이에 영향을 주는 요인** 위도, 해발 고도, 바다와의 거리 등

(3) **세계 기후 지역의 분포와 특징** 자료 ❸

구분	분포 지역	특징	주민 생활 모습
열대 기후	적도 주변	기온이 높고 강수량이 많은 편임	고상 가옥, 고무·팜유 생산, 볶음이나 튀김 요리
건조 기후	위도 23.5° 부근	강수량보다 증발량이 많아 식생이 빈약함	오아시스 주변에서 대추야자 재배, 온몸을 감싸는 옷
온대 기후	중위도 지역	사계절의 변화가 뚜렷하고 온화함	지중해 연안의 올리브, 오렌지, 코르크나무 재배
냉대 기후	고위도 지역	겨울이 길고 추워 침엽수림이 넓게 분포함	캐나다 몬트리올의 지하 도시
한대 기후	극지방 주변	연중 기온이 매우 낮음	순록 유목
고산 기후	저위도의 높은 산지	저위도의 고산 지역은 일 년 내내 기후가 온화함	안데스 산지의 고산 도시 예 보고타, 키토, 쿠스코

1 다음 설명이 맞으면 ○표, 틀리면 ×표를 하시오.

(1) 위도와 경도는 상대적 위치를 표현하는 도구이다. ( )

(2) 산지 지형은 인간 거주에 불리하며, 유목과 관광 산업 등이 발달한다. ( )

2 다음 괄호 안의 내용 중 옳은 것에 ○표를 하시오.

(1) 우리나라는 (북반구, 남반구)의 (저위도, 중위도)에 위치하여 사계절이 뚜렷하다.

(2) (열대 기후, 냉대 기후)는 고위도 지역에 주로 분포하는데, 겨울이 길고 추우며 (사막, 침엽수림)이 발달하였다.

4 세계의 다양성 이해

(1) **생활 모습의 다양성** 서로 다른 자연환경에 적응한 생활 모습이 나타남

(2) **지리적 다양성 존중** 지역의 차이와 다양성(산업, 종교, 언어 등)을 인정하고, 서로 다른 가치관이나 신념을 존중하는 세계시민으로서의 태도를 지녀야 함

꼭 나오는 자료

자료 1 위도와 경도에 따른 지역의 차이

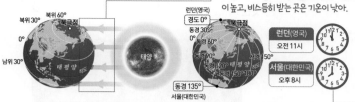

위도별 태양의 집중도 차이를 살펴보면 태양 에너지를 수직으로 받는 곳은 기온이 높고, 비스듬히 받는 곳은 기온이 낮아.

▲ 위도별 태양 에너지의 집중도 차이   ▲ 경도에 따른 지역 간 시차

지구는 둥글기 때문에 위도별로 태양 에너지의 집중도가 달라서 지역마다 기온이 다르게 나타난다. 적도 부근은 일 년 내내 기온이 높고, 극지방으로 갈수록 기온이 낮아진다. 또한, 북반구와 남반구는 계절이 반대로 나타난다. 경도에 따라서는 시간이 달라지는데, 경도 0°에 위치한 영국을 기준으로 동쪽으로 15°마다 1시간씩 빨라지고, 서쪽으로 15°마다 1시간씩 느려진다. 우리나라의 표준 경선은 동경 135°로 경도 0°인 영국보다 9시간이 빨라.

자료 2 세계의 다양한 지형과 인간 생활

▲ 네팔의 히말라야산맥(산지 지형)
└ 세계에서 가장 높은 산맥이야.

▲ 미국의 그레이트플레인스(평야 지형)
넓은 평원에서는 밀, 옥수수 등을 대규모로 재배해.

▲ 노르웨이의 베르겐(해안 지형)

▲ 아이슬란드의 간헐천(화산 지형)

지형은 지표의 생김새, 즉 땅의 형태를 말한다. 세계 각 지역에는 산지, 평야, 하천, 해안 등 다양한 지형이 분포하며, 지형에 따라 사람들의 생활양식도 달라진다.
간헐천은 언제 솟아 오를지 모르는 뜨거운 온천을 말해.

자료 3 세계의 기후 지역

세계의 기후는 적도(0°)를 기준으로 극지방으로 가면서 대체로 열대·건조·온대·냉대·한대 기후의 순으로 나타나.

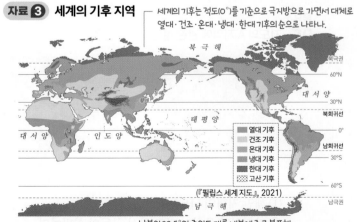

범례
열대 기후
건조 기후
온대 기후
냉대 기후
한대 기후
고산 기후

『필립스 세계 지도』, 2021

└ 남북위 23.5°와 중위도 대륙 내부에 주로 분포해.

세계의 기후 지역은 열대·건조·온대·냉대·한대·고산 기후 등으로 구분할 수 있다. 기후 특성에 따라 식생 분포가 달라지며, 주민 생활 모습도 다르게 나타난다. 기후가 온화한 지역에는 거주하는 주민이 많지만, 지나치게 춥거나 건조한 지역에는 거주하는 주민이 적은 편이다.

≫ 세계의 다양한 지형 선택지 하나 더

1 세계의 다양한 지형과 각 지형의 특징으로 옳은 것은?

	지형	생활 모습	지역
①	산지 지형	대규모 농업	메콩강
②	산지 지형	항구 도시 발달	안데스산맥
③	평야 지형	온천 발달	피오르 해안
④	평야 지형	인간 거주에 불리	그레이트 플레인스
⑤	해안 지형	수산업 발달	베르겐
⑥	하천 지형	지열 발전	아이슬란드
⑦	화산 지형	벼농사 발달	아마존강

이것만은 꼭 기억하자! 해안 지역은 항구를 통해 다른 지역과의 교류에 유리하고, 수산업이 발달하였어.
◁ 12쪽 04번, 24쪽 03번 문제도 풀어 보자!

≫ 세계의 기후 지역

2 사진과 같은 경관을 볼 수 있는 지역을 지도의 A ~ E 에서 고른 것은?

① A   ② B   ③ C   ④ D   ⑤ E

이것만은 꼭 기억하자! 열대 기후 지역은 일 년 내내 기온이 높고 강수량이 많아서 울창한 열대 우림을 볼 수 있어.
◁ 13쪽 06번, 25쪽 06번 문제도 풀어 보자!

01 우리나라의 절대적 위치를 표현한 내용 중 옳은 것을 〈보기〉에서 고른 것은?

> ┤ 보기 ├
> ㄱ. 우리나라는 북위 33°~ 43° 사이에 위치한다.
> ㄴ. 우리나라는 아시아 대륙의 동쪽 끝에 위치한다.
> ㄷ. 우리나라의 이웃 국가로는 중국, 러시아, 일본이 있다.
> ㄹ. 우리나라와 중국은 21세기에 들어와서 교류가 활발해졌다.

① ㄱ, ㄴ   ② ㄱ, ㄷ   ③ ㄴ, ㄷ
④ ㄴ, ㄹ   ⑤ ㄷ, ㄹ

고난도
02 자료를 보고 설명한 내용으로 옳은 것은?

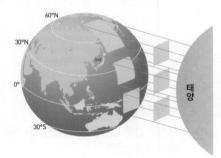

① 지구의 자전축은 수직으로 되어 있다.
② 적도에 가까울수록 평균 기온이 낮다.
③ 경도에 따라 서로 다른 기후 지역이 관찰된다.
④ 고위도 지역으로 갈수록 태양 에너지가 집중된다.
⑤ 북반구와 남반구는 태양을 많이 받는 시기가 서로 반대이다.

중요
03 다음 설명에 해당하는 국가는?

> • 유럽의 북부에 위치한 섬 나라이다.
> • 지각판이 갈라지는 곳에 위치해 화산 활동이 활발하고 지열 발전소와 온천, 간헐천 등을 볼 수 있다.

① 핀란드   ② 폴란드   ③ 프랑스
④ 에스파냐   ⑤ 아이슬란드

04 사진과 같은 경관이 관찰되는 지역을 지도의 A~E에서 고른 것은?

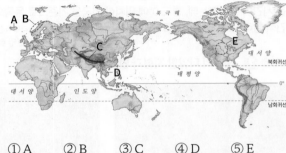

① A   ② B   ③ C   ④ D   ⑤ E

중요
05 지도의 A 지역에 관한 설명으로 옳은 것은?

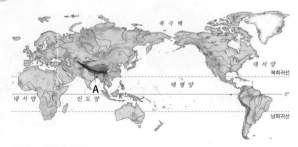

① 해안 지형이 나타난다.
② 간헐천과 온천이 많고 화산 활동이 활발하다.
③ 넓은 평원에서 밀과 옥수수 재배가 이루어진다.
④ 지각판이 충돌하여 형성된 거대한 산맥이 나타난다.
⑤ 하천 주변의 평야 지대에서 대규모 벼농사를 짓는다.

06 다음 여행 광고에서 소개하고 있는 지역을 지도의 A~E에서 고른 것은?

끝없는 사막 가운데에서 오아시스를 만나는 기쁨!

샌드보딩을 체험하고
달콤한 대추야자 디저트를 맛보세요!

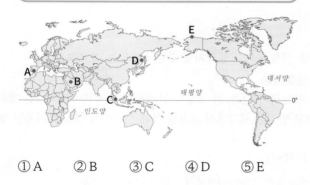

① A　　② B　　③ C　　④ D　　⑤ E

08 ㉠에 들어갈 기후로 옳은 것은?

일 년 내내 기온이 높고 비가 많이 내리는 (㉠) 지역에서는 지면의 습기와 해충 등의 침입을 막기 위해 집을 바닥에서 띄워 짓는다.

① 열대 기후　　② 온대 기후　　③ 건조 기후
④ 냉대 기후　　⑤ 한대 기후

09 A 지역의 주민들이 주로 기르는 가축으로 옳은 것은?

① 소　　　　　② 양　　　　　③ 돼지
④ 순록　　　　⑤ 야크

07 사진은 캐나다의 몬트리올에서 볼 수 있는 '지하 도시' 모습이다. 이와 같은 시설을 건설한 까닭으로 가장 적절한 것은?

① 화산 피해를 줄이기 위해
② 일 년 내내 높은 온도와 습도를 피하기 위해
③ 평야 지역이 적어 넓은 건물을 짓기 어려워서
④ 춥고 긴 겨울에도 상업 시설을 쉽게 이용하기 위해
⑤ 건조한 기후로 인해 물이 빠르게 증발하는 것을 막기 위해

10 지도는 남아메리카에 위치한 도시들을 나타낸 것이다. 이와 같은 도시가 발달하게 된 까닭을 서술하시오.

세계 여러 지역의 공간적 상호 작용

이 주제의 학습 목표
세계 여러 지역이 서로 연결되어 있으며, 다양한 규모에서 서로 상호 작용하고 있음을 알아 두자.

＋시공간 압축
서로 멀리 떨어져 있는 나라 혹은 도시까지 점점 더 빨리 연결되고 도착할 수 있게 되는 것을 의미한다.

＋상호 작용
둘 이상의 대상(개인, 지역, 국가)이 서로 영향을 주고받는 것으로 물건, 사람, 서비스, 정보 등의 이동(흐름)으로 이루어진다.

＋생활권(生 태어나다, 活 살아가다, 圈 범위)
출퇴근, 통학, 쇼핑, 여가 등의 일상생활을 같이하는 범위

＋초국적 기업(超 뛰어넘다, 國 나라, 籍 기록, 企 꾀하다, 業 일)
국적에 상관없이 여러 나라를 자유롭게 넘나들며 경제활동을 하는 기업

1 교통·통신의 발달과 지역의 연결

(1) 교통·통신의 발달 자료❶

교통의 발달	교통수단의 발달로 이동에 필요한 시간 감소 → ＋시공간 압축
통신의 발달	정보 통신 기술의 발달로 공간적 제약 감소 → 사회 관계망 서비스(SNS)나 동영상 공유 플랫폼 등을 통해 실시간 소통과 정보 공유

(2) 공간적 ＋상호 작용의 확대와 지역의 연결 서로 떨어진 지역끼리 사람, 상품과 서비스, 정보 등의 이동과 소통이 활발해짐

2 공간적 상호 작용

(1) 네트워크 장소, 사람, 시설 등이 그물망처럼 연결되어 있는 것 자료❷

(2) 다양한 규모에서의 상호 작용
① 공간적 규모(Scale) 지역, 국가, 대륙, 전 세계 등 공간적 상호 작용이 일어나는 범위
② 상호 작용 네트워크로 연결된 세계에서 교류를 통해 서로에게 영향을 미치는 것을 말함
③ 공간적 규모에 따른 상호 작용

지역 규모	주변 지역과 같이 ＋생활권 규모에서 이루어지는 상호 작용
국가 규모	국가 내에서 지역과 지역 간에 이루어지는 상호 작용
세계 규모	국가 간에 이루어지는 세계 규모의 상호 작용

(3) 일상생활 속 공간적 상호 작용 일상적으로 소비하는 옷이나 음식도 세계 여러 나라에서 재료가 조달되고 생산된 것임

3 공간적 상호 작용과 연결된 세계에 대한 인식

(1) 세계적 규모의 상호 작용 사례

개인의 활동		해외 여행, 실시간 스포츠 경기 중계 시청, 해외 상품의 직접 구매 등
초국적 기업의 활동		전 세계에 걸쳐 연구 개발·생산·판매 활동을 하는 기업이 증가함
국가 간의 활동	자유무역협정 (FTA)	두 나라 이상이 모여 국가 간 활발한 무역을 위해 무역과 관련된 세금이나 규제를 축소하거나 폐지하는 것
	유럽연합 (EU)	유럽에 있는 여러 국가들이 모여 국가 간 자유로운 이동과 유럽의 경제적·정치적 통합을 실현하기 위해 결성함 자료❸
	국제연합 (UN)	세계 평화와 안전 보장을 위해 설립한 국제기구로, 2024년 현재 193개국이 가입되어 있음

(2) 국가적·지역적 규모의 공간적 상호 작용 사례 지역 축제 방문, 애플리케이션을 통한 상품 구매 및 배송 등

(3) 연결된 세계에 대한 인식
① 세계의 모든 구성원이 서로 이해하고 협력하는 데에 중요한 역할을 함
② 공간적 상호 작용을 통해 지역, 국가, 세계가 서로 연결되어 있다는 것을 인식해야 함 ⓓ 아시아 국가에서 아보카도를 즐겨 먹음 → 멕시코에 아보카도 농장이 증가함 → 지역의 일자리와 소득이 늘었으나, 환경 오염 문제가 발생함
③ 전 지구적 문제(기후변화, 빈곤 문제 등)에 함께 대응하고 노력해야 함

개념 확인 문제

● 바른답·알찬풀이 3쪽

1 다음 설명이 맞으면 ○표, 틀리면 ×표를 하시오.
(1) 교통의 발달로 먼 거리도 빠르게 이동할 수 있게 되었다. (   )
(2) 개인은 세계적 규모의 상호 작용을 할 수 없다. (   )

2 다음 괄호 안의 내용 중 옳은 것에 ○표를 하시오.
(1) (교통, 통신)의 발달로 사회 관계망 서비스(SNS) 등을 통해 실시간 소통과 정보 공유가 가능해졌다.
(2) 장소, 사람, 시설 등이 그물망처럼 연결된 (네트워크, 지역 사회)가 점점 넓어지면서 다양한 (규모, 시간)의 상호 작용이 확대되고 있다.

꼭 나오는 자료

자료 ❶ 교통과 통신의 발달

2005년 약 24시간

1960년 약 636시간

오늘날 실시간

▲ 영국과 오스트레일리아의 연결에 걸리는 시간

통신의 발달은 전 세계 어디에서나 실시간 소통이 가능하게 만들었어.

▲ 온라인에서 실시간 합주를 즐기는 모습

도로, 철도, 항공 등의 교통수단이 발달하고 세계가 하나의 통신망으로 연결되면서 다른 지역으로의 여행, 교역에 걸리는 시간이 단축되었을 뿐만 아니라 실시간 소통도 가능해졌다.
└ 영국 런던에서 오스트레일리아 시드니까지는 15,000 km 이상 떨어져 있지만, 교통의 발달로 이동에 걸리는 시간이 엄청나게 축소되었어.

자료 ❷ 네트워크로 연결된 세계

국가 간 통신을 위해 바다 밑에 설치한 통신망이야. 해저 케이블의 트래픽은 케이블을 통해 이동하는 정보의 양을 나타낸 것이야.

대서양

인도양

태평양

← 해저 케이블 트래픽 양

(디르케 세계 지도, 2023)

▲ 세계 해저 케이블 네트워크

인터넷을 빠르고 편리하게 이용할 수 있게 된 것은 해저 케이블 때문이야.

세계 각국에는 초고속 정보 통신망과 국가 및 대륙을 연결하는 세계 해저 케이블 네트워크가 구축되어 있다. 인터넷에 업로드된 정보는 국내 통신망을 거쳐 해저 케이블을 통해 순식간에 전 세계로 퍼져 나간다. 최근 해저 케이블로 오가는 정보의 양이 점점 더 많아지고 있는 추세이다.

자료 ❸ 유럽연합(EU) 가입국 간의 상호 작용

유럽연합은 회원국 공동의 경제적·정치적 통합을 목적으로 만들어졌고 활발한 상호 작용이 이루어지고 있어.

유럽연합 가입 시기
- 1958년
- 1973~2017년
- 후보국
- 비가입국
- 탈퇴국

(유럽연합, 2024)

유럽연합(EU)에 가입한 유럽 국가의 주민들은 회원국 어디든지 자유롭게 이동하여 물건을 사고팔 수 있어요.

북해

네덜란드

독일

▲ 유럽연합 가입국과 회원국 간 상호 작용

유럽연합은 회원국 내의 자유로운 이동과 경제적·정치적 통합을 통해 공동의 발전을 이루기 위해 만들어진 국제기구이다. 특히, 유럽 의회 의원을 공동 선출하고, 같은 화폐(유로화)를 사용하면서 가장 활발하게 국가 간 상호 작용이 이루어지고 있다.
└ 유럽연합에 가입된 대부분의 나라에서는 유로(EURO)를 사용하고 있어.

핵심 개념 체크 문제
QR 코드를 스캔해 보세요.

대표 문제로 실력 쌓기
● 바른답·알찬풀이 3쪽

>> **교통·통신의 발달과 지역의 연결**

1 다음과 같은 상호 작용이 일어나게 된 배경으로 가장 적절한 것은?

- 멀리 떨어진 나라에 사는 친구와 실시간으로 소통하고 취미를 공유할 수 있게 되었다.
- 해외에서 판매되고 있는 상품을 애플리케이션을 활용하여 손쉽게 직접 구매할 수 있게 되었다.

① 기후변화
② 물가 상승
③ 국제 분쟁 증가
④ 교통과 통신의 발달
⑤ 초국적 기업의 활동 감소

이것만은 꼭 기억하자! 오늘날 지역 간의 공간적 상호 작용은 도로·철도·항공 교통의 발달과 정보 통신 기술의 발달에 따라 더욱 확대되고 있어.
◁ 16쪽 03번, 26쪽 11번 문제도 풀어 보자!

>> **세계적 규모의 공간적 상호 작용** 선택지 하나 더

2 다음 자료의 ㉠에 들어갈 말로 알맞은 것은?

(㉠)을/를 체결한 우리나라와 오스트레일리아는 활발하게 무역을 하고 있다. (㉠)은/는 국가 간에 상품, 서비스 등을 자유롭게 사고팔기 위해 두 국가 간에 맺는 국제 협정이다.

대한민국
철광석
자동차
오스트레일리아
0 1,000 km

① 평화 협정
② 군사 협정
③ 자유무역협정
④ 기후변화 협정
⑤ 자유 이동 협정
⑥ 해저 케이블 설치 협정

이것만은 꼭 기억하자! 세계적 규모의 공간적 상호 작용의 사례에는 자유무역협정, 유럽연합, 국제연합 등이 있어.
◁ 16쪽 04번, 26쪽 12번 문제도 풀어 보자!

실력 다지기

01 그림과 같이 멀리 떨어진 지역 간의 연결이 점점 빨라지는 현상을 의미하는 말은?

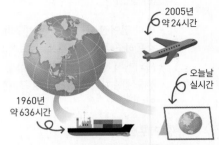

▲ 영국과 오스트레일리아의 연결에 걸리는 시간

① 도시화
② 블록화
③ 지역화 전략
④ 시공간 압축
⑤ 공간적 상호 작용

02 ㉠에 들어갈 국제기구의 명칭으로 옳은 것은?

(㉠)에 가입한 유럽 국가의 주민들은 회원국 어디든지 자유롭게 이동하여 물건을 사고팔 수 있어요.

① 국제연합
② 유럽연합
③ 세계은행
④ 자유무역협정
⑤ 기후변화 협약

중요✦
03 교통과 통신의 발달로 세계에 나타난 변화가 아닌 것은?
① 먼 곳으로의 여행이 편리해졌다.
② 공간적 상호 작용의 규모가 축소되었다.
③ 다른 나라 사람들과 실시간 소통이 가능해졌다.
④ 같은 취미를 공유하는 사람들끼리 온라인에서 만날 수 있다.
⑤ 해외의 온라인 쇼핑몰에서 판매되는 상품을 직접 구매할 수 있게 되었다.

고난도
04 다음은 서울에 사는 영우의 아침 식단이다. 이를 토대로 분석한 내용 중 옳은 것을 〈보기〉에서 고른 것은?

오늘의 아침 식단과 생산지

음식	주요 재료	생산지
식빵	밀	오스트레일리아
샐러드	아보카도	페루
삶은 달걀	달걀	경기도 포천시
오렌지주스	오렌지	미국 플로리다

┤ 보기 ├
ㄱ. 오렌지의 이동 거리는 달걀보다 짧다.
ㄴ. 공간적 상호 작용의 증가로 식단이 단순해지고 있다.
ㄷ. 일상생활에서도 다양한 규모의 상호 작용이 일어난다.
ㄹ. 밀의 생산지는 우리나라와 자유무역협정을 맺어 상호 작용이 활발한 국가이다.

① ㄱ, ㄴ
② ㄱ, ㄷ
③ ㄱ, ㄹ
④ ㄴ, ㄹ
⑤ ㄷ, ㄹ

05 지도는 세계의 해저 케이블 네트워크를 나타낸 것이다. 이에 관한 설명으로 옳은 것은?

⟵ 해저 케이블 트래픽 양

(디르케 세계 지도, 2023)

① 해저 케이블은 대륙 내부에 설치되어 있다.
② 정보의 이동에는 하루 정도의 시간이 걸린다.
③ 해저 케이블은 국내 초고속 정보 통신망에 접속된다.
④ 최근 해저 케이블로 오가는 정보의 양은 점점 줄어들고 있다.
⑤ 해저 케이블이 설치된 이후 사회 관계망 서비스(SNS)는 운영이 종료되었다.

06 다음은 수민이의 취미 생활에 관한 내용이다. (가)~(다) 의 상호 작용을 공간적 규모가 큰 순서대로 나열한 것은?

> (가) 주말에는 다른 나라 사람들과 온라인에서 모여 연주회를 해요.
> (나) 평소에는 방과후에 구청에서 운영하는 음악 프로그램에 참여해요.
> (다) 다음 달에는 고속 열차를 타고 다른 지역에 가서 공연을 할 예정이에요.

① (가) > (나) > (다)
② (가) > (다) > (나)
③ (나) > (가) > (다)
④ (나) > (다) > (가)
⑤ (다) > (나) > (가)

중요✨
07 세계 규모의 공간적 상호 작용으로 옳은 것을 〈보기〉에서 고른 것은?

> ┤ 보기 ├
> ㄱ. 학급 친구들과 모여 책을 읽는다.
> ㄴ. 프랑스에서 열리는 스포츠 경기 대회를 실시간으로 시청한다.
> ㄷ. 인터넷 지도 서비스에 접속하여 미국 여행 시 이동 경로를 조사한다.
> ㄹ. 주변 도시에서 열리는 지역 축제에 방문하여 지역 특산물을 구매한다.

① ㄱ, ㄴ
② ㄱ, ㄷ
③ ㄴ, ㄷ
④ ㄴ, ㄹ
⑤ ㄷ, ㄹ

08 세계와 연결되어 있음을 인식하는 것이 중요한 까닭으로 적절하지 않은 것은?

① 우리의 삶이 세계와 긴밀하게 연결되어 있기 때문이다.
② 다른 지역의 삶의 모습을 이해하고 교류하기 위해서이다.
③ 다양한 규모의 공간적 상호 작용이 일어나고 있기 때문이다.
④ 우리가 살고 있는 지역의 모습을 제대로 이해하기 위해서이다.
⑤ 전 지구적 문제는 특정 지역의 노력만으로도 해결할 수 있기 때문이다.

09 ㉠에 관한 설명으로 옳지 않은 것은?

> 연어와 고등어를 중심으로 한 ㉠노르웨이 수산물이 인기를 얻으면서 수입이 증가하고 있다. 청정한 바다에서 잡은 수산물을 위생적으로 처리한다는 인식이 확산되면서 노르웨이산 수산물을 우리의 식탁에서 쉽게 볼 수 있게 되었다.

① 세계적 규모의 공간적 상호 작용에 해당한다.
② 우리의 소비는 다른 국가에 영향을 주지 않는다.
③ 냉장 및 냉동 관련 운송 기술 발달로 가능해졌다.
④ 노르웨이의 연어 양식 관련 기술이 발달할 것이다.
⑤ 항공기로 운송하는 과정에서 온실가스 배출이 많아질 수 있다.

서술형
10 다음 신문 기사를 보고 물음에 답하시오.

> **○○일보** 　　　　　　　　　　　2023. 8. 31.
>
> **세계에서 가장 붐비는 하늘길**
>
> 전 세계 항공 노선은 국제선과 국내선을 통틀어 5만여 개에 이른다. 그 가운데 우리나라의 서울과 제주를 잇는 항공 노선은 세계에서 이용객이 많은 것으로 유명하다.

순위	국가/노선	좌석 수
1위	대한민국 서울~제주	110만 359개
2위	일본 도쿄~삿포로	107만 6,317개
3위	베트남 하노이~호찌민	97만 7,591개
4위	일본 도쿄~후쿠오카	94만 4,938개
5위	오스트레일리아 시드니~멜버른	81만 1,441개

*2023년 8월 기준 좌석 수임. 　　　　(영국 항공 정보 업체(OGA), 2023)

▲ 세계에서 이용객이 많은 항공 노선 순위

(1) 자료에서 1위~5위 항공 노선 운항은 어떤 공간적 규모에 해당하는지 쓰시오.

＿＿＿＿＿＿＿＿＿＿＿＿＿＿＿＿＿＿＿＿＿

(2) 밑줄 친 두 지역 간에 공간적 상호 작용이 활발한 까닭을 한 가지만 서술하시오.

＿＿＿＿＿＿＿＿＿＿＿＿＿＿＿＿＿＿＿＿＿

세계화와 지역화

＋ 세계무역기구(WTO)
세계 모든 나라의 자유로운 무역을 통한 경제 발전을 목적으로 하는 국제기구로 1995년에 출범하였다.

＋ 문화 융합(文 글씨, 化 되다, 融 화합하다, 合 합치다)
여러 문화가 만나 교류하면서 새로운 문화가 만들어지는 것을 말한다.

＋ 문화 갈등(文 글씨, 化 되다, 葛 칡나무, 藤 등나무)
여러 문화가 한 지역에서 만났을 때 서로를 이해하지 못하고 갈등을 일으키는 것을 의미한다.

＋ 협동조합
뜻을 같이 하는 사람들이 모여 경제적 발전을 위해 함께 힘을 합친 집단

1 세계화의 의미와 배경

(1) **세계화의 의미** 정치, 경제, 사회, 문화 등의 모든 분야에서 세계가 하나의 공동체로 통합되는 현상을 말함 → 세계화로 국가 간의 상호 의존성이 높아지게 됨

(2) **세계화의 배경** 교통·통신의 발달, ＋세계무역기구(WTO)의 출범, 초국적 기업 등장

2 세계화의 유형과 영향

경제의 세계화 **자료 ❶**	의미	상품, 서비스, 자본, 노동력 등을 활발하게 교류하면서 세계가 하나의 시장으로 통합되는 현상
	긍정적 영향	지역의 소득과 일자리 증가, 전 세계를 대상으로 상품을 쉽게 생산·판매·구입할 수 있게 됨
	부정적 영향	지역 간 경쟁과 경제적 격차 심화
문화의 세계화	의미	세계의 다양한 문화가 서로 교류하는 현상
	긍정적 영향	세계 각국의 다양한 문화를 일상에서 쉽게 접할 수 있으며 ＋문화 융합과 창조가 일어남
	부정적 영향	전통문화가 소멸되거나 정체성이 훼손되기도 하고, ＋문화 갈등이 일어나기도 함

3 지역의 변화와 지역화 전략

(1) **지역화** 각 지역이 고유성을 살리고 성장 잠재력을 길러 세계적인 차원에서 고유한 가치를 지니게 되는 현상

(2) **지역화 전략**

① **의미** 세계화에 대응하기 위해 경제적·문화적 측면에서 다른 지역과 차별화할 수 있는 계획을 마련하는 것

② **다양한 지역화 전략**

종류	특징	사례
지리적 표시제 **자료 ❷**	지역의 지리적 특성을 반영한 우수한 상품이 그 지역에서 생산·가공되었음을 증명하고 표시하는 제도	아이다호 감자(미국), 다르질링 차(인도), 콜롬비안 커피(콜롬비아)
장소 마케팅	지역의 특정 장소를 하나의 상품으로 인식하고, 매력적으로 보일 수 있도록 이미지와 시설 등을 개발하는 전략	빅벤(영국 런던), 호미곶(대한민국 포항)
지역 브랜드	지역을 브랜드로 인식시켜, 지역 이미지를 높이고 지역의 경제를 활성화하는 전략	I♥NY (미국 뉴욕)
지역 축제 **자료 ❸**	지역의 자연환경과 역사, 특산물 등을 소재로 매력적인 지역 이미지를 만들고 지역을 홍보하기 위한 전략	옥토버페스트(독일), 송크란(타이), 리우 카니발(브라질)

4 지역의 미래

(1) **자율성과 독립성 강화** 국가의 권한과 기능이 지방으로 분산되어 지역의 문제를 스스로 해결해 나감 ⑩ ＋협동조합 마을인 이탈리아의 볼로냐, 체계적인 교통 시스템을 도입한 브라질의 쿠리치바

(2) **역동적인 상호 작용** 세계의 변화는 지역에 영향을 주고 지역의 변화는 세계에 영향을 주며 서로 상호 작용함

개념 확인 문제

● 바른답·알찬풀이 4쪽

1 다음 설명이 맞으면 ○표, 틀리면 ×표를 하시오.

(1) 세계는 점점 하나의 공동체로 모두 통합되어 가고 있다. (   )

(2) 경제의 세계화로 지역 간의 경제적 격차가 줄어들고 있다. (   )

2 다음 괄호 안의 내용 중 옳은 것에 ○표를 하시오.

(1) (지리적 표시제, 지역 브랜드)를 통해 지리적 특성을 반영한 우수한 상품에 지역 이름을 사용할 수 있다.

(2) 타이의 대표적인 지역 축제인 (송크란, 옥토버페스트)은/는 자연환경 특성을 활용하여 지역의 이미지를 만들었다.

꼭 나오는 자료

자료 ❶ 경제의 세계화

세계화로 우리는 세계 여러 지역에서 생산된 제품을 일상생활에서 쉽게 접하고 있어.

S 스마트폰
• 본사: 대한민국
• 생산지: 베트남

A 의류
• 본사: 독일
• 생산지: 인도네시아

A 신발
• 본사: 일본
• 생산지: 인도네시아

L 노트북
• 본사: 중국
• 생산지: 브라질

▲ 세계 여러 지역에서 생산된 제품들

경제의 세계화가 진행되면서 본사와 연구소, 생산 공장, 판매 대리점 등이 여러 나라에 걸쳐 있는 초국적 기업의 활동이 활발해지고 있다. 이러한 기업들은 생산과 판매의 효율성을 높이기 위해 국제적 분업을 활용한다.

└ 연구 개발과 생산, 판매 기능을 각각 다른 나라에서 맡는 방식이야.

자료 ❷ 지리적 표시제

┌ 프랑스 노르망디에 있는 카망베르 마을에서 유래한 치즈야.

프랑스
카망베르 드 노르망디(치즈)

미국
아이다호 감자

에스파냐
아세이테 델 바호
아라곤(올리브유)

인도
다르질링(차)

콜롬비아
콜롬비안(커피)

대 서 양

태 평 양

인 도 양

0°

지리적 특성과 관련이 있는 상품에 생산지 이름을 상표로 사용하는 제도야.

▲ 세계의 지리적 표시제 상품

지리적 표시제는 어떤 지역의 지리적 특성을 반영한 우수한 상품이 그 지역에서 생산·가공되었음을 증명하고 표시하는 제도로, 대표적인 지역화 전략 중 하나이다. 우리나라의 지리적 표시제 상품으로는 제주 감귤, 보성 녹차 등이 있다.

자료 ❸ 세계의 다양한 지역 축제

┌ 우기가 시작되는 것을 기념하여 매년 4월에 열리는 물 축제야.

▲ 옥토버페스트(독일)
└ 풍요로운 가을에 추수의 기쁨을 나누는 유명한 맥주 축제야.

▲ 송크란 축제(타이)

▲ 베네치아 카니발(이탈리아 베네치아)

▲ 백야 축제(러시아 상트페테르부르크)

세계 각지에서 지역의 특성을 살려 열리는 지역 축제는 지역 관광 산업의 발달과 지역 경제 활성화에 큰 영향을 미치는 지역화 전략이다.

└ 고위도 지역에서 밤에도 해가 지지 않는 현상이야.

대표 문제로 **실력 쌓기**
● 바른답·알찬풀이 4쪽

>> 세계화의 영향 [선택지 하나 더]

1 다음 글의 ㉠과 같은 현상에 따라 나타나는 변화로 적절하지 **않은** 것은?

> 재즈는 20세기 초 미국 남부에서 유럽의 악기, 아프리카의 리듬, 아프리카계 미국인의 감성이 융합되어 탄생한 음악 장르로 오늘날 전 세계적으로 널리 연주된다. ㉠ 문화의 세계화가 진행되면서 이러한 현상은 더욱 자주 나타날 것으로 예상된다.

① 지역의 경제적 경쟁 감소
② 전 세계의 다양한 문화 교류
③ 문화 융합으로 새로운 문화 등장
④ 문화 갈등 증가로 분쟁의 위험 상승
⑤ 지역의 전통문화 소멸 및 정체성 훼손
⑥ 일상생활에서 누릴 수 있는 다양한 문화 증가

> **이것만은 꼭 기억하자!** 문화의 세계화가 진행되면서 우리의 삶은 더욱 풍요로워졌지만, 각 지역의 전통문화가 사라지고 세계의 문화가 비슷해지는 문제가 발생하기도 해.
> ✈ 20쪽 04번, 26쪽 14번 문제도 풀어 보자!

>> 지역화 전략

2 다음과 같은 사례가 해당하는 지역화 전략으로 가장 적절한 것은?

상징	지역
I ♥ NY	미국 뉴욕
all ways INCHEON	대한민국 인천
C OPEN HAGEN	덴마크 코펜하겐

① 장소 마케팅
② 지역 브랜드
③ 지역 축제 홍보
④ 슬로 시티 지정
⑤ 지리적 표시제 상품

> **이것만은 꼭 기억하자!** 지역화 전략에는 지리적 표시제, 지역 축제, 장소 마케팅, 지역 브랜드 만들기 등이 있어.
> ✈ 20쪽 05번, 27쪽 16번 문제도 풀어 보자!

중요✦
01 세계화에 따른 변화로 가장 적절한 것은?

① 국경의 의미가 강화되었다.
② 자급자족하는 공동체가 증가하였다.
③ 해외 이주와 문화 교류가 감소하였다.
④ 국제 사회에서 지역이 경제적·사회적 주체로 등장하였다.
⑤ 지역의 관광 명소, 축제, 자연 경관 등을 알릴 기회가 줄어들었다.

고난도
02 자료의 ㉠~㉣에 관한 설명으로 옳은 것은?

(M사, 2023)   ▨ M사 매장이 있는 국가

패스트푸드 기업인 M사는 미국에서 1955년에 첫 매장을 개장한 이래, ㉠ 세계 여러 지역으로 진출하여 ㉡ 120여 나라에 3만 8천여 개의 매장을 가진 세계적 규모의 기업으로 성장하였다. 최근 이 기업은 ㉢ 각 지역의 특성에 맞는 메뉴를 개발하여 지역 특화 상품을 판매하기도 한다. 각국에서 판매되는 이 기업의 햄버거 가격을 달러로 환산한 ㉣ □□ 지수는 세계 여러 국가의 물가 수준을 비교할 때 활용된다.

① ㉠ - 진출 국가 수는 유럽보다 아프리카가 더 많다.
② ㉡ - M사는 초국적 기업으로 볼 수 없다.
③ ㉢ - 문화 갈등이 나타나고 있다.
④ ㉢ - 대표적인 사례로 '불고기 버거'가 있다.
⑤ ㉣ - 지역화 전략의 사례이다.

03 다음 설명에 해당하는 국제기구는?

> • 세계의 자유로운 무역을 통한 경제 발전을 목적으로 한다.
> • 이 국제기구가 1995년에 출범한 이후 경제의 세계화가 빠르게 진행되었다.

① 국제연합(UN)
② 유럽연합(EU)
③ 세계무역기구(WTO)
④ 세계보건기구(WHO)
⑤ 미국·멕시코·캐나다 협정(USMCA)

04 문화의 세계화 사례로 적절하지 <u>않은</u> 것은?

① 미국 할리우드 영화는 전 세계에서 동시에 개봉한다.
② 미국의 상황에 따라 전 세계의 주식 시장이 영향을 받는다.
③ 유럽과 아프리카의 악기와 감성이 결합하여 재즈가 탄생하였다.
④ 이탈리아 음식인 피자가 미국을 거쳐 다양한 형태로 세계에 전파되었다.
⑤ 미국에서 시작된 힙합 문화가 전 세계로 전파되면서 음악과 패션에 영향을 주었다.

중요✦
05 ㉠에 들어갈 내용으로 가장 적절한 것은?

> 〈사회 탐구 주제: (㉠)의 사례〉
> 독일의 베를린은 'be Berlin'이라는 슬로건을 사용한다. '베를린이기에, 베를린 사람이기에 자랑스러워하라.'는 의미를 담은 말로, 사람들에게 베를린의 긍정적인 이미지를 심어 주고 있다.

① 지역 축제　　　　② 장소 마케팅
③ 현지화 전략　　　④ 지역 브랜드
⑤ 지리적 표시제

06 다음은 텔레비전 프로그램에서 소개된 지역 축제 모습이다. 이 지역을 지도의 A~E에서 고른 것은?

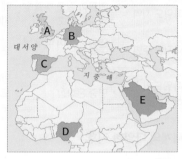

① A   ② B   ③ C   ④ D   ⑤ E

07 다음 내용과 관련이 있는 도시는?

> • 1950년대만 해도 남아메리카의 가난한 작은 도시였지만, 체계적인 교통 시스템을 도입하여 친환경 도시로 거듭났다.
> • 이 도시에서 시작된 버스 전용 차로는 우리나라를 비롯해 콜롬비아, 에콰도르 등에 도입되었다.

① 미국 뉴욕   ② 영국 런던
③ 일본 도쿄   ④ 이탈리아 볼로냐
⑤ 브라질 쿠리치바

08 독특한 맛과 향으로 세계적으로 유명한 '카망베르 치즈'를 생산하는 나라는?

① 인도   ② 미국   ③ 프랑스
④ 이탈리아   ⑤ 콜롬비아

중요✦
09 다음은 ○○ 회사가 각 국가에서 판매한 독특한 햄버거들이다. 사진을 보고 탐구할 주제로 가장 적절한 것은?

〈사우디아라비아〉   〈필리핀〉

▲ 전통 빵인 난으로 만든 버거   ▲ 구운 밥으로 만든 버거

① 교통 발달에 따른 시공간 압축
② 지역의 특성을 반영한 현지화 전략
③ 세계적인 기업들의 국제적 분업 현황
④ 선진국과 개발 도상국의 인구 성장 차이
⑤ 경제의 세계화에 따른 경제적 격차 증가

서술형
10 다음은 솔이가 사회 수업 시간에 정리한 내용이다. 물음에 답하시오.

세계 각 지역의 지역화 전략	
지역화 전략	사례
(㉠)	콜롬비안 커피(콜롬비아)
지역 축제	송크란 축제(타이)
지역 브랜드	I ♥ NY(미국 뉴욕)

(1) ㉠에 해당하는 지역화 전략을 쓰시오.

(2) ㉠의 의미를 지리적 특성과 연관지어 서술하시오.

I 단원 한 번 더 표와 자료로 정리하기

주제 01 세계의 다양한 자연환경과 주민 생활

1. 지형과 주민 생활 자료① 자료②

산지 지형	• 해발 고도가 높고 경사가 급함 • 인간 거주에 불리, 유목과 관광 산업 발달 예 히말라야산맥
평야 지형	• 넓고 평탄함 • 대규모 농업이나 목축업 발달 예 미국 그레이트플레인스
(①)	• 육지와 바다가 만남 • 항구 도시가 성장하고, 수산업 발달 예 노르웨이 베르겐, 피오르 해안 등
하천 지형	하천을 이용한 운송과 벼농사 발달 예 동남아시아의 메콩강
화산 지형	• 온천, 간헐천 등이 분포 • 관광 산업 발달, 지열 발전 예 아이슬란드

자료① 세계의 다양한 지형

▲ 히말라야산맥

▲ 그레이트플레인스

▲ 베르겐 항구

▲ 간헐천

🔺 넓게 펼쳐진 (②)에서는 기후에 따라 농사를 짓기에 적합하여 대규모 곡물 재배가 이루어진다.
🔺 아이슬란드와 같이 화산 지형이 발달한 곳에서는 (③), 온천 등의 관광 자원이 분포한다.

자료② 세계의 주요 지형 분포

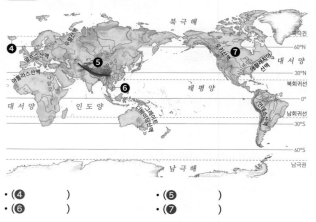

• (④)   • (⑤)
• (⑥)   • (⑦)

2. 기후와 주민 생활 자료③ 자료④

구분	분포 지역	기후 특징	주민 생활
열대 기후	(⑧) 주변	기온이 높고 강수량이 많은 편	고상 가옥, 고무·팜유 생산, 볶음이나 튀김 요리 발달
건조 기후	위도 23.5° 부근	강수량보다 증발량이 많아 식생 빈약	오아시스 주변에서 대추야자 재배, 온몸을 감싸는 옷
온대 기후	중위도 지역	사계절의 변화가 뚜렷하고 온화함	지중해 연안의 (⑨) 재배
냉대 기후	고위도 지역	겨울이 길고 추워 침엽수림 분포	캐나다 몬트리올의 지하 도시
한대 기후	극지방 주변	연중 기온이 매우 낮음	순록 유목
고산 기후	저위도의 높은 산지	연중 온화함	안데스 산지에 고산 도시 발달 예 키토, 보고타, 쿠스코

자료③ 세계의 다양한 기후

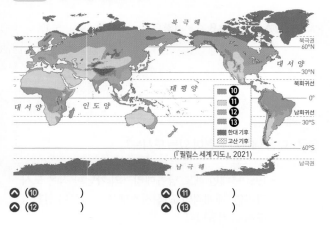
(『필립스 세계 지도』, 2021)

🔺 (⑩)   🔺 (⑪)
🔺 (⑫)   🔺 (⑬)

자료④ 기후와 주민 생활

▲ 고산 도시(쿠스코)

▲ 고상 가옥

🔺 (⑭)는 식생 분포뿐만 아니라 사람들의 생활양식에도 많은 영향을 끼친다.
🔺 저위도의 (⑮) 기후 지역은 일 년 내내 기후가 온화하여 일찍부터 도시가 발달하였다.
🔺 일 년 내내 무덥고 비가 많이 내리는 열대 기후 지역에서는 지면의 습기와 열기를 피하고 (⑯)으로 인한 피해를 막기 위해 (⑰) 가옥을 짓는다.

주제 02 세계 여러 지역의 공간적 상호 작용 ^{자료5}

개인의 활동	해외 여행, 실시간 스포츠 경기 중계 시청, 해외 상품의 직접 구매 등 → (❶)로 촉진됨	
(❷)의 활동	전 세계에 걸쳐 연구 개발·생산·판매 활동을 하는 기업이 증가함	
국가 간의 활동	(❸) (FTA)	• 두 나라 이상이 모여 국가 간 활발한 무역을 위해 맺은 협정 • 무역과 관련된 세금이나 규제를 축소하거나 폐지하는 것
	유럽연합 (EU)	• 유럽 국가들의 자유로운 이동과 경제적·정치적 통합을 실현하기 위한 국제기구 • 유로(EURO) 사용
	국제연합 (UN)	세계 평화와 안전 보장을 위해 설립한 국제기구

자료5 교통·통신의 발달과 공간적 상호 작용

2005년 약 24시간
오늘날 실시간
1960년 약 636시간
▲ 영국과 오스트레일리아의 연결에 걸리는 시간

◈ 교통과 통신이 발달하면서 장소 간 이동에 필요한 시간이 줄어드는데, 이를 (❹)이라고 한다.
◈ 오늘날 세계는 이전보다 더욱 긴밀하게 연결된 (❺)를 형성하고 있다.

주제 03 세계화와 지역화

세계화	(❶)의 세계화	• 지역의 소득과 일자리 증가, 세계의 다양한 상품을 쉽게 구입할 수 있음 • 지역 간 경쟁과 경제적 격차 심화
	문화의 세계화 자료6	• 각국의 다양한 문화를 일상에서 쉽게 접할 수 있게 됨 • 문화의 정체성이 훼손되고 문화 갈등이 나타나기도 함
지역화 전략	(❷) 자료7	지역의 지리적 특성을 반영한 우수한 상품이 그 지역에서 생산·가공되었음을 증명하고 표시하는 제도 예 카망베르 드 노르망디 치즈(프랑스), 아이다호 감자(미국)
	장소 마케팅	지역의 특정 장소를 하나의 상품으로 인식하고 매력적으로 보일 수 있도록 이미지와 시설 등을 개발하는 전략 예 영국 런던의 빅벤
	(❸)	지역을 브랜드로 인식시켜 지역 이미지를 높이고 지역 경제를 활성화하는 전략 예 I♥NY
	지역 축제 자료8	지역의 자연환경과 역사, 특산물 등을 소재로 매력적인 지역 이미지를 만들고 홍보하기 위한 전략 예 옥토버페스트, 송크란 축제

자료6 문화의 세계화

▲ 세계로 확산된 힙합 문화　　▲ 전 세계에서 즐기는 피자

◈ 여러 문화가 만나면서 지역의 문화와 (❹)하기도 하고 문화 갈등이 발생하기도 한다.
◈ 세계 문화가 보편화되면서 지역의 (❺)가 사라지고 문화가 비슷해지는 문제가 발생하기도 한다.

자료7 지역화와 지리적 표시제

카망베르 드 노르망디(치즈) ❼
❽ 아세이테 델 바호 아라곤(올리브유)
❾ 아이다호 감자
❿ 다르질링(차)
⓫ 콜롬비안(커피)

◈ 세계 각 지역은 지리적 표시제를 통해 인정받은 지역 특산물을 판매하는 등 (❻) 전략을 추진하고 있다.
◈ (❼)의 카망베르 드 노르망디 치즈, (❽)의 아세이테 델 바호 아라곤 올리브유, (❾)의 아이다호 감자, (❿)의 다르질링차, (⓫)의 콜롬비안 커피 등은 지역의 지리적 특성을 반영한 우수한 상품임을 증명하는 대표적인 지리적 표시제 상품이다.

자료8 세계의 지역 축제

▲ (⓬)(독일)　　▲ 송크란 축제(타이)

▲ 베네치아 카니발(이탈리아 베네치아)　▲ 백야 축제(러시아 상트페테르부르크)

◈ 지역 축제는 기후, 지형과 같은 지역의 (⓭)을 활용하여 지역을 홍보하는 지역화 전략이다.
◈ 대표적인 지역 축제로는 브라질의 (⓮) 카니발, 일본의 삿포로 눈 축제 등이 있다.

① 다양한 세계

01 ㉠과 ㉡에 관한 옳은 설명을 〈보기〉에서 고른 것은?

> ㉠ 절대적 위치는 어떤 지역의 변하지 않는 고정된 정보를 나타내는 것이며, ㉡ 상대적 위치는 시대나 상황에 따라 변화하는 정보를 나타낸 것이다.

┤ 보기 ├
ㄱ. ㉠의 사례로 위도와 경도가 있다.
ㄴ. ㉠은 주변 국가와의 관계에 따라 결정된다.
ㄷ. '우리나라는 아시아 대륙의 동쪽 해안에 위치한다.'는 ㉡을 나타낸 것이다.
ㄹ. ㉠과 ㉡을 통해 해당 지역의 특성을 파악할 수 있다.

① ㄱ, ㄴ   ② ㄱ, ㄷ   ③ ㄱ, ㄹ
④ ㄴ, ㄹ   ⑤ ㄷ, ㄹ

02 자료를 참고하여 ㉠, ㉡에 들어갈 말을 바르게 연결한 것은?

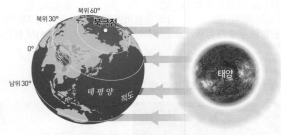

▲ 위도별 태양 에너지의 집중도 차이

> 위도에 따라 지표면에 받는 태양 에너지의 집중도가 달라지게 된다. 적도에서 극지방으로 갈수록 열이 분산되면서 기온이 대체로 (㉠). 또한 지구의 자전축이 23.5° 기울어진 채 공전하기 때문에 북반구와 남반구는 (㉡)이 서로 반대이다.

	㉠	㉡
①	같다	계절
②	높아진다	계절
③	높아진다	시간
④	낮아진다	계절
⑤	낮아진다	시간

03 다음 설명에 해당하는 지역을 지도의 A~E에서 고른 것은?

> 에베레스트산을 비롯해 해발 고도 8,000 m 이상의 산들이 모여 있는 산맥이다. 지형이 험준하고 경사가 급하여 사람이 살기에 불리한 지역이지만 양, 야크 등을 기르는 주민들이 거주하고 있다.

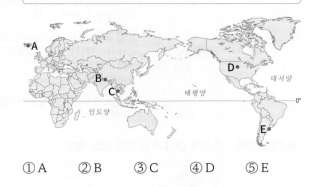

① A   ② B   ③ C   ④ D   ⑤ E

04 A 하천에 관한 설명으로 옳지 <u>않은</u> 것은?

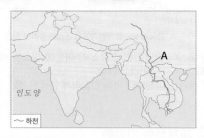

① 중국에서 발원한다.
② 사막 지역을 관통하여 흐른다.
③ 하천 주변으로 평야가 펼쳐져 있다.
④ 벼농사에 이용되는 용수를 공급한다.
⑤ 여러 국가를 거치며 흐르는 하천이다.

05 ㉠에 해당하는 도시로 옳은 것은?

> 중국 북부에 위치한 (㉠)은/는 겨울이 매우 춥고 긴 냉대 기후 지역이다. 이곳에서는 겨울철에 얼어붙는 쑹화강의 얼음을 활용한 국제 빙설제가 열려 많은 관광객이 방문한다.

① 청두   ② 상하이   ③ 하얼빈
④ 푸저우   ⑤ 광저우

06 다음과 같은 기후 특징이 나타나는 지역을 지도의 A~E에서 고른 것은?

> 일 년 내내 기온이 낮기 때문에 눈과 얼음에 뒤덮여 있는 기간이 매우 길다. 이 지역에서는 나무와 풀이 거의 자랄 수 없고, 농사를 짓기 어렵다.

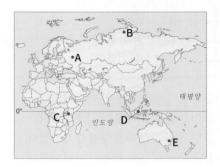

① A   ② B   ③ C   ④ D   ⑤ E

07 예린이가 유럽을 여행하면서 쓴 여행 일기이다. ㉠에 해당하는 바다는?

> 〈이탈리아 여행 일기〉
> 2020○년 8월 10일
>
> 이탈리아 로마 여행 첫날 아침은 쾌청하였고 상큼한 바람과 함께 시작되었다. 하지만 오후로 접어들면서 기온이 빠르게 올라 날씨가 더워졌다. 그러나 (㉠) 연안의 도시들은 우리나라와 달리 여름철에 습도가 높지 않다고 한다. 그래서인지 그늘에서 땀을 식히면 시원함을 느낄 수 있었다.

① 흑해   ② 홍해   ③ 북극해
④ 지중해   ⑤ 인도양

08 다음 설명에 해당하는 국가는?

> • 서부의 밴쿠버는 사계절이 뚜렷하고 온화하다.
> • 동부의 몬트리올은 겨울이 매우 추워 '지하 도시'가 발달하였다.

① 러시아   ② 이집트   ③ 캐나다
④ 에콰도르   ⑤ 인도네시아

09 (가), (나)의 전통 가옥에 관한 옳은 설명을 〈보기〉에서 고른 것은?

(가)   (나)

> ┤ 보기 ├
> ㄱ. (나)의 지붕 형태는 많은 비에 대비하기 위한 것이다.
> ㄴ. (나)는 지면의 열과 습기를 피하기 위한 고상 가옥이다.
> ㄷ. (가)는 (나)보다 통풍에 유리한 가옥 구조이다.
> ㄹ. (나)는 (가)보다 유목 생활에 용이하다.

① ㄱ, ㄴ   ② ㄱ, ㄷ   ③ ㄴ, ㄷ
④ ㄴ, ㄹ   ⑤ ㄷ, ㄹ

10 게시판은 세계시민에 관한 학생들의 생각을 쓴 메모를 붙여 놓은 것이다. 세계시민으로서의 옳은 태도에 관해 쓴 학생을 고르면?

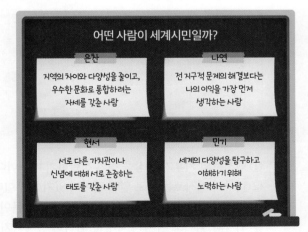

① 은찬, 나연   ② 은찬, 현서
③ 나연, 현서   ④ 나연, 민기
⑤ 현서, 민기

② 서로 연결된 세계

11 세계 규모에서 일어나는 공간적 상호 작용으로 볼 수 없는 것은?

① 강원 지역 축제에 방문하여 특산품을 구입하였다.
② 외국에서 열린 스포츠 경기를 실시간으로 시청하였다.
③ 컴퓨터 게임에 접속하여 여러 나라 사람들과 연합팀을 이루었다.
④ 화상 채팅 서비스를 통해 해외에 있는 사람들과 연주회를 하였다.
⑤ 해외 직접 구매 애플리케이션을 통해 해외 판매 상품을 구입하였다.

12 다음 자료에서 ㉠의 배경으로 가장 적절한 것은?

> 미국과 멕시코의 경계에는 ㉠ '쌍둥이 도시'가 발달해 있다. 미국에 본사나 연구소를 둔 기업들은 상대적으로 저렴한 노동력이 있는 멕시코에 공장을 두고 있다. 상품이 국경을 넘을 때 각종 규제나 세금이 거의 들지 않기 때문에 멕시코에서 생산된 상품은 미국에서 널리 판매된다.
>
>

① 멕시코의 기후가 공장을 짓기 적합하기 때문이다.
② 미국과 멕시코는 서로 멀리 떨어져 있기 때문이다.
③ 미국과 멕시코는 동일한 언어를 사용하기 때문이다.
④ 미국과 멕시코 사이의 국경은 엄격히 통제되기 때문이다.
⑤ 미국과 멕시코 사이에 자유무역협정이 체결되었기 때문이다.

13 사회 수업 시간에 '식품 재료와 공간적 상호 작용'에 관해 조사하여 정리한 자료이다. (가)에 들어갈 내용으로 가장 적절한 것은?

> • 조사 대상 품목: 라면의 원료인 '밀'
> • 생산 지역: 오스트레일리아
> • 생산 지역에 미치는 영향
>   - 긍정적 영향: _____ (가) _____
>   - 부정적 영향: 농약 사용이 늘어나면서 토양 오염이 심화되었다.

① 공간적 상호 작용이 축소되었다.
② 이산화 탄소 배출이 감소하였다.
③ 밀 생산량과 수출량이 증가하였다.
④ 초국적 기업의 활동이 어려워졌다.
⑤ 대한민국와 오스트레일리아 사이의 교류가 감소하였다.

③ 하나 된 세계, 서로 다른 지역

14 사회 수행 평가 과제인 조사 보고서의 일부이다. ㉠에 들어갈 말로 가장 적절한 것은?

>
>
> __㉠__ 에 따른 국제적 분업
>
> 예 청바지의 생산 과정
> • 데님: 아프리카산 목화, 독일에서 만든 염료를 사용하여 이탈리아에서 직조하고 염색
> • 바느질: 튀니지에서 청바지 바느질
> • 실: 영국, 튀르키예, 헝가리에서 만들고, 에스파냐에서 염색
> • 황동 버튼: 나미비아산 구리와 오스트레일리아산 아연
> • 주머니 안감: 파키스탄에서 재배된 목화로 직조
> • 지퍼: 일본의 기술로 프랑스에서 제조

① 경제의 세계화
② 문화의 획일화
③ 지리적 표시제
④ 경제적 불평등
⑤ 다양한 지역화 전략

15 매년 4월에 사진과 같은 축제가 열리는 국가는?

① 타이   ② 일본   ③ 몽골
④ 에스파냐   ⑤ 이탈리아

16 자료에 관한 옳은 설명을 〈보기〉에서 고른 것은?

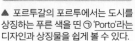

▲ 포르투갈의 포르투에서는 도시를 상징하는 푸른 색을 띤 ㉠'Porto'라는 디자인과 상징물을 쉽게 볼 수 있다.

▲ 프랑스 노르망디는 유럽연합의 원산지 보호 명칭으로 등록된 ㉡'카망베르 드 노르망디' 치즈가 유명하다.

┤ 보기 ├
ㄱ. ㉠은 지역의 인지도를 높여 준다.
ㄴ. ㉡은 특정 기업에서 생산된 치즈에만 사용할 수 있다.
ㄷ. ㉠은 지역 브랜드, ㉡은 지리적 표시제의 사례에 해당한다.
ㄹ. ㉠과 ㉡은 모두 지역의 정체성을 약화시킨다.

① ㄱ, ㄴ   ② ㄱ, ㄷ   ③ ㄴ, ㄷ
④ ㄴ, ㄹ   ⑤ ㄷ, ㄹ

17 지역 축제에 관한 설명으로 가장 적절한 것은?

① 지역 주민들만을 대상으로 한다.
② 특산품 판매를 주요 목적으로 한다.
③ 자연 경관은 축제 대상이 될 수 없다.
④ 긍정적인 지역 이미지를 만들 수 있다.
⑤ 한 지역에서 되도록 많은 축제를 여는 것이 좋다.

18 그래프는 페루 쿠스코의 월평균 기온을 나타낸 것이다. 물음에 답하시오.

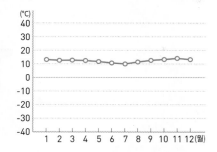

(1) 위와 같은 기후를 무엇이라고 하는지 쓰시오.

(2) (1)의 기후 지역에서 도시가 발달한 까닭을 서술하시오.

19 다음은 형준이가 여행지에서 찍은 나시고렝 사진이다. 물음에 답하시오.

(1) 형준이가 여행한 나라를 쓰시오.

(2) (1)의 나라에서 볶음이나 튀김 요리가 발달한 까닭을 서술하시오.

20 다음과 같은 지역 변화가 우리나라에 미친 영향을 한 가지만 서술하시오.

> 1970년대 이탈리아의 볼로냐는 가난한 마을이었지만 협동조합을 통해 경제가 발전하였다. 현재 볼로냐에는 400개가 넘는 협동조합이 운영되고 있다.

Ⅱ
아시아

아시아

아시아의 국가와 주요 도시의 위치, 지형과 기후를 나타낸 지도입니다.
Ⅱ단원 학습에 활용하세요.

◆ **아시아의 국가와 주요 도시**

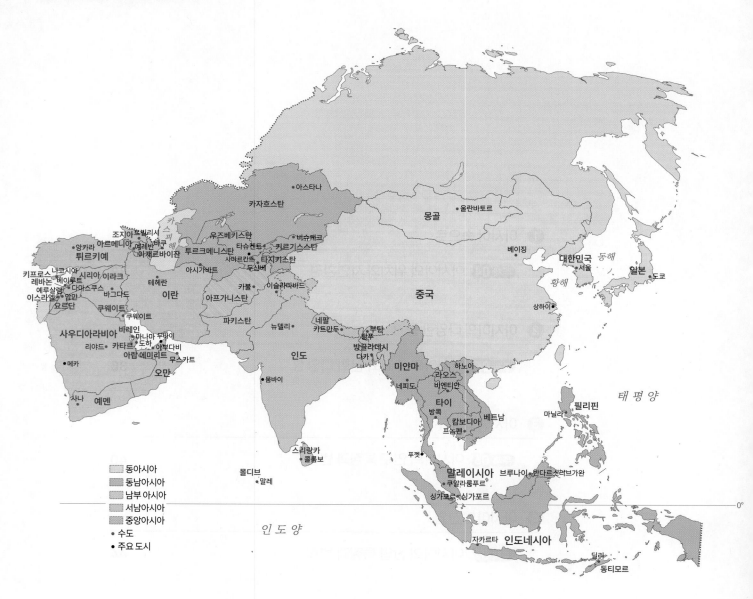

> **다음 국가와 주요 도시를 지도에서 찾아보자.**

국가
대한민국, 중국, 일본, 베트남, 타이, 인도, 필리핀, 우즈베키스탄, 사우디아라비아

도시
서울, 베이징, 도쿄, 하노이, 방콕, 뭄바이, 마닐라, 사마르칸트, 리야드

◆ 아시아의 지형

> 다음 초성에 맞는 지형을 왼쪽 지도에서 찾아 용어를 완성해 보자.

정답 타클라마칸 사막, 쿤룬산맥, 데칸고원, 히말라야산맥, 룹알할리 사막

◆ 아시아의 기후

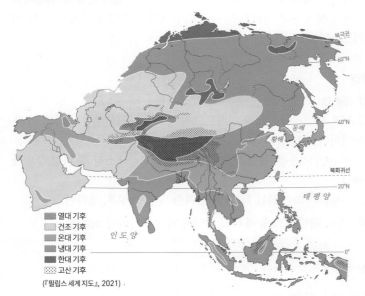

■ 열대 기후
■ 건조 기후
■ 온대 기후
■ 냉대 기후
■ 한대 기후
▨ 고산 기후

(『필립스 세계 지도』, 2021)

Ⅱ단원을 학습하면서 아시아의 자연환경과 인문환경의 특성을 백지도에 표현하여 나만의 아시아 지도를 완성해 보자.

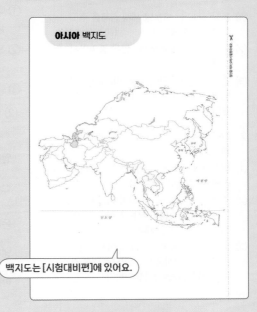

아시아 백지도

백지도는 [시험대비편]에 있어요.

아시아의 위치와 자연환경

＋ 조산대(造 만들다, 山 산, 帶 지대)
'산이 만들어지는 지대'라는 뜻으로 지각판들이 서로 충돌하여 땅이 솟아오르거나 화산 활동이 활발한 지역을 말함

＋ 계절풍
계절에 따라 바람의 방향이 달라지는 바람으로 여름에는 바다에서 습윤한 바람이 불어오고, 겨울에는 육지에서 건조한 바람이 불어옴

＋ 관개(灌 물을 대다, 漑 물을 대다)
농사를 짓는 데에 필요한 물을 외부에서 끌어와 논밭에 공급함

＋ 유목(遊 돌아다니다, 牧 가축을 기르다)
가축을 기르기 위해 물과 풀밭을 찾아 여기저기 옮겨 다니는 이동 생활

1 아시아의 위치와 지역 구분

(1) 아시아의 위치
① 우랄산맥과 카스피해를 경계로 유럽과 구분
② 서쪽으로는 유럽, 서남쪽으로는 아프리카, 동쪽으로는 태평양, 남쪽으로는 인도양과 접해 있음

(2) 아시아의 지역 구분 자연환경과 문화 등에 따라 동아시아, 동남아시아, 남부 아시아, 서남아시아, 중앙아시아로 구분 자료❶

2 아시아의 주요 국가와 도시

(1) 동아시아 오늘날 세계 경제 주도, 불교·유교·한자·젓가락 문화 공유 → 서울(대한민국), 도쿄(일본), 베이징(중국)

(2) 동남아시아 다양한 문화·종교·민족(인종), 주로 열대 기후가 나타남 → 하노이(베트남), 방콕(타이), 마닐라(필리핀), 자카르타(인도네시아)

(3) 남부 아시아 히말라야산맥 남쪽의 인도반도를 중심으로 한 지역, 세계 최고의 인구 밀집 지역
① 뭄바이(인도) 인도에서 인구가 가장 많은 도시, 상업과 무역 발달
② 이슬라마바드(파키스탄) 파키스탄의 수도

(4) 서남아시아 유럽, 아시아, 아프리카가 만나는 길목에 위치, 주로 건조 기후, 이슬람 문화권
① 메카(사우디아라비아) 이슬람교의 성지
② 두바이(아랍 에미리트) 금융과 항공 교통의 중심지

(5) 중앙아시아 유라시아 대륙의 내륙 지역, 과거 아시아와 유럽의 문명을 연결하는 실크로드의 교역 중심지 → 사마르칸트(우즈베키스탄), 아스타나(카자흐스탄), 비슈케크(키르기스스탄) 등

3 아시아의 자연환경

(1) 아시아의 지형 자료❷
① 대륙 중앙의 고지대 히말라야산맥과 티베트고원 등 → 중국과 주변 국가의 경계, 지각 운동이 활발하여 지진 발생
② 하천과 평야 갠지스강, 메콩강, 창장강, 티그리스강, 유프라테스강 등 하천 주변에 비옥한 평야 발달
③ 환태평양＋조산대 지진과 화산 활동 활발, 화산 지형 발달 예 일본, 필리핀 등

(2) 아시아의 기후 위도, 해발 고도 등에 따라 다양한 기후가 나타남 자료❸

구분	분포	특징
열대 기후	동남아시아, 남부 아시아	＋계절풍의 영향으로 벼농사 발달, 고상 가옥
건조 기후	서남아시아, 중앙아시아	• 사막과 초원이 넓게 나타남 • ＋관개 농업, ＋유목, 게르(몽골의 이동식 가옥)
온대 기후	동아시아	• 여름에 덥고 습하며 겨울에 춥고 건조함 • 계절풍의 영향으로 벼농사 발달
냉대 기후	동아시아 고위도 지역	겨울이 춥고 긺
한대 기후	러시아의 고위도 지역과 북극해 주변	기온이 낮아 나무가 자라기 어려움

개념 확인 문제
● 바른답·알찬풀이 6쪽

1 다음 설명이 맞으면 ○표, 틀리면 ×표를 하시오.
(1) 동남아시아는 오늘날 세계 경제를 주도하고 있는 지역이다. （　　）
(2) 카자흐스탄, 우즈베키스탄은 중앙아시아에 속한다. （　　）
(3) 건조 기후가 나타나는 중앙아시아와 서남아시아에서는 유목이 이루어지기도 한다. （　　）

2 다음 괄호 안의 내용 중 옳은 것에 ○표를 하시오.
(1) 아시아와 유럽은 (우랄산맥, 히말라야산맥)을 경계로 구분된다.
(2) 주로 건조 기후가 나타나며 이슬람교를 믿는 사람들이 많이 사는 지역은 (동아시아, 서남아시아)이다.
(3) 동남아시아, 남부 아시아, 동아시아에서는 (계절풍, 편서풍)의 영향으로 여름 강수량이 많아 벼농사가 활발하다.

꼭 나오는 자료

대표 문제로 **실력 쌓기** ● 바른답·알찬풀이 6쪽

자료 ① 아시아의 지역 구분

─ 세계에서 가장 넓은 면적의 대륙으로 가장 많은 인구가 살고 있어.
─ 우랄산맥과 카스피해를 경계로 하여 유럽과 구분돼.
─ 우즈베키스탄, 카자흐스탄 등 국가명에 땅을 뜻하는 '스탄'을 사용하는 국가들이 많아.

중앙아시아
서남아시아
동아시아
남부 아시아
동남아시아
동해
태평양
인도양

▲ 아시아의 지역 구분 ─ 지역 구분은 기준에 따라 다를 수도 있어.

아시아는 자연환경과 문화 등을 기준으로 동아시아, 동남아시아, 남부 아시아, 서남아시아, 중앙아시아로 나눌 수 있다.

자료 ② 아시아의 주요 지형

─ 해발 고도 8,000m 이상의 산들이 많아 '세계의 지붕'이라고 불려.
─ 중국 창장강 주변에 펼쳐진 평야로 벼농사가 활발하게 이루어지고 있어.

▲ 히말라야산맥(네팔, 중국, 인도)

▲ 창장강과 화중평야(중국)

▲ 룹알할리 사막(사우디아라비아)
─ 사우디아라비아 남동부에 분포하는 사막이야.

▲ 브로모 화산(인도네시아)
─ 환태평양 조산대에 위치하며, 지금도 화산 활동이 계속되고 있어.

자료 ③ 아시아의 기후

─ 타이에 있는 도시야.
─ 몽골의 수도야.
─ 중국의 동쪽 해안에 있는 도시야.

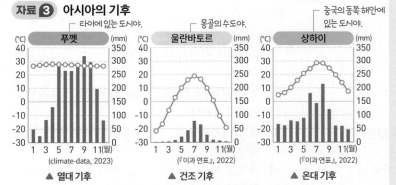

푸껫 (℃) (mm)
울란바토르 (℃) (mm)
상하이 (℃) (mm)
(climate-data, 2023)
(『이과연표』, 2022)
(『이과연표』, 2022)
▲ 열대 기후
▲ 건조 기후
▲ 온대 기후

동남아시아, 남부 아시아는 적도 가까이에 위치하여 일 년 내내 기온이 높은 열대 기후가 나타난다. 중앙아시아와 서남아시아는 증발량이 강수량보다 많은 건조 기후가 넓게 분포한다. 동아시아는 중위도 대륙 동안에 위치하여 계절의 변화가 뚜렷한 온대 기후가 주로 나타난다. ─ 일 년 내내 기온이 높고 비가 많이 내리는 지역에서는 지면의 습기, 해충 등의 침입을 막기 위해 집을 바닥에서 띄워 지어.

≫ 아시아의 지역 구분

1 다음 설명에 해당하는 지역을 지도의 A~E에서 고른 것은?

> 유럽, 아시아, 아프리카가 만나는 길목에 위치하며 이슬람교를 믿는 국가들이 많다. 이 지역에 위치한 이슬람교의 성지인 메카와 메디나에는 매년 수백만 명의 순례자들이 찾는다.

B
A
C
D
E
태평양
인도양

① A ② B ③ C ④ D ⑤ E

이것만은 꼭 기억하자! 아시아는 지형, 기후 등 자연환경과 종교, 민족 등 문화 특성에 따라 크게 다섯 지역으로 구분할 수 있어.
↗ 34쪽 03번, 50쪽 04번 문제도 풀어 보자!

≫ 열대 기후 지역의 특징 [선택지 하나 더]

2 다음 기후 그래프가 나타나는 지역에 관한 설명으로 옳은 것은?

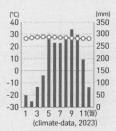

(℃) (mm)
(climate-data, 2023)

① 사계절의 변화가 뚜렷하다.
② 히말라야산맥 북쪽의 내륙 지역이다.
③ 가축과 함께 이동하는 유목민을 볼 수 있다.
④ 여름철 강수량이 풍부하여 벼농사가 발달하였다.
⑤ 짧은 여름 동안 지표면이 녹아 이끼류 등이 자란다.
⑥ 외부에서 물을 끌어와 농사를 짓는 관개 농업을 한다.

이것만은 꼭 기억하자! 계절풍의 영향을 받는 열대 및 온대 기후 지역에서는 여름철 기온이 높고 강수량이 풍부하여 벼농사에 유리해.
↗ 35쪽 10번, 50쪽 05번 문제도 풀어 보자!

01 아시아의 위치에 관한 옳은 설명을 〈보기〉에서 고른 것은?

┤ 보기 ├
ㄱ. 대륙 대부분이 남반구에 속한다.
ㄴ. 북쪽으로는 대서양과 맞닿아 있다.
ㄷ. 서남쪽으로는 아프리카와 연결된다.
ㄹ. 우랄산맥과 카스피해를 경계로 유럽과 구분된다.

① ㄱ, ㄴ　　② ㄱ, ㄷ　　③ ㄴ, ㄷ
④ ㄴ, ㄹ　　⑤ ㄷ, ㄹ

[02-03] 다음 지도를 보고 물음에 답하시오.

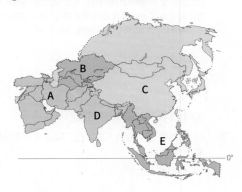

02 A~E 지역의 이름을 바르게 연결한 것은?

① A - 남부 아시아　　② B - 서남아시아
③ C - 동아시아　　④ D - 동남아시아
⑤ E - 중앙아시아

중요✦
03 다음 설명에 해당하는 지역을 지도의 A~E에서 고른 것은?

히말라야산맥 남쪽의 인도반도를 중심으로 한 지역으로 세계 최고의 인구 밀집 지역이다. 인도, 파키스탄, 방글라데시, 네팔 등이 포함된다.

① A　　② B　　③ C　　④ D　　⑤ E

04 동남아시아에 관한 설명으로 옳은 것은?

① 바다와 접하지 않은 내륙에 위치한다.
② 대표적인 도시로는 도쿄, 베이징 등이 있다.
③ 민족과 종교가 다양하게 나타나는 지역이다.
④ 이슬람교의 성지인 메카와 메디나가 위치한다.
⑤ 대부분의 국가 이름에 땅을 뜻하는 '스탄'을 사용한다.

고난도
05 아시아의 주요 국가와 그 국가에 속한 도시를 바르게 연결한 것은?

① 타이 – 하노이
② 인도 – 뭄바이
③ 베트남 – 마닐라
④ 파키스탄 – 자카르타
⑤ 우즈베키스탄 – 두바이

중요✦
06 아시아의 주요 지형에 관한 옳은 설명을 〈보기〉에서 고른 것은?

┤ 보기 ├
ㄱ. 동아시아 지역은 강수량이 적어 사막이 넓게 나타난다.
ㄴ. 히말라야산맥은 해발 고도가 높아 '세계의 지붕'이라고 불린다.
ㄷ. 갠지스강, 메콩강, 창장강 등의 대하천 주변에는 평야 지대가 나타난다.
ㄹ. 베트남, 타이, 라오스 등은 환태평양 조산대에 위치하여 화산 지형이 나타난다.

① ㄱ, ㄴ　　② ㄱ, ㄷ　　③ ㄴ, ㄷ
④ ㄴ, ㄹ　　⑤ ㄷ, ㄹ

07 ㉠에 해당하는 지형은?

> 유럽과 아시아는 유라시아 대륙에 속해 있다. 유럽과 아시아를 나누는 경계는 세계에서 가장 큰 내해인 카스피해와 러시아의 (㉠)을 기준으로 한다.

① 우랄산맥　　　　② 티그리스강
③ 티베트고원　　　④ 유프라테스강
⑤ 히말라야산맥

08 ㉠에 들어갈 용어로 옳은 것은?

> (㉠)은/는 전 세계 화산의 약 70~80%가 분포하여 '불의 고리'라고 불리며 지진 활동도 활발하여 인명 및 재산 피해가 크게 발생하는 곳이다. (㉠)에 위치하는 대표적인 국가로는 일본, 필리핀, 인도네시아 등이 있다.

① 인도차이나반도
② 서시베리아 평원
③ 타커라마간 사막
④ 환태평양 조산대
⑤ 알프스–히말라야 조산대

09 사진과 같은 가옥 구조가 나타나는 기후는?

① 열대 기후　　　② 건조 기후
③ 온대 기후　　　④ 냉대 기후
⑤ 한대 기후

중요✦
10 다음 기후 그래프가 나타나는 지역의 특징으로 옳은 것을 〈보기〉에서 고른 것은?

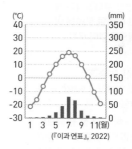

(『이과 연표』, 2022)

┤ 보기 ├
ㄱ. 적도 지역에 분포한다.
ㄴ. 증발량이 강수량보다 많다.
ㄷ. 물과 풀을 찾아 이동하는 유목 생활을 한다.
ㄹ. 크고 작은 나무가 빽빽하고 다양한 식물이 자라는 밀림이 형성된다.

① ㄱ, ㄴ　　② ㄱ, ㄷ　　③ ㄴ, ㄷ
④ ㄴ, ㄹ　　⑤ ㄷ, ㄹ

서술형
11 (가)에 들어갈 동아시아의 공통된 문화 특성을 세 가지 서술하시오.

> 동아시아에는 대한민국, 중국, 일본 등이 위치하고 있으며, 동아시아의 국가에서 공통으로 나타나는 문화 특성으로는 ＿＿＿＿＿＿＿(가)＿＿＿＿＿＿＿

서술형
12 다음과 같은 주민 생활이 나타나는 원인을 제시한 단어를 모두 사용하여 서술하시오.

> 아시아의 온대 기후 지역은 계절의 변화가 뚜렷하여 계절마다 생활 모습이 다르게 나타나며 벼농사가 활발하게 이루어진다.

| 계절풍 | 여름 | 겨울 | 기온 | 강수량 |

주제 05 아시아의 종교와 문화 다양성

+ 다신교(多 많은, 神 신, 敎 종교)
여러 신들의 존재를 인정하고 숭배하는 종교로 힌두교가 해당됨

+ 유일신교(有 있다, 一 하나, 神 신, 敎 종교)
오직 하나의 신만을 인정하고 숭배하는 종교로 이슬람교, 크리스트교, 유대교가 해당됨

+ 쿠란
이슬람교의 경전으로 이슬람교를 창시한 무함마드의 가르침을 담은 책

+ 할랄
이슬람교에서 정한 방식으로 가공하거나 요리한 음식이나 재료

+ 히잡
이슬람 여성들이 일상생활에서 지켜야 할 복장 규범으로 얼굴 일부와 머리를 천으로 둘러싸는 형태임

+ 문화 상대주의
어떠한 문화가 우월하거나 열등하지 않으며 모든 문화는 존중받아야 한다고 보는 태도나 관점

+ 다문화주의
한 사회 속에 다른 인종과 문화가 공존하며 서로를 인정하고 존중하는 것을 목적으로 하는 사상이나 정책

1 아시아의 종교 분포와 특징

(1) 보편 종교와 민족 종교
① 보편 종교 국경과 민족을 초월하여 전 세계에 널리 퍼져 있는 종교 예 불교, 이슬람교, 크리스트교
② 민족 종교 특정한 민족이나 인종을 중심으로 전파된 종교 예 힌두교(인도, 네팔), 유대교(이스라엘)

(2) 주요 종교의 분포와 특징 자료 ❶
① 불교 동남아시아 및 동아시아에 널리 분포, 싯다르타(석가모니) 창시
② 힌두교 인도, 네팔 등 남부 아시아에 주로 분포, 여러 신을 믿는 다신교
③ 이슬람교 서남아시아 및 중앙아시아 대부분 지역에 분포, 무함마드 창시, 알라신을 섬기는 +유일신교
④ 크리스트교 필리핀의 주요 종교, 예수 그리스도 창시, 하느님을 섬기는 유일신교

2 주요 종교의 문화경관과 생활양식 자료 ❷

구분	문화경관	생활양식
불교	불상을 모시는 불당과 부처나 스님의 사리를 안치한 탑	• 자비와 평등 실천 • 수행과 명상을 통한 깨달음 중시 • 살생 금지, 채식 선호
힌두교	수많은 신의 모습으로 지붕과 벽면을 장식한 힌두교 사원	• 소고기 금기시 • 갠지스강을 신성시함
이슬람교	중앙의 돔형 지붕과 주변의 첨탑이 어우러진 모스크(마스지드)	• 경전인 +쿠란의 가르침을 따름 • 성지 순례, 라마단 금식, 기도 등 신앙의 의무 실천 • 술과 돼지고기 금기시, +할랄 음식 • 여성의 +히잡 착용
크리스트교	십자가와 종탑을 세운 성당과 교회	• 성경의 가르침을 따름 • 성당이나 교회에서 주로 일요일에 예배를 함

3 종교 갈등과 공존

(1) 종교 갈등 지역 자료 ❸
① 갈등의 원인 서로 다른 종교를 인정하지 않고 이해하지 못하여 갈등이 발생함
② 사례 지역 이스라엘 - 팔레스타인(유대교 - 이슬람교), 카슈미르(인도 힌두교 - 파키스탄 이슬람교), 스리랑카(불교 - 힌두교), 미얀마 라카인주(불교 - 이슬람교)

(2) 종교 공존 지역
① 사례 지역

싱가포르	불교, 힌두교, 이슬람교, 크리스트교 등 여러 종교의 기념일을 각각 법정 공휴일로 지정, 이중 언어 교육과 다문화 교육
말레이시아	이슬람교를 국교로 지정하고 있지만 종교의 자유를 보장, 다양한 종교 축제 개최

② 문화 다양성을 위한 세계시민으로서의 자세 +문화 상대주의 또는 다문화주의 입장에서 문화의 다양성을 인정하고 다른 문화를 존중하며 갈등을 합리적으로 해결하고자 하는 세계시민으로서의 자세를 갖추어야 함

개념 확인 문제
● 바른답·알찬풀이 7쪽

1 다음 설명이 맞으면 ○표, 틀리면 ×표를 하시오.
(1) 이슬람교는 남부 아시아 대부분 지역에서 지배적인 종교이다. (   )
(2) 소를 숭배하여 소고기를 금기시하는 것은 힌두교의 생활양식에 해당한다. (   )
(3) 아시아에서 신자 수가 가장 많은 종교는 불교이다. (   )

2 다음 괄호 안의 내용 중 옳은 것에 ○표를 하시오.
(1) 돔형 지붕과 높은 첨탑이 나타나는 이슬람교의 사원은 (성당, 모스크)이다.
(2) 카슈미르 지역의 지배권을 두고 (힌두교, 이슬람교)를 믿는 인도와 (불교, 이슬람교)를 믿는 파키스탄이 갈등하고 있다.

꼭 나오는 자료

자료 ① 아시아의 종교 분포

아시아의 종교별 신자 수(2020년)

힌두교	115
이슬람교	114
불교	50
크리스트교	32

(단위: 천만 명)

(『디르케 세계 지도』, 2023)

└ 서남아시아의 이스라엘에 분포해.

이란, 사우디아라비아 등 서남아시아와 중앙아시아의 건조 기후 지역에서는 이슬람교 신자가 많다. 인도, 네팔 등 남부 아시아에는 힌두교 신자가 많으며, 동아시아와 동남아시아에서는 주로 불교 신자가 많다.

자료 ② 주요 종교의 문화경관

┌ 힌두교는 다신교이기 때문에 사원 곳곳에 수많은 신들이 조각되어 있어.

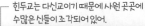

▲ 타이의 왓 프라깨오 사원(불교)

▲ 인도의 스리미낙시 사원(힌두교)

▲ 아랍 에미리트의 세이크 자이드 모스크(이슬람교)

▲ 필리핀의 마닐라 대성당(크리스트교)

자료 ③ 아시아의 주요 종교 갈등 지역

예루살렘은 크리스트교와 이슬람교, 유대교의 성지가 있는 곳이야.

▲ 카슈미르 지역

▲ 이스라엘 - 팔레스타인 지역

카슈미르 지역은 영국으로부터 독립할 당시 이슬람 신자가 대부분인 지역으로 파키스탄에 포함될 예정이었으나 힌두교를 믿는 지배층이 통치권을 인도에 넘기면서 갈등이 시작되었다. 이스라엘-팔레스타인 지역은 유대교를 믿는 유대인들이 이슬람교를 믿는 팔레스타인 지역에 이스라엘을 세우면서 분쟁을 지속하고 있다.

>> 주요 종교의 문화경관

1 (가), (나) 경관과 관련된 종교를 바르게 연결한 것은?

(가)   (나)

	(가)	(나)
①	불교	힌두교
②	불교	이슬람교
③	힌두교	불교
④	이슬람교	크리스트교
⑤	크리스트교	힌두교

이것만은 꼭 기억하자! 이슬람교 모스크에는 돔형 지붕과 첨탑, 불교 사원에는 부처나 스님의 사리를 모신 탑과 불상, 크리스트교의 성당이나 교회에는 십자가와 종탑이 있고, 힌두교 사원에는 다양한 신들의 모습이 조각되어 있어.

✈ 38쪽 04번, 51쪽 07번 문제도 풀어 보자!

>> 종교의 갈등과 공존

2 지도의 A 지역에 관한 설명으로 옳은 것은?

(『BBC』, 2019)

① 이슬람교와 힌두교 간 갈등이 나타난다.
② 다양한 종교가 공존하며 서로 존중하고 있다.
③ 유럽에서 전해진 크리스트교의 신자가 많다.
④ 이슬람교, 크리스트교, 유대교의 성지가 위치해 있다.
⑤ 여러 종교의 기념일을 각각 법정 공휴일로 지정하였다.

이것만은 꼭 기억하자! 종교 구성이 복잡한 아시아에서는 서로의 문화를 이해하지 못하여 카슈미르 지역, 이스라엘 - 팔레스타인 지역, 스리랑카 등에서 종교에 의한 갈등이 지속되고 있어.

✈ 39쪽 11번, 51쪽 10번 문제도 풀어 보자!

---

2. 아시아의 다양한 종교 **37**

실력 다지기

01 아시아의 종교에 관한 옳은 설명을 〈보기〉에서 고른 것은?

┤보기├
ㄱ. 인도, 네팔에서는 힌두교 신자가 가장 많다.
ㄴ. 불교는 동남 및 동아시아에 널리 퍼져 있다.
ㄷ. 이슬람교는 필리핀에서 가장 영향력 있는 종교
　이다.
ㄹ. 크리스트교는 서남 및 중앙아시아 대부분 지역
　에서 지배적인 종교이다.

① ㄱ, ㄴ　② ㄱ, ㄷ　③ ㄴ, ㄷ　④ ㄴ, ㄹ　⑤ ㄷ, ㄹ

02 그래프는 인도의 종교별 신자수를 나타낸 것이다. A 종교와 관련하여 인도에서 볼 수 있는 모습으로 옳은 것은?

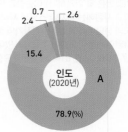

0.7　2.6
2.4
15.4
인도
(2020년)　A
78.9(%)
(퓨 리서치 센터, 2020)

① 소고기 요리를 먹는 사람들
② 십자가를 들고 기도하는 사람들
③ 승려에게 밥을 나눠 주는 사람들
④ 불상 앞에서 향을 피우는 사람들
⑤ 갠지스강에서 목욕을 하는 사람들

03 지도는 아시아의 종교 분포를 나타낸 것이다. 다음 설명에 해당하는 종교를 지도의 A ~ E에서 고른 것은?

매년 음력 4월 15일에 거리 곳곳에 연등 행사를 개최하여 부처의 자비로운 정신을 기리고 평등을 강조한다.

A　B
C　D
E　기타
(『디르케 세계 지도』, 2023)

① A　② B　③ C　④ D　⑤ E

[04-05] 사진을 보고 물음에 답하시오.

(가)　　　　　(나)

04 (가), (나) 경관과 관련된 종교를 바르게 연결한 것은?

	(가)	(나)
①	불교	이슬람교
②	불교	크리스트교
③	힌두교	이슬람교
④	힌두교	크리스트교
⑤	크리스트교	이슬람교

중요✦
05 (가), (나) 종교에 관한 옳은 설명을 〈보기〉에서 고른 것은?

┤보기├
ㄱ. (가)는 생명을 중시하여 채식을 선호한다.
ㄴ. (가)는 특정 민족들에게만 전파된 민족 종교이다.
ㄷ. (나)는 여성에게 히잡을 쓸 것을 요구한다.
ㄹ. (나)의 신자는 성당이나 교회에서 기도를 한다.

① ㄱ, ㄴ　　② ㄱ, ㄹ　　③ ㄴ, ㄷ
④ ㄴ, ㄹ　　⑤ ㄷ, ㄹ

06 사진 속 여성들의 복장과 관련된 종교에 관한 설명으로 옳지 않은 것은?

① 유일신을 섬기는 종교이다.
② 소를 신성시하여 소고기를 먹지 않는다.
③ 율법에 따라 허용된 할랄 음식을 먹는다.
④ 주로 서남아시아에 널리 전파된 종교이다.
⑤ 돔형 지붕과 높은 첨탑이 나타나는 모스크에서 예배를 본다.

중요
07 (가), (나)에 해당하는 국가를 바르게 연결한 것은?

> (가) 일찍부터 교류가 활발하게 이루어지면서 종교의 다양성이 잘 나타나는 국가이다. 불교, 힌두교, 이슬람교, 크리스트교의 종교 기념일을 각각 법정 공휴일로 지정하여 종교의 화합을 위해 노력하고 있다.
> (나) 크리스트교, 이슬람교, 유대교의 성지가 공존하는 곳으로 최근에는 유대교와 이슬람교를 믿는 세력들 간의 갈등이 서로 민간인을 납치하고 죽이는 등의 비극적인 사건으로 이어지고 있다.

	(가)	(나)
①	미얀마	스리랑카
②	미얀마	이스라엘
③	싱가포르	스리랑카
④	싱가포르	이스라엘
⑤	파키스탄	스리랑카

고난도
08 다음과 같은 현상이 나타나게 된 이유로 가장 적절한 것은?

> 말레이시아의 믈라카는 아시아의 대표적인 다문화 도시로 다양한 민족, 종교, 언어가 공존하고 있다. 믈라카에는 이슬람교, 불교, 크리스트교, 힌두교 사원이 한 거리에 함께 위치하고 있다.

① 1개의 공용어를 사용하기 때문이다.
② 일찍부터 원주민 문화가 소멸되었기 때문이다.
③ 열대 기후 지역으로 다양한 동식물이 서식하기 때문이다.
④ 동양과 서양을 연결하는 중요한 해상 교통로에 위치하기 때문이다.
⑤ 바다가 닿지 않는 내륙에 위치하여 독특한 민족 문화가 형성되었기 때문이다.

09 문화 다양성을 위해 가져야 할 세계시민의 태도로 적절한 것을 〈보기〉에서 고른 것은?

> ┤ 보기 ├
> ㄱ. 다문화주의
> ㄴ. 문화 상대주의
> ㄷ. 자문화 중심주의
> ㄹ. 다른 문화에 대한 배타적인 태도

① ㄱ, ㄴ ② ㄱ, ㄷ ③ ㄴ, ㄷ
④ ㄴ, ㄹ ⑤ ㄷ, ㄹ

서술형
10 지도는 A 종교의 주요 분포 지역을 나타낸 것이다. A 종교와 관련된 생활양식을 두 가지 서술하시오.

(『디르케 세계 지도』, 2023)

서술형
11 지도는 카슈미르 지역을 나타낸 것이다. 이 지역과 관련된 주된 분쟁 국가와 분쟁 원인을 서술하시오.

(한국 국방 연구원, 2022)

아시아의 인구 특징과 변화

1 아시아의 인구 분포 자료 ❶

(1) **인구가 가장 많은 대륙** 2022년 기준 전 세계 인구의 약 60%(약 47억 명)가 아시아에 거주, 높은 ✦인구 밀도

(2) **지역별 인구 분포**

① **남부 아시아** 아시아 지역 중에서 인구가 가장 많은 지역, 인구가 1억 명이 넘는 국가(인도, 파키스탄, 방글라데시) 다수 분포

② **동아시아** 중국이 위치하여 남부 아시아 다음으로 인구가 많은 지역, 최근 인구 성장 정체

③ **동남아시아** 벼농사에 유리한 기후를 갖춘 평야 지역에 인구 집중, 높은 ✦출생률로 최근 인구 증가 추세

④ **서남아시아 및 중앙아시아** 건조한 기후의 영향으로 상대적으로 인구가 적은 지역, 일부 ✦산유국을 중심으로 인구 유입이 많아 인구 증가 추세

2 아시아의 인구 구조 자료 ❷

(1) **출생률이 높은 국가들**

① **특징** 합계 출산율과 기대 수명의 증가로 인구 급증, 낮은 중위 연령 ⓔ 파키스탄, 방글라데시, 필리핀 등

② **영향**

부정적 영향	도로, 학교 등의 사회 기반 시설 부족, 일자리 부족으로 실업률 증가, 식량과 자원 부족으로 빈곤 인구 증가, 기아 발생
긍정적 영향	생산 활동이 가능한 청장년층의 인구 비율이 높아 노동력이 풍부하고 소비 시장이 넓어 세계적인 기업들의 투자 증가

(2) **저출산·고령화를 겪는 국가들**

① **특징** 인구 정체 또는 감소 ⓔ 우리나라, 일본 등

② **원인**

- 결혼과 자녀에 대한 가치관 변화, 여성의 사회 진출 증가, 자녀 양육 부담 증가로 인한 낮은 출생률
- 저출산으로 인한 노년층 인구 비율 증가

③ **영향과 대책**

영향	• 생산 가능 인구 감소에 따른 노동력 부족, 소비 감소에 따른 경제 성장률 둔화 • 노인 부양 비용 증가, 노인 부양에 대한 세대 간 갈등 발생
대책	• 다양한 출산 장려 정책, 양육 및 보육 지원 시설 확충, 외국인 이민 수용 • 정년 연장, 노인 일자리 창출, 노인 복지 제도(연금 제도) 등 사회 보장 제도 보완

3 아시아의 인구 이동

경제적 원인 자료 ❸	• 소득 수준이 낮고 고용 기회가 적은 국가에서 임금이 높고 고용 기회가 많은 국가로 이동 • 노동력이 풍부한 남부 아시아, 동남아시아에서 경제가 발전한 서남아시아, 동아시아, 북아메리카 등으로의 이동
정치적 원인	• 전쟁, 민족 탄압 등 정치적 분쟁으로 발생한 난민의 이동 • 시리아, 아프가니스탄 등에서 인접 국가로 난민 이동
종교적 원인	종교의 자유를 찾아 다른 지역으로 이동

꼭 나오는 자료

자료 ① 아시아의 인구 분포

동아시아, 동남아시아, 남부 아시아는 산업화 이전에는 계절풍의 영향으로 벼농사가 유리하여 인구가 집중하였어. 최근에는 일자리가 많고 교육의 기회가 많은 도시 지역에 인구가 집중해.

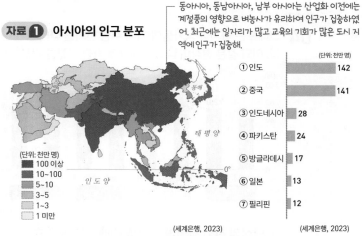

▲ 아시아 국가별 총인구(2022년)

(단위: 천만 명)
① 인도 142
② 중국 141
③ 인도네시아 28
④ 파키스탄 24
⑤ 방글라데시 17
⑥ 일본 13
⑦ 필리핀 12

(세계은행, 2023)

세계 전체 면적의 약 33%를 차지하는 아시아에는 세계 인구의 약 60%가 거주하며, 세계 인구 1위인 인도와 2위인 중국도 아시아에 위치한다. 동아시아, 남부 아시아, 동남아시아 순으로 인구가 많이 분포하며, 서남아시아와 중앙아시아는 건조한 기후의 영향으로 상대적으로 인구가 적게 분포한다.

자료 ② 아시아의 인구 구조

유소년층 인구 비율이 높고 노년층 인구 비율이 낮아.

저출산으로 유소년층 인구 비율이 낮으며, 고령화로 노년층 인구 비율이 높아.

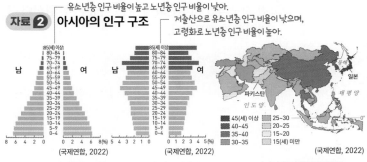

▲ 파키스탄의 인구 피라미드 (2021년)　▲ 일본의 인구 피라미드 (2021년)　▲ 아시아 국가별 중위 연령 (2021년)

파키스탄, 필리핀 등은 높은 출생률과 기대 수명 증가로 인구가 빠르게 증가하고 있으며 중위 연령이 낮게 나타난다. 우리나라, 일본 등과 같은 국가는 저출산과 고령화의 영향으로 인구가 정체 또는 감소하고 있으며 중위 연령이 높게 나타난다.

자료 ③ 많은 이민자를 받아들이는 국가

일자리를 찾아 젊은 남성 노동자들이 이주하면서 청장년층 남성의 비율이 높게 나타나.

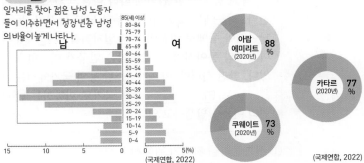

▲ 카타르의 인구 피라미드(2021년)　▲ 전체 인구 중 이주자(외국인)의 비율

아랍 에미리트 (2020년) 88%
카타르 (2020년) 77%
쿠웨이트 (2020년) 73%

(국제연합, 2022)

석유 자원을 바탕으로 개발이 활발하며 빠른 경제 성장을 이룬 일부 서남아시아 국가들은 필요한 노동자를 해외에서 적극적으로 받아들였다. 그 결과 전체 거주 인구 중 청장년층의 남성 비율이 높아지고 외국인 비율이 내국인보다 높아졌다.

핵심 개념 체크 문제
QR 코드를 스캔해 보세요.

대표 문제로 **실력 쌓기**
● 바른답·알찬풀이 8쪽

>> 아시아의 인구 분포

1 아시아의 인구 분포에 관한 설명으로 옳은 것은?

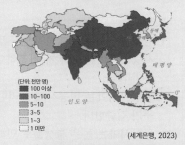

(단위: 천만 명)
■ 100 이상
■ 10~100
■ 5~10
□ 3~5
□ 1~3
□ 1 미만

(세계은행, 2023)

▲ 아시아 국가별 총인구(2022년)

① 모든 지역에 인구가 고르게 분포한다.
② 동남아시아에는 인구가 가장 많이 분포한다.
③ 대체로 위도가 높을수록 인구가 적게 분포한다.
④ 서남아시아는 벼농사가 활발하여 인구가 밀집한다.
⑤ 인도, 중국은 아시아에서 인구가 많은 국가에 해당한다.

이것만은 꼭 기억하자! 남부 아시아, 동아시아, 동남아시아 순으로 인구가 많이 분포하며, 서남아시아와 중앙아시아에는 인구가 적게 분포해.
📍 42쪽 01번, 52쪽 12번 문제도 풀어 보자!

>> 아시아의 인구 구조의 변화 (선택지 하나 더)

2 다음과 같은 인구 구조를 보이는 지역에서 나타나는 현상으로 옳은 것은?

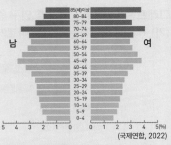

(국제연합, 2022)

① 식량과 자원이 부족하여 갈등을 겪는다.
② 일자리가 부족하여 실업률이 높게 나타난다.
③ 인구가 증가하면서 빠른 경제 성장이 나타난다.
④ 노인 복지 비용이 증가해 부양 부담이 커진다.
⑤ 청장년층 인구가 증가하여 노동력이 풍부하다.
⑥ 도로, 학교, 수도 등의 사회 기반 시설이 부족하다.

이것만은 꼭 기억하자! 저출산·고령화를 겪는 국가에서는 노동력이 부족하고 소비 감소로 경제 성장률이 둔화하며, 노인 복지 비용 증가로 부양 부담이 늘어나고 세대 간 갈등이 나타나.
📍 43쪽 06번, 52쪽 15번 문제도 풀어 보자!

실력다지기

01 아시아의 인구 분포에 관한 옳은 설명을 〈보기〉에서 고른 것은?

┤ 보기 ├
ㄱ. 남부 아시아는 세계적인 인구 밀집 지역이다.
ㄴ. 서남아시아는 기후가 건조하여 상대적으로 인구가 많다.
ㄷ. 동남아시아는 벼농사에 유리한 평야 지역에 인구가 집중한다.
ㄹ. 동아시아는 높은 출생률로 인해 인구가 가장 빠르게 증가하는 지역이다.

① ㄱ, ㄴ   ② ㄱ, ㄷ   ③ ㄴ, ㄷ
④ ㄴ, ㄹ   ⑤ ㄷ, ㄹ

02 ㉠에 들어갈 알맞은 인구 지표는?

아시아는 세계 전체 면적의 약 33%를 차지하지만 2022년 기준 세계 전체 인구의 약 60%가 살고 있어 (㉠)이/가 높다.

① 사망률   ② 출생률
③ 기대 수명   ④ 인구 밀도
⑤ 중위 연령

03 그래프는 아시아의 국가별 인구 순위를 나타낸 것이다. (가), (나)에 해당하는 국가를 바르게 연결한 것은?

(단위: 천만 명)
(가) 142
(나) 141
인도네시아 28
파키스탄 24
방글라데시 17
일본 13
필리핀 12
(세계은행, 2023)

	(가)	(나)
①	인도	몽골
②	인도	중국
③	중국	몽골
④	베트남	인도
⑤	베트남	말레이시아

04 그래프는 아시아 국가들의 기대 수명 변화를 나타낸 것이다. 이와 같은 현상이 나타난 이유로 가장 적절한 것은?

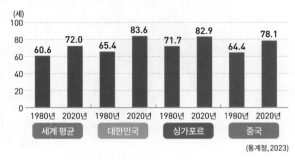

(세)
60.6 (세계 평균 1980년)
72.0 (세계 평균 2020년)
65.4 (대한민국 1980년)
83.6 (대한민국 2020년)
71.7 (싱가포르 1980년)
82.9 (싱가포르 2020년)
64.4 (중국 1980년)
78.1 (중국 2020년)
(통계청, 2023)

① 여성의 사회 참여가 증가했기 때문이다.
② 외국인 이민자의 유입이 증가했기 때문이다.
③ 생활 수준이 향상하고 의학 기술이 발달했기 때문이다.
④ 장기간에 걸친 가뭄으로 식량 부족 현상이 심화되었기 때문이다.
⑤ 전 지구적인 기후변화에 따른 이상 기후 현상이 증가하였기 때문이다.

05 다음 글의 (가)에 들어갈 인구 이동이 일어나는 이유로 가장 적절한 것은?

아시아는 인구 이동이 활발하다. 사람들은 경제, 정치, 종교 등 다양한 원인에 따라 다른 국가로 이주한다. 최근에는 노동력이 풍부한 남부 아시아, 동남아시아 등에서 임금이 높은 일자리를 찾아 서남아시아와 동아시아 등으로 많은 인구가 이동하고 있다. 한편 시리아, 아프가니스탄 등의 국가에서는 _____(가)_____ 주변 국가로 이동하는 난민의 이동도 발생하고 있다.

① 전통문화를 지키기 위해서
② 종교의 자유를 얻기 위해서
③ 더 많은 교육의 기회를 얻기 위해서
④ 자연재해에 따른 피해를 줄이기 위해서
⑤ 전쟁이나 분쟁으로 인한 갈등을 피하기 위해서

06 다음과 같은 인구 구조가 나타나는 지역의 특징으로 가장 적절한 것은?

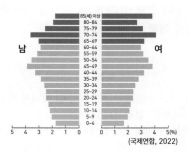

(국제연합, 2022)

① 경제적 수준이 매우 낮다.
② 유소년층 인구 비율이 매우 높다.
③ 인구수가 정체하거나 감소하고 있다.
④ 높은 실업률이 사회 문제로 나타난다.
⑤ 급격한 경제 성장이 기대되는 지역이다.

[07-08] 인구 피라미드를 보고 물음에 답하시오.

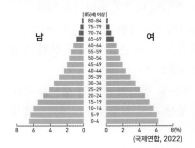

(국제연합, 2022)

중요✨
07 위와 같은 인구 구조를 가진 지역의 인구 문제를 해결하기 위한 방안으로 적절한 것을 〈보기〉에서 고른 것은?

┤ 보기 ├
ㄱ. 노인의 직업 훈련을 확대한다.
ㄴ. 다양한 출산 장려 정책을 지원한다.
ㄷ. 학교, 도로 등 사회 기반 시설을 건설한다.
ㄹ. 식량 생산을 늘리기 위해 경제 개발에 집중한다.

① ㄱ, ㄴ　　　② ㄱ, ㄷ　　　③ ㄴ, ㄷ
④ ㄴ, ㄹ　　　⑤ ㄷ, ㄹ

08 위와 같은 인구 구조가 나타나는 국가가 <u>아닌</u> 것은?

① 네팔　　　② 일본　　　③ 필리핀
④ 파키스탄　　　⑤ 방글라데시

09 저출산의 원인으로 옳은 것을 〈보기〉에서 고른 것은?

┤ 보기 ├
ㄱ. 자원 및 식량의 부족
ㄴ. 여성의 사회 참여 확대
ㄷ. 노인 부양 비용의 증가
ㄹ. 자녀와 결혼에 대한 가치관 변화

① ㄱ, ㄴ　　　② ㄱ, ㄷ　　　③ ㄴ, ㄷ
④ ㄴ, ㄹ　　　⑤ ㄷ, ㄹ

서술형
10 (가), (나) 인구 구조를 가진 국가에서 나타날 인구 현상을 한 가지씩 서술하시오.

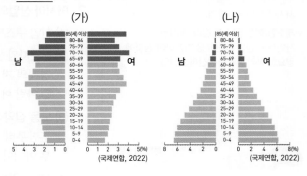

(가)　　　　　　　　(나)

(국제연합, 2022)　　　(국제연합, 2022)

_____

_____

서술형
11 밑줄 친 인구 이동의 주요 원인을 서술하시오.

아시아는 인구 이동이 활발한 편이다. <u>남부 아시아, 동남아시아 등에서 서남아시아와 동아시아, 북아메리카 등으로 많은 인구가 이동한다.</u>

_____

_____

아시아의 산업 특징과 변화

+ 국내 총생산
1년 동안 한 국가에서 생산된 재화와 서비스 가격의 총합

+ 희토류(稀 드물다, 土 땅, 類 종류)
채취하기 어려운 희귀한 금속으로 전자 제품 생산에 필수적인 재료임

+ 플랜테이션
서유럽의 식민 지배 이후 발달한 상업적 농업으로 선진국의 자본과 원주민의 노동력이 결합한 단일 농작물의 대규모 재배 형태이며, 주로 열대 기후에서 이루어짐

+ 노동 집약적 제조업
제품 생산 비용 중에서 노동비(인건비)가 가장 큰 비율을 차지하는 제조업

+ 부가 가치
노동력과 기술 등을 투입하여 생산 활동에서 새롭게 만들어진 가치

+ 제조업(製 만들다, 造 짓다, 業 사업)
자연에서 얻은 생산물을 가공하여 생활에 필요한 여러 물건을 생산하는 산업

1 아시아 산업의 특징

(1) **세계적인 산업 중심지** 전 세계 +국내 총생산(GDP)의 38%를 차지하여 북아메리카, 유럽과 함께 세계 산업의 중심지 역할

(2) **대표적인 산업**

산업	특징
천연자원 생산	• 산업에 필요한 주요 천연자원의 공급지 역할 ⑩ 에너지 자원(석탄, 석유, 천연가스), 광물 자원(희토류, 철광석) • +식량 자원 생산 ⑩ 곡물 자원(쌀, 밀), 플랜테이션 작물(커피, 천연고무, 차 등) • 사우디아라비아, 아랍 에미리트와 같은 서남아시아 국가들은 석유, 천연가스 수출을 통해 경제 성장
제조업	• 우리나라, 일본, 중국은 제조업을 바탕으로 경제 성장 • 풍부한 노동력을 바탕으로 +노동 집약적 제조업의 핵심적 생산 기지로 기능 ⑩ 의류, 신발, 섬유, 전자 조립 등
첨단·문화 산업	• 우리나라, 중국, 일본, 인도 등에서 +부가 가치가 높은 첨단 산업 크게 성장 ⑩ 반도체, 인공 지능, 로봇 공학 등 • 다양한 문화 콘텐츠를 생산하는 문화 산업과 관광 산업 발달

2 아시아 산업의 변화 자료 ①

(1) **산업 구조의 고도화** +제조업과 서비스업의 비중이 높아지고 있음

(2) **천연자원 생산국의 변화** 서남아시아의 천연자원 생산국들이 석유 고갈에 대비하여 경제의 자원 의존도를 낮추기 위해 노력 → 관광 및 금융 산업, 첨단 산업에 투자 ⑩ 아랍 에미리트 두바이의 팜 아일랜드

(3) **노동 집약적 제조업의 변화** 중국이 노동 집약적 제조업 생산을 주도 → 2010년대 후반부터 중국의 임금 상승으로 생산 기지의 중심이 상대적으로 임금이 낮은 남부 아시아와 동남아시아로 이동

(4) **첨단·문화 산업의 변화** 고부가 가치 첨단 산업에서 동아시아 국가들의 영향력 확대, 인도의 정보 통신 기술(IT) 발달, 우리나라 한류 현상의 전 세계적인 확산

3 아시아의 산업 변화가 우리나라 산업에 미치는 영향

(1) **자유무역협정(FTA) 체결**
① **목적** 다양한 분야에서 여러 아시아 국가와의 경제적 협력 강화
② **결과** 국가 간 물자와 서비스의 자유로운 이동을 통한 경제적 이익, 풍부한 노동력과 넓은 시장을 확보하기 위한 우리나라 기업의 아시아 국가로의 해외 진출 활발

(2) **아시아의 산업 변화에 따른 우리나라 산업의 변화**
① 서남아시아 관광 산업, 제조업 육성 → 우리 기업의 사회 기반 시설 건설 참여 증가
② 우리나라의 노동 집약적 제조업 경쟁력 약화 → 남부 아시아, 동남아시아에 진출하여 저렴하고 풍부한 노동력과 넓은 소비 시장 확보
③ 첨단 산업과 서비스업 분야에서 일본, 중국과의 국가 간 경쟁 및 기업의 기술 혁신을 통한 세계 시장 주도
④ 아시아 문화 산업 성장으로 문화 콘텐츠에 대한 수요 증가 → 우리나라 문화 산업과 관광 산업에 긍정적 연계 효과 발생 ⑩ 우리나라 문화 상품과 이와 관련된 상품 수출 증가, 외국인 관광객 증가 자료 ②

개념 확인 문제
● 바른답·알찬풀이 9쪽

1 다음 설명이 맞으면 ○표, 틀리면 ×표를 하시오.
(1) 노동 집약적 제조업은 최근 생산 기지의 중심이 임금이 높은 지역으로 이전하고 있다. (　　　)
(2) 우리나라, 중국, 일본 등 동아시아 국가들은 반도체, 정보 통신 기기와 같은 첨단 산업에서 핵심 역할을 담당하고 있다. (　　　)
(3) K-콘텐츠에 대한 관심이 높아지면서 우리나라 문화 상품의 수출이 증가하고 있다. (　　　)

2 다음 괄호 안의 내용 중 옳은 것에 ○표를 하시오.
(1) 우리나라 기업은 임금이 낮고 풍부한 노동력을 확보할 수 있는 (동남, 서남)아시아로 적극적으로 진출하고 있다.
(2) 사우디아라비아, 아랍 에미리트 등은 (에너지 자원, 제조업 제품) 수출을 통해 경제 성장을 이루었다.

꼭 나오는 자료

자료 ❶ 아시아 산업의 특징과 변화

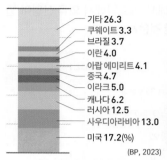

기타 26.3
쿠웨이트 3.3
브라질 3.7
이란 4.0
아랍 에미리트 4.1
중국 4.7
이라크 5.0
캐나다 6.2
러시아 12.5
사우디아라비아 13.0
미국 17.2(%)
(BP, 2023)

▲ 세계 10대 석유 생산국(2022년)

거대한 인공섬으로 대규모 관광객을 유치하기 위해 건설하였어.

▲ 아랍 에미리트 두바이의 팜 아일랜드

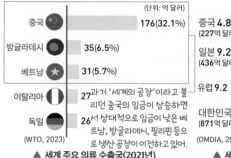

(단위: 억 달러)

중국 176(32.1%)
방글라데시 35(6.5%)
베트남 31(5.7%)
이탈리아 27 — 과거 '세계의 공장'이라고 불리던 중국의 임금이 상승하면서 상대적으로 임금이 낮은 베트남, 방글라데시, 필리핀 등으로 생산 공장이 이전하고 있어.
독일 26
(WTO, 2023)

▲ 세계 주요 의류 수출국(2021년)

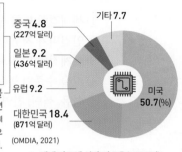

기타 7.7
중국 4.8 (227억 달러)
일본 9.2 (436억 달러)
유럽 9.2
대한민국 18.4 (871억 달러)
미국 50.7(%)
(OMDIA, 2021)

▲ 세계 반도체 시장 점유율(2020년)

- 사우디아라비아, 아랍 에미리트 등 서남아시아 일대의 국가들은 풍부한 석유와 천연가스의 수출로 경제 성장을 이루었다. 최근 서남아시아 일부 국가들은 자원 수출로 축척한 부를 관광·금융·물류 산업 등에 투자하는 등 경제의 자원 의존도를 낮추기 위해 노력하고 있다.
- 중국과 남부 및 동남아시아 국가들은 풍부한 노동력을 바탕으로 섬유, 의류, 신발, 전자 조립 등의 노동 집약적 제조업에서 핵심적 생산 기지로 기능하고 있다.
- 우리나라, 일본, 중국 등 동아시아 국가들은 반도체, 정보 통신 기기 등 첨단 기술을 필요로 하는 제품의 기술 개발부터 생산까지 전 분야에서 핵심적인 역할을 하며 영향력을 확대하고 있다.

우리나라, 일본, 중국이 생산한 반도체가 전 세계 생산량의 30% 이상을 차지해.

자료 ❷ 문화 산업 성장에 따른 연계 효과

우리나라 영화, 음악, 드라마가 아시아에서 큰 인기를 얻으면서 우리나라 제품도 인기를 끌고 우리나라를 찾는 관광객도 늘고 있어.

▲ 케이 팝 댄스를 배우러 온 관광객

▲ 케이 푸드 요리 교실에 참여한 관광객

아시아 여러 국가의 경제 성장으로 문화 콘텐츠에 대한 수요가 증가하고 다양한 플랫폼 서비스가 보급되면서 우리나라의 드라마, 영화, 음악, 게임 등 K-콘텐츠는 국내 시장을 넘어 세계 시장에서 큰 인기를 얻으며 주요 수출 산업으로 성장하였다. K-콘텐츠의 영역이 확대되면서 우리나라의 문화 상품과 그와 관련된 식품, 화장품 등의 상품 수출도 증가하고 있다. 또한 우리나라를 방문하는 관광객이 증가하고 관련 직업도 다양해지는 등 여러 산업에 긍정적 연계 효과가 발생하고 있다.

대표 문제로 실력 쌓기

● 바른답·알찬풀이 9쪽

≫ 아시아 산업의 특징

1 아시아 산업의 특징에 관해 옳게 말한 학생을 고른 것은?

> 갑: 전 세계 국내 총생산에서 아시아는 가장 낮은 비율을 차지하고 있어.
> 을: 서남아시아의 국가들은 석유, 천연가스의 수출을 통해 경제 성장을 이루었어.
> 병: 인도는 '세계의 공장'이라 불리며 노동 집약적 제조업을 주도하였어.
> 정: 우리나라, 일본 등은 고부가 가치 첨단 산업이 발달하였어.

① 갑, 을   ② 갑, 병   ③ 을, 병
④ 을, 정   ⑤ 병, 정

> **이것만은 꼭 기억하자!** 서남아시아는 석유·천연가스 생산, 중국 및 동남아시아의 노동 집약적 제조업, 동아시아는 첨단 산업에서 세계적인 경쟁력을 가지고 있어.
> ➤ 46쪽 01번, 52쪽 18번 문제도 풀어 보자!

≫ 아시아 국가로 진출하는 우리나라 기업

2 우리나라 기업이 스마트폰 생산 공장을 베트남으로 이전하는 이유로 가장 적절한 것은?

① 우리나라 제조업 경쟁력이 쇠퇴하였다.
② 인건비가 싸고 소비 시장이 넓은 곳이 필요하다.
③ 첨단 산업이 발달한 국가와의 상호 협력이 필요하다.
④ 에너지 자원 수출에 의존하는 무역 구조를 바꾸어야 한다.
⑤ 커피, 천연고무 등의 자원을 안정적으로 공급받으려고 한다.

> **이것만은 꼭 기억하자!** 중국의 임금 상승으로 상대적으로 임금이 낮은 동남아시아 지역에 우리나라 기업들이 적극적으로 진출하고 있어.
> ➤ 47쪽 07번, 53쪽 20번 문제도 풀어 보자!

중요✨

01 아시아 산업의 특징에 관한 옳은 설명을 〈보기〉에서 고른 것은?

┤ 보기 ├
ㄱ. 우리나라, 일본은 천연자원이 풍부하며 생산량도 많다.
ㄴ. 아시아의 여러 국가에서는 산업 구조의 고도화가 나타나고 있다.
ㄷ. 인도네시아, 방글라데시는 고부가 가치 첨단 산업을 주도하고 있다.
ㄹ. 서남아시아 일대의 국가들은 석유를 전 세계에 수출하며 경제 성장을 이루었다.

① ㄱ, ㄴ   ② ㄱ, ㄷ   ③ ㄴ, ㄷ
④ ㄴ, ㄹ   ⑤ ㄷ, ㄹ

02 ㉠에 해당하는 국가는?

(㉠)은/는 경제의 세계화 물결에 따라 저렴한 인건비와 풍부한 노동력을 바탕으로 저렴한 제품을 대량 생산하여 2010년대까지 '세계의 공장'으로 불렸다. (㉠)은/는 제조업 강국으로 도약하였으며, 이를 바탕으로 세계적인 경제 대국이 되었다.

① 몽골   ② 인도   ③ 일본
④ 중국   ⑤ 싱가포르

03 그래프는 세계 반도체 시장 점유율을 나타낸 것이다. 대한민국, 일본, 중국의 공통점으로 옳은 것은?

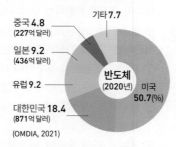

기타 7.7
중국 4.8 (227억 달러)
일본 9.2 (436억 달러)
유럽 9.2
대한민국 18.4 (871억 달러)
반도체 (2020년)
미국 50.7(%)
(OMDIA, 2021)

① 노동 집약적 제조업 공장이 많이 건설되고 있다.
② 철광석, 주석과 같은 광물 자원의 매장량이 많다.
③ 석유, 천연가스 등의 에너지 자원 수출량이 많다.
④ 열대 기후에서 재배되는 천연고무, 커피 등을 생산한다.
⑤ 고부가 가치 제품 개발을 위한 우수한 고급 인력이 많다.

고난도

04 그래프는 세계의 주요 의류 수출 국가를 나타낸 것이다. 이와 같이 중국, 방글라데시, 베트남에서 의류 산업이 발달한 이유로 가장 적절한 것은?

(단위: 억 달러)
중국 176(32.1%)
방글라데시 35(6.5%)
베트남 31(5.7%)
이탈리아 27
독일 26
(WTO, 2023)

① 세계적인 면화 생산지이다.
② 인건비가 저렴한 노동력이 풍부하다.
③ 세계적인 의류 회사의 본사가 위치한다.
④ 기술 수준이 높은 첨단 산업이 발달하였다.
⑤ 석유, 석탄, 천연가스 등 천연자원을 수출한다.

05 다음 글을 토대로 한 추론으로 가장 적절한 것은?

아랍 에미리트는 천연자원 수출 중심의 경제에서 벗어나 관광 산업을 육성하기 위해 바다에 대규모 인공섬을 건설할 계획이다. 이 사업에 우리나라 기업들이 적극적으로 참여하여 도로, 건물 등의 사회 기반 시설을 건설하는 데 큰 역할을 담당하고 있다.

① 우리나라 한류 콘텐츠의 위상이 높아지고 있을 것이다.
② 첨단 산업 분야에서 국가 간 경쟁을 벌이고 있을 것이다.
③ 천연자원 개발 사업에 우리나라가 적극적으로 참여하고 있을 것이다.
④ 노동 집약적 제조업의 생산 기지의 중심이 우리나라로 옮겨가고 있을 것이다.
⑤ 산업 변화에 따라 우리나라와 주변 국가들이 경제적으로 협력하고 있을 것이다.

06 사진과 같은 현상이 계속될 때 우리나라에 나타날 변화로 옳은 것을 〈보기〉에서 고른 것은?

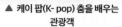

▲ 케이 팝(K-pop) 춤을 배우는 관광객 / ▲ 케이 푸드(K-food) 요리 교실에 참가한 관광객

보기
ㄱ. 첨단 산업에서의 국가 간 경쟁 심화
ㄴ. 해외 관광객 방문 지역의 상권 활성화
ㄷ. 우리나라 국가 이미지의 부정적 요소 강화
ㄹ. 음악, 방송, 공연 등 한류 콘텐츠 관련 산업 발달

① ㄱ, ㄴ ② ㄱ, ㄷ ③ ㄱ, ㄹ
④ ㄴ, ㄹ ⑤ ㄷ, ㄹ

07 (가)에 들어갈 내용으로 가장 적절한 것은?

최근 중국의 경제 성장에 따라 의류나 신발 등을 생산하는 공장들이 ___(가)___ 인도네시아, 베트남, 방글라데시 등으로 이전하기도 하였다.

① 자본이 풍부한 ② 인건비가 저렴한
③ 기술 수준이 높은 ④ 지하자원이 풍부한
⑤ 해상 교통이 발달한

08 아시아 산업의 변화가 우리나라에 미치는 영향으로 옳지 않은 것은?
① 우리나라 기업이 아시아 국가로 진출하고 있다.
② 우리나라 K-콘텐츠는 아시아에서 큰 성공을 거두었다.
③ 우리나라 첨단 산업은 다른 국가와의 경쟁으로 쇠퇴하였다.
④ 우리나라와 아시아 국가들 간의 경제적 협력이 강화되고 있다.
⑤ 아시아 국가의 산업 변화가 우리나라 산업에도 많은 변화를 가져오고 있다.

09 다음 글의 제목으로 가장 적절한 것은?

예전에는 동남아시아로 여행할 때 현지에서 모바일 결제를 하는 데 불편한 면이 있었다. 최근 동남아시아 국가들의 정보 통신 기술이 발달하면서 우리나라 모바일 결제 애플리케이션을 이용해 동남아시아 현지에서 쇼핑몰과 쇼핑 애플리케이션에서 물품과 서비스를 구매할 수 있도록 연계되었다.

① 동남아시아 관광 산업의 쇠퇴
② 국가 간 경쟁을 통한 기술 혁신
③ 천연자원 수출을 통한 경제 성장
④ 관광 산업 발달로 인한 환경 오염
⑤ 첨단기술 분야에서의 해외 협력 강화

서술형
10 자료는 연구원으로 일하는 김윤호씨의 가족 소개글이다. 이를 통해 알 수 있는 우리나라 산업 구조의 변화를 서술하시오.

1960년대에 나의 할아버지는 농촌에서 다양한 농작물을 재배하는 일을 하셨다. 1980년대에 어머니는 섬유 공장에서 일을 하셨다. 현재 나는 반도체 회사 연구소에서 기술 개발 관련 일을 하고 있다.

서술형
11 다음과 같은 현상이 지속될 때 나타날 수 있는 긍정적 효과를 서술하시오.

○○ 신문 2020○년
K-콘텐츠 돌풍이 동남아시아를 휩쓸다
우리나라의 드라마, 가요, 웹툰이 베트남, 타이, 캄보디아, 인도네시아에서 선풍적인 인기를 끌고 있다. 이에 따라 현지 젊은이들 사이에 우리나라에 대한 관심이 높아져 우리나라 제품의 인기도 높아지고 한국어 학습이 유행이 되고 있다.

II 단원 표와 자료로 정리하기 (한 번 더)

주제 04 아시아의 위치와 자연환경

위치		• (①　　　)과/와 카스피해를 경계로 유럽과 구분 • 유럽, 아프리카, 태평양, 인도양과 접해 있음
지역 구분 자료①	동아시아	• 불교, 유교, 한자, 젓가락 문화 공유 • 서울(대한민국), 도쿄(일본), 베이징(중국)
	동남 아시아	• 다양한 문화·종교·민족(인종), 주로 열대 기후 • 하노이(베트남), 방콕(타이), 마닐라(필리핀)
	남부 아시아	• 세계 최고의 (②　　　) 밀집 지역 • 뭄바이(인도), 이슬라마바드(파키스탄)
	서남 아시아	• 주로 (③　　　) 기후, 이슬람 문화권 • 메카(사우디아라비아), 두바이(아랍 에미리트)
	중앙 아시아	• 동서 문명을 연결하는 교역 중심지 • 사마르칸트(우즈베키스탄), 아스타나(카자흐스탄)
지형		• 대륙 중앙 고지대의 (④　　　)과/와 티베트고원 • 갠지스강, 메콩강, 창장강 등 대하천 주변의 평야 지대 • (⑤　　　) 조산대에 화산 지형 발달
기후 자료②	열대 기후	• 동남아시아, 남부 아시아 • 계절풍의 영향으로 (⑥　　　) 발달
	건조 기후	• 서남아시아, 중앙아시아 • 사막과 초원 발달 → 관개 농업, 유목
	온대·냉대 기후	• 동아시아 • 계절풍 → 여름 고온 다습, 겨울 한랭 건조

자료① 아시아의 지역 구분

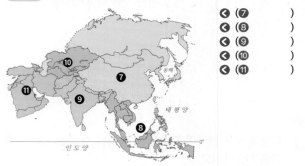

◀ (⑦　　　)
◀ (⑧　　　)
◀ (⑨　　　)
◀ (⑩　　　)
◀ (⑪　　　)

자료② 아시아의 기후

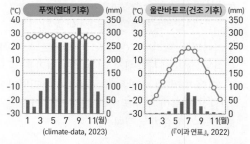

푸껫(열대 기후) (climate-data, 2023)
울란바토르(건조 기후) (『이과 연표』, 2022)

◎ 적도 부근의 열대 기후 지역 중 계절풍의 영향을 받아 여름 강수량이 풍부한 지역에서는 (⑫　　　) 이/가 활발하다.
◎ 중앙아시아 일대는 연 강수량이 적어 (⑬　　　)이/가 넓게 나타나며 가축을 이동하면서 키우는 (⑭　　　) 생활을 하기도 한다.

주제 05 아시아의 종교와 문화 다양성

주요 종교의 분포와 특징	(①　　　)	• 동남아시아, 동아시아 • 싯다르타(석가모니) 창시
	(②　　　)	• 인도, 네팔 등 남부 아시아 • 여러 신을 섬기는 다신교
	(③　　　)	• 서남아시아, 중앙아시아 • 무함마드 창시, 알라를 섬기는 유일신교
	크리스트교	• 필리핀의 주요 종교 • 하느님을 섬기는 유일신교

주요 종교의 문화 경관과 생활양식 자료③		문화경관	생활양식
	불교	불교 사원, 불상, 탑	• 수행, 명상 • 살생 금지, 채식 선호
	힌두교	다양한 신을 조각한 힌두교 사원	• 소고기 금기시 • 갠지스강 신성시
	이슬람교	(④　　　)(돔형 지붕, 첨탑 등)	• 술과 (⑤　　　) 금기시, 할랄 음식 • 성지 순례, 라마단 금식, 기도, 여성 히잡 착용 • 쿠란의 가르침을 따름
	크리스트교	성당, 교회, 십자가, 종탑	• 주로 일요일에 예배 • 성경의 가르침을 따름

종교의 갈등과 공존	종교 갈등 지역	다른 종교에 대한 차별과 억압이 원인 예 이스라엘-팔레스타인 지역, 인도-파키스탄의 (⑥　　　) 지역, 스리랑카 등
	종교 공존 지역	종교의 자유 보장, 모든 종교의 기념일을 법정 공휴일로 지정 예 싱가포르, 말레이시아
	세계시민의 자세	• 문화 상대주의와 (⑦　　　): 다른 종교·문화를 존중하고 이해하려는 열린 마음 • 다양한 문화를 존중하고 수용할 줄 아는 세계시민의 자세 필요

자료③ 주요 종교의 문화 경관

◎ 불교

◎ (⑧　　　)

▲ 타이의 왓 프라깨오 사원

▲ 인도의 스리미낙시 사원

◎ 이슬람교

◎ (⑨　　　)

▲ 아랍 에미리트의 셰이크 자이드 모스크

▲ 필리핀의 마닐라 대성당

주제 06 아시아의 인구 특징과 변화

인구 분포 자료 4	세계에서 인구가 가장 많은 대륙, 높은 인구 밀도	
	(❶)	• 아시아에서 인구가 가장 많은 지역 • 1억 명이 넘는 국가 다수 분포
	동아시아	최근 인구 성장 정체
	(❷)	• 높은 출생률로 인구 증가 추세 • 평야 지역에 인구 집중
	서남·중앙아시아	(❸)한 기후의 영향으로 상대적으로 적은 인구
인구 구조 자료 5	출생률이 높은 국가들	(❹)을/를 겪는 국가들
	• 급격한 인구 증가 • 부족한 사회 기반 시설과 높은 실업률 • 청장년층의 비율이 높아 높은 경제 성장 기대	• 저출산으로 유소년층 감소 • 노년층이 증가하는 고령화 • 생산 가능 인구 감소에 따른 노동력 부족 • (❺) 부양 비용 증가
인구 이동	경제적 원인	임금이 높고 일자리가 많은 국가로 이동
	정치적 원인	정치적 분쟁으로 발생한 (❻) 이동
	종교적 원인	종교의 자유를 찾아 다른 지역으로 이동

자료 4 아시아의 인구 분포

(세계은행, 2023) | (세계은행, 2023)
▲ 아시아 국가별 총인구(2022년)

◐ (❼)을/를 포함한 남부 아시아와 중국을 포함한 동아시아 지역에 인구가 많이 분포한다.
◐ 건조한 서남아시아, (❽)은/는 인구가 적은 편이다.

자료 5 아시아의 인구 구조

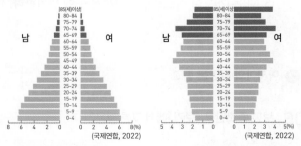

▲ 파키스탄의 인구 피라미드(2021년) ▲ 일본의 인구 피라미드(2021년)

◐ 파키스탄, 필리핀 등의 국가는 출생률이 (❾) 나타나며 청장년층 인구 비율이 높아 인구가 빠르게 성장하고 있다.
◐ 우리나라, 일본 등의 국가는 저출산으로 유소년층 비율이 (❿), 고령화로 인해 노년층 비율이 (⓫) 나타난다.

주제 07 아시아의 산업 특징과 변화 자료 6

특징	전 세계 국내 총생산(GDP)의 38%를 차지하는 세계 산업의 중심지	
대표적인 산업	천연자원	• 천연자원의 공급지 역할 ⓔ 에너지(석탄, 석유, 천연 가스), 광물(희토류, 철광석) • 식량 자원 생산 ⓔ 쌀, 밀, 커피, 차 등
	제조업	• 한·중·일은 제조업을 바탕으로 경제 성장 • 풍부하고 저렴한 노동력을 바탕으로 신발, 섬유, 전자 조립 등 (❶) 집약적 제조업 발달 → 최근 남부 및 동남아시아로 이동
	첨단·문화 산업	• 우리나라, 중국, 일본, 인도 • 부가 가치가 높은 첨단 산업과 게임, 영화, 음악 등 (❷) 산업 발달
아시아 산업의 변화	• 서남아시아의 경제의 자원 의존도를 낮추기 위한 노력 → 관광 산업, 금융 산업, 첨단 산업 등으로 변화 • 중국의 임금 (❸)으로 상대적으로 임금이 낮은 남부 및 동남아시아로 노동 집약적 제조업 공장의 이전	
우리나라 산업에 미치는 영향	• 서남아시아 지역에서 제조업과 관광 산업을 위한 사회 기반 시설 건설 사업 진출 • 저렴하고 풍부한 노동력과 넓은 소비 시장을 확보하기 위해 남부 아시아 및 동남아시아로 노동 집약적 제조업 진출 • 첨단 산업 분야에서 일본, 중국과의 경쟁과 협력이 나타남 → 기술 혁신을 통한 경쟁력 강화 • 대중음악, 드라마, 영화 등 K-콘텐츠가 주요 수출 산업으로 성장 → 우리나라에 외국인 (❹) 증가, 우리나라 상품 수출 증가	

자료 6 아시아 산업의 특징

▲ 대륙별 국내 총생산(2022년)

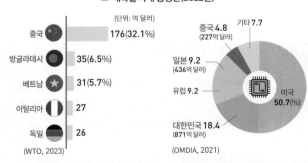

(WTO, 2023) | (OMDIA, 2021)
▲ 세계 주요 의류 수출국(2021년) ▲ 세계 반도체 시장 점유율(2020년)

◐ (❺)은/는 전 세계 국내 총생산(GDP)의 약 38%를 차지하며 세계 산업의 중요한 축을 담당한다.
◐ 중국, 동남아시아, 남부 아시아 지역의 국가들은 저렴하고 풍부한 (❻)을/를 바탕으로 노동 집약적 제조업이 발달하였다.
◐ 우리나라, 일본, 중국은 반도체와 같은 고부가 가치 (❼)을/를 주도하고 있다.

❶ 아시아 속으로

01 다음 설명에 해당하는 지역은?

> 유라시아 대륙의 내륙에 위치한 지역으로 우즈베키스탄, 카자흐스탄 등 국가 이름에 땅을 일컫는 말인 '스탄'을 사용한 국가가 많으며 이슬람교 신자가 많은 지역이다.

① 동아시아 　② 남부 아시아 　③ 동남아시아
④ 서남아시아 　⑤ 중앙아시아

02 다음 설명에 해당하는 도시를 지도의 A~E에서 고른 것은?

> 해상 교통의 중심지에 위치하고 일찍부터 다양한 민족(인종)의 사람들이 교류하면서 독특한 문화가 형성되어 많은 사람이 찾는 세계적인 관광지이다.

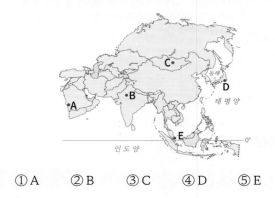

① A 　② B 　③ C 　④ D 　⑤ E

03 ㉠강에 관한 설명으로 옳은 것은?

> 아시아의 대하천 중 하나인 (㉠)강은 티베트 고원에서 발원하여 중국, 미얀마, 타이, 라오스, 캄보디아, 베트남 등 여러 국가를 거쳐 흐른다.

① 세계에서 가장 긴 강이다.
② 남부 아시아와 동남아시아의 경계가 된다.
③ ㉠강을 따라 지진과 화산 활동이 활발하다.
④ ㉠강 주변에는 벼농사가 가능한 평야가 나타난다.
⑤ ㉠강을 따라 증발량이 강수량보다 많은 기후가 나타난다.

04 A 지역에 관한 설명으로 옳은 것은?

① 세계 최고의 인구 밀집 지역이다.
② 유럽과 아시아의 경계인 우랄산맥이 위치하고 있다.
③ 유교와 불교, 한자, 젓가락 문화가 공통으로 나타난다.
④ 크리스트교, 이슬람교, 유대교의 성지가 모두 위치한다.
⑤ 물을 끌어와 농사를 짓는 관개 농업이 주로 이루어진다.

05 (가)~(다) 지역의 기후 특색으로 옳은 것은?

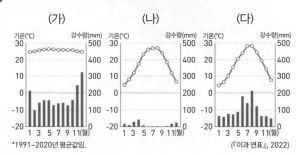

① (가)는 사계절의 변화가 뚜렷하다.
② (나)는 계절풍의 영향을 주로 받는다.
③ (다)는 열대림이 분포한다.
④ (나)는 (다)보다 사막이 넓게 나타난다.
⑤ (다)는 (가)보다 적도로부터 가까운 곳에 위치한다.

❷ 아시아의 다양한 종교

06 보편 종교만을 〈보기〉에서 고른 것은?

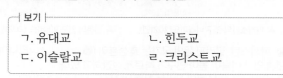

보기	
ㄱ. 유대교	ㄴ. 힌두교
ㄷ. 이슬람교	ㄹ. 크리스트교

① ㄱ, ㄴ 　② ㄱ, ㄷ 　③ ㄴ, ㄷ 　④ ㄴ, ㄹ 　⑤ ㄷ, ㄹ

07 다음과 같은 경관이 나타나는 종교에 관한 옳은 설명을 〈보기〉에서 고른 것은?

┌ 보기 ├
ㄱ. 여성은 머리와 목 등을 가리는 옷을 입는다.
ㄴ. 개인의 수행과 명상을 통한 깨달음을 중시한다.
ㄷ. 소를 신성한 동물로 여겨 소고기를 먹지 않는다.
ㄹ. 갠지스강에서 목욕을 하여 죄를 씻는 종교 의식을 행한다.

① ㄱ, ㄴ   ② ㄱ, ㄷ   ③ ㄴ, ㄷ
④ ㄴ, ㄹ   ⑤ ㄷ, ㄹ

08 (가)~(다) 경관과 관련된 종교를 바르게 연결한 것은?

(가)   (나)   (다)

	(가)	(나)	(다)
①	불교	힌두교	이슬람교
②	불교	이슬람교	크리스트교
③	이슬람교	불교	힌두교
④	크리스트교	불교	이슬람교
⑤	크리스트교	힌두교	이슬람교

09 ㉠ 종교에 관한 설명으로 옳은 것은?

(㉠)은/는 선지자 무함마드의 가르침을 적은 쿠란에 따라 하루에 다섯 번 성지를 향해 예배를 드려야 하며, 일생에 한 번은 무조건 성지를 순례해야 한다.

① 돼지고기와 술을 금기시한다.
② 갠지스강을 신성하게 여긴다.
③ 하느님을 유일신으로 섬긴다.
④ 동아시아에서 주요 종교로 자리잡았다.
⑤ 사원에는 다양한 신들이 조각되어 있다.

10 (가)에 들어갈 제목으로 적절한 것은?

┌─────────────────────────┐
│   (가)   │
│ • 카슈미르 지역은 영국으로부터 인도와 파키스 │
│   탄이 독립하는 과정에서 이 지역의 지배권을 두 │
│   고 갈등이 시작되었다. 현재 국제연합의 중재로 │
│   영토가 분할되었으나 갈등은 진행 중이다.   │
│ • 예루살렘에서는 이스라엘과 팔레스타인 간의 │
│   갈등이 첨예하게 지속되고 있고, 두 국가 간의 │
│   무력 충돌이 계속되고 있다.   │
└─────────────────────────┘

① 기후 변화가 일으킨 갈등
② 서로 다른 종교 간의 갈등
③ 같은 종교의 종파 간 갈등
④ 천연가스를 확보하기 위한 갈등
⑤ 소수 민족의 독립 운동에 따른 갈등

❸ 아시아의 인구

11 아시아 인구의 특징으로 옳은 것은?

① 세계에서 가장 인구가 적은 대륙이다.
② 인구 밀도가 다른 대륙들에 비해 낮다.
③ 동남아시아는 인구가 증가하는 추세이다.
④ 서남아시아는 세계적인 인구 밀집 지역이다.
⑤ 우리나라, 일본, 중국은 최근 인구가 급격히 증가하고 있다.

12 지도는 아시아의 국가별 총인구를 나타낸 것이다. 이에 관한 옳은 설명을 〈보기〉에서 고른 것은?

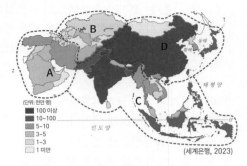

(단위: 천만 명)
- 100 이상
- 10~100
- 5~10
- 3~5
- 1~3
- 1 미만

(세계은행, 2023)

┤보기├
- ㄱ. A - 건조한 기후의 영향으로 인구가 적다.
- ㄴ. B - 종교 간 분쟁으로 인해 인구가 적다.
- ㄷ. C - 계절풍이 불어 벼농사가 유리하여 인구가 많다.
- ㄹ. D - 석유, 천연가스 등이 풍부하여 인구가 많다.

① ㄱ, ㄴ ② ㄱ, ㄷ ③ ㄴ, ㄷ
④ ㄴ, ㄹ ⑤ ㄷ, ㄹ

13 ㉠에 들어갈 알맞은 용어는?

> 아시아의 많은 국가에서는 생활 수준이 향상되고 의학 기술이 발달하여 (㉠)이/가 높아지고 있다.

① 사망률 ② 기대 수명 ③ 이주 비율
④ 인구 밀도 ⑤ 빈부 격차

14 인구 고령화를 해결하기 위한 방안으로 적절하지 <u>않은</u> 것은?

① 정년 단축을 추진한다.
② 연금 제도를 강화한다.
③ 사회 보장 제도를 보완한다.
④ 노인 돌봄 서비스를 확대한다.
⑤ 노인에게 재취업 기회를 제공한다.

15 (가), (나) 인구 구조를 가진 국가에서 발생하는 인구 문제를 바르게 연결한 것은?

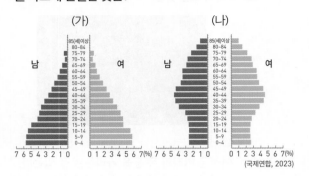

(국제연합, 2023)

	(가)	(나)
①	노동력 부족	인구의 급격한 증가
②	노동력 부족	노인 부양 부담 증가
③	기반 시설 부족	인구의 급격한 증가
④	인구의 급격한 증가	기반 시설 부족
⑤	인구의 급격한 증가	노인 부양 부담 증가

16 ㉠에 해당하는 국가를 〈보기〉에서 고른 것은?

> 아시아에서는 경제적 요인에 따른 인구 이동이 활발하게 일어나 (㉠)에서 서남아시아, 동아시아 등으로 일자리를 찾아 이동하는 청장년층이 많다.

┤보기├
- ㄱ. 일본
- ㄴ. 캄보디아
- ㄷ. 파키스탄
- ㄹ. 사우디아라비아

① ㄱ, ㄴ ② ㄱ, ㄷ ③ ㄴ, ㄷ ④ ㄴ, ㄹ ⑤ ㄷ, ㄹ

④ 아시아의 산업

17 그래프는 어떤 자원의 10대 생산국을 나타낸 것이다. 이 자원은?

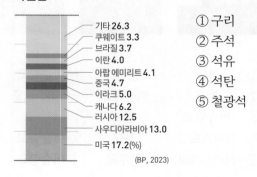

- 기타 26.3
- 쿠웨이트 3.3
- 브라질 3.7
- 이란 4.0
- 아랍 에미리트 4.1
- 중국 4.7
- 이라크 5.0
- 캐나다 6.2
- 러시아 12.5
- 사우디아라비아 13.0
- 미국 17.2(%)

(BP, 2023)

① 구리
② 주석
③ 석유
④ 석탄
⑤ 철광석

18 (가)에 들어갈 내용으로 가장 적절한 것은?

〈일본의 산업 발전〉
· 현재 세계적인 경제 대국
· 1950년대부터 수출 중심의 산업 구조를 바탕으로 경제 발전 가속화
· _____(가)_____ 을/를 바탕으로 부가 가치가 높은 첨단 산업에서 핵심적 역할 담당

① 풍부한 저임금 노동력
② 천연자원 수출로 축적된 자본
③ 해상 교통 중심지라는 지리적 위치
④ 첨단 기술에 대한 적극적인 연구 개발
⑤ 넓은 소비 시장을 확보할 수 있는 인구수

19 다음 글의 제목으로 가장 적절한 것은?

아랍 에미리트는 국가의 전략적 산업을 천연자원 수출뿐만 아니라 관광 산업으로 확대하겠다는 목표를 세웠다. 이에 따라 관광 산업에 집중적으로 투자하여 부르즈 할리파, 아인 두바이 등 랜드마크를 만들어 해마다 관광객을 늘리겠다고 발표하였다.

① 산업 구조 고도화를 위한 노력
② 천연자원 수출 국가 간 협력 강화
③ 국가 교통망 개선을 위한 계획 수립
④ 첨단 산업 유치를 위한 인센티브 제공
⑤ 랜드마크 건설로 인한 해양 오염 심화

20 다음과 같은 변화가 우리나라에 끼친 영향으로 가장 적절한 것은?

1980년대부터 중국, 베트남, 인도 등의 국가에서 저임금 노동력을 중심으로 대규모 생산 시설을 갖추어 전 세계에 많은 상품을 수출하게 되었다.

① 천연자원의 수출 증가
② 외국인 노동자 수의 감소
③ 다른 국가와의 무역량 감소
④ 플랜테이션 농업 재배 면적 확대
⑤ 노동 집약적 제조업의 경쟁력 약화

21 (가), (나) 경관이 나타나는 지역에서의 농업·목축업의 특징을 각각 서술하시오.

(가)

(나)

22 (가)에 들어갈 내용으로 서로 다른 종교가 공존하기 위해 가져야 할 태도를 서술하시오.

오늘날 세계 각 지역에서는 서로 다른 종교에 대한 차별과 편견으로 고통받고 있으며 민족 갈등이나 영토 분쟁까지 일어나고 있다. 서로 다른 종교가 평화롭게 공존하기 위해서는 _____(가)_____

23 (가), (나) 인구 구조를 가진 국가의 중위 연령과 기대 수명을 비교하여 서술하시오.

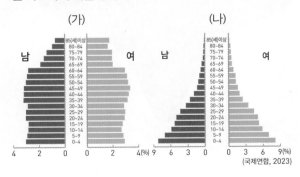

III

유럽

유럽

유럽의 국가와 주요 도시의 위치, 지형과 기후를 나타낸 지도입니다.
Ⅲ단원 학습에 활용하세요.

◆ 유럽의 국가와 주요 도시

▶ 다음 국가와 주요 도시를 지도에서 찾아보자.

국가	도시
영국, 프랑스, 독일, 노르웨이, 스웨덴, 핀란드, 에스파냐, 이탈리아, 폴란드, 체코, 러시아	런던, 파리, 베를린, 오슬로, 스톡홀름, 헬싱키, 바르셀로나, 로마, 바르샤바, 프라하, 모스크바

◆ 유럽의 지형

> 다음 초성에 맞는 지형을 왼쪽 지도에서 찾아 용어를 완성해 보자.

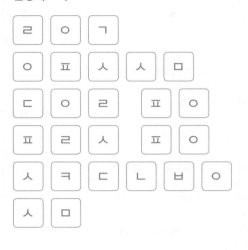

◆ 유럽의 기후

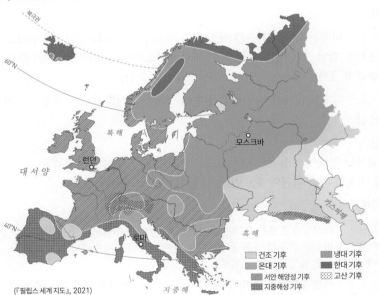

(『필립스 세계 지도』, 2021)

Ⅲ 단원을 학습하면서 유럽의 자연환경과
인문환경의 특성을 백지도에 표현하여
나만의 유럽 지도를 완성해 보자.

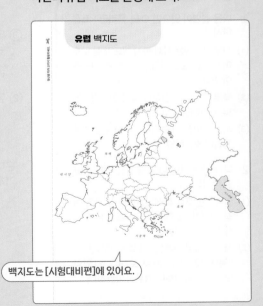

백지도는 [시험대비편]에 있어요.

Ⅲ. 유럽 **❶ 유럽 속으로**

유럽의 위치와 자연환경

+ **알프스산맥**
프랑스, 스위스, 이탈리아, 오스트리아 등을 지나는 산맥이다. 가장 높은 산은 몽블랑산으로 높이가 약 4,810 m이며 정상 부근에서는 만년설을 볼 수 있다.

+ **라인강**
스위스, 독일, 네덜란드를 거쳐 북해로 유입되는 하천

+ **편서풍(偏 치우치다, 西 서쪽, 風 바람)**
남·북위 30°~ 60°의 중위도 지역에서 일년 내내 서쪽에서 동쪽으로 부는 바람

+ **혼합 농업**
식량 작물 및 사료 작물 재배와 가축 사육을 함께하는 농업

+ **낙농업(酪 타락, 農 농사, 業 일)**
젖소를 사육하여 우유와 유제품을 생산하는 산업

+ **백야 현상**
고위도 지역에서 여름철 밤에도 해가 지지 않아 어두워지지 않는 현상

+ **극야 현상**
고위도 지역이나 극점에서 겨울철에 오랫동안 해가 뜨지 않고 밤이 계속되는 현상

1 유럽의 위치와 지역 구분

(1) **유럽의 위치** 북반구 중위도와 고위도, 유라시아 대륙의 서부에 위치
① 동쪽은 우랄산맥, 카스피해 등을 경계로 아시아와 구분됨
② 서쪽은 대서양, 북쪽은 북극해, 남쪽은 지중해와 접해 있음
(2) **유럽의 지역 구분** 위치와 문화적 특성에 따라 서부 유럽, 북부 유럽, 남부 유럽, 동부 유럽으로 구분할 수 있음 **자료 ❶**

2 유럽의 주요 국가와 도시 **자료 ❷**

(1) **서부 유럽** 세계의 근대화와 산업화를 주도함 **예** 영국(런던), 프랑스(파리), 독일(베를린)
① 제조업이 발달한 독일, 금융업이 발달한 영국
② 국제기구의 본부 위치 **예** 스위스(제네바), 벨기에(브뤼셀)
(2) **북부 유럽** 교육과 의료 복지(사회 복지) 제도가 잘 갖추어짐 **예** 노르웨이(오슬로), 스웨덴(스톡홀름), 핀란드(헬싱키)
(3) **남부 유럽** 연중 따뜻한 기후, 아름다운 해안 **예** 에스파냐(바르셀로나), 이탈리아(로마), 그리스(아테네) → 관광 산업 발달
(4) **동부 유럽** 성장 잠재력이 큰 지역임 **예** 러시아(모스크바), 폴란드(바르샤바), 체코(프라하)

3 유럽의 자연환경

(1) **유럽의 지형**
① **북부** 스칸디나비아산맥(상대적으로 해발 고도가 낮음), 빙하의 영향으로 피오르 해안과 빙하호 발달, 화산 활동으로 생긴 아이슬란드(지열을 이용한 난방) **예** 노르웨이(송네 피오르), 아이슬란드(파그라달스피아들 화산)
② **남부** 알프스산맥과 피레네산맥 → 비교적 형성 시기가 오래되지 않아 해발 고도가 높고 험준함
③ **유럽 평원**
• 프랑스·북독일 평원에서 동유럽 평원으로 이어지며 인구와 산업이 밀집함
• 라인강을 비롯한 여러 하천이 흐르며, 농업 활발 **예** 우크라이나, 폴란드

(2) **유럽의 기후 자료 ❸**

온대 기후	서안 해양성 기후	• 대서양을 흐르는 북대서양 난류와 일 년 내내 불어오는 +편서풍의 영향 • 비슷한 위도의 대륙 동안보다 겨울이 따뜻하고 강수량이 연중 고름 → +혼합 농업과 +낙농업 발달
	지중해성 기후	• 여름이 덥고 건조하며, 겨울은 따뜻하고 비가 자주 내림 → 수목 농업 발달(오렌지, 올리브 등 재배) • 그리스의 전통 가옥은 벽을 밝은색으로 칠해 여름철 뜨거운 햇볕을 반사시키고 벽을 두껍게 만듦
냉대 기후		• 길고 추운 겨울, 기온의 연교차 큼 • 북부 유럽을 포함한 고위도 지역은 여름철에 +백야 현상, 겨울철에 +극야 현상이 나타남 • 침엽수림 지대인 타이가가 넓게 분포함

꼭 나오는 자료

자료 ① 유럽의 지역 구분

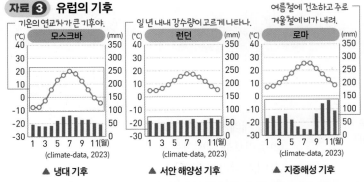

사회 복지 제도가 잘 갖추어져 있고, 각국의 수도는 대체로 남부 해안을 따라 분포해.

동부 유럽에 있는 러시아는 세계에서 국토 면적이 가장 넓은 국가야.

영국, 프랑스 등 세계 경제를 이끌어 가는 국가들이 있어.

기후가 따뜻하고 역사가 오래되어 관광지로 유명해.

유럽은 지리적 위치·정치·인종·문화적 지표를 고려하여 서부 유럽, 북부 유럽, 중부 유럽, 남부 유럽, 동부 유럽 등으로 구분할 수 있다.

자료 ② 유럽 주요 도시의 랜드마크

▲ 프랑스 파리의 에펠탑

1889년에 열린 세계 박람회에 전시할 목적으로 만들어졌어.

아이슬란드의 화산 지형을 본떠 만든 레이캬비크의 랜드마크야.

▲ 아이슬란드의 할그림스키르캬 교회

▲ 에스파냐 바르셀로나의 사그라다 파밀리아 성당

▲ 러시아 모스크바의 성 바실리 대성당

모스크바를 상징하는 건축물로 유네스코 세계문화유산에 등재되었어.

유럽의 국가와 도시들은 저마다 특색있는 자연환경과 문화경관이 나타나 전 세계 사람들이 즐겨 찾는 관광지가 많다. 랜드마크는 어떤 지역을 대표하는 사물로 주위의 경관 중에서 두드러지게 눈에 띄는 것을 말한다.

자료 ③ 유럽의 기후

기온의 연교차가 큰 기후야. / 일 년 내내 강수량이 고르게 나타나. / 여름철에 건조하고 주로 겨울철에 비가 내려.

(모스크바 그래프) (climate-data, 2023)
▲ 냉대 기후

(런던 그래프) (climate-data, 2023)
▲ 서안 해양성 기후

(로마 그래프) (climate-data, 2023)
▲ 지중해성 기후

대륙 서안에 위치한 유럽은 비슷한 위도의 대륙 동안보다 바다의 영향을 많이 받아 여름과 겨울의 기온 차이가 작은 편이다.

핵심 개념 체크 문제
QR 코드를 스캔해 보세요.

대표 문제로 실력 쌓기

● 바른답·알찬풀이 12쪽

≫ 유럽의 특징 선택지 하나 더

1 서부 유럽과 남부 유럽의 특징으로 옳지 않은 것은?

구분	서부 유럽	남부 유럽
① 기후	서안 해양성 기후	지중해성 기후
② 지형	유럽 평원	알프스산맥
③ 특징	세계의 산업화 주도	역사가 오래된 관광지가 많음
④ 랜드마크	할그림스키르캬 교회	에펠탑
⑤ 주요 도시	런던, 파리, 베를린	베르셀로나, 로마, 아테네
⑥ 주요 국가	영국, 프랑스, 벨기에, 독일	에스파냐, 이탈리아, 그리스

> **이것만은 꼭 기억하자!** 서부 유럽은 서안 해양성 기후 지역으로 세계의 산업화와 근대화를 주도한 곳이야. 남부 유럽은 지중해성 기후 지역으로 역사 유적지가 많아 관광지로 유명해.
> ✈ 60쪽 02번, 72쪽 05번 문제도 풀어 보자!

≫ 유럽의 주요 도시

2 친구에게 소개하고 있는 ㉠ 도시를 지도의 A ~ E에서 고른 것은?

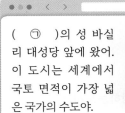

(㉠)의 성 바실리 대성당 앞에 왔어. 이 도시는 세계에서 국토 면적이 가장 넓은 국가의 수도야.

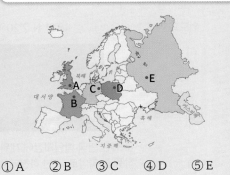

① A ② B ③ C ④ D ⑤ E

> **이것만은 꼭 기억하자!** 러시아는 세계에서 가장 면적이 넓은 국가이며 수도는 모스크바야.
> ✈ 60쪽 04번, 73쪽 07번 문제도 풀어 보자!

중요✨
01 ㉠, ㉡에 들어갈 용어를 바르게 연결한 것은?

> 유럽은 우랄산맥, 카스피해 등을 경계로 (㉠)
> 와 구분되고 서쪽으로 (㉡), 북쪽으로 북극해,
> 남쪽으로 지중해와 접해 있다.

	㉠	㉡
①	아시아	대서양
②	아시아	인도양
③	아메리카	대서양
④	아프리카	태평양
⑤	그린란드	홍해

중요✨
02 서부 유럽에 관한 설명으로 가장 적절한 것은?

① 도시 발달의 역사가 짧다.
② 노르웨이, 스웨덴, 핀란드가 위치한다.
③ 세계의 근대화와 산업화를 주도하였다.
④ 유럽의 새로운 시장으로 떠오르고 있다.
⑤ 대륙의 영향으로 대부분 냉대 기후가 나타난다.

03 자료의 ㉠에 해당하는 도시는?

도시명	㉠
위도와 경도	48°51′N, 2°20′E
랜드마크	1889년 만국 박람회장에 세워진 철근 건축물 작품 중 하나로, 주변 하천에서 바라본 풍경이 장관이다.

① 파리　　　② 런던　　　③ 헬싱키
④ 프라하　　　⑤ 스톡홀름

고난도
04 지도의 A~D 지역에 관한 설명으로 옳은 것은?

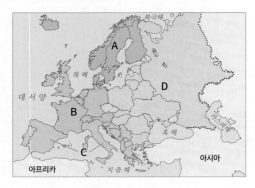

① A에는 산업 혁명의 발상지가 있다.
② B 지역은 강수량이 매우 적어 식생이 빈약하다.
③ C 지역의 사람들은 일 년 내내 비가 내리는 날이 많아서 외출할 때 우산을 준비한다.
④ D 지역에는 최근 유럽에서 가장 빠르게 경제가 성장하고 있는 바르샤바가 있다.
⑤ A~D의 지역 구분은 사용하는 언어를 기준으로 한 것이다.

05 지도의 A 지역에서 볼 수 있는 경관으로 가장 적절한 것은?

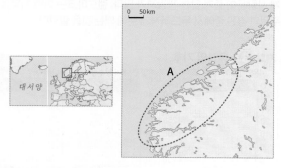

① 밀 재배가 활발한 평원
② 올리브를 재배하는 농장
③ 여러 국가를 흐르는 하천
④ 빙하에 의해 만들어진 피오르
⑤ 코르크나무 껍질을 벗기는 농장

06 A~C 산맥에 관한 설명으로 옳은 것은?

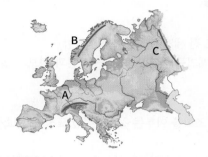

① A는 피레네산맥이다.
② A는 형성 시기가 오래되었다.
③ B는 높고 험준하다.
④ B 주변에는 라인강이 흐른다.
⑤ C는 유럽과 아시아를 구분하는 경계가 된다.

07 사회 수행 평가 보고서의 일부이다. ㉠에 해당하는 기후는?

(㉠) 지역의 주민 생활 모습

서부 유럽의 (㉠) 지역 사람들은 집 안에 벽난로를 설치하는 경우가 많다. 또한 흐리고 비 내리는 날이 많아 우산과 비옷, 코트를 자주 활용하며, 맑은 날에는 일광욕을 즐긴다.

① 열대 기후   ② 건조 기후
③ 고산 기후   ④ 지중해성 기후
⑤ 서안 해양성 기후

08 A 지역의 기후 특징으로 옳은 것은?

① 여름철에 덥고 건조하다.
② 우기와 건기가 뚜렷하다.
③ 일 년 내내 계절풍의 영향을 받는다.
④ 바다의 영향을 적게 받아 겨울이 춥고 길다.
⑤ 유제품을 생산하는 낙농업 발달에 유리하다.

09 조사 지역인 ㉠을 지도의 A~E에서 고른 것은?

• 조사 지역: (㉠)
• 조사 내용
 - 대부분 넓은 평원으로 이루어져 있음
 - 주변에 라인강이 흐르며 농업이 발달함

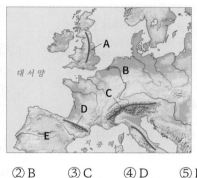

① A   ② B   ③ C   ④ D   ⑤ E

서술형

10 다음 그래프가 나타내는 기후가 무엇인지 쓰고, 이 기후의 계절별 특징을 서술하시오.

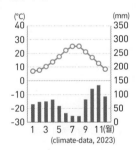

(climate-data, 2023)

서술형

11 A 산맥과 B 산맥의 특징을 비교하여 서술하시오.

주제 09  유럽의 다양한 도시

+ 세계 도시
세계화 시대에 국가의 경계를 넘어 세계적으로 중심지 역할을 하는 대도시

+ 탄소중립(炭 숯, 素 희다, 中 가운데, 효 서다)
이산화 탄소를 배출한 만큼 이산화 탄소를 흡수하는 대책을 세워 실질적인 이산화 탄소 배출을 '0'으로 만드는 개념으로 '넷 제로(Net Zero)'라고도 한다.

+ 신·재생 에너지
연료 전지, 수소 등의 신 에너지와 태양광 발전이나 풍력 발전 등 고갈되지 않고 지속해서 사용할 수 있는 재생 에너지

+ 산업 클러스터
서로 관련 있는 기업과 연구소, 대학, 정부 기관 등이 가까이에 위치하여 긴밀한 협력이 가능한 지역

+ 도시 재생 사업
인구와 기능이 집중하여 도시 문제가 발생한 경우에 도시 환경을 개선하기 위해 정책적인 노력을 하는 것

1 다양한 유형의 유럽 도시 `자료 ❶`

(1) +세계 도시
① 경제, 문화, 정치의 중심지로 전 세계에 영향력을 행사함
② 금융 기관, 기업의 본사, 국제기구의 본부 입지 → 자본과 정보의 집중 **예** 런던(영국), 파리(프랑스) `자료 ❷`

(2) 생태 도시(친환경 도시)
① 사람과 자연환경 및 문화가 조화를 이루는 친환경적인 도시 → +탄소중립 실천, +신·재생 에너지 활용
② 프라이부르크(독일), 코펜하겐(덴마크), 말뫼(스웨덴), 암스테르담(네덜란드) 등

(3) 역사·문화 도시
① 다양한 문화나 역사 유적을 바탕으로 성장한 도시
② 아테네(그리스), 로마·피렌체·베네치아(이탈리아), 바르셀로나·빌바오(에스파냐), 리스본(포르투갈), 프라하(체코), 빈(오스트리아) 등

(4) 관광 도시(휴양 도시)
① 독특한 자연환경을 바탕으로 성장한 도시
② 레이캬비크(아이슬란드), 인터라켄(스위스), 니스(프랑스), 두브로브니크(크로아티아) 등

(5) 첨단 도시
① **지식·정보 산업이 발달한 도시** 세계적인 첨단 산업 관련 기업과 산업 단지가 위치함 → 반도체, 생명 공학, 신소재 등의 첨단 기술 산업 발달
② +산업 클러스터 형성

프랑스 소피아 앙티폴리스	파리의 과도한 집중을 해소하기 위해 연구소와 선도 기업을 유치하여 첨단 산업 연구 단지를 조성함
스웨덴 시스타 사이언스 시티	유럽의 대표적인 첨단 도시로 대학과 교육 및 연구 기관에서 양성한 인재를 바탕으로 정보 통신 기술 산업이 발달함
핀란드 오울루 테크노폴리스	북부 유럽 최초의 사이언스 파크이자 핀란드의 경제 성장에 있어 견인차 역할을 함

2 지속가능한 도시를 만들기 위한 노력 `자료 ❸`

(1) 지속가능한 도시 환경·경제·사회가 조화를 이루며, 기후위기에 대응하여 장기적으로 지속가능한 발전이 이루어질 수 있는 도시
(2) 등장 배경 산업화와 도시화 과정에서 발생한 도시 문제와 기후위기 문제 등을 해결하기 위해 등장함 → +도시 재생 사업 실시
(3) 유럽 도시들의 노력

신·재생 에너지 이용	네덜란드 알메르는 태양광을 이용하여 에너지 공급, 독일 프라이부르크는 에너지 자립을 목표로 태양광 지붕 설치
자원 재활용	덴마크 코펜하겐에서는 건물을 지을 때 철거 건물의 벽돌, 목재, 유리 등을 재활용함
교통 제한 구역 확대	에스파냐 바르셀로나의 슈퍼블록 안에서는 도시 서비스 차량 및 응급 차량만 운행 가능, 일반 차량은 통행 제한
녹색 공간의 보존과 확대	이탈리아 밀라노는 건물에 숲을 조성하는 등 녹지 공간 확대
탄소 배출 감축	노르웨이 오슬로는 화석 에너지 사용 차량의 운행과 판매 금지 예정

개념 확인 문제
● 바른답·알찬풀이 13쪽

1 다음 설명이 맞으면 ○표, 틀리면 ×표를 하시오.
(1) 생태 도시는 역사 유적을 바탕으로 성장한 도시이다. ( )
(2) 지속가능한 도시는 도시 문제와 기후위기 문제를 해결하기 위해 등장하였다. ( )
(3) 독일의 프라이부르크와 네덜란드의 암스테르담은 역사·문화 도시로 유명하다. ( )

2 다음 괄호 안의 내용 중 옳은 것에 ○표를 하시오.
(1) 영국의 런던은 세계적 기업과 금융 회사가 밀집한 (세계 도시, 관광 도시)이다.
(2) 유럽은 지속가능한 도시를 만들기 위해 교통 제한 구역을 (확대, 축소)하고 신·재생 에너지 이용을 (늘리고, 줄이고) 있다.

꼭 나오는 자료

핵심 개념
체크 문제

QR 코드를 스캔해 보세요.

자료 ❶ 유럽의 다양한 도시

▲ 생태 도시(네덜란드 암스테르담)
└ 자전거 문화와 친환경적인 정책으로 유명해.

└ 미켈란젤로, 레오나르도 다빈치 등 유명한 예술가들이 활동하던 도시로 곳곳에 문화유산이 가득해.
▲ 역사·문화 도시(이탈리아 피렌체)

▲ 관광 도시(스위스 인터라켄)

▲ 첨단 도시(스웨덴 시스타 사이언스 시티)

유럽은 일찍이 산업화가 진행되고 오랜 기간 도시가 성장하면서 다양한 유형의 도시들이 발달하였다. 유럽에는 세계 도시를 비롯하여 생태 도시, 역사·문화 도시, 관광 도시, 첨단 도시 등 다양하고 매력적인 도시들이 많다.
└ 아름다운 자연 경관을 보면서 패러글라이딩, 스카이다이빙 등을 즐길 수 있어.

자료 ❷ 세계 도시

└ 세계적인 기업의 본사와 은행·증권·보험 회사 등 금융 기관이 밀집해 있어.

▲ 런던(영국)

▲ 파리(프랑스)

세계 도시는 세계화 시대에 국가의 경계를 넘어 세계적인 중심지 역할을 하는 대도시를 의미한다. 세계 도시를 선정하는 기준으로 세계적인 경제 활동, 연구·개발, 문화 교류 및 정보 교류, 거주 환경 등의 다양한 요소가 활용되고 있으며, 런던, 파리 등이 대표적인 세계 도시에 해당한다.
└ 항공 교통의 중심지이자 금융의 중심지로서 국제 자본 네트워크의 핵심적인 위치에 있는 도시야.
└ 라데팡스에는 첨단 업무·상업 기능 등이 밀집해있고, 자동차 도로는 광장 지하에 배치되어 있어.

자료 ❸ 지속가능한 도시를 만들기 위한 다양한 노력

└ 슈퍼블록 안에서는 일반 차량이 통행할 수 없어.

▲ 교통 제한 구역 확대(에스파냐 바르셀로나)

└ 건물 옥상과 테라스에 정원을 조성해서 탄소 배출을 줄이고 있어.
▲ 녹지 공간 확대(이탈리아 밀라노)

유럽의 여러 도시는 지속가능한 도시를 만들기 위해 다양한 정책을 추진하고 있다. 네덜란드 알메르의 신·재생 에너지(태양광 에너지) 공급, 덴마크 코펜하겐의 건축물 재료 재활용, 에스파냐 바르셀로나의 교통 제한 구역 확대, 이탈리아 밀라노의 녹색 공간 보존 및 확대 등이 그 사례이다.

대표 문제로 실력 쌓기
● 바른답·알찬풀이 13쪽

≫ 다양한 유형의 유럽 도시 [선택지 하나 더]

1 유럽의 도시에 관한 설명으로 옳지 않은 것은?

	도시 유형	특징
①	세계 도시	세계 경제의 중심지 역할
②	생태 도시	사람과 자연환경 및 문화의 조화
③	역사·문화 도시	다양한 문화와 역사 유적 분포
④	관광 도시	국제기구의 본부 입지
⑤	첨단 도시	지식·정보 산업 발달
⑥	휴양 도시	독특한 자연환경이 나타남

> **이것만은 꼭 기억하자!** 유럽의 도시는 자연환경, 역사, 문화, 그곳에 사는 사람들의 가치관 등에 따라 다양한 모습으로 나타나.
> ✈ 64쪽 03번, 73쪽 10번 문제도 풀어 보자!

≫ 유럽의 세계 도시

2 사회 관계 소통망(SNS) 속 ㉠ 도시를 지도의 A~E에서 고른 것은?

Dreamer

세계 경제의 중심지, (㉠)

㉠의 인구 분산과 업무 시설 확보를 위해 계획된 신도시에 건설된 신개선문
#에펠탑 #개선문

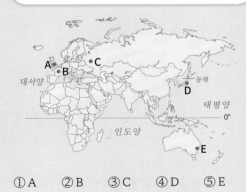

① A   ② B   ③ C   ④ D   ⑤ E

> **이것만은 꼭 기억하자!** 세계 도시인 런던(영국), 프랑스(파리)는 세계 경제의 중심지 역할을 해.
> ✈ 64쪽 02번, 74쪽 11번 문제도 풀어 보자!

01 다음은 현우가 유럽 여행 중에 기록한 내용이다. 현우가 방문한 국가는 어디인가?

> 2020○년 ○월 ○일
> 오늘은 산악 열차를 타고 알프스 산지에 올랐어. 기차역인 융프라우요흐역에 갔는데, 유럽에서 가장 높은 곳에 있는 기차역이라고 해. 열차 안에서 보는 알프스 산지의 풍경은 정말 아름다웠어.

① 체코   ② 스위스
③ 프랑스   ④ 이탈리아
⑤ 크로아티아

중요✦
02 지도에 표시된 두 도시의 공통점으로 옳지 <u>않은</u> 것은?

① 기업의 본사가 많다.
② 금융 기관이 밀집해 있다.
③ 자본과 정보가 집중되어 있다.
④ 세계의 중심 도시 역할을 한다.
⑤ 면직 공업과 같은 제조업이 발달하였다.

중요✦
03 (가), (나)에 해당하는 도시를 바르게 연결한 것은?

(가)   (나)

자전거 문화와 친환경적인 정책으로 유명한 서부 유럽의 도시
#운하 #친환경 도시 #수도

아름다운 역사·문화적 건축물이 도시 곳곳에 분포하는 남부 유럽의 도시
#건축가 가우디의 도시

	(가)	(나)
①	피렌체	로마
②	아테네	프라이부르크
③	레이캬비크	프라하
④	암스테르담	라데팡스
⑤	암스테르담	바르셀로나

04 다음 설명에 해당하는 도시로 옳은 것은?

> 이 도시는 생태 도시로 온실 기체 방출량을 줄이기 위해 자전거 이용을 장려하는 정책을 펼치고 있다. 또한 쓰레기 소각장에는 쓰레기를 태워 주변 지역에 전기와 난방열을 제공하는 발전소를 지었는데, 문화 시설도 함께 공존하고 있어 시민들의 사랑을 받는 명소가 되었다.

① 독일 에센   ② 프랑스 니스
③ 오스트리아 빈   ④ 에스파냐 빌바오
⑤ 덴마크 코펜하겐

05 다음 도시들의 공통점으로 가장 적절한 것은?

> • 프랑스 소피아 앙티폴리스
> • 핀란드 오울루 테크노폴리스
> • 스웨덴의 시스타 사이언스 시티

① 역사 유적이 많다.
② 최근 제조업이 성장하였다.
③ 산업 클러스터가 발달하였다.
④ 세계의 중심 도시 역할을 한다.
⑤ 독특한 자연환경을 바탕으로 관광 산업이 발달하였다.

고난도

06 유럽에서 지속가능한 도시가 등장하게 된 배경으로 옳은 것을 〈보기〉에서 고른 것은?

> ┤ 보기 ├
> ㄱ. 도시 재생 사업이 실패하였다.
> ㄴ. 최근 제조업의 발달로 경제가 성장하였다.
> ㄷ. 이상 기후 현상으로 자연재해가 발생하였다.
> ㄹ. 산업 혁명 이후 공장과 산업 시설이 노후되었다.

① ㄱ, ㄴ ② ㄱ, ㄷ ③ ㄴ, ㄷ
④ ㄴ, ㄹ ⑤ ㄷ, ㄹ

중요

07 유럽의 친환경 도시에 관한 설명으로 옳지 <u>않은</u> 것은?

① 탄소중립을 실천한다.
② 도시 내 녹지 공간의 비율이 높다.
③ 자동차 대신 자전거 이용을 장려한다.
④ 온실 기체 배출량을 줄이기 위해 노력한다.
⑤ 석유, 석탄과 같은 화석 에너지 자원을 많이 사용한다.

08 ⊙에 들어갈 도시로 가장 적절한 것은?

> 스웨덴 (⊙)은/는 조선 산업이 번성했던 도시였으나, 친환경 도시로 나아가기 위해 해상 풍력 발전, 조력 발전 등 신·재생 에너지를 생산하는 정책을 펼치며 탄소중립 시기를 앞당기고 있다.

① 말뫼   ② 제네바
③ 브뤼셀   ④ 맨체스터
⑤ 레이캬비크

서술형

09 지도에 표시된 A∼E 도시의 유형을 쓰고, 이러한 도시의 특징을 서술하시오.

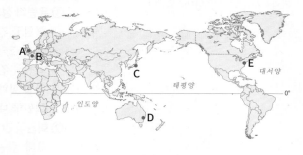

서술형

10 제시된 도시들이 지속가능한 도시를 만들기 위해 시도한 노력을 <u>두 가지</u> 서술하시오.

> • 독일의 프라이부르크
> • 네덜란드 암스테르담
> • 덴마크의 코펜하겐
> • 스웨덴 말뫼

주제 10 유럽의 지역 통합과 분리 움직임

이 주제의 [학습 목표]
유럽의 통합과 분리 움직임이 유럽연합의 변화와 주민 생활에 미치는 영향에 관해 알아 두자.

✛ 셍겐 조약
유럽 각국이 국경 검문·검색 폐지, 여권 검사 면제 등을 통해 국가 간 통행에 제한이 없도록 한다는 내용의 조약이다. 2023년 현재 아이슬란드, 노르웨이, 스위스는 유럽연합 비가입국이지만 셍겐 조약에는 가입하였다.

✛ 무관세(無 없다, 關 기관, 稅 징수하다)
국세의 하나로 수출·수입되거나 통과하는 화물에 관세를 부과하지 않는 것

✛ 브렉시트(Brexit)
영국의 유럽연합 탈퇴를 뜻하는 용어로 영국을 뜻하는 '브리튼(Britain)'과 탈퇴를 뜻하는 '엑시트(exit)'를 합친 말이다. 영국은 유럽연합 탈퇴 이후 외국인 노동자가 빠져나가 노동력이 부족해지고, 유럽의 다른 국가와의 자유로운 무역이 어려워졌다.

1 유럽연합(EU)과 유럽의 변화

(1) **유럽연합(EU)** 유럽의 정치·경제 통합을 실현하기 위한 유럽 국가들의 연합 기구 → 2023년 현재 27개 회원국 [자료 ❶]
① **배경** 1차, 2차 세계 대전 이후 국제 사회에서 유럽의 영향력 감소
② **목적** 유럽 지역 공동의 경제적 발전 도모 및 세계 시장에서의 경쟁력 확보

▲ 유럽연합의 확대

▲ 유럽의 국가 간 경제 격차

(2) **유럽의 통합에 따른 변화**
① **유럽의 정치 및 경제 발전**
- 회원국 간 상품, 자본, 서비스, 노동력 등이 국경을 넘어 자유롭게 이동할 수 있음
- 셍겐 조약에 따라 입국 및 출국 수속 없이 자유롭게 국가를 이동할 수 있음
- 회원국 간 무역 시 무관세 적용
- 단일 화폐인 유로(Euro) 사용
- 회원국 내에서 자유롭게 거주 및 취업 가능
② **회원국 간 격차 발생** 동부 유럽과 서부 유럽의 경제적 격차, 남부 유럽의 재정 적자 확대 등 → 유럽연합의 결속력 약화

2 유럽의 분리 움직임과 주민 생활 [자료 ❷]

(1) **특정 국가가 유럽연합에서 탈퇴하려는 움직임** 영국의 브렉시트
(2) **국가 내에서 분리 움직임이 강한 지역** 대부분 고유의 민족, 언어, 종교, 전통문화를 가지고 있어 지역 정체성이 뚜렷한 곳

영국의 북아일랜드와 스코틀랜드	잉글랜드와 민족, 언어, 문화가 달라 분리·독립을 요구하는 목소리가 높음
벨기에의 플랑드르	다른 지역과 달리 네덜란드어를 사용하며 경제적 격차가 커지면서 분리·독립을 요구함
에스파냐의 카탈루냐	• 고유한 역사와 문화를 가지고 있으며 대부분 카탈루냐어를 사용함 • 다른 지역보다 높은 경제 발전 수준
이탈리아의 파다니아	이탈리아 북부의 밀라노, 베네치아, 볼로냐를 포함하는 지역으로 분리 움직임이 있음

(3) **유럽의 분리 움직임의 영향** 지역 주민들의 유럽연합 시민으로서의 혜택 상실 → 주민들 사이에 독립을 둘러싼 갈등 발생
① 정치적 안정성 악화로 지역 경제 성장에 부정적인 영향 → 정치·경제적 불안정
② 이주자나 난민에 대한 적대감 조성 → 문화적 갈등 발생, 실질적인 유럽 통합 방해
③ 유럽 각국 주민의 일상생활에 혼란 발생

개념 [확인 문제]
● 바른답·알찬풀이 14쪽

1 다음 설명이 맞으면 ○표, 틀리면 ×표를 하시오.
(1) 유럽연합의 회원국은 모두 단일 통화인 유로를 사용한다. ( )
(2) 유럽연합 회원국 간에 물자와 인구 이동이 자유롭다. ( )
(3) 밀라노, 베네치아, 볼로냐를 포함하는 지역을 카탈루냐라고 한다. ( )

2 다음 괄호 안의 내용 중 옳은 것에 ○표를 하시오.
(1) 영국이 유럽연합에서 탈퇴한 것을 (브레그렛, 브렉시트)(이)라고 하며, 탈퇴 이후 노동력이 (증가, 감소)하게 되었다.
(2) 벨기에의 플랑드르 지역은 (프랑스어, 네덜란드어)를 사용하며, 주변 국가에 비해 경제 발전 수준이 (낮다, 높다).

꼭 나오는 자료

자료 ① 유럽연합(EU)과 유럽의 통합
> 유럽의 국가들은 지리적으로 가까워서 일찍부터 교류가 많았어.

1952년	1958년	1967년	1993년
유럽석탄철강 공동체(ECSC) 출범	유럽경제 공동체(EEC) 출범	유럽공동체(EC) 출범	유럽연합(EU) 출범

2020년	2013년	2007년	2004년
영국의 유럽연합(EU) 탈퇴	크로아티아 가입 (28개국으로 확대)	불가리아, 루마니아 가입 (27개국으로 확대)	동부 유럽 10개국 가입

▲ 유럽연합의 변천 과정

유럽의 국가들은 자원의 공동 관리, 경제적 협력의 필요성을 느껴 유럽석탄철강 공동체(ECSC)를 결성하였고, 이후 유럽경제공동체(EEC)와 유럽공동체(EC)를 거쳐 1993년 유럽연합(EU)이 출범하였다. 유럽연합은 유럽 중앙 은행을 설립하였으며, 유로(EURO)라는 단일 화폐를 사용하고, 의회를 구성하는 등 유럽의 경제 및 정치적 통합을 추구하였다. 유럽연합 회원국들은 입법·사법·행정 체계를 갖추고 경제 정책뿐만 아니라 정치·사회 분야에 이르기까지 공동 정책을 확대하고 있다.

자료 ② 유럽 국가 내 분리 움직임이 있는 지역들
> 분리·독립 움직임은 유럽연합의 결속력과 지속력을 약화시킬 수 있어.

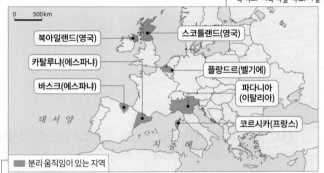

- 북아일랜드(영국)
- 스코틀랜드(영국)
- 카탈루냐(에스파냐)
- 플랑드르(벨기에)
- 바스크(에스파냐)
- 파다니아(이탈리아)
- 코르시카(프랑스)
- 대 서 양
- 지 중 해

■ 분리 움직임이 있는 지역

> 분리·독립을 둘러싼 다양한 이해관계가 얽혀 있어 주민들 간에도 갈등이 발생하고 있어.

영국의 스코틀랜드	• 영국은 잉글랜드와 스코틀랜드, 북아일랜드, 웨일스가 잉글랜드를 중심으로 합쳐져 만들어진 국가임 • 스코틀랜드는 정치적·경제적으로 차별받고 있다고 생각하여 분리·독립을 주장하며, 북아일랜드는 아일랜드가 영국에서 독립할 때 영국령으로 남은 지역으로 갈등의 씨앗이 남아 있음
에스파냐의 카탈루냐	• 에스파냐의 카탈루냐는 중앙 정부가 위치한 카스티야와 문화가 다르며 역사적으로도 많은 탄압을 받음 • 주민 대부분이 카탈루냐어를 사용하고, 오랫동안 제조업이 발달하여 경제 발전 수준이 다른 지역보다 높음(에스파냐 국내 총생산(GDP)의 약 20 %를 차지함) • 두 차례에 걸쳐 분리·독립 투표를 시행하였으나, 중앙 정부에서 실시한 투표가 아니라는 이유로 독립이 무산됨
벨기에의 플랑드르	• 벨기에는 네덜란드어를 사용하는 북부의 플랑드르 지역과 프랑스어를 사용하는 남부의 왈롱 지역으로 나뉨 → 두 지역 간 경제적 격차가 커져 갈등 발생 • 플랑드르 지역은 부가 가치가 높은 지식 기반 산업이 발달하였으며, 왈롱 지역은 농업과 광업 중심의 산업 구조임
이탈리아 파다니아	• 파다니아는 이탈리아의 북부 지역으로 밀라노, 베네치아, 볼로냐 등을 포함하고 있음 • 제조업이 발달한 북부 지역과 농업이 발달한 남부 지역 간 경제적 격차가 커서 분리·독립 요구가 있음

대표 문제로 실력 쌓기
● 바른답·알찬풀이 14쪽

≫ 유럽연합(EU)의 특징 (선택지 하나 더)

1 유럽연합의 특징으로 옳지 <u>않은</u> 것은?
① 회원국 간 단일 언어를 사용한다.
② 이웃 회원국에 회사를 설립할 수 있다.
③ 회원국 간 인구와 물자의 이동이 자유롭다.
④ 회원국의 물건을 관세 없이 수입할 수 있다.
⑤ 회원국 간에 자유로운 사업 활동이 가능하다.
⑥ 회원국 간 출국 및 입국 수속 없이 이동할 수 있다.
⑦ 회원국 어디든지 원하는 곳에서 거주할 수 있고 직업을 가질 수도 있다.

> **이것만은 꼭 기억하자!** 유럽연합 회원국 간에는 상품, 자본, 서비스, 노동력 등이 자유롭게 이동할 수 있으며, 솅겐 조약에 따라 국경 검문·검색 폐지 등 국가 간 통행에 제한이 없어.
> ✈ 68쪽 01번, 75쪽 15번 문제도 풀어 보자!

≫ 유럽 국가 내의 분리 움직임

2 다음 글의 ㉠에 해당하는 지역을 지도의 A~E에서 고른 것은?

> (㉠) 지역은 이 국가의 다른 지역이 프랑스어를 사용하는 반면에 이 지역은 네덜란드어를 사용한다. 또한 지식 기반 산업이 발달하여 경제적 격차가 발생하면서 (㉠) 지역 주민들은 분리·독립을 요구하고 있다.

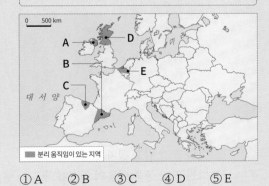

- A
- B
- C
- D
- E
- 대 서 양

■ 분리 움직임이 있는 지역

① A　② B　③ C　④ D　⑤ E

> **이것만은 꼭 기억하자!** 유럽 국가 내에서 분리 움직임이 강한 지역은 대부분 고유의 민족, 언어, 종교, 전통문화 등을 가지고 있어 지역 정체성이 뚜렷한 곳이야.
> ✈ 69쪽 06번, 75쪽 17번 문제도 풀어 보자!

01 다음 자료에 해당하는 연합 기구로 옳은 것은?

유럽의 정치·경제 통합을 실현하기 위한 유럽 국가들의 연합 기구로, 2023년 현재 27개 회원국이 있으며 오른쪽 그림과 같은 깃발을 사용한다. 이 연합 기구는 세계 시장에서의 경쟁력을 확보하기 위해 결성되었다.

▲ 유럽연합 깃발

① EU
② UN
③ EFTA
④ APEC
⑤ ASEAN

중요✨
02 지도는 A에 가입한 회원국을 표시한 것이다. 이 연합 기구의 특징으로 옳지 않은 것은?

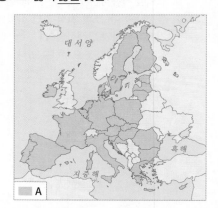
A

① 회원국 간 입국 절차가 자유롭다.
② 회원국 간 상품 이동이 자유롭다.
③ 대부분의 회원국이 단일 화폐를 사용한다.
④ 관세를 내지 않고 회원국에 제품을 판매할 수 있다.
⑤ 다른 민족 간의 갈등 문제가 심각해서 노동력의 이동을 제한하고 있다.

중요✨
03 다음은 유럽의 학생들이 나눈 화상 대화이다. (가)~(라) 중 옳은 내용만을 고른 것은?

(가) 벨기에에서 딴 건축 기사 자격증으로 프랑스나 네덜란드에서 일할 수 있어요.

(나) 스위스는 유럽연합 회원국이 아니기 때문에 다른 나라 사람들은 여행 오기가 힘들어요.

(다) 알바니아가 유럽연합 회원국이 되면서 경제적으로 많이 발전하였어요.

(라) 문화 갈등 등을 우려하여 유럽연합 가입을 반대하는 아이슬란드 국민이 많아요.

① (가), (나)
② (가), (다)
③ (가), (라)
④ (나), (다)
⑤ (나), (라)

04 다음 자료는 유럽연합 가입을 희망하고 있는 ㉠ 국가에 관한 내용이다. ㉠ 국가는 어디인가?

(㉠)은/는 유럽과 아시아에 걸쳐 있는 국가이다. 인구의 12 % 이상이 국토 중 유럽에 속하는 지역에 거주하고 있고, 지리적으로 유럽과 가까워 유럽연합 가입을 희망하고 있다. 그러나 (㉠)이/가 유럽연합에 가입할 경우, 아시아의 많은 난민이 유럽으로 이동할 수 있다는 우려가 있다.

① 영국
② 노르웨이
③ 튀르키예
④ 우크라이나
⑤ 헤르체고비나

05 다음과 같은 까닭으로 분리 움직임이 있는 지역은?

> 이 지역 사람들은 주로 네덜란드어를 사용하며 소득 수준이 높은 편이다. 이 국가의 다른 지역은 프랑스어를 주로 사용하며 상대적으로 경제 발달 수준이 낮다.

① 에스파냐 바스크
② 프랑스 코르시카
③ 벨기에 플랑드르
④ 영국 북아일랜드
⑤ 이탈리아 파다니아

06 ㉠ 지역을 지도의 A~E에서 고른 것은?

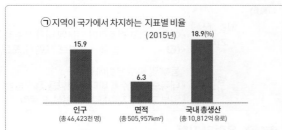

㉠ 지역이 국가에서 차지하는 지표별 비율 (2015년)
- 인구 (총 46,423천 명): 15.9
- 면적 (총 505,957km²): 6.3
- 국내 총생산 (총 10,812억 유로): 18.9(%)

> (㉠) 지역은 주민 대부분이 카탈루냐어를 사용하고, 오랫동안 제조업이 발달하여 경제 발전 수준이 다른 지역보다 높은 편이다. (㉠) 지역의 경우 세금은 많이 내지만 정부의 혜택이 적다는 이유로 독립을 희망하고 있다.

① A
② B
③ C
④ D
⑤ E

07 유럽의 국가 내 분리 움직임에 관한 설명으로 옳지 않은 것은?

① 이주자와 난민에 대한 적대감을 조성할 수 있다.
② 지역 정체성이 뚜렷한 곳에서 분리 움직임이 있다.
③ 분리 움직임은 실질적인 유럽 통합을 어렵게 한다.
④ 분리 움직임이 지속되면 정치적 안정성이 악화된다.
⑤ 분리 움직임이 있는 지역은 대부분 종교적 원인에 의해서 발생하고 있다.

08 다음 글의 ㉠에 해당하는 국가는?

> 유럽연합에서는 회원국의 경제 규모에 비례하여 분담금을 내도록 하였고, (㉠)은/는 회원국 중 두 번째로 많은 분담금을 냈었다. 그런데 (㉠)(으)로 이주민이 대거 유입되면서 문화 갈등이 발생하고, 노동 시장이 경쟁에서 심화하는 등의 문제가 발생하면서 유럽연합에서 탈퇴하였다.

① 영국
② 독일
③ 그리스
④ 이탈리아
⑤ 우크라이나

09 다음 글의 (가)에 들어갈 내용을 서술하시오.

> 유럽의 통합을 실현하기 위해 1993년에 유럽연합(EU)이 출범하였다. 출범 당시 12개국이었던 회원국은 2023년 총 27개국으로 확대되었다. 회원국들은 유럽 의회, 유럽연합 집행 위원회 등을 구성하고 정치·경제적 통합을 추구하고 있다. 유럽연합 회원국들은 솅겐 조약에 따라 _____ (가) _____.

10 영국의 유럽연합 탈퇴와 관련된 주요 일지이다. 영국의 유럽연합 탈퇴를 뜻하는 용어를 쓰고, 탈퇴에 따른 장단점을 서술하시오.

> • 2016년 6월 23일 국민 투표를 통해 유럽연합 탈퇴 결정
> • 2017년 6월 11일 1차 ~ 6차 협상
> • 2020년 1월 23일 영국 의회 유럽연합(EU) 탈퇴 협정법 입법 완료

주제 08 유럽의 위치와 자연환경

1. 유럽의 위치와 주요 국가 및 도시

위치와 지역 구분 **자료❶**		• 유라시아 대륙의 서쪽에 위치 • 북극해, 대서양, 지중해와 접함 • 우랄산맥, 카스피해를 경계로 아시아와 구분됨 • 북반구의 중위도와 고위도 → 온대 기후, 냉대 기후
주요 국가 및 도시	(❶) 유럽	• 세계의 근대화와 산업화 주도 • 영국 런던, 프랑스 파리, 독일 베를린
	북부 유럽	• 사회 복지 제도가 잘 갖추어져 있음 • 노르웨이 오슬로, 스웨덴 스톡홀름
	(❷) 유럽	• 연중 따뜻한 기후, 아름다운 해안 • 에스파냐 바르셀로나, 이탈리아 로마
	동부 유럽	• 국토 면적이 세계에서 가장 넓은 러시아 • 폴란드 바르샤바, 체코 프라하
도시와 랜드마크 **자료❷**		• 아이슬란드 레이캬비크의 할그림스키르캬 교회 • 프랑스 (❸)의 에펠탑 • 에스파냐 (❹)의 사그라다 파밀리아 성당 • 러시아 모스크바의 성 바실리 대성당

자료❶ 유럽의 위치와 지역 구분

🔎 유럽은 동쪽으로 우랄산맥, 카스피해 등을 경계로 아시아와 구분되고 서쪽으로 대서양, 북쪽으로 북극해, 남쪽으로 (❺)와 접해 있다.

자료❷ 유럽 여러 도시의 랜드마크

▲ (❻) 레이캬비크의 할그림스키르캬 교회

▲ 프랑스 파리의 에펠탑

▲ 에스파냐 (❼)의 사그라다 파밀리아 성당

▲ 러시아 (❽)의 성 바실리 대성당

2. 유럽의 자연환경

지형 **자료❸**	북부	• 스칸디나비아산맥 등 → 비교적 형성 시기가 오래되어 해발 고도가 낮음 • (❾)의 영향 → 피오르 해안, 빙하호 발달
	남부	(❿)산맥, 피레네산맥 → 비교적 형성 시기가 오래되지 않아 해발 고도가 높고 험준함
	중앙	(⑪): 프랑스 평원 ~ 북독일 평원 ~ 동유럽 평원으로 이어지며, 라인강이 흐름
기후 **자료❹**		• 비슷한 위도의 대륙 동안보다 바다의 영향을 많이 받음 • 여름과 겨울의 기온 차이가 작음 • 온화하여 인간 생활에 유리한 기후
	서안 해양성 기후	• 서부 유럽에 분포 • (⑫)과 (⑬)의 영향 • 연중 습윤, 여름에 서늘하고 겨울에 온난함 • 혼합 농업과 낙농업 발달
	지중해성 기후	• 남부 유럽에 분포 • 여름에 덥고 건조하며 겨울에 비가 자주 내림 • (⑭) 발달 → 올리브, 오렌지, 포도 재배
	냉대 기후	• 동부 및 북부 유럽에 분포 • 내륙으로 갈수록 바다의 영향을 적게 받음 • 일부 고위도 지역은 백야 현상, 오로라

자료❸ 유럽의 지형

▲ 송네 피오르 (노르웨이)

▲ (⑯)산맥의 마터호른산

▲ 유럽 평원 (유럽의 중앙)

(⑮)에 의해 U자 모양으로 깎인 계곡에 바닷물이 들어와 만들어진 좁은 만	알프스산맥의 한 봉우리로 빙하에 의해 깎이면서 정상 부분이 뾰족함	프랑스 평원, 북독일 평원에서 동유럽 평원으로 이어지며, 밀 재배가 활발함

자료❹ 유럽의 기후

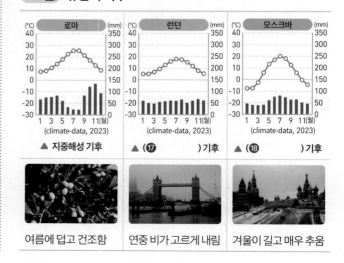

▲ 지중해성 기후

▲ (⑰) 기후

▲ (⑱) 기후

여름에 덥고 건조함

연중 비가 고르게 내림

겨울이 길고 매우 추움

주제 09 유럽의 다양한 도시

유럽의 다양한 도시 자료⑤	자연환경 및 인문환경 특성과 도시	• 독특한 (❶)을 바탕으로 발달한 관광(휴양) 도시 → 프랑스 니스, 크로아티아 두브로브니크, 아이슬란드 레이캬비크, 스위스 인터라켄 등 • 다양한 문화유산을 바탕으로 발달한 역사·문화 도시 → 이탈리아 로마와 피렌체, 그리스 아테네, 체코 프라하, 에스파냐 바르셀로나, 포르투갈 리스본 등 • 자연환경과 문화가 조화를 이루는 생태 도시 → 독일 프라이부르크, 네덜란드 암스테르담, 스웨덴 말뫼, 덴마크 코펜하겐 등
	산업 변화와 도시 발달	• 지식·정보 산업이 발달한 (❷) → 프랑스 소피아 앙티폴리스, 핀란드 오울루 테크노폴리스, 스웨덴 시스타 사이언스 시티→(❸) 발달 • 세계 경제의 중심지 역할을 하는 도시는 (❹)→ 영국 런던, 프랑스 파리 • 과거 제조업이 발달했던 도시들이 서비스 산업 및 첨단 산업 중심 도시로 변화함
지속 가능한 도시 자료⑥	등장 배경	• 산업 혁명 이후 제조업 쇠퇴, 산업 시설과 공장 노후화 • 스모그와 산성비 피해 등 환경 문제 발생 • 이상 기후 현상에 따른 자연재해 발생 • 도시 재생 사업을 통한 낡은 시설 정비 및 친환경 도시 등장
	노력 사례	탄소중립 실천, 높은 녹지 공간 비율, 신·재생 에너지를 활용한 전력 생산, 자전거 이용 장려, 자원 재활용, 교통 제한 구역 확대
	대표 도시	네덜란드 (❺), 독일의 프라이부르크, 덴마크 코펜하겐 등

자료⑤ 첨단 도시

▲ 프랑스 소피아 앙티폴리스

▲ 스웨덴 시스타 사이언스 시티

⚓ (❻)는 서로 관련 있는 기업과 연구소, 대학, 정부 기관 등이 가까이에 위치하여 긴밀한 협력이 가능한 지역이다.

자료⑥ 지속가능한 도시를 만들기 위한 노력

▲ 네덜란드 암스테르담

▲ 덴마크 코펜하겐

⚓ (❼) 실천은 이산화 탄소를 배출한 만큼 이산화 탄소를 흡수하는 대책을 세워 실질적인 이산화 탄소 배출을 '0'으로 만드는 것이다.

주제 10 유럽의 지역 통합과 분리 움직임

유럽연합의 형성 배경		• 세계 대전 이후 국제 사회에서의 영향력 감소 • 유럽 지역 공동의 경제적 발전 도모 목적 • 세계 시장에서 경쟁력 확보를 위한 유럽의 통합 추진
유럽연합의 특징		• 유럽의 정치·경제 통합을 실현하기 위해 유럽 국가들이 결성한 연합 기구 • 2020년 영국의 탈퇴 → (❶) • 튀르키예와 우크라이나는 유럽연합 가입을 희망함 • 2023년 현재 27개 회원국
유럽의 통합에 따른 변화	긍정적 영향	• 유럽의 정치·경제적 발전 촉진 • (❷)에 따라 입국 및 출국 수속 없이 자유롭게 국가 간 이동 가능 • 상품, 자본, 서비스, 노동력의 자유로운 이동 가능 • 단일 화폐 → (❸) 사용
	부정적 영향	• 동부 유럽과 서부 유럽의 경제적 격차가 발생함 • 남부 유럽의 재정 적자 확대 • 유럽연합의 결속력 약화 • 회원국 간의 갈등 발생
유럽 국가 내 분리 움직임 자료⑦	배경	문화적 차이와 경제적 격차 등에 따른 분리·독립 요구
	에스파냐 카탈루냐	• 카탈루냐어 사용 • 오랜 시간 제조업 발달로 다른 지역보다 경제 발전 수준이 높음
	벨기에 플랑드르	• (❹) 사용 • 남부 지역과 경제적 격차가 커짐
	영국 스코틀랜드	• 잉글랜드와 민족, 언어, 문화가 달라 독립 요구 • 영국의 유럽연합 탈퇴 후 분리·독립 움직임이 강화됨
	이탈리아 파다니아	• 밀라노, 베네치아, 볼로냐 등의 도시를 포함하는 북부 지역 • 남부 지역에 비해 경제 발전 수준이 높음

자료⑦ 유럽 국가 내 분리 움직임

⚓ 유럽에서의 분리 움직임은 특정 국가가 유럽연합에서 탈퇴하려는 것과 지역이 국가 내에서 독립을 요구하는 두 가지 흐름으로 나타난다. 영국은 최근 (❺)에서 탈퇴하였는데, 영국을 뜻하는 'Britain'과 탈출을 뜻하는 'Exit'를 합하여 (❻)라고 한다.

⚓ (❼)은 유럽 지역 29개 국가가 여행과 통행의 편의를 위해 체결한 협약으로 입국 및 출국 수속 없이 자유롭게 국가 간 이동이 가능하다.

❶ 유럽 속으로

01 지도에 표시된 A 지역에 관한 설명으로 옳은 것은?

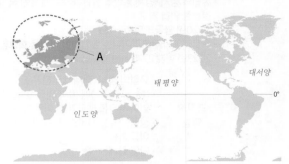

① 남반구의 중위도에 위치한다.
② 동쪽으로 대서양과 접해 있다.
③ 남쪽으로 지중해와 접해 있다.
④ 유라시아 대륙의 동쪽에 위치한다.
⑤ 우랄산맥을 기준으로 아프리카와 경계를 이룬다.

02 누리집 게시물의 일부이다. (가)에 들어갈 내용으로 가장 적절한 것은?

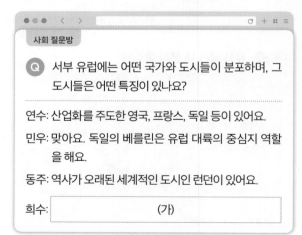

사회 질문방

Q 서부 유럽에는 어떤 국가와 도시들이 분포하며, 그 도시들은 어떤 특징이 있나요?

연수: 산업화를 주도한 영국, 프랑스, 독일 등이 있어요.

민우: 맞아요. 독일의 베를린은 유럽 대륙의 중심지 역할을 해요.

동주: 역사가 오래된 세계적인 도시인 런던이 있어요.

희수: ((가))

① 산타 마을로 유명한 핀란드가 있어요.
② 에펠탑이 랜드마크인 프랑스 파리가 있어요.
③ 세계에서 가장 면적이 넓은 러시아가 있어요.
④ 예술 도시로 유명한 체코의 프라하가 있어요.
⑤ 사회 복지 제도가 잘 갖추어진 스웨덴이 있어요.

03 다음 탐구 주제의 ㉠에 해당하는 나라는?

탐구 주제: (㉠)의 위치와 특징

1. 위치: 남부 유럽의 지중해 연안
2. 특징: 연중 따뜻한 기후, 아름다운 해안, 역사가 오래되어 유명한 유적지가 많음
3. 대표 도시: 로마

▲ 콜로세움

① 폴란드　　② 모나코　　③ 에스파냐
④ 불가리아　　⑤ 이탈리아

04 지도의 A 지역에서 볼 수 있는 지형으로 옳은 것은?

① 라인강
② 동유럽 평원
③ 피레네산맥
④ 피오르 해안
⑤ 이베리아 고원

05 다음과 같은 기후 그래프가 나타나는 지역의 특징으로 옳은 것은?

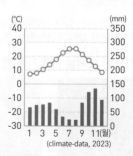

① 수목 농업이 발달하였다.
② 건기와 우기가 뚜렷하다.
③ 여름철에 강수량이 집중된다.
④ 우리나라보다 겨울이 더 춥다.
⑤ 여름철에 백야 현상이 나타난다.

06 다음 자료의 ㉠에 해당하는 기후는?

(㉠)지역의 경관

▲ 비 오는 모습 　　▲ 혼합 농업 지역

① 냉대 기후　　　　② 툰드라 기후
③ 지중해성 기후　　④ 열대 우림 기후
⑤ 서안 해양성 기후

07 사진 속 랜드마크를 볼 수 있는 지역의 기후에 관한 설명으로 옳은 것은?

▲ 성 바실리 대성당

① 기온의 연교차가 크다.
② 플랜테이션 농업에 유리하다.
③ 강한 일사량으로 스콜이 내린다.
④ 사파리 관광 산업 발달에 유리하다.
⑤ 북대서양 난류의 영향을 많이 받는다.

08 다음 사례와 유사한 특징이 나타나는 도시는?

> 이탈리아 피렌체에는 붉은 돔 지붕이 있는 피렌체 대성당, 많은 미술품을 소장하고 있는 우피치 미술관이 있다. 도시의 거리에서는 그림을 판매하는 예술가들을 많이 볼 수 있다.

① 독일 에센　　　　② 스위스 인터라켄
③ 폴란드 바르샤바　④ 에스파냐 바르셀로나
⑤ 아이슬란드 레이캬비크

② 유럽의 다양한 도시

09 자료와 관계 깊은 지역을 지도의 A~E에서 고른 것은?

> 지중해성 기후가 나타나는 이 지역에서는 토마토와 올리브 생산량이 많다. 얇게 편 빵 반죽에 토마토소스와 올리브 등을 얹어 화덕에 굽는 이 지역의 피자는 전 세계인이 즐기는 음식이 되었다.

▲ 피자

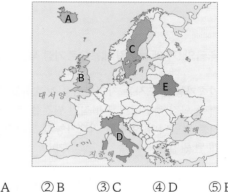

① A　　② B　　③ C　　④ D　　⑤ E

10 온라인 참여 지도 화면의 일부이다. 런던과 파리의 공통점으로 옳은 것은?

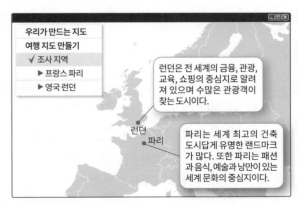

우리가 만드는 지도
여행 지도 만들기
✓ 조사 지역
▶ 프랑스 파리
▶ 영국 런던

런던은 전 세계의 금융, 관광, 교육, 쇼핑의 중심지로 알려져 있으며 수많은 관광객이 찾는 도시이다.

파리는 세계 최고의 건축 도시답게 유명한 랜드마크가 많다. 또한 파리는 패션과 음식, 예술과 낭만이 있는 세계 문화의 중심지이다.

런던
파리

① 제조업이 발달하였다.
② 알프스 산지에 위치한다.
③ 자연이 잘 보존된 도시이다.
④ 휴양을 목적으로 만들어졌다.
⑤ 세계 경제의 중심지 역할을 한다.

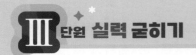

11 ㉠에 들어갈 용어로 가장 적절한 것은?

> 유럽의 산업 구조 변화에 따라 첨단 산업이 발달하면서 프랑스의 소피아 앙티폴리스, 핀란드의 오울루 테크노폴리스, 스웨덴의 시스타 사이언스 시티 등을 중심으로 (㉠) 이/가 발달하였다.

① 경공업   ② 중화학 공업
③ 자전거 도로   ④ 신·재생 에너지
⑤ 산업 클러스터

12 다음 글의 (가)에 들어갈 내용으로 가장 적절한 것은?

> 지속가능한 도시는 자연환경을 보호하고 경제·사회·문화적 측면에서 균형적인 발전을 추구하는 도시를 말합니다. 이러한 지속가능한 도시가 등장하게 된 원인은 _____ (가)

① 도시 재생 사업이 실패했기 때문입니다.
② 제조업을 다시 발달시키기 위해서입니다.
③ 이산화 탄소 배출량이 감소했기 때문입니다.
④ 이상 기후 현상에 따른 자연재해가 늘어났기 때문입니다.
⑤ 석유와 같은 화석 에너지 자원의 생산량이 증가했기 때문입니다.

13 탄소중립을 실천하는 ㉠ 도시를 방문하려는 희영이의 여행 계획이다. ㉠ 도시가 있는 국가로 옳은 것은?

> **㉠ 친환경 도시로의 여행**
> • 1일차: 자원을 재활용한 건축
> • 2일차: 쓰레기 소각장의 변신, 아마게르 바케
> • 3일차: 광역 자전거 도로망

① 덴마크   ② 폴란드
③ 포르투갈   ④ 우크라이나
⑤ 슬로바키아

14 (가)에 들어갈 내용으로 적절하지 <u>않은</u> 것은?

① 건물마다 숲을 조성한다.
② 교통 제한 구역을 줄인다.
③ 신·재생 에너지 비율을 늘린다.
④ 자원을 재활용하여 건물을 짓는다.
⑤ 자원 봉사자들이 거리의 쓰레기를 치운다.

❸ **유럽의 지역 통합과 분리 움직임**

15 ㉠에 해당하는 용어로 옳은 것은?

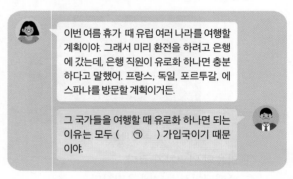

> 이번 여름 휴가 때 유럽 여러 나라를 여행할 계획이야. 그래서 미리 환전을 하려고 은행에 갔는데, 은행 직원이 유로화 하나면 충분하다고 말했어. 프랑스, 독일, 포르투갈, 에스파냐를 방문할 계획이거든.

> 그 국가들을 여행할 때 유로화 하나면 되는 이유는 모두 (㉠) 가입국이기 때문이야.

① 유럽연합   ② 국제연합   ③ 자유무역협정
④ 세계무역기구   ⑤ 아프리카연합

16 솅겐 조약에 관한 옳은 설명을 〈보기〉에서 고른 것은?

> **보기**
> ㄱ. 유럽연합 가입국만 솅겐 조약에 가입할 수 있다.
> ㄴ. 회원국 시민은 회원국 어디든지 살고 싶은 국가에서 살 수 있다.
> ㄷ. 회원국 시민들은 입국 절차 없이 자유롭게 회원국을 이동할 수 있다.
> ㄹ. 솅겐 조약으로 동부 유럽과 서부 유럽의 경제적 격차가 감소하였다.

① ㄱ, ㄴ   ② ㄱ, ㄷ   ③ ㄴ, ㄷ
④ ㄴ, ㄹ   ⑤ ㄷ, ㄹ

• 바른답·알찬풀이 16쪽

[17-18] 다음 지도를 보고 물음에 답하시오.

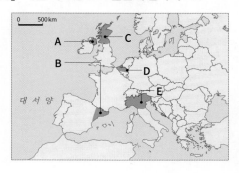

17 ⊙ 지역을 지도의 A~E에서 고른 것은?

> ⊙ 플랑드르 지역에서는 분리·독립을 요구하는 시위가 벌어지기도 한다. 이 지역 주민들은 언어 차이와 함께 경제적 차이가 커지면서 분리·독립을 지속적으로 요구하고 있다.

① A ② B ③ C ④ D ⑤ E

18 다음 설명에 해당하는 지역을 지도의 A~E에서 고른 것은?

> 세계적으로 유명한 소설인 『해리포터』 시리즈가 탄생한 곳이다. 이 지역은 영국을 이루는 구성국 중 하나인데, 잉글랜드와 민족·언어, 문화가 달라 독립을 요구하는 목소리가 높다.

① A ② B ③ C ④ D ⑤ E

19 다음 글의 ⊙에 해당하는 국가는?

> (⊙)은/는 유럽연합에서 두 번째로 많은 분담금을 냈으나 이주민 유입에 따른 문화 갈등이 발생하는 등 여러 가지 문제가 발생하였고 결국 유럽연합에서 탈퇴하였다.

① 영국 ② 스위스 ③ 핀란드
④ 튀르키예 ⑤ 아이슬란드

20 우리나라의 서울과 비교하여 영국 런던의 기후 특징을 서술하시오.

21 다음 자료를 바탕으로 지속가능한 도시를 만들기 위한 노력에는 어떤 것이 있는지 서술하시오.

> 지속가능한 도시를 만들기 위한 노력
> • 독일 프랑크프르트에서는 세계적인 규모의 도시 숲이 조성되어 야생 동물을 볼 수 있는데, 이는 도시의 지속가능성을 높여 주고 있다.
> • 주말에 자원봉사자들이 모여 도시의 거리와 공원에서 쓰레기를 치우는 모습을 볼 수 있다.

22 다음 글을 읽고 물음에 답하시오.

> 유럽은 두 차례의 세계 대전을 겪으면서 대부분의 식민지를 잃고 국제 사회에서의 영향력이 줄어들었다. 이에 유럽의 여러 나라는 국경의 소통을 자유롭게 하고 국가 간의 협력을 통해 경제적 발전을 도모하기 위해 (⊙)을/를 만들어 통합을 추진하였다.

(1) ⊙에 들어갈 연합 기구를 쓰시오.

(2) ⊙이 주민 생활에 미친 긍정적 영향을 서술하시오.

IV

아프리카

아프리카

아프리카의 국가와 주요 도시의 위치, 지형과 기후를 나타낸 지도입니다.
IV단원 학습에 활용하세요.

◆ 아프리카의 국가와 주요 도시

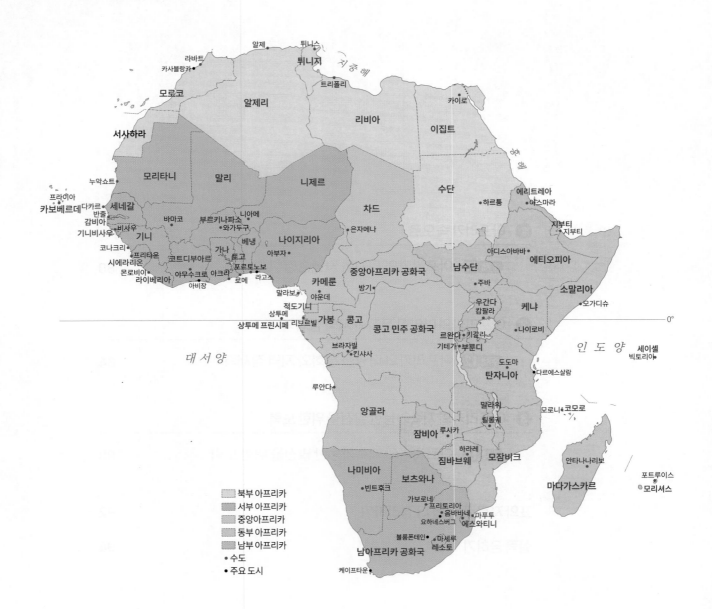

범례
- 북부 아프리카
- 서부 아프리카
- 중앙아프리카
- 동부 아프리카
- 남부 아프리카
- 수도
- 주요 도시

> 다음 국가와 주요 도시를 지도에서 찾아보자.

국가	도시
이집트, 모로코, 나이지리아, 코트디부아르, 콩고 민주 공화국, 카메룬, 에티오피아, 탄자니아, 남아프리카 공화국, 보츠와나	카이로, 카사블랑카, 라고스, 아비장, 킨샤사, 야운데, 아디스아바바, 다르에스살람, 케이프타운, 가보로네

◆ 아프리카의 지형

다음 초성에 맞는 지형을 왼쪽 지도에서 찾아 용어를 완성해 보자.

ㄴ	ㅇ	ㄱ
ㅋ	ㄱ	ㅂ	ㅈ
ㅅ	ㅎ	ㄹ	ㅅ	ㅁ
ㅇ	ㅌ	ㄹ		ㅅ	ㅅ	ㅁ
ㅋ	ㄹ	ㅁ	ㅈ	ㄹ	ㅅ

◆ 아프리카의 기후

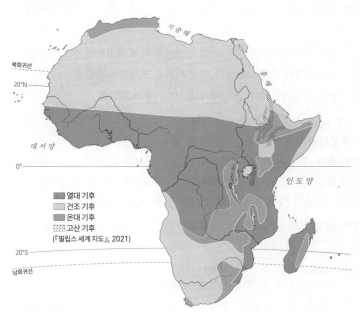

■ 열대 기후
□ 건조 기후
■ 온대 기후
▨ 고산 기후
(『필립스 세계 지도』, 2021)

IV단원을 학습하면서 아프리카의 자연환경과 인문환경의 특성을 백지도에 표현하여 나만의 아프리카 지도를 완성해 보자.

백지도는 [시험대비편]에 있어요.

주제 11 아프리카의 위치와 자연환경

+ **발상지(發 일어나다, 祥 상서롭다, 地 땅)**
  역사적으로 큰 가치가 있는 일이나 문화가 처음으로 일어난 곳

+ **고원(高 높다, 原 벌판)**
  평야에 비하여 높은 곳에 펼쳐진 넓은 벌판으로, 보통 해발 고도가 600m 이상인 곳

+ **발원(發 떠나다, 源 근원)**
  흐르는 물(강물)이 처음 시작한 곳

1 아프리카의 위치와 지역 구분

(1) **아프리카의 위치** 북쪽은 지중해를 사이에 두고 유럽과 마주하고 있음, 동북쪽은 아시아, 서쪽은 대서양, 동쪽은 인도양에 접해 있음

(2) **아프리카의 지역 구분** 사하라 사막을 기준으로 북부 아프리카와 사하라 이남의 중·남부 아프리카(북부·서부·중앙·동부·남부)로 구분

2 아프리카의 주요 국가 및 도시 [자료 ❶]

(1) **북부 아프리카** 이슬람 문화의 영향을 많이 받음, 건조 기후가 넓게 분포함
① **카이로(이집트)** 인류 역사와 문명의 발상지(이집트 문명)
② **카사블랑카(모로코)** 에스파냐어로 '하얀 집'이란 뜻의 세계적인 관광 도시

(2) **서부 아프리카** 해안 지역을 중심으로 자원 개발과 수출 산업 및 무역 활발 → 라고스(나이지리아), 아비장(코트디부아르) 등

(3) **중앙 아프리카** 열대 우림 분포, 풍부한 자연과 생태계를 가지고 있어 환경적 가치가 높음 → 킨샤사(콩고 민주 공화국), 야운데(카메룬) 등

(4) **동부 아프리카** 기후가 선선하여 과거부터 많은 인구가 모여 산 고원 지역이 있음
① **아디스아바바(에티오피아)** 아프리카연합(AU) 본부 위치, 고원에 발달한 도시
② **나이로비(케냐)** 정보 기술(IT) 산업 발달, 넓은 초원 지대로 사파리 관광 발달
③ **마다가스카르** 섬 국가, 여우원숭이·바오바브나무 등 독특한 동식물의 서식지

(5) **남부 아프리카** 해안 지역을 따라 온대 기후 분포, 유럽인의 진출 역사가 오래된 지역으로 백인 비율이 높음 → 요하네스버그, 케이프타운(남아프리카 공화국) 등

3 아프리카의 자연환경

(1) **아프리카의 지형** 형성 시기가 오래되어 비교적 안정되고 대체로 평탄함 [자료 ❷]
① 산맥과 고원

아틀라스산맥	아프리카 북서부에 위치, 판의 경계에 가까이 위치하여 높고 험준함
드라켄즈버그산맥	남아프리카 공화국의 산맥, 형성 시기가 오래되어 완만함
아비시니아고원	동부의 에티오피아 일대, 저지대보다 기후가 온화함

② **사막** 사하라 사막, 나미브 사막, 칼라하리 사막
③ **킬리만자로산** 아프리카에서 가장 높은 산, 화산 활동으로 형성
④ **나일강** 아프리카에서 가장 긴 하천, 빅토리아호 부근에서 발원하여 지중해로 유입
⑤ **빅토리아 폭포** 세계 3대 폭포 중 하나, 잠비아와 짐바브웨의 국경을 따라 흐름
⑥ **동아프리카 지구대** 지각이 갈라지는 경계로 지진과 화산 활동 활발

(2) **아프리카의 기후** 적도를 중심으로 기후가 대체로 대칭하여 분포 [자료 ❸]
① **열대 기후** 적도 부근에 주로 분포

열대 우림 기후	• 연중 기온이 높고 강수량이 많음 • 넓고 울창한 숲(열대림) 분포 → 다양한 동식물의 서식처
사바나 기후	• 건기와 우기 뚜렷, 키 큰 풀이 자라는 초원에 듬성듬성 나무가 자람 • 다양한 초식 동물과 육식 동물 서식 → '야생 동물의 천국'으로 불림

② **건조 기후** 연 강수량 500mm 미만, 증발량이 강수량보다 많음 → 북부의 사하라 사막, 남부의 나미브 사막, 칼라하리 사막 등
③ **온대 기후** 북부의 지중해 연안과 남동부의 해안 지역에 분포
④ **고산 기후** 해발 고도가 높은 아비시니아고원 등 일부 산지에 분포

개념 확인 문제 ● 바른답·알찬풀이 17쪽

1 다음 설명이 맞으면 ○표, 틀리면 ×표를 하시오.
(1) 아프리카는 북쪽으로는 유럽, 동쪽으로는 대서양에 접해 있다. ( )
(2) 아프리카에서 가장 높은 산인 킬리만자로산은 화산 활동으로 형성되었다. ( )
(3) 건조 기후는 다양한 초식 동물과 육식 동물이 서식하여 '야생 동물의 천국'으로 불린다. ( )

2 다음 괄호 안의 내용 중 옳은 것에 ○표를 하시오.
(1) 이집트는 인류 역사와 문명의 발상지 중 하나로 수도는 (카이로, 아비장)이다.
(2) 아프리카는 (나미브 사막, 사하라 사막)을 기준으로 북부 아프리카와 중·남부 아프리카로 구분한다.
(3) 건조 기후는 연 강수량 (250mm, 500mm) 미만으로 증발량이 강수량보다 (많다, 적다).

꼭 나오는 자료

핵심 개념 체크 문제
QR 코드를 스캔해 보세요.

자료 1 아프리카의 주요 도시

— 세계에서 두 번째로 큰 대륙으로 북반구와 남반구에 걸쳐 있어.

— 아프리카연합(AU)의 본부가 있어.

— 남아프리카 공화국의 입법 수도야.

▲ 아디스아바바(에티오피아)

▲ 케이프타운(남아프리카 공화국)

이집트의 수도인 카이로는 나일강 하구의 넓은 평야에 발달한 도시로 고대 이집트 문명의 유물과 유적이 많은 관광 도시이다. 에티오피아의 수도인 아디스아바바는 아프리카 항공 교통의 중심지이며, 나이지리아의 항구 도시인 라고스는 나이지리아의 경제 중심지이다. 남아프리카 공화국의 케이프타운은 유럽과 아시아를 잇는 무역항이 발달하면서 성장하였으며, 요하네스버그는 아프리카 최대의 상공업 도시이다.
— 아프리카 최초로 월드컵이 개최된 국가야.

— 카이로 인근의 기자 지구에서 낙타를 타고 피라미드와 스핑크스를 구경할 수 있어.

자료 2 아프리카의 주요 지형

— 전체 아프리카 면적의 30%를 차지하는 세계 최대의 사막이야.

— 산 정상에는 눈이 덮여 있어.

▲ 사하라 사막

▲ 킬리만자로산

— 여러 국가를 거쳐 흐르는 국제 하천이야.

— 폭은 약 1.5km, 높이는 100m 이상이야.

▲ 나일강

▲ 빅토리아 폭포

자료 3 아프리카의 기후

— 탄자니아의 옛 수도이자 가장 큰 도시야.

남반구에 위치해 북반구와 계절이 반대야. ┐

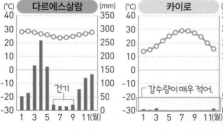

▲ 열대 기후   ▲ 건조 기후   ▲ 온대 기후

『이과 연표』, 2022

열대 기후 지역에서는 플랜테이션 농업과 이동식 화전 농업, 야생 동물을 이용한 관광 산업 등이 발달하였다. 건조 기후 지역 중 사막 지역에서는 물을 구하기 쉬운 오아시스 주변에서 밀, 대추야자 등을 재배한다. 온대 기후 중 지중해성 기후가 나타나는 케이프타운에서는 포도 재배가 활발하다.
— 삼림을 불태워 작물을 재배하는 전통적인 농업 방식이야. 주로 옥수수, 카사바 등을 재배해.

대표 문제로 실력 쌓기

● 바른답·알찬풀이 17쪽

≫ 아프리카의 주요 도시

1 친구에게 소개하고 있는 ㉠ 도시를 지도의 A~E에서 고른 것은?

> 소현아 안녕? 나는 지금 (㉠)에 있어. 이곳은 고대 문명 발상지 중 하나로 유물과 유적이 많아. 오늘은 인근 기자 지구에서 낙타를 타고 피라미드와 스핑크스를 볼 거야.

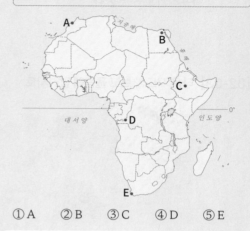

대서양   인도양

① A   ② B   ③ C   ④ D   ⑤ E

> **이것만은 꼭 기억하자!** 이집트의 수도인 카이로는 북아프리카의 주요 도시로 고대 이집트 문명 유적지로 잘 알려져 있어.
> 82쪽 04번, 94쪽 03번 문제도 풀어 보자!

≫ 아프리카의 기후 (선택지 하나 더)

2 아프리카의 기후에 관한 설명으로 옳지 않은 것은?

① 북부 아프리카는 건조 기후가 넓게 나타난다.

② 아비시니아고원 일대에서는 고산 기후가 나타난다.

③ 모로코의 지중해 연안에서는 온대 기후가 나타난다.

④ 적도 부근은 기온이 높고 강수량이 많은 열대 기후가 나타난다.

⑤ 열대 우림 기후 주변에는 건기와 우기가 뚜렷한 사바나 기후가 나타난다.

⑥ 적도에서 고위도로 가면서 대체로 온대 기후, 건조 기후, 열대 기후 순으로 나타난다.

> **이것만은 꼭 기억하자!** 아프리카의 기후는 열대 기후, 건조 기후, 온대 기후가 주로 분포하고, 동부의 산지 지역에서는 고산 기후가 부분적으로 나타나.
> 83쪽 09번, 94쪽 07번 문제도 풀어 보자!

실력다지기

01 아프리카 대륙에 관한 설명으로 옳지 <u>않은</u> 것은?

① 북반구와 남반구에 걸쳐 있다.
② 세계에서 두 번째로 큰 대륙이다.
③ 지중해를 사이에 두고 유럽과 마주하고 있다.
④ 대륙의 서쪽은 대서양, 동쪽은 태평양에 접해 있다.
⑤ 사하라 사막을 기준으로 북부 아프리카와 중·남부 아프리카로 구분한다.

[02-03] 다음 지도를 보고 물음에 답하시오.

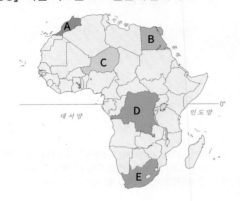

02 다음 설명에 해당하는 국가를 지도의 A~E에서 고른 것은?

열대 우림이 발달하여 다양한 생태계를 가지고 있으며 환경적 가치가 매우 높다. 이 국가는 영장류 중 가장 몸집이 큰 고릴라의 서식지로도 알려져 있다.

① A   ② B   ③ C   ④ D   ⑤ E

고난도

03 A~E 국가에 관한 설명으로 옳은 것은?

① A는 넓은 초원에서 사파리 관광이 이루어진다.
② B는 대서양을 통한 무역으로 성장하였다.
③ C는 바오바브나무 등 독특한 동식물이 나타난다.
④ D는 고대 문명의 발상지 중 하나이다.
⑤ E는 아프리카 최초로 월드컵을 개최하였다.

04 다음 설명에 해당하는 도시는?

아프리카, 서남아시아, 유럽을 잇는 요지에 있는 북부 아프리카의 주요 도시이다. 고대 문명과 관련한 피라미드, 스핑크스 등의 유물과 유적이 많은 관광 도시이기도 하다.

① 라고스   ② 카이로
③ 카사블랑카   ④ 아디스아바바
⑤ 요하네스버그

05 아디스아바바에 관한 설명으로 옳지 <u>않은</u> 것은?

① 에티오피아의 수도이다.
② 동부의 아비시니아고원에 위치한다.
③ 아프리카 항공 교통의 중심지 역할을 한다.
④ 아프리카 연합(AU)의 본부가 위치해 있다.
⑤ 자원이 풍부한 아프리카 최대의 상공업 도시이다.

06 케이프타운에 관한 옳은 설명을 〈보기〉에서 고른 것은?

보기
ㄱ. 대서양과 인도양에 접해 있다.
ㄴ. 남아프리카 공화국의 입법 수도이다.
ㄷ. 아프리카의 도시 중 인구가 가장 많다.
ㄹ. 나일강 하구의 넓은 평야에 위치한다.

① ㄱ, ㄴ   ② ㄱ, ㄷ   ③ ㄴ, ㄷ
④ ㄴ, ㄹ   ⑤ ㄷ, ㄹ

07 아프리카의 지형에 관한 설명으로 옳은 것은?

① 북부에 사하라 사막이 넓게 분포한다.
② 남부에는 높고 험준한 아틀라스산맥이 있다.
③ 세계에서 가장 긴 하천인 나일강은 대서양으로 유입된다.
④ 케냐와 탄자니아의 경계에는 거대한 빅토리아 폭포가 있다.
⑤ 콩고강, 나이저강 등 대하천의 발원지는 주로 온대 기후 지역이다.

08 다음 설명에 해당하는 지형은?

> • 주변에서 화산과 지진 활동이 활발하다.
> • 케냐산, 킬리만자로산 등 높은 산이 발달해 있다.
> • 지각이 갈라지는 경계로 거대한 골짜기를 이룬다.

① 콩고 분지　　　② 사하라 사막
③ 아틀라스산맥　　④ 드라켄즈버그산맥
⑤ 동아프리카 지구대

09 ㉠~㉢에 들어갈 기후를 바르게 연결한 것은?

> 북부 아프리카는 대부분 (㉠) 기후가 나타나고 지중해 연안의 일부 지역에서는 (㉡) 기후가 나타난다. 중부 아프리카는 적도가 지나는 지역을 중심으로 (㉢) 기후가 넓게 나타나며, 남부 아프리카는 건조 기후와 남동부의 해안 지역을 중심으로 온대 기후가 분포한다.

	㉠	㉡	㉢
①	열대	온대	건조
②	열대	건조	온대
③	건조	열대	온대
④	건조	온대	열대
⑤	온대	건조	열대

10 다음 기후 그래프가 나타나는 지역에 관한 설명으로 옳은 것은?

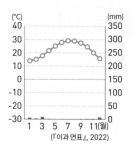

(『이과 연표』, 2022)

① 울창한 숲에 고릴라가 서식하고 있다.
② 기온이 선선하여 많은 사람이 거주하고 있다.
③ 키가 큰 풀과 듬성듬성 자란 나무를 볼 수 있다.
④ '야생 동물의 천국'이라 불리며, 사파리 관광이 발달한다.
⑤ 모래와 자갈, 바위 등으로 이루어진 사막이 넓게 분포한다.

서술형
11 (가) 사막의 명칭을 쓰고, (가)를 기준으로 한 아프리카의 지역 구분에 관해 서술하시오.

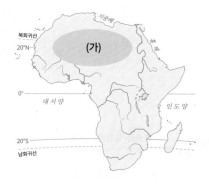

서술형
12 ㉠에 해당하는 기후를 쓰고, 이 지역에서 발달한 관광 산업에 관해 서술하시오.

> 열대 우림 주변에는 우기와 건기가 뚜렷한 (㉠) 기후가 나타난다. (㉠) 기후 지역의 초원은 다양한 초식 동물과 육식 동물이 서식하며, '야생 동물의 천국'이라고도 불린다.

주제12 아프리카의 다양한 문화와 지역 잠재력

+ 유입(流 흐르다, 入 들어오다)
재화, 문화, 사람 등이 어떤 곳으로 들어옴.

+ 얌(yam)
열대의 뿌리채소로, 마의 일종임

+ 생산 연령층
직업에 종사할 수 있는 인구 계층으로 15세~64세까지의 인구를 말함

+ 세계 대륙별 중위 연령(2022년)

대륙	중위 연령
아시아	31.6세
유럽	41.9세
아프리카	18.7세
남아메리카	30.6세
북아메리카	32.4세
오세아니아	38.2세

(국제연합, 2022)

1 아프리카의 다양한 문화

(1) 다양한 문화의 발달 배경
① 지역마다 기후, 지형 등 자연환경이 다름
② 수많은 민족(인종)과 부족이 고유의 언어·종교·생활양식을 간직하고 있음
③ 이슬람교(북부 아프리카에 주로 전파)와 크리스트교(중·남부 아프리카에 주로 전파)의 +유입 → 토속 신앙과 결합하여 새로운 문화 형성

(2) 아프리카의 생활 문화 [자료 ❶]

구분	적도 주변의 열대 기후 지역	건조 기후 지역
의복 문화	자연에서 얻을 수 있는 화려한 색상과 무늬의 의복	강한 햇볕과 모래바람을 막기 위해 온몸을 감싸는 형태의 의복
주요 작물	옥수수, 카사바, +얌, 감자 등	오아시스 주변에서 재배한 밀, 대추야자
전통 가옥	• 나무와 풀·흙을 이용, 창문이 큰 개방적 구조 • 급한 지붕의 경사: 강수량이 많아 빗물이 잘 흘러내리도록 하기 위함	• 벽이 두껍고 지붕이 평평하며 창문이 작은 흙집 또는 흙벽돌집 • 좁은 골목과 촘촘한 건물: 그늘을 만들기 위함

(3) 아프리카의 예술 문화
① 음악 특유의 리듬감과 경쾌함을 살려 북이나 나무를 두드리는 음악 발달 → 삼바·레게·재즈·소울 등의 음악에 영향, 젬베 등 전통 악기 전파
② 미술 대상을 단순화하고 강렬한 색채를 이용, 추상적 표현 → 유럽에 소개되어 고갱, 피카소 등에 영향
③ 영화 나이지리아의 '놀리우드'(미국 할리우드에 빗대어 표현한 나이지리아의 영화 산업) 성장
④ 패션 아프리카에서 많이 사용하는 화려한 색상과 기하학적 무늬를 접목한 의상

개념 확인 문제 ● 바른답·알찬풀이 18쪽

1 다음 설명이 맞으면 ○표, 틀리면 ×표를 하시오.
(1) 적도 주변의 비가 많이 오는 지역에서는 건물의 지붕을 평평하게 짓는다. ( )
(2) 아프리카는 경제활동을 하는 청장년층 인구의 비율이 높아 '세계에서 가장 젊은 대륙'이라고 불린다. ( )

2 다음 괄호 안의 내용 중 옳은 것에 ○표를 하시오.
(1) 북부 아프리카의 문화에 큰 영향을 준 종교는 (이슬람교, 크리스트교)이다.
(2) 북부 아프리카의 건조 기후 지역에서는 (얇고 짧은, 온몸을 감싸는) 옷을 주로 입는다.
(3) 사막 지역에서는 오아시스 주변에 주로 (풀, 흙)을 이용하여 집을 짓는다.

2 아프리카의 지역 잠재력

(1) 아프리카의 인구와 잠재력 [자료 ❷]
① 인구 약 14억 명(2021년)으로 세계 인구의 약 17% 차지
② 낮은 평균 연령, 높은 출생률을 바탕으로 +생산 연령층 인구의 증가 → 전 세계에서 아프리카 인구 비율 증대가 예상됨

(2) 아프리카의 풍부한 자원과 잠재력 아프리카 경제 성장의 기반 [자료 ❸]
① 지하자원

나이지리아, 리비아	석유	남아프리카 공화국	백금, 코발트, 망간 등
콩고 민주 공화국	크롬, 코발트, 구리	보츠와나	다이아몬드

② 상품 작물

커피	동부 고원 지역에서 주로 재배 → 에티오피아, 케냐 등
카카오	기니만 연안에서 주로 재배 → 코트디부아르, 가나 등

③ 신·재생 에너지 태양광 발전(일조량이 풍부한 사막), 수력 발전(대하천 주변)
④ 관광 자원 사파리 체험(케냐, 탄자니아), 고대 유적 체험(이집트의 피라미드, 탄자니아의 잔지바르, 말리의 젠네 대사원) 등

자료 ❶ 아프리카의 생활 문화

통풍이 잘 되고 큰 일교차로부터 몸을 보호해 줘.

큰 일교차, 강한 햇볕, 모래바람을 막기 위해 창문은 작고 벽은 두껍게 지어.

▲ 건조 기후 지역의 의복   ▲ 건조 기후 지역의 흙벽돌집

아프리카 각 지역의 전통적인 생활양식은 기후, 지형 등 자연환경의 영향을 크게 받는다. 예를 들어 북부 아프리카의 건조 기후 지역에서는 강한 햇볕과 모래바람을 막기 위해 온몸을 감싸는 형태의 옷을 주로 입는다. 또한 주변에서 쉽게 구할 수 있는 흙을 이용하여 흙벽돌집을 짓고, 그늘이 생기도록 집들을 촘촘하게 붙여서 짓는다.

자료 ❷ 아프리카의 인구와 잠재력

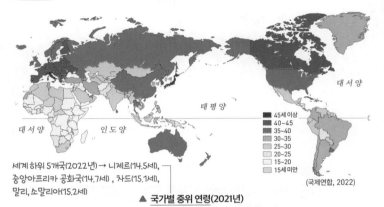

■	45세 이상
■	40~45
■	35~40
■	30~35
■	25~30
■	20~25
■	15~20
□	15세 미만

(국제연합, 2022)

세계 하위 5개국(2022년) → 니제르(14.5세), 중앙아프리카 공화국(14.7세), 차드(15.1세), 말리, 소말리아(15.2세)

▲ 국가별 중위 연령(2021년)

아프리카는 전 세계에 서 중위 연령이 가장 낮은 대륙으로, 앞으로 전 세계에서 아프리카 인구가 차지하는 비율이 높아질 것으로 예상된다. 이는 생산 연령층 인구의 증대를 의미하며 생산자와 소비자가 동시에 증가하는 효과를 가져올 수 있다. 아프리카의 많은 인구를 바탕으로 한 풍부한 노동력과 규모가 큰 소비 시장은 아프리카의 발전에 큰 원동력이 될 것이다.

아프리카가 앞으로 큰 소비 시장이 될 가능성이 높아.

15~64세의 청장년층 인구를 뜻해. 생산 연령층 인구(생산 가능 인구) 중 취업자를 경제활동 인구라고 해.

자료 ❸ 아프리카의 자원 분포

기니만 연안 → 카카오
나이지리아, 리비아 등은 석유 생산량이 많아.
동부 고원 지역 → 커피

● 구리
● 금
■ 기타 희귀 금속
🜍 석유
● 커피
◗ 카카오

(『신상 고등 지도』, 2023 / 『디르케 세계 지도』, 2023)

▲ 아프리카의 주요 자원

아프리카 제1의 광공업 국가야.

세계 순위	자원	생산 국가	세계 생산 점유율(%)
1	백금	남아프리카 공화국	74.2
	코발트	남아프리카 공화국	69.2
	크롬	콩고 민주 공화국	51.8
	망간	남아프리카 공화국	33.5
2	보크사이트	기니	23.0
3	다이아몬드	보츠와나	21.1

* 다이아몬드는 귀금속용임.   (미국 지질 조사국, 2023)

▲ 아프리카의 지하 자원 현황(2022년)
배터리의 재료로 첨단 산업에서 주목받고 있어.

아프리카의 풍부한 자원은 경제 성장의 기반이 되어 왔다. 아프리카에서 생산되는 자원은 가공되지 않은 채 수출되는 비중이 높으나 자원을 가공하고 제품을 만들어 수출하게 되면 더욱 많은 경제적 이익을 얻을 수 있을 것이다.

›› 아프리카의 생활 문화 (선택지 하나 더)

1 사진의 전통 가옥을 볼 수 있는 지역에 관한 설명으로 옳지 <u>않은</u> 것은?

① 강수량보다 증발량이 많다.
② 강수량이 적어 지붕이 평평하다.
③ 카사바와 얌 등을 주식으로 한다.
④ 주민들은 온몸을 감싸는 옷을 입는다.
⑤ 건물을 촘촘하게 지어 그늘을 만든다.
⑥ 대부분의 주민은 오아시스에 거주한다.

이것만은 꼭 기억하자! 건조 기후의 사막 지역에서는 강한 햇볕과 큰 일교차, 모래바람을 막기 위해 온몸을 감싸는 옷을 입고 벽이 두껍고 창문이 작은 집을 지어.
✈ 86쪽 02번, 95쪽 10번 문제도 풀어 보자!

›› 아프리카의 자원 분포

2 (가), (나) 지역에서 재배되는 대표적인 상품 작물을 바르게 짝지은 것은?

	(가)	(나)
①	커피	카카오
②	커피	대추야자
③	카카오	커피
④	카카오	대추야자
⑤	대추야자	카카오

이것만은 꼭 기억하자! 커피와 카카오는 수출을 주목적으로 재배하는 아프리카의 대표적인 상품 작물이야.
✈ 87쪽 09번, 96쪽 13번 문제도 풀어 보자!

01 아프리카의 종교 문화에 관한 설명이다. ㉠~㉢ 종교를 바르게 연결한 것은?

> 북부 아프리카는 서남아시아에서 전파된 (㉠)이/가 중·남부 아프리카는 유럽인의 식민 지배 과정에서 전파된 (㉡)이/가 주를 이루고 있다. (㉠)과/와 (㉡)은/는 (㉢)과/와 결합하여 새로운 문화를 형성하기도 한다.

	㉠	㉡	㉢
①	이슬람교	토속 신앙	크리스트교
②	이슬람교	크리스트교	토속 신앙
③	토속 신앙	이슬람교	크리스트교
④	크리스트교	이슬람교	토속 신앙
⑤	크리스트교	토속 신앙	이슬람교

02 밑줄 친 내용의 사례로 옳지 <u>않은</u> 것은?

> 아프리카의 전통 가옥은 <u>자연환경의 영향을 받아 지역마다 집을 짓는 재료나 집의 구조가 다르다.</u>

① 열대 기후 지역의 가옥은 개방적이다.
② 오아시스 주변에서는 흙으로 집을 짓는다.
③ 열대 우림 지역에서는 풀과 나무로 집을 짓는다.
④ 사막에서는 그늘을 만들기 위해 집을 촘촘히 짓는다.
⑤ 열대 우림 지역에서는 지붕의 경사를 평평하게 만든다.

03 아프리카의 예술 문화에 관한 설명으로 옳지 <u>않은</u> 것은?

① 놀리우드는 탄자니아에서 발달한 영화 산업을 말한다.
② 젬베, 칼림바 등의 전통 악기가 세계 여러 지역으로 전파되었다.
③ 특유의 리듬감을 살려 북, 나무를 두드리는 음악이 발달하였다.
④ 아프리카 음악은 아메리카로 전해져 삼바, 재즈 등으로 발전하였다.
⑤ 조각상, 가면 등이 유럽에 전해져 피카소와 고갱 등에게 영향을 주었다.

04 다음은 아프리카의 전통 음식에 관한 글이다. ㉠, ㉡에 해당하는 작물은?

> 〈가나의 대표 음식, 푸푸〉
> 열대 우림 기후인 가나에서는 (㉠)을/를 삶은 후 빻아 만든 푸푸를 주로 국물과 함께 먹는다.
> 〈동부 아프리카의 대표 음식, 우갈리〉
> 쌀, 밀의 재배가 어려운 동부 아프리카에서는 (㉡) 가루에 뜨거운 물을 부어 반죽해 만든 우갈리를 채소, 육류 등에 곁들여 먹는다.

	㉠	㉡
①	감자	카사바
②	카사바	감자
③	카사바	옥수수
④	옥수수	감자
⑤	옥수수	카사바

고난도
05 사진의 전통 의복을 주로 입는 지역을 지도의 A~E에서 고른 것은?

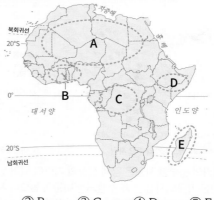

① A　　② B　　③ C　　④ D　　⑤ E

06 중·남부 아프리카 지역의 성장 잠재력이 높은 이유로 적절한 것을 〈보기〉에서 고른 것은?

| 보기 |
ㄱ. 단일 민족　　　　　ㄴ. 풍부한 자본
ㄷ. 풍부한 자원　　　　ㄹ. 풍부한 노동력

① ㄱ, ㄴ　　　② ㄱ, ㄷ　　　③ ㄴ, ㄷ
④ ㄴ, ㄹ　　　⑤ ㄷ, ㄹ

07 지도는 대륙별 중위 연령을 나타낸 것이다. 이를 바탕으로 추론한 아프리카의 변화로 적절한 것만을 〈보기〉에서 있는 대로 고른 것은?

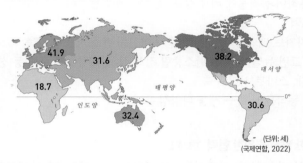

(단위: 세)
(국제연합, 2022)

| 보기 |
ㄱ. 생산 연령층 인구가 증가할 것이다.
ㄴ. 인구 고령화가 급격히 진행될 것이다.
ㄷ. 구매력 향상과 경제 성장의 가능성이 높을 것이다.

① ㄱ　　　② ㄴ　　　③ ㄱ, ㄴ
④ ㄱ, ㄷ　　　⑤ ㄴ, ㄷ

08 다음 설명에 해당하는 국가는?

- 해안 지역을 따라 온대 기후가 나타나 일찍부터 유럽인이 진출하였다.
- 아프리카 제1의 광공업 국가로 백금, 코발트, 망간 등의 세계적인 생산지이다.

① 케냐　　　　　② 탄자니아
③ 나이지리아　　　④ 남아프리카 공화국
⑤ 중앙아프리카 공화국

09 지도는 아프리카의 자원 분포를 나타낸 것이다. A, B 자원을 바르게 연결한 것은?

(『신상 고등 지도』, 2023 / 『디르케 세계 지도』, 2023)

	A	B
①	석유	구리
②	석유	다이아몬드
③	구리	석유
④	구리	다이아몬드
⑤	다이아몬드	석유

서술형

10 ㉠과 같은 생활양식이 나타나는 이유를 서술하시오.

북부 아프리카의 건조 기후 지역에서는 길고 헐렁하며 ㉠ 온몸을 감싸는 형태의 옷을 주로 입는다.

서술형

11 그래프는 탄자니아의 관광객 수와 관광 수익을 나타낸 것이다. 이와 같은 변화의 배경을 자연적·문화적 측면에서 서술하시오.

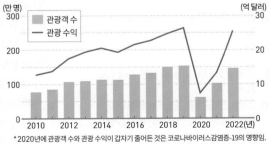

*2020년에 관광객 수와 관광 수익이 갑자기 줄어든 것은 코로나바이러스감염증-19의 영향임.
(세계 관광 기구, 탄자니아 통계국, 2023)

아프리카의 지속가능한 발전을 위한 노력

＋ 지속가능한 발전
자연과 인간이 조화를 이루는 개발을 통해 현세대의 필요를 충족시키면서 미래 세대의 삶의 질을 보장하는 것

＋ 기아(飢 주리다, 餓 굶기다)
먹을 것이 없어 배를 곯는 것

＋ 스마트 시티
첨단 정보 통신 기술을 이용해 도시의 모든 인프라를 네트워크한 미래형 첨단 도시

＋ 어젠다(Agenda)
회의, 의제 등에 주로 사용하며 실행하고 실천에 옮긴다는 뜻

＋ 관세(關 잠그다, 稅 징수하다)
외국으로부터 수입하거나 가지고 들어오는 물품에 부과하는 세금

＋ 철폐(撤 그만두다, 廢 폐하다)
어떤 제도나 규정을 폐지하는 것

＋ 적정 기술
한 지역 사회의 문제를 사회·문화·환경적 조건을 고려하여 해결하는 기술로, 인간의 삶의 질을 향상하는 데 목적이 있음

1 아프리카 각 지역의 지속가능한 발전을 위한 노력

(1) 지속가능한 발전을 위한 노력의 필요성

① 배경 빠른 경제 성장에도 불구하고 여전히 정치적 불안정, 낮은 교육 수준, 빈곤과 기아 등의 문제를 겪는 국가가 많음

② 필요성 아프리카 국가들은 더 나은 미래를 위해 지속가능한 발전을 위한 노력을 기울이고 있음

③ 방향 새로운 기술 개발·도입, 인권·평화 등의 가치 추구, 법과 제도 개선 등

(2) 지속가능한 발전을 위한 각 지역의 노력 **자료 1**

① 그랜드 잉가 프로젝트(콩고 민주 공화국) 콩고강 하류의 잉가 지역에 아프리카 최대 규모의 수력 발전용 댐을 건설하는 사업 → 사하라 이남 아프리카의 전력난 해소

② 솔라 카우 프로젝트(케냐, 콩고 민주 공화국, 탄자니아) 자녀를 일터 대신 학교에 보낸 부모에게 태양광 전지 지급 → 아동 교육 개선

③ 농업 생산성 증대를 위한 노력

• 잠비아 작물에 안정적으로 물을 공급하기 위한 관개 기술 개발

• 튀니지 드론을 활용하여 농작물에 비료 살포, 병충해 예방 등

④ 환경 보호를 위한 노력

• 모로코 누르·와르자자트 태양광 발전소 건설 → 이산화 탄소 배출량 감축

• 남아프리카 공화국 그린 뉴딜 정책 **예** 탄소중립 정책 실시, 태양광과 풍력 등 신·재생 에너지 비율 증대, 스마트 시티 구축

• 마다가스카르 희귀 동식물 보호 → 생물 다양성 유지

2 아프리카의 지속가능한 발전을 위한 협력 **자료 2**

(1) 목표 빈곤·기아 종식, 지속가능한 경제 성장, 기후변화 대응 등 인류 공동의 목표 달성

(2) 아프리카연합(AU)

① 아프리카 국가들의 정부 간 연합체, 본부는 에티오피아의 아디스아바바에 위치, 55개의 회원국

② 어젠다 2063 프로젝트 2013년부터 2063년까지 아프리카를 글로벌 경쟁력을 갖춘 지역으로 만들기 위한 계획 → 기반 시설 확충, 친환경 에너지 개발, 정치 및 사회 환경 개선, 강력한 문화 정체성 등

③ 아프리카 대륙 자유 무역 지대(AfCFTA) 아프리카연합의 주력 프로젝트, 아프리카 내 관세나 무역 규제 철폐 → 아프리카의 경제 통합

(3) 아프리카와 세계의 협력

① 국제기구와의 협력 국제연합(UN), 유럽연합(EU) 등 국제기구의 지원 **예** 그레이트 그린 월(Great Green Wall) 프로젝트 – 사막화를 막기 위해 사하라 사막 남쪽 가장자리에 대규모 숲을 조성하는 사업

② 비정부 기구(NGO) 활동 옥스팜, 세이브 더 칠드런, 굿 네이버스 등의 지원

③ 국가 및 기업과의 협력

• 케이(K) - 라이스벨트 아프리카에 쌀 품종 개발 및 보급, 기술 교육 지원

• 공적 개발 원조(ODA) 정부를 비롯한 공공 기관이 개발 도상국의 경제 발전과 사회 복지 증진을 목표로 원조 제공

④ 세계시민으로서 개인의 노력 아프리카 문화 존중, 각종 구호 활동 및 환경 보전 활동에 참여, 적정 기술 개발, 공정 무역 제품 구입, 공정 여행 등 → 아프리카의 지속가능한 발전에 이바지함 **자료 3**

개념 확인 문제
● 바른답·알찬풀이 19쪽

1 다음 설명이 맞으면 ○표, 틀리면 ✕표를 하시오.

(1) 아프리카는 사회, 경제 등 다양한 측면에서 지속가능한발전을 위해 노력하고 있다.
( )

(2) 솔라 카우 프로젝트의 궁극적인 목적은 아동 교육을 지원하는 것이다.
( )

(3) 아프리카연합(AU)은 아프리카의 사회적·경제적 통합을 촉진하기 위해 조직한 국제기구이다. ( )

2 다음 괄호 안의 내용 중 옳은 것에 ○표를 하시오.

(1) 그레이트 그린 월 프로젝트의 주요 목적은 (사막화 방지, 신·재생 에너지 개발)이다.

(2) 선진국과 개발 도상국 간의 불공정한 무역을 개선하기 위해 (공정 무역, 적정 기술) 제품을 이용하도록 한다.

꼭 나오는 자료

자료 ① 아프리카 각 지역의 지속가능한 발전을 위한 노력

└ 콩고 민주 공화국의 지폐에 아프리카 최대 규모의 수력 발전용 잉가 댐이 그려져 있어.

▲ 그랜드 잉가 프로젝트(콩고 민주 공화국)

▲ 누르·와르자자트 발전소 건설(모로코)

아프리카는 경제, 사회, 환경 등 다양한 측면에서 지속가능한 발전을 위해 노력하고 있다. 안정적 전력 공급을 위한 잉가 댐과 누르·와르자자트 발전소 건설, 탄소 중립을 위한 그린 뉴딜 정책, 아동 교육 지원을 위한 솔라 카우 프로젝트 등이 대표적인 사례이다.

자료 ② 아프리카의 지속가능한 발전을 위한 협력

└ 아프리카 국가를 상징하는 55개의 별이 원형으로 연결되어 있어.

▲ 아프리카연합(AU)의 기

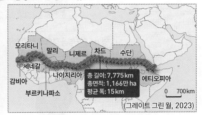

모리타니 말리 니제르 차드 수단
세네갈
감비아 나이지리아 에티오피아
부르키나파소

총 길이: 7,775km
총면적: 1,166만 ha
평균 폭: 15km

0 ─── 700km

(그레이트 그린 월, 2023)

▲ 그레이트 그린 월 프로젝트

아프리카연합(AU)은 아프리카의 경제적 통합과 경제 발전, 정치 및 사회 환경 개선을 촉진하기 위해 설립한 국제기구로 지역 내 평화, 질병 퇴치 등을 목표로 55개국의 회원국이 협력하고 있다. 그레이트 그린 월 프로젝트는 사하라 이남의 사막화를 막기 위한 대규모 숲 조성 사업으로 황폐지 복원 및 일자리 창출 효과가 나타날 것으로 기대된다.

자료 ③ 지속가능한 발전을 위한 공정 무역

└ 공정 무역 제품을 구매하면 생산 지역의 주거·의료·시설·학교 등의 환경을 개선하는 데 동참하는 거야.

일반 커피 한 잔
판매점
가공업자
수출업자
원료 구매자
생산자

공정 무역 커피 한 잔
판매점
가공업자
생산자 및 조합

▲ 일반 커피와 공정 무역 커피의 이익 배분 구조

생산자와 소비자 간의 직거래를 통해 유통 단계를 줄여 생산자의 몫이 커졌어.

공정 무역은 개발 도상국 생산자의 자립과 권리 보호를 위해 생산자에게 더 나은 거래 조건을 제공하는 무역 방식이다. 공정 무역은 개발 도상국의 원료나 제품에 정당한 값을 지불해 불공정한 무역을 개선하는 것이 목적이며 커피, 카카오, 아몬드 등 열대 기후의 개발 도상국에서 생산되는 상품이 주요 대상이다.

대표 문제로 실력 쌓기

● 바른답·알찬풀이 19쪽

≫ 지속가능한 발전을 위한 각 지역의 노력 [선택지 하나 더]

1 (가)에 들어갈 솔라 카우 프로젝트의 목표로 가장 적절한 것은?

> 케냐에서는 아동이 학교에서 수업을 받는 동안 '솔라 카우'라는 태양광 발전기를 통해 배터리를 충전하고, 하교할 때 충전한 배터리를 집에 가져가도록 하는 '솔라 카우 프로젝트'를 실시하고 있다. 이 프로젝트는 자녀를 일터 대신 학교에 보낸 부모에게 태양광 전기를 공급함으로써 _____(가)_____ 의도에서 시작되었다.

① 탄소중립을 실천하려는
② 아동 교육을 개선하려는
③ 식량 생산량을 증대하려는
④ 생물 다양성을 유지하려는
⑤ 신·재생 에너지를 개발하려는
⑥ 생산자의 자립과 권리를 보호하려는

> **이것만은 꼭 기억하자!** 어젠다 2063 프로젝트는 아프리카의 경제 발전, 생활 수준 향상, 환경 보호 등을 목표로 하고 있으며 이에 많은 국가가 이와 같은 목표를 이루기 위한 프로젝트를 진행하고 있어.
> ◁ 90쪽 03번, 97쪽 17번 문제도 풀어 보자!

≫ 지속가능한 발전을 위한 개인의 노력 [선택지 하나 더]

2 아프리카의 지속가능한 발전을 위한 세계시민으로서의 노력으로 적절하지 않은 것은?

① 공정 무역 커피를 구매한다.
② 아프리카의 고유 문화를 존중한다.
③ 사헬 지대의 구호 활동에 참여한다.
④ 지역에 필요한 적정 기술을 개발한다.
⑤ 다양한 분야에서 공적 개발 원조(ODA)를 한다.
⑥ 여행할 때에는 현지의 주민이 경영하는 식당을 이용한다.

> **이것만은 꼭 기억하자!** 아프리카의 지속가능한 발전을 위해 국제연합(UN), 국제 비정부 기구(NGO) 등 국제기구의 협력이 이루어지고 있지만 개인적인 실천도 함께해야 해.
> ◁ 91쪽 09번, 97쪽 19번 문제도 풀어 보자!

01 ⊙에 들어갈 용어에 관한 옳은 설명만을 〈보기〉에서 있는 대로 고른 것은?

> (⊙)은/는 인간과 자연이 조화를 이루는 개발을 통해 현세대의 필요를 충족시키면서 미래 세대의 삶의 질을 보장하는 것이다.

┤ 보기 ├
ㄱ. 자원 고갈, 환경 파괴 등의 문제에 대응하여 등장한 개념이다.
ㄴ. 탄소중립, 신·재생 에너지 개발 등의 실천을 유도한다.
ㄷ. 최근에는 사회적 불평등 해소, 사회 통합 등의 영역을 포함한다.
ㄹ. ⊙을 목표로 자원 보유국들은 적극적인 자원 개발에 힘쓰고 있다.

① ㄱ, ㄷ   ② ㄴ, ㄹ   ③ ㄱ, ㄴ, ㄷ
④ ㄱ, ㄴ, ㄹ   ⑤ ㄴ, ㄷ, ㄹ

02 국제연합(UN)이 발표한 '지속가능 발전 목표'이다. 이를 토대로 만든 아프리카의 발전 계획은?

① 그린 뉴딜 정책
② 솔라 카우 프로젝트
③ 그랜드 잉가 프로젝트
④ 어젠다 2063 프로젝트
⑤ 그레이트 그린 월 프로젝트

03 지속가능한 발전을 실현하기 위해 '어젠다 2063 프로젝트'에서 설정한 목표로 보기 어려운 것은?

① 평화와 안전
② 정치적인 통합
③ 지속가능한 경제 성장
④ 선진국 문화의 적극적인 도입
⑤ 인권을 존중하는 인간 중심 발전

04 세계 최대의 잉가 댐 건설을 진행하고 있는 국가는?

잉가 댐이 성공적으로 건설되면 향후 몇 개의 댐을 더 지을 예정이에요.

그랜드 잉가 프로젝트가 완료되면 사하라 사막 이남의 국가 전체에 전기를 공급할 수 있어요.

① 가나   ② 케냐
③ 이집트   ④ 남아프리카 공화국
⑤ 콩고 민주 공화국

고난도
05 표는 지속가능한 발전을 위한 아프리카 각 지역의 노력을 정리한 것이다. 옳은 내용에 모두 ○표를 한 학생은?

지속가능한 발전을 위한 아프리카의 노력	갑	을	병	정	무
일조량이 풍부한 모로코는 대규모 태양광 발전소를 건설하였다.	○	○	○		
유량이 풍부한 콩고강 유역의 콩고 민주 공화국은 수력 발전용 댐을 건설할 예정이다.		○	○	○	○
다이아몬드가 풍부한 보츠와나는 다이아몬드 개발로 얻은 이익을 공공 사업에 투자하였다.	○	○		○	
사파리 관광 수입이 많은 나미비아는 생물 다양성 유지에 힘쓰고 있다.			○	○	○

① 갑   ② 을   ③ 병   ④ 정   ⑤ 무

06 다음 설명에 해당하는 국제기구는?

> • 아프리카의 사회적·경제적 통합을 촉진하기 위해 설립된 정부 간 연합체이다.
> • 지역 내 평화, 질병 퇴치 등을 목표로 한다.
> • 2023년 현재 55개국이 회원국으로 가입되어 있다.

① 국제연합(UN)
② 유럽연합(EU)
③ 아프리카연합(AU)
④ 동남아시아국가연합(ASEAN)
⑤ 아시아태평양경제협력체(APEC)

07 아프리카 대륙 자유 무역 지대(AfCFTA)에 관한 옳은 설명을 〈보기〉에서 고른 것은?

> ┤ 보기 ├
> ㄱ. 아프리카의 경제적 통합을 추구한다.
> ㄴ. 본부는 남아프리카 공화국 케이프타운에 있다.
> ㄷ. 지역 내 관세나 무역 규제를 없애는 정책을 도입하였다.
> ㄹ. 개인과 민간 단체를 회원으로 공공의 이익을 위해 조직되었다.

① ㄱ, ㄴ
② ㄱ, ㄷ
③ ㄴ, ㄷ
④ ㄴ, ㄹ
⑤ ㄷ, ㄹ

08 다음과 같은 노력의 공통적인 목적은?

> • 세네갈과 우간다 등 아프리카 8개국은 한국의 쌀 품종 개발 및 보급, 기술 교육 등을 종합적으로 지원받는 K-라이스 벨트 사업에 동참하고 있다.
> • 잠비아는 안정적인 물 공급을 위해 땅속에 관을 묻고 뿌리 쪽에 필요한 양만큼 물을 공급하는 관개 시설을 사용하고 있다.

① 사막화 방지
② 정치적 통합
③ 의무 교육 확대
④ 지하자원의 개발
⑤ 농업 생산량 증대

09 공정 무역에 관한 옳은 설명을 〈보기〉에서 고른 것은?

> ┤ 보기 ├
> ㄱ. 생산 지역 주민의 소득을 감소시킨다.
> ㄴ. 기업의 이익을 극대화하는 무역 구조이다.
> ㄷ. 기존 무역 방식보다 유통 과정이 단순하다.
> ㄹ. 저개발국에서 생산되는 상품이 주요 대상이다.

① ㄱ, ㄴ
② ㄱ, ㄷ
③ ㄴ, ㄷ
④ ㄴ, ㄹ
⑤ ㄷ, ㄹ

서술형

10 다음 자료를 보고 물음에 답하시오.

> 모로코는 축구장 약 3,500개 크기의 태양열 발전소를 건설하였다. 이로 인해 재생 에너지를 활용한 전력 생산 비율을 높여 ____(가)____ 효과를 보고 있다.

(1) 모로코에서 위와 같은 발전소를 건설하는 이유를 기후 환경과 관련하여 서술하시오.

(2) (가)에 해당하는 효과를 탄소 배출량과 관련하여 서술하시오.

서술형

11 다음 프로젝트에 참여하고 있는 국가 중 두 곳과 이 프로젝트의 주된 목표에 관해 서술하시오.

총 길이: 7,775 km
총면적: 1,166만 ha
평균 폭: 15 km
0 ─── 700km
(그레이트 그린 월, 2023)

그레이트 그린 월(Great Green Wall) 프로젝트 - 사하라 사막 남쪽 가장자리에 대규모 숲을 조성하는 사업

주제 11 아프리카의 위치와 자연환경

1. 아프리카의 위치와 주요 국가 및 도시

위치와 지역 구분		• 북쪽은 유럽, 동북쪽은 아시아, 서쪽은 대서양, 동쪽은 인도양에 접해 있음 • (❶) 기준 → 북부 아프리카와 사하라 이남의 중·남부 아프리카로 구분
주요 국가 및 도시 자료❶	북부	• 이슬람 문화의 영향을 많이 받음, 주로 건조 기후 • 카이로(이집트): 인류 역사와 문명의 발상지(이집트 문명) • 카사블랑카(모로코): '하얀 집'이란 뜻, 세계적 관광지
	서부	• 자원 개발과 수출 산업 및 무역 활발 • 라고스(나이지리아): 아프리카에서 인구가 가장 많은 도시 • 아비장(코트디부아르): 무역항으로 발달
	중앙	넓은 열대 우림, 다양한 생태계 발달→ 콩고 민주 공화국
	동부	• 기후가 선선하여 오래전부터 많은 사람이 거주한 고원 지역 • 아디스아바바(에티오피아): 아프리카 항공 교통의 중심지, 아프리카연합(AU) 본부 위치 • 나이로비(케냐): IT 산업 발달, 사파리 관광 발달
	남부	• 일찍부터 유럽인 진출, 백인의 비율 높음 • (❷)(남아프리카 공화국): 아프리카 최대의 상공업 도시 • 케이프타운(남아프리카 공화국): 유럽과 아시아를 잇는 무역항이 발달하면서 성장, 희망봉 위치

자료❶ 아프리카의 주요 도시

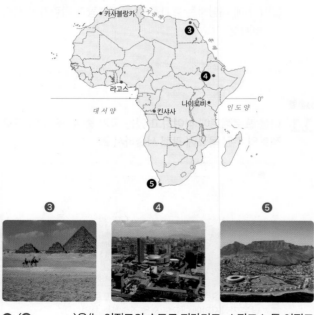

🔺 (❸   )은/는 이집트의 수도로 피라미드, 스핑크스 등 이집트 문명의 고대 유적이 남아 있다.
🔺 (❹   )은/는 에티오피아의 수도로 고원에 위치한 도시이다.
🔺 (❺   )은/는 남아프리카 공화국의 입법 수도로 대서양과 인도양에 접해 있다.

2. 아프리카의 자연환경

지형 자료❷	산맥	아틀라스산맥(북부), 드라켄즈버그산맥(남부)
	사막	사하라 사막, 나미브 사막, 칼라하리 사막
	하천	나일강, 나이저강, 콩고강 → 주로 (❻) 기후 지역에서 발원
	산	킬리만자로산, 케냐산→ 화산 활동으로 형성
	기타	• 동아프리카 지구대: 지각이 갈라짐, 화산·지진 활발 • (❼) 폭포: 잠비아와 짐바브웨 국경에 위치
기후 자료❸	열대	• 열대 우림 기후: 적도 주변, 연중 고온 다우 • 사바나 기후: 열대 우림 기후 주변, 건기와 우기 뚜렷
	건조	• 연 강수량 (❽)mm 미만, 강수량 < 증발량 • 사하라 사막, 나미브 사막, 칼라하리 사막과 주변의 초원 지대
	온대	지중해 연안과 남동부 해안 지역에 좁게 분포
	고산	동부의 (❾)고원 일대, 연중 선선

자료❷ 아프리카의 지형

🔺 판의 경계와 거리가 가까운 (❿   )은/는 높고 험준하다.
🔺 아프리카 면적의 약 30%를 차지하는 (⓫   )은/는 세계 최대의 사막이다.
🔺 아프리카에서 가장 긴 하천인 (⓬   )은/는 열대 기후 지역에서 발원하여 지중해로 흘러든다.
🔺 지각이 갈라지고 있는 (⓭   ) 주변 지역에서는 화산과 지진 활동이 일어난다.

자료❸ 아프리카의 기후

🔺 적도 부근의 (⓮   ) 기후 지역에는 넓고 울창한 숲이 분포하며, 그 주변의 (⓯   ) 기후 지역은 '야생 동물의 천국'이라고 불린다.
🔺 (⓰   ) 기후는 증발량이 강수량보다 많다.
🔺 (⓱   ) 기후는 지중해 연안과 남동부 해안 등에 나타난다.

주제 12 아프리카의 다양한 문화와 지역 잠재력

다양한 문화	종교	• (①): 북부 아프리카에 영향 • 크리스트교: 유럽인의 식민 지배 과정에서 중·남부 아프리카에 전파
	의	• 열대 기후: 화려한 색상과 무늬의 옷 • 건조 기후 지역: 온몸을 감싸는 형태의 옷
	식	• 열대 기후: 카사바, 얌, 옥수수 등 • 건조 기후: 밀, 대추야자
	주 자료 4	• 열대 기후: 개방적 구조, 나무와 풀 이용, 경사가 급한 지붕 • 건조 기후: 두꺼운 벽, 작은 창, 평평한 지붕, 흙벽돌집
	음악	타악기 중심의 음악 → 아메리카로 전파, 삼바·재즈·레게 등에 영향
	미술	추상적 표현, 강렬한 색채 → 유럽에 전파, 고갱·고흐 등 서양 미술에 영향
	영화	나이지리아의 (②)
지역 잠재력	인구 자료 5	• 인구 약 14억 명, 세계 인구의 약 17% 차지 • 높은 출생률, 낮은 중위 연령 → 생산 연령층 인구 증가 → 세계 경제에서의 비중 증대 예상
	자원 자료 6	• 지하자원: 석유(리비아, 나이지리아), 구리(잠비아, 콩고 민주 공화국), 다이아몬드(보츠와나) 등 • 상품 작물: 카카오(기니만 연안), 커피(동부 고원)

자료 4 아프리카의 전통적인 생활 문화

▲ 건조 기후 지역의 의복

▲ 건조 기후 지역의 흙벽돌집

🔎 건조 기후 지역에서는 강한 햇볕과 (③   )을/를 막기 위해 온몸을 감싸는 형태의 의복을 입는다.
🔎 건조 기후 지역에서는 벽은 (④   ), 창문은 (⑤   ), 지붕은 (⑥   )하게 만든 흙벽돌집을 짓는다.

자료 5 아프리카의 인구와 잠재력

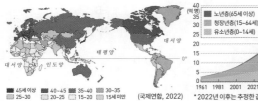
▲ 국가별 중위 연령(2021년)   ▲ 아프리카의 총인구와 인구 구조 변화

🔎 아프리카는 (⑦   )이/가 가장 낮은 젊은 대륙이다.
🔎 아프리카는 경제활동을 하는 (⑧   )의 인구 비율이 높아 풍부한 노동력과 큰 소비 시장을 바탕으로 경제 성장 가능성이 매우 높다.

자료 6 아프리카의 풍부한 자원

(『신상 고등 지도』, 2023 / 『디르케 세계 지도』, 2023)

🔎 잠비아와 콩고 민주 공화국 일대는 세계적인 (⑨   ) 생산지이다.
🔎 리비아와 나이지리아는 (⑩   )이/가 풍부하게 매장되어 있다.
🔎 동부 고원의 에티오피아는 (⑪   )의 원산지로 유명하다.
🔎 기니만 연안에서는 초콜릿의 원료인 (⑫   ) 재배가 활발하다.

주제 13 아프리카의 지속가능한 발전을 위한 노력

지속가능한 발전	• 자연과 인간이 조화를 이루는 개발 • 현세대의 필요를 충족시키면서 미래 세대의 삶을 보장하는 것
아프리카 각국의 노력	• 모로코: 누르·와르자자트 태양열 발전소 건설 • 그랜드 잉가 프로젝트(콩고 민주 공화국): 콩고강 유역의 잉가 댐 건설 → 전력난 해소 • 솔라 카우 프로젝트: 아동 교육 개선
(①) (AU)	• 아프리카 국가들의 정부 간 협력체, 아프리카 55개 회원국 • (②)프로젝트: 국제연합(UN)이 발표한 지속가능 발전 목표(SDGs)에 기반함 → 경제 성장, 생활 수준 향상, 사회 및 사회 환경 개선, 의무 교육 확대 등
국제 협력 자료 7	• 국제기구의 협력: 국제연합(UN) 등의 지원 • 그레이트 그린 월(Great Green Wall) 프로젝트: 사하라 사막 이남의 사막화 방지 프로젝트 • 국제 비정부 기구(NGO) 활동: 옥스팜, 굿 네이버스 등 • 공적 개발 원조(ODA): 정부 및 공공 기관의 원조
개인적 노력	• 아프리카 문화 존중, 구호·환경 보전 활동에 참여 • (③) 제품 구입 및 공정 여행, 적정 기술 개발 → 아프리카의 지속가능한 개발에 이바지함

자료 7 아프리카의 지속가능한 발전을 위한 노력

▲ 그레이트 그린 월 프로젝트

▲ 케이(K)-라이스벨트

🔎 그레이트 그린 월 프로젝트는 (④   )을/를 막기 위해 사하라 사막 남쪽에 대규모 숲을 조성하는 사업이다.
🔎 케이(K)-라이스벨트는 아프리카 8개국에 쌀 품종 개발 및 보급, 기술 교육을 지원해 (⑤   )을/를 해결하려고 한다.

① 아프리카 속으로

01 A~E 지역에 관한 설명으로 옳지 <u>않은</u> 것은?

① A - 이슬람 문화의 영향을 많이 받은 곳으로 건조 기후가 넓게 나타난다.
② B - 수출입에 유리한 항구 도시를 중심으로 대도시가 발달하였다.
③ C - 열대 우림이 발달하고 다양한 생태계를 가지고 있어 환경적 가치가 크다.
④ D - 기온이 선선하여 과거부터 많은 사람이 모여 사는 고원 지역이 분포한다.
⑤ E - 인류 역사와 문명의 출발지 중 하나로 다양한 고대 유적을 볼 수 있다.

[02-03] 다음 지도를 보고 물음에 답하시오.

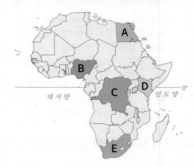

02 ㉠ 국가를 지도의 A~E에서 고른 것은?

선생님: 아프리카의 여러 국가 중 _____㉠_____ 의 특징을 말해 볼까요?
윤아: 대서양과 인도양에 모두 접해 있어요.
정우: 아프리카 최초로 월드컵을 개최한 나라예요.

① A   ② B   ③ C   ④ D   ⑤ E

03 다음 설명에 해당하는 국가를 지도의 A~E에서 고른 것은?

수도인 나이로비는 정보 기술(IT) 산업이 발달하여 고층 빌딩이 들어서 있다. 나이로비 국립 공원에서는 야생 동물과 도시 경관을 함께 볼 수 있는 사파리 관광이 가능하다.

① A   ② B   ③ C   ④ D   ⑤ E

04 아프리카의 지형에 관한 옳은 설명을 〈보기〉에서 고른 것은?

ㅡ 보기 ㅡ
ㄱ. 전체적으로 완만한 고원으로 이루어져 있다.
ㄴ. 킬리만자로산은 화산 활동으로 형성되었다.
ㄷ. 아틀라스산맥은 형성 시기가 오래되어 낮고 완만하다.
ㄹ. 북부 아프리카에는 세계 최대의 칼라하리 사막이 있다.

① ㄱ, ㄴ   ② ㄱ, ㄷ   ③ ㄴ, ㄷ
④ ㄴ, ㄹ   ⑤ ㄷ, ㄹ

05 (가), (나) 지형을 지도의 A~D에서 골라 바르게 연결한 것은?

(가) 판이 갈라지고 있는 경계로 화산과 지진 활동이 활발하게 이루어진다.
(나) 세계 3대 폭포 중 하나로, 잠베지강에 있다.

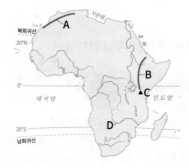

	(가)	(나)		(가)	(나)
①	A	C	②	A	D
②	B	C	④	B	D
⑤	D	C			

06 A 하천에 관한 설명으로 옳지 <u>않은</u> 것은?

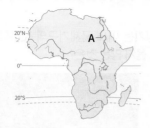

① 사하라 사막을 통과한다.
② 아프리카에서 가장 긴 강이다.
③ 열대 기후 지역에서 발원한다.
④ 여러 국가를 지나는 국제 하천이다.
⑤ 대서양으로 유입되는 대표 하천이다.

07 A~C 기후 지역의 특징에 관한 옳은 설명을 〈보기〉에서 고른 것은?

『필립스 세계 지도』, 2021)

┤ 보기 ├
ㄱ. A는 일 년 내내 기온이 높고 강수량이 많다.
ㄴ. A의 적도 부근에는 넓고 울창한 숲이 발달한다.
ㄷ. B는 건기와 우기가 뚜렷하고 초원이 발달한다.
ㄹ. C는 연 강수량 500mm 미만이다.

① ㄱ, ㄴ   ② ㄱ, ㄹ   ③ ㄴ, ㄷ
④ ㄴ, ㄹ   ⑤ ㄷ, ㄹ

08 사진의 경관이 나타나는 지역에 관한 설명으로 옳은 것은?

① 지중해 연안에 주로 분포한다.
② 열대림이 발달하며 생태적 가치가 높다.
③ 강수량이 적어 나무와 풀이 자라기 어렵다.
④ 지붕이 평평하고 흙벽돌로 지은 집을 볼 수 있다.
⑤ 야생 동물을 관찰하는 사파리 관광이 발달하였다.

② **아프리카의 다양한 문화와 지역 잠재력**

09 ㉠~㉢ 종교에 관한 옳은 설명을 〈보기〉에서 고른 것은?

아프리카 지역에는 다양한 종교가 나타난다. 서남아시아 지역과 인접한 북부 아프리카는 (㉠)을/를 주로 신봉하며, 중·남부 아프리카에는 (㉡) 신자가 많다. 자연적으로 발생한 (㉢)은/는 부족의 일상생활에 여전히 영향을 미치고 있다.

┤ 보기 ├
ㄱ. ㉠은 아프리카 전통 공예에 영향을 주었다.
ㄴ. ㉡은 유럽인의 식민 지배 과정에서 전파되었다.
ㄷ. ㉢은 사하라 이남 아프리카에서 신자 수 비율이 높아지고 있다.
ㄹ. 이집트는 ㉡보다 ㉠의 신자 수 비율이 높다.

① ㄱ, ㄴ   ② ㄱ, ㄹ   ③ ㄴ, ㄷ
④ ㄴ, ㄹ   ⑤ ㄷ, ㄹ

10 사진의 전통 가옥을 볼 수 있는 지역에 관한 옳은 설명을 〈보기〉에서 고른 것은?

┤ 보기 ├
ㄱ. 연 강수량이 적고 일교차가 크다.
ㄴ. 주민 생활에 이슬람교의 영향이 크다.
ㄷ. 다양한 생물종이 서식하여 생태적 가치가 크다.
ㄹ. 푸푸와 같이 카사바를 재료로 한 요리가 발달한다.

① ㄱ, ㄴ ② ㄱ, ㄹ ③ ㄴ, ㄷ ④ ㄴ, ㄹ ⑤ ㄷ, ㄹ

11 아프리카 문화에 관한 설명으로 옳지 <u>않은</u> 것은?

① 음악에서는 특유의 리듬감이 강하게 나타난다.
② 미술에서는 강렬한 색채를 활용하는 특징이 있다.
③ 아메리카에 전해져 삼바, 재즈 등으로 발전하였다.
④ 유럽의 종교와 문화는 북부 아프리카에 큰 영향을 주었다.
⑤ 나이지리아에서는 놀리우드로 불리는 영화 산업이 발달하였다.

12 표는 세계 중위 연령을 나타낸 것이다. (가)군 국가와 비교한 (나)군 국가의 특징을 〈보기〉에서 고른 것은?

(가)		(나)	
상위 5개국	연령(세)	하위 5개국	연령(세)
모나코	54.5	니제르	14.5
일본	48.7	중앙아프리카 공화국	14.7
이탈리아	47.3	차드	15.1
산마리노	46.8	말리	15.2
포르투갈	45.4	소말리아	15.2

(국제연합, 2022)

| 보기 |
ㄱ. 1인당 국민 총생산이 많다.
ㄴ. 65세 이상 인구 비율이 높다.
ㄷ. 출생률과 인구 증가율이 높다.
ㄹ. 생산 연령층 인구 비율이 높다.

① ㄱ, ㄴ　　② ㄱ, ㄷ　　③ ㄴ, ㄷ
④ ㄴ, ㄹ　　⑤ ㄷ, ㄹ

13 지도는 아프리카의 상품 작물 생산 분포를 나타낸 것이다. A, B 작물을 바르게 연결한 것은?

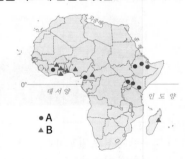

●A
▲B

	A	B		A	B
①	커피	바나나	②	커피	카카오
③	카카오	커피	④	카카오	바나나
⑤	바나나	카카오			

14 아프리카의 자원에 관한 설명으로 옳지 <u>않은</u> 것은?

① 보츠와나는 다이아몬드 생산이 많다.
② 북부 아프리카는 태양광 발전에 유리하다.
③ 나이지리아, 리비아는 세계적인 산유국이다.
④ 잠비아와 콩고 민주 공화국 일대는 세계적인 구리 생산지이다.
⑤ 백금, 망간, 코발트의 세계 생산 점유율이 가장 높은 국가는 케냐이다.

③ 아프리카의 지속가능한 발전을 위한 노력

15 다음 상징기는 어느 국제기구의 것이다. 이 기구에 관한 설명으로 옳지 <u>않은</u> 것은?

① 아프리카연합(AU)이다.
② 본부는 에티오피아의 아디스아바바에 위치한다.
③ 2023년 현재 55개국이 회원국으로 가입되어 있다.
④ 아프리카 국가와 세계 주요 국가가 함께 가입되어 있다.
⑤ 아프리카 회원국 간의 관세 철폐를 목적으로 하는 자유 무역 지대의 출범을 주도하였다.

[16-17] 다음 사진을 보고 물음에 답하시오.

▲ 누르·와르자자트 발전소(모로코)

16 사진과 같은 발전소가 건설되어 있는 모로코에 관한 옳은 설명을 〈보기〉에서 고른 것은?

| 보기 |
ㄱ. 연중 기온이 높고 강수량이 많다.
ㄴ. 사막이 넓게 분포하여 일조량이 풍부하다.
ㄷ. 수도인 나이로비 주변에는 사파리 관광이 발달한다.
ㄹ. 지중해 연안에 유명한 관광 도시인 카사블랑카가 있다.

① ㄱ, ㄴ　　② ㄱ, ㄷ　　③ ㄴ, ㄷ
④ ㄴ, ㄹ　　⑤ ㄷ, ㄹ

17 모로코의 태양열 발전소 건설로 발생하는 효과로 옳은 것은?

① 대도시의 교통 체증을 완화할 수 있다.
② 사하라 이남 아프리카의 전력난을 해소할 수 있다.
③ 이산화 탄소의 배출을 감소시켜 지구 온난화를 늦출 수 있다.
④ 농작물의 병충해를 예방하고 식량 생산량을 증대시킬 수 있다.
⑤ 희귀 동식물의 멸종을 막아 지역의 생물 다양성을 유지할 수 있다.

18 ㉠에 해당하는 국가는?

(㉠)은/는 고유종인 여우원숭이를 비롯한 희귀 동식물을 보호하여 생물 다양성을 유지하기 위해 노력하고 있다.

① 케냐
② 탄자니아
③ 나이지리아
④ 마다가스카르
⑤ 콩고 민주 공화국

19 선생님의 질문에 적절한 대답을 한 학생을 있는 대로 고른 것은?

선생님: 공정 무역에 대한 관심이 높아지고 있어요. 공정 무역 제품을 이용하는 이유는 무엇일까요?
갑: 질 좋고 신뢰할 수 있는 에티오피아 커피를 구입할 수 있어요.
을: 코트디부아르 카카오 농장 노동자에게 정당한 임금을 줄 수 있어요.
병: 유통 단계를 늘려 중간 상인과 수출업자의 이익을 극대화할 수 있어요.
정: 생산 지역의 환경을 개선하여 생산자들이 새로운 희망을 꿈꿀 수 있어요.

① 갑, 병
② 갑, 정
③ 을, 병
④ 갑, 을, 정
⑤ 을, 병, 정

20 (가), (나) 지형의 이름을 쓰고, 두 지형의 공통점을 서술하시오.

_____

_____

21 A, B에 해당하는 기후를 쓰고, 각 기후 지역의 가옥 구조 특징을 강수량과 관련하여 서술하시오.

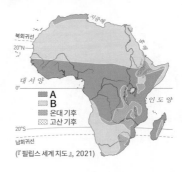

(『필립스 세계 지도』, 2021)

_____

_____

22 지도는 세계 각국의 중위 연령을 나타낸 것이다. 이를 토대로 아프리카의 지역 잠재력을 제시한 용어를 모두 사용하여 서술하시오.

(국제연합, 2022)

중위 연령	생산 연령층	노동력

_____

_____

V

아메리카

아메리카

아메리카의 국가와 주요 도시의 위치, 지형과 기후를 나타낸 지도입니다.
V단원 학습에 활용하세요.

◆ 아메리카의 국가와 주요 도시

> 다음 국가와 주요 도시를 지도에서 찾아보자.

국가
미국, 캐나다, 멕시코, 파나마, 쿠바, 브라질, 아르헨티나, 콜롬비아, 에콰도르, 페루

도시
뉴욕, 오타와, 토론토, 멕시코시티, 상파울루, 부에노스아이레스, 보고타, 키토, 쿠스코

🟦 북아메리카
🟩 남아메리카
● 수도
● 주요 도시

◆ 아메리카의 지형

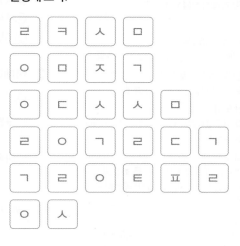

> 다음 초성에 맞는 지형을 왼쪽 지도에서 찾아 용어를
> 완성해 보자.

ㄹ	ㅋ	ㅅ	ㅁ		
ㅇ	ㅁ	ㅈ	ㄱ		
ㅇ	ㄷ	ㅅ	ㅅ	ㅁ	
ㄹ	ㅇ	ㄱ	ㄹ	ㄷ	ㄱ
ㄱ	ㄹ	ㅇ	ㅌ	ㅍ	ㄹ
ㅇ	ㅅ				

정답: 로키산맥, 애팔래치아산맥, 안데스산맥, 라플라타강, 그레이트플레인스, 오스

◆ 아메리카의 기후

■ 열대 기후
■ 건조 기후
■ 온대 기후
■ 냉대 기후
■ 한대 기후
--- 고산 기후

(『필립스 세계 지도』, 2021)

Ⅴ 단원을 학습하면서 아메리카의 자연환경과
인문환경의 특성을 백지도에 표현하여
나만의 아메리카 지도를 완성해 보자.

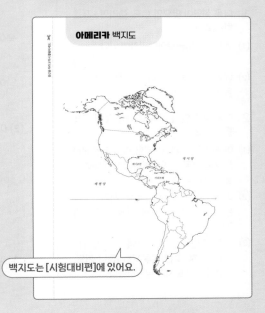

아메리카 백지도

백지도는 [시험대비편]에 있어요.

아메리카의 위치와 자연환경

+ **지협**(地 땅, 峽 골짜기)
두 개의 육지를 연결하는 좁고 잘록한 땅

+ **접경**(接 만나다, 境 경계)
서로 맞닿아 있는 두 지역의 경계

+ **고산 도시**
해발 고도 2,000 m 이상의 높은 고산 지대에 발달한 도시

+ **생태 도시**
자연환경 훼손과 자원 소비를 최소화하여 자연과 인간이 조화를 이루어 공생하는 체계를 갖춘 도시

+ **로키산맥**
캐나다에서 미국 남부까지 약 4,800 km에 걸쳐 있는 거대한 산맥으로, 북아메리카 대륙판과 태평양 해양판의 충돌로 형성된 습곡 산맥이다.

1 아메리카의 위치와 지역 구분

(1) **아메리카의 위치** 북쪽은 북극해, 서쪽은 태평양, 동쪽은 대서양과 접함

(2) **아메리카의 지역 구분** `자료 ❶`

① **지리적 구분** 파나마 *지협을 기준으로 북아메리카와 남아메리카로 구분

② **문화적 구분** 리오그란데강을 기준으로 앵글로아메리카와 라틴 아메리카로 구분

2 아메리카의 주요 국가와 도시 `자료 ❷`

(1) **북아메리카** 미국, 캐나다, 멕시코, 파나마, 쿠바 등의 국가가 있음

구분	특징	주요 도시
미국	세계 최대의 경제 대국	• 뉴욕: 세계 도시, 세계의 정치·경제·금융의 중심지 • 로스앤젤레스: 문화 산업 발달, 우리나라 교민들이 다수 거주 • 시카고: 과거 제철 공업 발달
캐나다	주요 도시는 주로 미국과의 *접경지역에 분포	• 토론토: 캐나다의 정치·경제·문화의 중심지, 인구의 약 50 % 이상이 이민자로 구성 • 그 외 몬트리올, 밴쿠버, 수도인 오타와 등이 있음
멕시코	마야·아스테카 문명의 발상지	멕시코시티: 멕시코의 수도, 해발 고도 약 2,240 m에 위치한 고산 도시

(2) **남아메리카** 브라질, 아르헨티나, 콜롬비아, 에콰도르, 페루, 칠레 등의 국가가 있음

구분	주요 도시
브라질	• 상파울루: 남아메리카에서 인구가 가장 많은 도시 • 리우데자네이루: 거대 예수상과 리우 카니발로 유명함
아르헨티나	부에노스아이레스: 아르헨티나의 수도, 탱고와 낭만의 도시로 유명함
고산 도시	콜롬비아의 보고타, 에콰도르의 키토, 페루의 쿠스코 등
*생태 도시	브라질의 쿠리치바, 쿠바의 아바나 등

3 아메리카의 자연환경

(1) **아메리카의 지형** 서쪽에는 높고 험준한 산지, 동쪽에는 낮은 산지와 고원 발달

구분	서부	중부	동부
북아메리카	높고 험준한 *로키산맥이 남북으로 뻗어 있음	미국 대평원을 가로질러 미시시피강이 흐름	낮고 경사가 완만한 애팔래치아산맥이 있음
남아메리카	높고 험준하며 지진과 화산 활동이 활발한 안데스산맥이 뻗어 있음	아마존강이 흐르는 아마존 분지가 펼쳐짐	오래되고 안정화된 브라질 고원이 넓게 펼쳐져 있음

(2) **아메리카의 기후** 남북으로 길게 뻗어 있어 위도에 따라 다양한 기후가 나타남 `자료 ❸`

북아메리카	냉대 및 한대 기후	북부 지역 → 겨울이 춥고 길어 인구 밀도가 낮음
	온대 기후	남동부 해안과 서부 해안 → 인구 밀도가 높은 대도시 분포
	건조 기후	내륙 지역 → 산맥이 바다에서 불어오는 습윤한 공기 차단
남아메리카	열대 기후	적도 주변 및 아마존강 유역 → 연중 무덥고 습함
	고산 기후	적도 주변의 안데스 산지 → 고산 도시 발달, 잉카 문명 번성
	건조 기후	태평양 연안 지역 일부와 남부 내륙 지역 ⓔ 아타카마 사막, 우유니 사막

꼭 나오는 자료

자료 ❶ 아메리카의 지역 구분

앵글로
아메리카

리오그란데강

라틴
아메리카

북아메리카

남아메리카

파나마 지협

태평양

대서양

(『디르케 세계 지도』, 2023)

북아메리카 일부를 중앙아메리카로 따로 구분하기도 해.

아메리카는 지리적으로 파나마 지협을 경계로 북아메리카와 남아메리카로 구분할 수 있으며, 문화적으로 리오그란데강을 경계로 앵글로아메리카와 라틴 아메리카로 구분하기도 한다. 앵글로아메리카는 영국의 영향으로 영어를 사용하고 개신교가 주요 종교로 자리 잡고 있으며, 라틴 아메리카는 에스파냐와 포르투갈의 영향으로 에스파냐어와 포르투갈어를 사용하고 가톨릭교 신자 수가 많다.

라틴 아메리카 대부분의 나라가 에스파냐어를 사용하는 것과 달리 브라질은 포르투갈어를 사용해.

문화적 경계는 리오그란데 강이고, 지리적 경계는 파나마 지협이야.

자료 ❷ 아메리카의 주요 도시

미국 뉴욕은 세계 경제의 중심지 역할을 하는 세계 도시야.

▲ 뉴욕(미국)

▲ 토론토(캐나다)

고대 잉카 문명의 유적지로 유명해.

▲ 리우데자네이루(브라질)

▲ 마추픽추(페루)

미국 뉴욕은 국제연합(UN) 본부가 위치한 도시이자 월가(Wall Street)를 중심으로 한 세계 금융의 중심지로 런던, 도쿄와 함께 세계 도시에 해당한다. 캐나다 토론토는 인구의 약 50 % 이상이 이민자로 구성된 도시이며, 브라질 리우데자네이루는 거대 예수상과 삼바 축제라고도 불리는 리우 카니발로 유명하다. 페루는 잉카 문명의 발상지로 수많은 역사 유적을 간직한 도시들이 있다.

자료 ❸ 아메리카의 기후

저지대의 열대 기후 지역과 달리 일 년 내내 온화한 기후가 나타나.

일 년 내내 무덥고 비가 많이 내려.

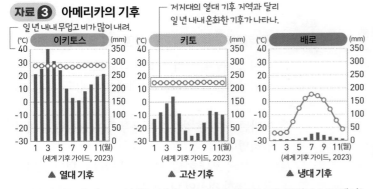

▲ 열대 기후　　　▲ 고산 기후　　　▲ 냉대 기후

아메리카 대륙의 적도 주변에는 열대 기후가 주로 나타나며, 중위도 부근에서는 온대 기후와 냉대 기후, 극지방에서는 한대 기후가 나타난다. 또한 적도 주변의 안데스산맥 일대는 해발 고도가 높아 연중 서늘한 고산 기후가 나타난다.

인간이 생활하기에 적합하여 일찍부터 사람들이 거주하면서 고산 도시가 발달했어.

대표 문제로 실력 쌓기

● 바른답·알찬풀이 23쪽

≫ 아메리카의 지역 구분 　선택지 하나 더

1 ㉠~㉤에 관한 설명으로 옳지 않은 것은?

> 아메리카는 지리적으로 파나마 지협을 경계로 ㉠ 북아메리카와 ㉡ 남아메리카로 구분할 수 있으며, 문화적으로 ㉢ 리오그란데강을 기준으로 ㉣ 앵글로아메리카와 ㉤ 라틴 아메리카로 구분하기도 한다.

① ㉠ - 미국, 캐나다, 멕시코 등이 있다.
② ㉡ - 브라질, 아르헨티나, 콜롬비아 등이 있다.
③ ㉡ - 서부에 높고 험준한 안데스산맥이 남북으로 뻗어 있다.
④ ㉢ - 미국과 캐나다의 국경을 이룬다.
⑤ ㉣ - 멕시코는 포함되지 않는다.
⑥ ㉤ - 에스파냐와 포르투갈의 영향을 많이 받은 지역이다.

이것만은 꼭 기억하자! 아메리카는 지리적으로 파나마 지협을 경계로 북아메리카와 남아메리카, 문화적으로 리오그란데강을 경계로 앵글로아메리카와 라틴 아메리카로 구분할 수 있어.
✈ **104쪽 01번, 116쪽 01번** 문제도 풀어 보자!

≫ 아메리카의 주요 도시

2 ㉠에 들어갈 도시를 지도의 A~E에서 고른 것은?

> 미국 (㉠)의 상징인 자유의 여신상은 프랑스가 미국의 독립을 기념하여 선물한 것이다.

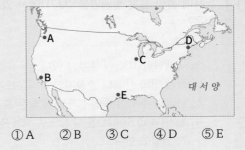

A

B

C

D

E

대서양

① A　② B　③ C　④ D　⑤ E

이것만은 꼭 기억하자! 미국 뉴욕은 영국 런던, 일본 도쿄와 더불어 전 세계에 영향력을 행사하는 세계 도시야.
✈ **104쪽 03번, 116쪽 05번** 문제도 풀어 보자!

실력 다지기

중요✦

01 아메리카를 구분하는 A, B 기준을 바르게 연결한 것은?

(『디르케 세계 지도』, 2023)

	A	B
①	아마존강	카리브해
②	미시시피강	수에즈 운하
③	미시시피강	파나마 지협
④	리오그란데강	수에즈 운하
⑤	리오그란데강	파나마 지협

02 북아메리카와 남아메리카에 위치한 국가를 바르게 연결한 것은?

	북아메리카	남아메리카
①	미국, 캐나다	멕시코, 페루
②	미국, 멕시코	캐나다, 콜롬비아
③	캐나다, 멕시코	페루, 브라질
④	미국, 볼리비아	브라질, 콜롬비아
⑤	멕시코, 브라질	콜롬비아, 아르헨티나

03 뉴욕에 관한 옳은 설명만을 〈보기〉에서 있는 대로 고른 것은?

┤ 보기 ├
ㄱ. 국제연합(UN)의 본부가 있다.
ㄴ. 세계 영화 산업의 중심지인 할리우드가 있다.
ㄷ. 미국의 수도이자 인구가 가장 많은 도시이다.
ㄹ. 월가(Wall Street)를 중심으로 세계 경제의 중심지 역할을 한다.

① ㄱ, ㄴ ② ㄱ, ㄹ ③ ㄴ, ㄷ
④ ㄱ, ㄷ, ㄹ ⑤ ㄱ, ㄴ, ㄹ

04 ㉠에 들어갈 알맞은 도시는?

(㉠)은/는 멕시코의 수도이며 해발 고도 약 2,240 m에 위치하고 있다. 연중 서늘한 기후를 바탕으로 일찍부터 많은 인구가 거주하였으며, 고대 아스테카 문명의 중심지이기도 하다.

① 키토 ② 보고타
③ 토론토 ④ 상파울루
⑤ 멕시코시티

05 다음 내용과 관련이 있는 국가를 A~E에서 고른 것은?

• 수도는 산티아고이다.
• 구리 생산량이 세계 1위이다.
• 태평양 진출에 유리한 위치에 있다.
• 와인 생산에 유리한 기후가 나타난다.

① A
② B
③ C
④ D
⑤ E

중요✦

06 아메리카의 자연환경에 관한 설명으로 옳지 <u>않은</u> 것은?

① 대서양 해안을 따라 산맥이 남북으로 뻗어 있다.
② 로키산맥은 애팔래치아산맥에 비해 평균 해발 고도가 높다.
③ 아마존 분지는 강수량이 풍부하여 울창한 숲이 발달하였다.
④ 북동부의 오대호 일대는 과거 빙하로 덮여 있던 곳으로 빙하 지형이 나타난다.
⑤ 북아메리카의 대평원은 산맥에 의해 습윤한 공기가 차단되어 건조 기후가 나타난다.

07 ㄱ~ㅁ 중 북아메리카의 지형에 관한 설명으로 옳지 않은 것은?

> 북아메리카 서부의 ㉠ 로키산맥은 높고 험준하며, 지각 운동이 활발해 ㉡ 지진과 화산 활동이 일어나기도 한다. 동부의 ㉢ 애팔래치아산맥은 오랜 시간 침식을 받아 ㉣ 비교적 해발 고도가 낮고 경사가 완만하다. 두 산맥 사이의 대평원을 남북으로 가로질러 흐르는 ㉤ 리오그란데강은 태평양으로 흘러 들어간다.

① ㉠　　② ㉡　　③ ㉢　　④ ㉣　　⑤ ㉤

08 다음 글에서 설명하는 지형은?

> • 세계에서 가장 유량이 풍부한 하천이다.
> • 안데스산맥에서 시작하여 적도를 따라 서쪽에서 동쪽으로 흐른다.
> • 하천 주변에는 '지구의 허파'라고 불릴 만큼 산소 공급량이 많은 열대 우림이 분포한다.

① 나일강　　　　② 메콩강
③ 아마존강　　　④ 미시시피강
⑤ 오리노코강

09 A~D 지역에 관한 옳은 설명을 <보기>에서 고른 것은?

『필립스 세계 지도』, 2021

| 보기 |
> ㄱ. A는 연 강수량이 500 mm 미만이다.
> ㄴ. B에는 인구 밀도가 높은 대도시가 분포한다.
> ㄷ. C는 해발 고도가 높아 연중 서늘하다.
> ㄹ. D에는 해류와 산맥의 영향으로 사막이 분포한다.

① ㄱ, ㄴ　　② ㄱ, ㄷ　　③ ㄴ, ㄷ
④ ㄴ, ㄹ　　⑤ ㄷ, ㄹ

10 사진과 같은 주민 생활 모습을 볼 수 있는 기후 지역에 관한 설명으로 옳은 것은?

① 사계절의 변화가 뚜렷하다.
② 연중 서늘한 기후가 나타난다.
③ 연중 기온이 높고 강수량이 많다.
④ 크고 작은 나무가 빽빽한 숲을 이룬다.
⑤ 여름철 기온이 높아 벼농사에 유리하다.

11 지도에 표시된 A, B 산맥의 공통된 특징을 서술하시오.

12 다음 두 지역은 비슷한 위도에 위치하지만 기온이 서로 다르다. 그 까닭을 서술하시오.

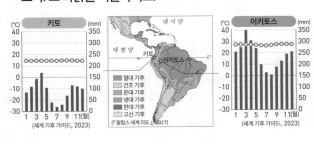

아메리카의 인구 특징과 문화 혼종성

이 주제의 학습 목표
아메리카의 다양한 민족(인종)을 파악하고, 그들이 가지고 있는 문화적 특색과 연결지어 알아 두자.

+ 청교도
16세기 영국 교회에 반발하여 일어난 개신교의 종파

+ 히스패닉
에스파냐어를 사용하는 라틴 아메리카 출신의 미국 이주민과 그 후손들을 가리킨다.

+ 개신교
종교 개혁 이후 가톨릭을 비판하며 등장한 크리스트교의 새로운 교파

+ 사순절
부활절을 앞두고 약 40일간 몸과 마음을 정결하고 경건하게 하며 지내는 기독교의 절기

+ 구시가지(舊 옛, 市 저자, 街 거리, 地 땅)
예전부터 있었던 도시의 큰 거리를 이루는 지역으로 반대말은 신시가지이다.

1 아메리카의 인구 구성 특징

(1) 앵글로아메리카의 민족(인종) 구성 자료 ❶
① 미국 다양한 민족(인종)이 함께 어울려 살아가는 다문화 사회 형성

구분	특징	주요 분포 지역
원주민	유럽인의 이주 전부터 거주	내륙의 원주민 보호 구역
유럽계	16세기 말 영국의 +청교도를 시작으로 유럽 각지의 이민자 유입	미국 전역에 높은 비율로 분포
+히스패닉	최근 라틴 아메리카에서 이주한 히스패닉 급증	멕시코와 국경을 접한 남서부 지역 ⑩ 캘리포니아주
아프리카계	목화와 사탕수수의 대규모 재배를 위해 노예로 강제 이주된 아프리카인	과거 목화 농장이 많았던 남동부 지역
아시아계	일자리를 찾는 등 주로 경제적인 이유로 이민자 유입	태평양 연안의 대도시에 집중 분포 ⑩ 로스앤젤레스

② 캐나다 프랑스의 식민 지배를 받았던 퀘벡주에는 프랑스계 주민의 비율이 높음

(2) 라틴 아메리카의 민족(인종) 구성 자료 ❷

구분	특징	주요 분포 지역
원주민	마야·아스테카·잉카 문명 건설 → 유럽인들이 침입하면서 대부분 파괴	페루, 볼리비아 등의 안데스 산지와 아마존강 유역
유럽계	16세기부터 에스파냐와 포르투갈의 식민 지배로 유입 → 남부 유럽의 라틴 문화 전파	온대 기후가 나타나는 아르헨티나와 우루과이 등 남동부 해안 지역
아프리카계	대규모 농장의 노동자로 아프리카에서 강제 이주된 노예	자메이카 등 열대 기후가 나타나는 카리브해 연안 지역
혼혈인	원주민, 유럽계, 아프리카계 간의 혼혈이 이루어졌음	라틴 아메리카 전역에 분포

2 아메리카의 다양한 문화

(1) 앵글로아메리카의 문화
① 영국(앵글로색슨족)의 영향을 많이 받음
② 영어 사용, +개신교가 주요 종교로 자리 잡음

(2) 라틴 아메리카의 문화
① 에스파냐와 포르투갈 등 남부 유럽(라틴족)의 영향을 많이 받음
② 에스파냐어와 포르투갈어 사용, 가톨릭교 신자의 비율이 높음

(3) 문화 혼종성 자료 ❸
① 의미 서로 다른 문화가 섞여 새로운 문화가 만들어지는 현상
② 사례
- 탱고(아르헨티나) 남부 유럽 이민자의 춤곡과 라틴 아메리카 토착 음악의 결합
- 리우 카니발(브라질) 크리스트교의 +사순절, 아프리카 전통 타악기 연주와 춤의 혼합
- 과달루페 성모상(멕시코) 유럽의 가톨릭과 아메리카 원주민의 전통 신앙 결합
- 퀘벡주의 프티 샹플랭 거리(캐나다) 프랑스풍 건물이 잘 보존되어 있는 +구시가지
- 햄버거(미국) 독일인들이 먹던 함부르크 스테이크가 변형된 음식
- 텍스멕스(미국) 미국 남부 텍사스주와 멕시코 음식 문화의 결합

개념 확인 문제
● 바른답·알찬풀이 24쪽

1 다음 설명이 맞으면 ○표, 틀리면 ×표를 하시오.
(1) 히스패닉은 멕시코와 국경을 접한 미국 남서부 지역에 주로 거주한다.
( )
(2) 남아메리카의 원주민은 온대 기후가 나타나는 남동부 해안에 주로 분포한다.
( )

2 다음 괄호 안의 내용 중 옳은 것에 ○표를 하시오.
(1) 앵글로아메리카는 주로 (영어, 에스파냐어)를 사용하며 (개신교, 가톨릭교)가 주요 종교로 자리 잡고 있다.
(2) 아르헨티나는 (유럽계, 아프리카계)의 비율이 높게 나타나며 (에스파냐어, 포르투갈어)를 주로 사용한다.

꼭 나오는 자료

자료 ❶ 미국의 민족(인종) 구성과 분포

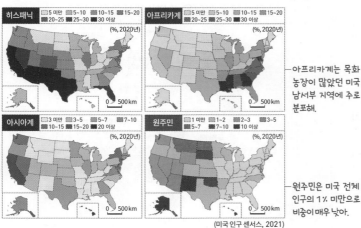

히스패닉 / 아프리카계 / 아시아계 / 원주민 (%, 2020년)

(미국 인구 센서스, 2021)

아프리카계는 목화 농장이 많았던 미국 남서부 지역에 주로 분포해.

원주민은 미국 전체 인구의 1% 미만으로 비중이 매우 낮아.

2022년 기준 미국의 인종 비율은 유럽계가 57.8 %, 히스패닉이 18.7 %, 아프리카계가 12.1 %, 아시아계가 5.9 %, 아메리카 원주민 0.9 %를 포함한 기타 인종이 5.5 %이다. 이들은 역사적·경제적 배경에 따라 분포 지역이 다르게 나타나는데, 히스패닉은 멕시코와 국경을 접한 남서부 지역, 아프리카계는 남동부 지역, 아시아계는 태평양 연안의 대도시에 집중적으로 분포한다. 원주민은 비중이 매우 낮으며 내륙의 원주민 보호 구역에 거주한다.

자료 ❷ 라틴 아메리카의 민족(인종) 구성과 분포

라틴 아메리카에는 다양한 민족(인종)이 함께 살아가고 있어서 문화도 다양하게 나타나.

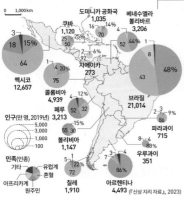

(『신상 지리 자료』, 2023)

라틴 아메리카는 16세기부터 에스파냐와 포르투갈의 식민 지배를 받으면서 원주민의 문화와 민족 구성에 큰 변화가 나타났다. 유럽계는 남동부 해안의 온대 기후 지역에 주로 거주하며 열대 기후 지역에 대농장을 운영하기 위해 아프리카에서 노예를 강제 이주시켰다. 이 과정에서 원주민, 유럽계, 아프리카계 간의 혼혈이 생겨났고 다양한 민족(인종)이 분포하게 되었다.

자료 ❸ 아메리카의 문화 혼종성

유럽의 가톨릭교를 받아들이는 과정에서 성모상의 피부색은 멕시코인의 피부색과 비슷한 갈색으로 변화했어.

세계 3대 축제 중 하나로 화려한 퍼레이드가 유명해.

▲ 과달루페 성모상(멕시코)   ▲ 탱고(아르헨티나)   ▲ 리우 카니발(브라질)

아메리카는 원주민의 전통문화와 유럽, 아프리카, 아시아 등의 문화가 혼합되어 새로운 문화를 만들어 내는 문화 혼종성이 나타났다. 이러한 문화는 전 세계에 전파되기도 하고, 새로운 문화를 형성하는 데에도 많은 영향을 주고 있다.

핵심 개념 체크 문제
QR 코드를 스캔해 보세요.

대표 문제로 **실력 쌓기**   ● 바른답·알찬풀이 24쪽

》 아메리카의 민족(인종)과 문화 [선택지 하나 더]

1 앵글로아메리카와 라틴 아메리카의 특징을 비교한 내용 중 옳지 <u>않은</u> 것은?

	구분	앵글로아메리카	라틴 아메리카
①	지역 구분	리오그란데강 기준	
②	주요 국가	미국, 캐나다	멕시코, 브라질
③	주요 도시	뉴욕, 토론토	키토, 상파울루
④	주요 언어	영어	프랑스어
⑤	주요 종교	개신교	가톨릭교
⑥	식민 지배 민족	앵글로색슨족	라틴족

이것만은 꼭 기억하자! 라틴 아메리카는 에스파냐와 포르투갈의 식민 지배를 받아 대부분의 주민들이 가톨릭교를 믿어. 하지만 브라질은 포르투갈어를, 라틴 아메리카의 나머지 국가들은 에스파냐어를 사용한다는 차이점이 있어.
✈ 108쪽 01번, 118쪽 12번 문제도 풀어 보자!

》 아메리카의 문화 혼종성

2 다음 글의 사례로 적절하지 <u>않은</u> 것은?

> 아메리카는 아메리카 원주민의 전통문화와 유럽, 아프리카, 아시아 등의 문화가 섞여 서로 영향을 주고받으면서 새로운 문화를 만들어 내는 문화 혼종성이 나타났다.

① 미국의 햄버거
② 페루의 잉카 문명
③ 아르헨티나의 탱고
④ 브라질의 리우 카니발
⑤ 멕시코의 과달루페 성모상

이것만은 꼭 기억하자! 서로 다른 문화가 섞여 새로운 문화가 만들어지는 현상을 문화 혼종성이라고 해.
✈ 109쪽 08번, 118쪽 16번 문제도 풀어 보자!

중요✨

01 아메리카의 인구 특징에 관한 설명으로 옳은 것은?

① 미국은 히스패닉의 비율이 가장 높다.

② 아르헨티나는 인구 대부분이 유럽계로 구성되어 있다.

③ 아메리카 원주민은 유럽인의 식민 지배 이후 사라졌다.

④ 앵글로아메리카에는 혼혈이 가장 많은 비중을 차지한다.

⑤ 라틴 아메리카는 일자리를 찾아 이주해 온 아시아계 비율이 높다.

02 ㉠에 들어갈 알맞은 지역은?

> 미국 내에서 에스파냐어를 사용하는 (㉠) 출신의 미국 이주민과 그 후손들을 히스패닉이라고 부르는데, 이들은 멕시코와 국경을 접한 남서부 지역에 집중적으로 분포한다.

① 아시아 　　　　　② 서부 유럽

③ 오세아니아 　　　④ 라틴 아메리카

⑤ 앵글로아메리카

03 지도의 A 지역에 관한 옳은 설명을 〈보기〉에서 고른 것은?

| 보기 |

ㄱ. 주민 대부분이 영어를 사용한다.

ㄴ. 가톨릭교를 믿는 사람들이 많다.

ㄷ. 지역 내 프랑스계 주민의 비율이 높다.

ㄹ. 이슬람교와 크리스트교 간의 갈등이 일어나고 있는 지역이다.

① ㄱ, ㄴ 　　② ㄱ, ㄷ 　　③ ㄴ, ㄷ

④ ㄴ, ㄹ 　　⑤ ㄷ, ㄹ

고난도

04 다음은 아메리카의 민족(인종) 분포를 나타낸 것이다. 이에 관한 옳은 설명을 〈보기〉에서 고른 것은?

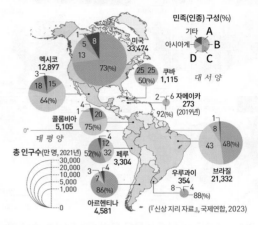

(『신상 지리 자료』, 국제연합, 2023)

| 보기 |

ㄱ. 미국의 A는 주로 영어를 사용한다.

ㄴ. B는 유럽인의 노예 무역에 따른 결과이다.

ㄷ. 아르헨티나의 A는 포르투갈어를 주로 사용한다.

ㄹ. 페루의 D는 잉카 문명을 번성시켰다.

① ㄱ, ㄴ 　　② ㄱ, ㄷ 　　③ ㄴ, ㄷ

④ ㄴ, ㄹ 　　⑤ ㄷ, ㄹ

중요✨

05 지도의 A 지역에 관한 설명으로 옳은 것은?

① 힌두교와 불교의 발상지이다.

② 에스파냐와 포르투갈의 식민지였다.

③ 연 강수량이 적어 유목 생활을 주로 한다.

④ 남부 유럽의 영향을 받아 개신교의 비율이 높다.

⑤ 히스패닉이 이주하여 독자적인 문화를 형성하였다.

[06-07] 지도는 아메리카의 민족(인종) 이주를 나타낸 것이다. 물음에 답하시오.

중요✦
06 A의 이동에 따른 아메리카의 문화 특징으로 옳은 것을 〈보기〉에서 고른 것은?

┤ 보기 ├

ㄱ. 가톨릭교가 전파되어 확산되었다.
ㄴ. 마야·아스테카·잉카 문명이 번성하였다.
ㄷ. 앵글로아메리카라는 지명의 어원이 되었다.
ㄹ. 에스파냐어와 포르투갈어를 사용하게 되었다.

① ㄱ, ㄴ   ② ㄱ, ㄹ   ③ ㄴ, ㄷ
④ ㄴ, ㄹ   ⑤ ㄷ, ㄹ

07 B 인구 이동에 관한 설명으로 옳은 것은?

① 자발적 이동이다.
② 식민 지배를 위한 이동이다.
③ 노예 무역에 의한 강제 이동이다.
④ 숙련된 전문직 노동자의 이동이다.
⑤ 아프리카의 전쟁과 기아를 피하기 위한 이동이다.

08 다음 글과 관련된 용어로 가장 적절한 것은?

햄버거는 독일인이 먹던 함부르크 스테이크가 미국으로 전해져 변형된 음식이다. 햄버거는 바쁜 현대인의 생활 방식에 맞게 간편한 음식으로 대중화되었으며, 전 세계로 전파되는 과정에서 각 지역의 음식 문화와 혼합되어 새로운 햄버거가 탄생하기도 하였다.

① 문화 정체성   ② 문화 지역성
③ 문화 획일성   ④ 문화 혼종성
⑤ 문화 동질성

09 ㉠에 들어갈 알맞은 국가는?

(㉠)의 탱고는 남부 유럽에서 온 이민자들의 춤곡과 라틴 아메리카의 토착 음악이 결합하여 형성되었다.

① 페루   ② 칠레   ③ 브라질
④ 볼리비아   ⑤ 아르헨티나

서술형
10 지도는 미국 내 어느 민족(인종)의 분포를 나타낸 것이다. 물음에 답하시오.

(1) 위 지도는 어떤 민족(인종)의 분포를 나타낸 것인지 쓰시오.

(2) (1)이 미국으로 유입하게 된 과정을 서술하시오.

서술형
11 다음 글을 읽고 라틴 아메리카의 문화적 특징을 언어 및 종교적 측면에서 서술하시오.

라틴 아메리카는 식민 지배 과정에서 남부 유럽에서 온 라틴족 문화에 많은 영향을 받았다. 라틴 아메리카 지역은 대서양을 사이에 두고 유럽과 멀리 떨어져 있음에도 불구하고 남부 유럽과 문화적으로 유사한 특성이 나타난다.

주제16 아메리카의 초국적 기업과 지역 변화

+ **글로벌 생산체제**
세계 여러 지역의 사람들이 협력하여 다양한 상품과 서비스를 생산하는 것

+ **세계무역기구(WTO)**
세계의 교역 증진과 경제 발전을 목적으로 설립된 국제기구

+ **분업(分 나누다, 業 일)**
작업의 모든 과정을 한 사람이 하지 않고 부분과 단계로 나누어 각각의 사람이 특정 단계의 일을 전문적으로 하는 것

+ **입지(立 세우다, 地 땅)**
인간이 경제활동을 하기 위하여 선택하는 장소

+ **자회사**
모회사의 지배를 받는 독립적인 회사

+ **외주(外 바깥, 注 물을 대다)**
자기 회사에서 만들 수 없는 부품 등을 외부 회사에 맡겨 만들게 하는 일을 말한다.

1 초국적 기업의 의미와 발달 배경

(1) **의미** +글로벌 생산체제를 주도하며 국경을 넘어 제품을 생산하고 판매하는 기업

(2) **발달 배경**
① 교통·통신의 발달로 세계 여러 지역 간의 교류가 활발해지면서 성장
② +세계무역기구(WTO)의 등장과 자유무역협정(FTA)의 확대 → 경제활동의 세계화 촉진

(3) **아메리카의 초국적 기업** 자료 ①
① 넓은 영토와 풍부한 자원, 자본과 기술력을 바탕으로 성장한 세계적인 기업이 많음
   ⑩ 과일·채소 판매 기업 D사, 전기차 전문 생산 기업 T사, 탄산음료 생산 기업 C사
② 농업, 제조업, 서비스업, 금융업 등 다양한 분야에 진출

2 초국적 기업의 공간적 분업 자료 ②

(1) **공간적 분업의 의미** 경영 효율성과 이윤을 높이기 위하여 기업 조직의 기능을 서로 다른 국가와 지역에 나누어 배치하는 것

(2) **초국적 기업의 공간적 분업과 입지**

구분	기능	입지
본사	경영과 관리	다양한 정보와 자본 확보가 유리한 지역
+자회사	• 전문적인 기능 담당 • 본사와 상호 의존적이며 수평적으로 연결	전문화된 핵심 기능을 수행하기에 유리한 지역 → 여러 국가에 분포
연구소	기술 개발과 연구, 디자인	전문 기술을 갖춘 고급 인력이 많은 지역
생산 공장	제품 생산	• 지가와 임금이 저렴하고 소비 시장과 가까운 지역 • 고도의 기술이 필요한 생산 공장의 경우는 고급 인력이 많은 지역에 입지하는 경우도 있음

3 초국적 기업이 지역에 미친 영향 자료 ③

(1) **초국적 기업의 입지와 이전** 생산 비용 절감, 판매 시장 확보, 세금 혜택이나 정부 지원 등 기업 활동에 유리한 조건을 찾아 진출하거나 이전함

멕시코	큰 소비 시장인 미국과 가깝고 저임금 노동력 풍부, 멕시코 정부의 각종 지원 정책 마련 → 초국적 기업의 생산 공장이 많이 입지함
필리핀	노동력 풍부, 영어를 공용어로 사용 → 초국적 기업의 +외주 콜센터 다수 유치

(2) **초국적 기업의 진출과 지역의 변화**
① 초국적 기업의 입지가 지역에 미친 영향

긍정적 영향	• 새로운 일자리 창출 → 인구 유입 • 주민 소득 증가, 지역 사회의 기반 시설 및 편의 시설 개선 → 지역 경제 활성화 • 자본과 기술의 도입 → 국가 산업의 경쟁력이 높아짐
부정적 영향	• 해당 국가의 관련 산업이 경쟁에 밀려 위축되기도 함 • 대부분 저임금 단순 노동력을 활용하는 생산 공장 입지 → 열악한 노동 환경 • 생산 공장에서 유해 물질, 산업 폐기물 등 배출 → 환경 오염

② 초국적 기업이 빠져 나간 지역 산업 기반 약화, 실업률 증가, 인구 감소 → 지역 경제 침체 ⑩ 미국 오대호 연안 공업 지역(러스트 벨트)
③ 초국적 기업 생산 공장의 본국 이전 최근 해외로 이전했던 생산 공장이 본사가 있는 국가로 다시 돌아오기도 함 → 일자리 창출, 경제 활성화

자료 ① 아메리카의 초국적 기업

세계 여러 국가에 있는 S 커피 전문점은 모두 같은 간판과 상표를 사용하지만, 건물은 그 지역의 고유한 문화와 어우러지기도 해.

▲ N 신발·의류

▲ A 스마트폰

▲ S 커피 전문점(중국)

미국은 풍부한 자본과 발달된 기술을 바탕으로 세계 100대 기업 중 59개(2023년 시가 총액 기준)를 보유하고 있는 세계 최대의 경제 대국이다. 미국에는 전 세계에 걸쳐 상품과 서비스를 생산하고 판매하는 초국적 기업이 많아 세계 경제에 많은 영향을 끼치고 있다.

자료 ② 초국적 기업의 공간적 분업

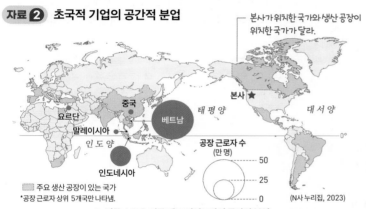

본사가 위치한 국가와 생산 공장이 위치한 국가가 달라.

주요 생산 공장이 있는 국가
*공장 근로자 상위 5개국만 나타냄.
(N사 누리집, 2023)
▲ 미국 스포츠 의류 제조 기업 N사의 공간적 분업

기업은 본질적으로 이윤 추구를 목적으로 하기 때문에 생산비를 절감하고 판매량을 늘리기 위한 여러 기능의 분산을 고려하게 된다. 기업 활동을 위한 핵심적 의사 결정이 이루어지는 본사와 고도의 자본과 기술이 필요한 연구소는 주로 선진국에 위치하는 경향이 있으며, 저렴하고 풍부한 노동력이 필요한 생산 공장의 경우에는 개발 도상국에 입지하는 경향이 있다. 최근에는 초국적 기업이 진출 지역의 문화적 특징에 맞춰 독립적으로 운영하는 자회사의 설립도 증가하고 있다.

자료 ③ 초국적 기업의 입지와 지역 변화

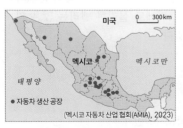
(멕시코 자동차 산업 협회(AMIA), 2023)
▲ 주요 자동차 생산 공장의 입지(멕시코)

자동차 생산 공장이 해외로 이전하면서 인구가 크게 감소했어.
(미국 인구 센서스, 2023)
▲ 미국 디트로이트의 인구 변화

멕시코는 큰 소비 시장인 미국과의 국경 지역을 중심으로 세계적인 자동차 회사들의 생산 공장이 들어섰다. 이로 인해 수백만 개의 일자리가 창출되어 지역 경제가 활성화되었다. 반면에 미국 북동부의 오대호 연안 공업 지역에서는 자동차, 철강 등의 공업이 미국보다 임금이 저렴한 해외로 이전하면서 높은 실업률과 인구 감소 등의 문제가 발생하였다.
└ 자동차·철강 산업이 발달한 지역으로, 20세기 초까지 미국의 산업화를 이끌었어.

대표 문제로 실력 쌓기
● 바른답·알찬풀이 25쪽

>> 초국적 기업의 특징 (선택지 하나 더)

1 다음 글에서 설명하는 형태의 기업에 관한 설명으로 옳지 않은 것은?

> 아랍 에미리트에서 운영되는 S 커피 전문점의 본사는 미국의 시애틀에 있다. 이 커피 전문점에서 사용하는 커피 원두는 브라질과 콜롬비아 등지에 있는 회사 소유의 농장에서 생산된다.

① S 커피 전문점은 초국적 기업이다.
② 국경을 넘어 제품을 생산하고 판매한다.
③ 핵심적인 의사 결정은 주로 본사에서 한다.
④ 경제활동의 세계화로 활동 범위가 넓어졌다.
⑤ 세계무역기구의 출범으로 초국적 기업의 활동이 더욱 활발해졌다.
⑥ 본사와 자회사는 각각 경영과 생산을 나누어 맡아 수직적 관계를 이룬다.

> **이것만은 꼭 기억하자!** 초국적 기업은 경영과 제품 생산 및 판매에 있어서 본사에 모든 권한이 집중되지 않고, 여러 국가에 분포하는 자회사가 비교적 동등한 지위를 가져.
> 112쪽 02번, 119쪽 17번 문제도 풀어 보자!

>> 초국적 기업이 지역에 미친 영향

2 초국적 기업의 생산 공장이 들어선 지역에서 나타날 수 있는 변화로 옳은 것을 〈보기〉에서 고른 것은?

> ┤ 보기 ├
> ㄱ. 대규모 실업 사태가 발생한다.
> ㄴ. 유해 물질의 배출로 환경 오염이 발생할 수 있다.
> ㄷ. 새로운 기술을 이전 받아 관련 산업이 발전할 수 있다.
> ㄹ. 국내 산업이 타격을 받아 국가 전체의 경제가 침체될 수 있다.

① ㄱ, ㄴ　　② ㄱ, ㄷ　　③ ㄴ, ㄷ
④ ㄴ, ㄹ　　⑤ ㄷ, ㄹ

> **이것만은 꼭 기억하자!** 초국적 기업의 생산 공장은 지역 주민에게 새로운 일자리를 제공하기 때문에 지역 경제 성장에 도움을 줄 수 있어.
> 113쪽 07번, 119쪽 19번 문제도 풀어 보자!

01 다음 글과 같은 현상의 원인으로 적절하지 <u>않은</u> 것은?

> 우리가 일상생활에서 접하는 전자 제품, 옷 등의 제품들은 특성에 따라 여러 국가에서 나누어 생산하기도 한다. 예를 들어 과일·채소 판매 기업 D사는 필리핀, 타이 등 여러 국가에 농장을 경영하고 이곳에서 생산된 과일을 전 세계로 유통·판매한다.

① 국제 거래의 규모가 증가하였다.
② 기업의 글로벌 생산체제가 보편화되었다.
③ 자본 및 서비스의 국가 간 이동이 줄어들었다.
④ 교통·통신의 발달로 지역 간 교역이 활발해졌다.
⑤ 세계무역기구의 등장으로 경제활동의 세계화가 촉진되었다.

중요✦
02 초국적 기업에 관한 설명으로 옳지 <u>않은</u> 것은?

① 전 세계를 대상으로 생산과 판매 활동을 한다.
② 이윤을 극대화하기 위해 공간적 분업을 하고 있다.
③ 자유무역협정의 확대로 초국적 기업의 수가 감소하고 있다.
④ 글로벌 생산체제에서 초국적 기업의 역할이 확대되고 있다.
⑤ 최근 농업, 제조업, 서비스업, 금융업 등 다양한 분야로 역할과 범위가 확대되고 있다.

03 초국적 기업의 해외 자회사에 관한 옳은 설명을 〈보기〉에서 고른 것은?

> **| 보기 |**
> ㄱ. 본사와 비교적 동등한 지위를 갖는다.
> ㄴ. 본사와 일방적인 수직적 관계로 연결되어 있다.
> ㄷ. 현지의 지역 특성에 맞춰 제품을 생산하고 판매한다.
> ㄹ. 전문 기술을 갖춘 인력을 구하기 쉬운 지역에 진출한다.

① ㄱ, ㄴ   ② ㄱ, ㄷ   ③ ㄴ, ㄷ
④ ㄴ, ㄹ   ⑤ ㄷ, ㄹ

04 다음은 사회 수행 평가 과제로 조사한 내용 중 일부이다. ㉠~㉣에 관한 옳은 설명을 〈보기〉에서 고른 것은?

> **초국적 기업의 공간적 분업**
> 초국적 기업은 경영의 효율을 높이고 이윤을 극대화하기 위해 ㉠ 본사, ㉡ 자회사, ㉢ 연구소, ㉣ 생산 공장 등 기업 조직의 기능을 서로 다른 국가에 배치하는 공간적 분업을 하고 있다.

> **| 보기 |**
> ㄱ. ㉠은 다양한 정보와 자본 확보가 유리한 곳에 입지한다.
> ㄴ. ㉡은 ㉠에 종속되어 현지 판매만을 주로 한다.
> ㄷ. ㉢은 전문 인력이 많은 선진국에만 입지한다.
> ㄹ. ㉣은 지가와 임금이 저렴한 지역에 주로 입지한다.

① ㄱ, ㄴ   ② ㄱ, ㄹ   ③ ㄴ, ㄷ
④ ㄴ, ㄹ   ⑤ ㄷ, ㄹ

고난도
05 (가), (나)에 들어갈 내용으로 옳은 것만 ○표한 학생은?

> 실리콘 밸리는 샌프란시스코와 새너제이 일대에 있는 첨단 기술 연구 단지이다. 이 지역이 정보 기술(IT) 산업의 중심지로 성장할 수 있었던 까닭은 ____(가)____ 때문이다. 하지만 기업들의 밀집은 지역 사회에 부정적인 영향을 주기도 하는데, 이곳에서는 ____(나)____ 등의 문제가 심각해지고 있다. 그럼에도 실리콘 밸리는 많은 기업들이 선호하고 있다.

내용	학생				
	갑	을	병	정	무
(가) 미국이라는 큰 소비 시장이 있기		○	○	○	
(가) 주변 대학에서 인재가 배출되었기		○	○		○
(나) 집값과 임대료가 치솟는	○		○		○
(나) 지역의 산업 기반이 쇠퇴하는	○	○		○	

① 갑   ② 을   ③ 병   ④ 정   ⑤ 무

06 ㉠에 들어갈 알맞은 국가는?

> (㉠)은/는 미국과 가깝고 비교적 저렴한 노동력이 풍부하다는 이점이 있다. 이를 바탕으로 많은 초국적 기업의 자동차 생산 공장이 들어서 있으며, 정부도 세금 혜택 등 각종 지원 정책을 마련하여 기업 유치를 위해 노력하였다.

① 캐나다　　② 멕시코　　③ 콜롬비아
④ 브라질　　⑤ 아르헨티나

중요✦
07 초국적 기업의 생산 공장이 들어선 지역에서 나타날 수 있는 변화로 옳은 것을 〈보기〉에서 고른 것은?

> ┤보기├
> ㄱ. 일자리가 창출되어 인구가 유입된다.
> ㄴ. 지방 정부가 재정 위기를 겪을 수 있다.
> ㄷ. 고용이 확대되고 관련 산업이 발달한다.
> ㄹ. 기업의 핵심 의사 결정 기능을 가지게 된다.

① ㄱ, ㄴ　　② ㄱ, ㄷ　　③ ㄴ, ㄷ
④ ㄴ, ㄹ　　⑤ ㄷ, ㄹ

08 그래프는 미국 디트로이트의 인구 변화를 나타낸 것이다. 1950년대 이후 인구가 감소한 원인으로 가장 적절한 것은?

(미국 인구 센서스, 2023)

① 민간 주도 문화 산업으로의 전환
② 지하자원 고갈에 따른 채굴비 상승
③ 환경 오염에 따른 화학 공장의 철수
④ 초국적 기업 본사 중심의 이익 배분 방식
⑤ 인건비 상승에 따른 자동차 공장의 해외 이전

09 (가)에 들어갈 알맞은 내용을 〈보기〉에서 고른 것은?

> 초국적 기업은 필요에 따라 기업의 조직을 해외로 이전하며 기존의 조직을 축소하거나 폐쇄하기도 한다. 이에 따라 해당 지역에서는 _____(가)_____ 과/와 같은 상황이 발생하기도 한다.

> ┤보기├
> ㄱ. 대규모 실업 사태
> ㄴ. 지방 정부의 재정 위기
> ㄷ. 사회 기반 시설의 개선
> ㄹ. 기술 이전으로 관련 산업 성장

① ㄱ, ㄴ　　② ㄱ, ㄷ　　③ ㄴ, ㄷ
④ ㄴ, ㄹ　　⑤ ㄷ, ㄹ

서술형
10 지도는 D사의 공간적 분업을 나타낸 것이다. 코스타리카에 파인애플 농장이 입지하게 된 배경을 <u>두 가지</u> 서술하시오.

D사 본사 ★

D사 파인애플 농장 ●
(코스타리카)

서술형
11 다음 신문 기사를 읽고 아르헨티나에서 어떤 변화가 나타날지 예상하여 서술하시오.

> ○○신문　　　　　　　　　　2020년
>
> **초국적 기업의 사업장 철수**
>
> 외환 위기 등으로 아르헨티나의 경제 상황이 악화하자 아르헨티나 현지에 진출했던 초국적 기업들이 잇달아 사업장과 생산 공장의 철수를 결정하였다.

주제 14 아메리카의 위치와 자연환경

1. 아메리카의 위치와 주요 국가 및 도시

위치와 지역 구분 자료❶	• 북쪽 - 북극해, 서쪽 - 태평양, 동쪽 - 대서양 • 지리적 구분: (❶　　　　)을/를 기준으로 북아메리카와 남아메리카로 구분 • 문화적 구분: 리오그란데강을 기준으로 앵글로아메리카와 라틴 아메리카로 구분
주요 국가 및 도시 자료❷	**미국** • (❷　　　　): 세계 도시, 세계의 정치·경제·금융의 중심지 • 로스앤젤레스: 우리나라 교민들이 다수 거주 • 시카고: 과거 제철 공업 발달 • 휴스턴: 석유 산업, 항공·우주 산업 발달
	캐나다 • 토론토: 캐나다 정치·경제·문화의 중심지 • 그 외 오타와(수도), 몬트리올, 밴쿠버 등 • 대도시는 주로 미국과의 접경지역에 분포
	멕시코 멕시코시티: 멕시코의 수도, 고산 도시, 아스테카 문명 번성
	(❸　　　　) • 상파울루: 남아메리카에서 인구가 가장 많은 도시 • 리우데자네이루: 거대 예수상, 리우 카니발
	아르헨티나 부에노스아이레스: 수도, 탱고와 낭만의 도시
	고산 도시 콜롬비아의 보고타, 에콰도르의 키토, 페루의 쿠스코 등
	생태 도시 브라질의 쿠리치바, 쿠바의 아바나 등

자료❶ 아메리카의 지역 구분

앵글로아메리카
라틴아메리카
태평양
북아메리카
남아메리카
대서양

『디르케 세계 지도』, 2023)

◀ A-(❹　　　　)이 있는 멕시코와 미국의 국경을 경계로 앵글로아메리카와 라틴 아메리카로 구분할 수 있다.
◀ B-(❺　　　　)을 경계로 북아메리카와 남아메리카로 구분할 수 있다.

자료❷ 아메리카의 주요 도시

▲ 뉴욕(미국)

▲ 멕시코시티(멕시코)

▲ 리우데자네이루(브라질)

◐ 세계 도시인 (❻　　　　)은 월가(Wall Street)를 중심으로 세계 경제의 중심지 역할을 하며 국제연합(UN) 본부가 있다.
◐ 멕시코의 수도인 (❼　　　　)는 해발 고도 약 2,240 m에 위치한 고산 도시로, 곳곳에 고대 문명의 유적이 남아 있다.
◐ (❽　　　　)는 거대 예수상과 삼바 축제라고도 불리는 리우 카니발로 유명하다.

2. 아메리카의 자연환경

구분		특징	북아메리카	남아메리카
지형 자료❸	서부	높고 험준한 산지	로키산맥	안데스산맥
	중부	저지대	대평원, 미시시피강	아마존강
	동부	낮은 산지, 고원	애팔래치아산맥	브라질 고원
기후	한대 기후	북극해 주변, 그린란드		
	냉대 기후	캐나다, 북아메리카 내륙 지역		
	(❾　　　　)	미국 남동부 및 서부 해안 지역, 아르헨티나 해안 지역 등		
	건조 기후	미국 내륙 지역, 남아메리카 남부 내륙 지역 등		
	열대 기후	적도 주변 저지대, 아마존강 유역 등		
	고산 기후 자료❹	적도 주변의 (❿　　　　) 산지 → 고산 도시 발달, 잉카 문명 번성		

자료❸ 아메리카의 지형

▲ 로키산맥(미국)

▲ 애팔래치아산맥(미국)

▲ 비야리카 화산(칠레)

▲ 아마존강(브라질)

◔ (⓫　　　　)과 (⓬　　　　)은 해발고도가 높고 험준하며 지진과 화산 활동이 활발하다. (⓭　　　　)은 오랜 시간 침식을 받아 비교적 고도가 낮고 경사가 완만하다.
◔ 세계에서 유량이 가장 풍부한 (⓮　　　　)은 주변에 열대림이 발달한 아마존 분지가 넓게 분포한다.

자료❹ 안데스 산지의 고산 기후

키토
(℃) (mm)
열대 기후
건조 기후
온대 기후
냉대 기후
한대 기후
고산 기후
1 3 5 7 9 11(월)
(세계 기후 가이드, 2023)

대서양
태평양
키토
이키토스
(『필립스 세계 지도』, 2021)

이키토스
(℃) (mm)
1 3 5 7 9 11(월)
(세계 기후 가이드, 2023)

◔ (⓯　　　　)가 높아질수록 기온이 점차 낮아지기 때문에 키토는 비슷한 위도의 이키토스에 비해 기온이 낮다.
◔ 적도 주변의 안데스 산지에서는 (⓰　　　　) 기후가 나타나 키토, 보고타 등의 고산 도시들이 발달하였다.

주제 15 아메리카의 다양한 민족(인종)과 문화

구분		앵글로아메리카 자료 5	라틴 아메리카 자료 6
다양한 민족(인종) 구성	원주민	주로 원주민 보호 구역에 거주	주로 안데스 산지에 거주
	유럽계	• 영국인이 식민 지배를 위해 정착 • 인구 중 가장 높은 비율 차지 • 서부 유럽의 문화 전파 → 영국의 영향을 많이 받음	• (❶　　　　)와 포르투갈의 식민 지배로 유입 • 온대 기후 지역에 주로 거주 • 남부 유럽의 라틴 문화 전파
	아프리카계	아프리카인이 유럽인에 의해 강제로 이주됨	
		미국 남동부 지역에 주로 거주	열대 기후 지역에 주로 거주
	기타	(❷　　　　), 아시아계, 프랑스계(캐나다 퀘벡주)	혼혈인 → 원주민, 유럽계, 아프리카계 간의 혼혈
언어와 종교	언어	(❸　　　) 사용	에스파냐어와 포르투갈어 사용
	종교	개신교	(❹　　　　)
문화 혼종성 자료 7		• 의미: 서로 다른 문화가 섞여 새로운 문화가 만들어지는 현상 • 사례: 리우 카니발(브라질), 탱고(아르헨티나), 과달루페 성모상(멕시코), 햄버거(미국) 등	

자료 5 미국의 민족(인종) 구성과 분포

히스패닉 / 아프리카계 (%, 2020년)
5 미만 / 5~10 / 10~15 / 15~20 / 20~25 / 25~30 / 30 이상

◉ (❺　　　　)은 (❻　　　　)어를 사용하면서 미국에 거주하는 라틴 아메리카 출신으로 남서부 지역에 집중 분포한다.

◉ (❼　　　　)는 목화와 사탕수수 농장에서 일할 노예를 강제로 이주시키면서 유입되었다.

자료 6 라틴 아메리카의 민족(인종) 구성과 분포

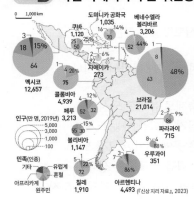

도미니카 공화국 1,035 16 14%
쿠바 1,120 25 25% 50
베네수엘라 볼리바르 3,206 70
3 18 15% 64 멕시코 12,657
1 4 20% 75 콜롬비아 4,939
자메이카 273 6% 1 92 52
페루 3,213 52 32 12%
볼리비아 1,147 55 30 15%
브라질 21,014 43 48% 8
파라과이 715 2 3 9% 88%
우루과이 351 4 8 86%
칠레 1,910 72 22%
아르헨티나 4,493 86%

인구(만 명, 2019년) 5,000 3,000 1,000 100
민족(인종) 기타 / 유럽계 / 혼혈 / 아프리카계 / 원주민
(『신상 지리 자료』, 2023)

◉ (❽　　　　)는 온대 기후가 나타나는 아르헨티나와 우루과이 등 남동부 해안에 주로 분포한다.

◉ 아프리카계는 주로 (❾　　　　)가 나타나는 카리브해 연안 지역 등에 분포한다.

◉ (❿　　　　)은 주로 안데스 산지에 위치한 페루, 볼리비아 등에 거주한다.

자료 7 문화 혼종성

▲ 과달루페 성모상(멕시코)　▲ 탱고(아르헨티나)　▲ 리우 카니발(브라질)

◉ 아메리카는 원주민의 전통문화와 유럽, 아프리카, 아시아 등의 문화가 혼합되어 새로운 문화를 만들어 내는 (⓫　　　　)이/가 나타났다.

주제 16 아메리카의 초국적 기업과 지역 변화

초국적 기업		(❶　　　　)를 주도하며 국경을 넘어 제품을 생산하고 판매하는 기업
발달 배경		• 교통·통신의 발달 → 세계 여러 지역 간의 교류 활발 • 세계무역기구(WTO) 등장, 자유무역협정(FTA) 확대
공간적 분업 자료 8	의미	경영의 효율성과 이윤을 최대한 창출하기 위하여 기업 조직의 기능을 서로 다른 국가와 지역에 나누어 배치하는 것
	기능별 입지 특징	• (❷　　　　): 경영·관리, 다양한 정보와 자본 확보가 유리한 지역에 입지 • 자회사: 모회사의 지배를 받는 독립적인 회사, 본사와 상호 의존적이며 수평적으로 연결됨 • 연구소: 전문 인력 확보가 유리한 지역에 입지 • (❸　　　　): 지가와 임금이 저렴하고 소비 시장에 가까운 지역에 주로 입지
	사례	• 멕시코: 초국적 기업의 생산 공장 다수 입지 • 필리핀: 초국적 기업의 외주 콜센터 다수 유치
초국적 기업의 입지	긍정적 영향	• 새로운 (❹　　　　) 창출 → 인구 유입 • 주민 소득 증가 → 지역 경제 활성화 • 자본·기술 도입 → 국가 산업의 경쟁력이 높아짐
	부정적 영향	• 해당 국가의 관련 산업 위축 • 저임금 등 노동 환경이 열악해질 수 있음 • 유해 물질 배출 등 환경 오염 발생
초국적 기업의 이전		• 기업이 해외로 이전하면서 산업 기반 약화 • 대규모 실업 사태 발생 • 지역 경제 침체 ⑩ 미국 오대호 연안 공업 지역(러스트 벨트)

자료 8 초국적 기업의 공간적 분업

요르단 / 중국 / 본사 / 태평양 / 대서양 / 말레이시아 / 베트남 / 인도양 / 인도네시아
공장 근로자 수 (만 명) 50 / 25 / 0
주요 생산 공장이 있는 국가
*공장 근로자 상위 5개국만 나타냄.
(N사 누리집, 2023)

◉ 초국적 기업은 기업 조직의 기능을 본사, 자회사, 연구소, 생산 공장 등으로 나누어 배치하는 (❺　　　　)을 하며 이를 바탕으로 세계적으로 활동한다.

V단원 실력 굳히기

① 아메리카 속으로

01 지도는 아메리카 지역을 나타낸 것이다. A~E 중 <u>잘못</u> 연결한 것은?

① A – 미시시피강
② B – 파나마 지협
③ C – 아마존 분지
④ D – 앵글로아메리카
⑤ E – 라틴 아메리카

02 ㉠에 들어갈 알맞은 국가는?

(㉠)은/는 세계에서 두 번째로 영토가 넓으며 미국과 접해 있다. 대표적인 도시로는 정치·경제·문화의 중심지인 토론토, 프랑스 문화가 발달하고 다양한 국제 행사가 열리는 몬트리올, 태평양 연안에 위치한 밴쿠버 등이 있다.

① 칠레　　　② 캐나다　　　③ 멕시코
④ 브라질　　　⑤ 아르헨티나

03 다음 형성 평가의 답을 작성하였을 때 ○표의 개수는?

〈 형성 평가 〉
다음 질문의 답이 맞으면 ○표, 틀리면 ×표를 하시오.

질문	답
(1) 멕시코는 앵글로아메리카에 속한다.	
(2) 에콰도르는 적도가 통과하는 국가이다.	
(3) 페루는 마야·아스테카 문명의 발상지이다.	
(4) 상파울루는 남아메리카에서 인구가 가장 많은 도시이다.	

① 0개　　② 1개　　③ 2개　　④ 3개　　⑤ 4개

04 (가), (나)에 해당하는 축제가 열리는 국가를 지도의 A~E에서 골라 바르게 연결한 것은?

(가) 매년 6월 잉카 문명의 중심지 쿠스코에서는 태양 신에게 풍작을 기원하는 제사인 태양제가 열린다.
(나) 매년 2월 리우데자네이루에서 열리며, 아프리카 전통 타악기의 연주와 춤이 합쳐진 삼바 퍼레이드가 가장 큰 볼거리이다.

	(가)	(나)
①	A	B
②	A	C
③	B	A
④	B	C
⑤	C	B

05 다음 설명에 해당하는 도시를 지도의 A~E에서 고른 것은?

월가(Wall Street)를 중심으로 세계 경제의 중심지 역할을 하며, 국제연합(UN)의 본부가 있어 정치적으로도 세계적인 영향력을 행사하고 있다.

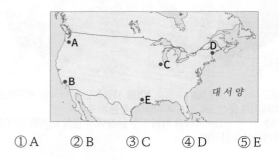

① A　　② B　　③ C　　④ D　　⑤ E

06 다음 도시들의 공통점으로 옳은 것은?

• 브라질의 쿠리치바　　• 쿠바의 아바나

① 세계적인 문화 축제로 유명한 도시
② 세계 경제의 중심지 역할을 하는 도시
③ 해발 고도가 높은 곳에 위치한 고산 도시
④ 인간과 자연의 조화를 추구하는 생태 도시
⑤ 아메리카 원주민의 고대 문명을 간직한 도시

07 아메리카의 지형에 관한 설명으로 옳지 <u>않은</u> 것은?

① 중앙부의 저지대에는 큰 강이 흐른다.
② 대표적인 하천은 미시피강과 아마존강이다.
③ 동부에는 오래되고 안정화된 고원이 펼쳐져 있다.
④ 서부에는 높고 험준한 산맥이 남북으로 뻗어 있다.
⑤ 동부의 산지는 지각이 불안정하여 지진과 화산 활동이 활발하다.

08 (가), (나)는 북아메리카의 대표적인 산맥이다. 이에 관한 옳은 설명을 〈보기〉에서 고른 것은?

(가)

(나)

▲ 로키 산맥 ▲ 애팔래치아산맥

| 보기 |
ㄱ. (가)는 북아메리카의 서쪽에 있다.
ㄴ. (나)에서는 잉카 문명이 번성하였다.
ㄷ. (가)는 (나)보다 평균 해발 고도가 높다.
ㄹ. (나)는 (가)보다 지진과 화산 활동이 활발하다.

① ㄱ, ㄴ ② ㄱ, ㄷ ③ ㄴ, ㄷ
④ ㄴ, ㄹ ⑤ ㄷ, ㄹ

09 그래프와 같은 기후가 나타나는 지역의 기후 특성으로 옳은 것은?

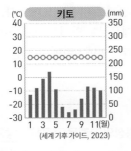

키토
(세계 기후 가이드, 2023)

① 사계절의 변화가 뚜렷하다.
② 강수량보다 증발량이 많다.
③ 연중 기온이 높고 강수량이 많다.
④ 일 년 내내 서늘한 기후가 나타난다.
⑤ 겨울이 매우 춥고 길어 기온의 연교차가 크다.

10 지도에 표시된 A 지역의 기후 그래프로 가장 적절한 것은?

(『필립스 세계 지도』, 2021)

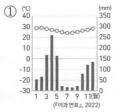

① (『이과 연표』, 2022)

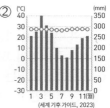

② (세계 기후 가이드, 2023)

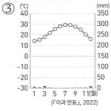

③ (『이과 연표』, 2022)

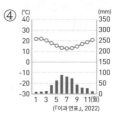

④ (『이과 연표』, 2022)

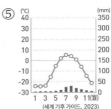

⑤ (세계 기후 가이드, 2023)

❷ 아메리카의 다양한 민족(인종)과 문화

11 ㉠에 들어갈 알맞은 국가는?

캐나다의 퀘벡주는 (㉠)계 주민의 비율이 높아 영어를 사용하는 다른 지역과 달리 주민의 80 % 이상이 (㉠)어를 사용한다.

① 영국 ② 프랑스 ③ 네덜란드
④ 에스파냐 ⑤ 포르투갈

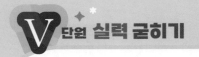

12 지도의 A, B 지역에 관한 설명으로 옳은 것은?

① A와 B의 구분 기준은 파나마 지협이다.
② A는 주로 영어, B는 프랑스어를 사용한다.
③ A는 개신교, B는 가톨릭교를 주로 믿는다.
④ A는 혼혈인, B는 유럽계 인종의 비율이 가장 높다.
⑤ A는 에스파냐와 포르투갈, B는 프랑스의 지배를 받았다.

13 지도는 미국의 어떤 민족(인종)이 주로 분포하는 지역을 나타낸 것이다. 이 민족(인종)에 관한 옳은 설명을 〈보기〉에서 고른 것은?

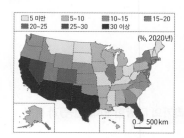

┤ 보기 ├
ㄱ. 대부분 에스파냐어를 사용한다.
ㄴ. 라틴 아메리카 출신의 이민자가 많다.
ㄷ. 식민 지배를 위해 유럽에서 이주하였다.
ㄹ. 대부분의 주민이 특별 보호 구역에 거주한다.

① ㄱ, ㄴ   ② ㄱ, ㄷ   ③ ㄴ, ㄷ
④ ㄴ, ㄹ   ⑤ ㄷ, ㄹ

14 지도에 표시된 인구 이동에 따라 나타난 아메리카 문화로 가장 적절한 것은?

① 대부분의 주민이 개신교를 믿는다.
② 아프리카계 흑인 혼혈이 생겨났다.
③ 마야·아스테카 문명이 번성하게 되었다.
④ 프랑스 문화를 계승하는 지역이 등장하였다.
⑤ 에스파냐어와 포르투갈어를 사용하게 되었다.

15 지도는 라틴 아메리카의 민족(인종) 구성을 나타낸 것이다. A~D 민족(인종)에 관한 설명으로 옳은 것은?

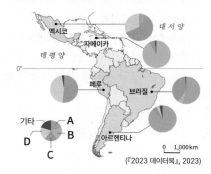

① A는 유럽 문화를 아메리카에 전파하였다.
② B는 온대 기후 지역에 집중적으로 거주한다.
③ C는 과거 대규모 농장을 운영하기 위해 아프리카에서 강제로 이주된 노예였다.
④ D의 대부분은 영어를 사용하며 개신교를 믿는다.
⑤ A는 라틴 아메리카에서 인구 구성 비율이 가장 높다.

16 문화 혼종성의 사례로 적절하지 <u>않은</u> 것은?

① 미국의 햄버거
② 아르헨티나의 탱고
③ 브라질의 거대 예수상
④ 멕시코의 과달루페의 성모상
⑤ 캐나다 퀘벡주의 프티 샹플랭 거리

❸ 아메리카의 초국적 기업

17 초국적 기업에 관한 설명으로 옳지 <u>않은</u> 것은?

① 원료가 풍부한 곳은 본사 입지에 유리하다.
② 경제활동의 세계화에 따라 영향력이 확대되고 있다.
③ 국경을 넘어 제품의 기획, 생산, 판매가 이루어진다.
④ 생산 공장은 저렴한 노동력이 풍부한 지역에 입지한다.
⑤ 자유무역협정의 확대로 초국적 기업의 활동 범위가 넓어졌다.

18 자료를 보고 N사의 공간적 분업에 관한 옳은 설명만을 〈보기〉에서 있는 대로 고른 것은?

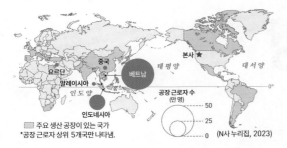

┤ 보기 ├
ㄱ. 본사는 주로 선진국에 입지한다.
ㄴ. 생산 공장은 임금이 저렴한 지역을 선호한다.
ㄷ. 교통·통신의 발달로 공간적 분업이 나타났다.
ㄹ. 본사는 노동력이 풍부한 개발 도상국에 주로 입지한다.

① ㄱ, ㄷ   ② ㄴ, ㄹ   ③ ㄱ, ㄴ, ㄷ
④ ㄱ, ㄴ, ㄹ   ⑤ ㄴ, ㄷ, ㄹ

19 초국적 기업의 입지가 지역에 미치는 영향에 관한 설명으로 옳지 <u>않은</u> 것은?

① 새로운 일자리가 생겨 인구가 증가한다.
② 주민 소득이 증가해 지역 경제가 활성화된다.
③ 새로운 기술의 도입으로 관련 산업이 발전한다.
④ 초국적 기업이 배출한 환경 오염 물질이 사회 문제가 되기도 한다.
⑤ 저임금 단순 노동력을 필요로 하는 경우가 많아 노동 환경이 개선된다.

20 다음은 남아메리카에 위치한 두 도시의 지리 정보이다. 두 도시의 인구 분포 차이에 영향을 미친 요인을 서술하시오.

구분	이키토스(페루)	키토(에콰도르)
위도/경도	3°44′S / 73°15′W	0°15′S / 78°35′W
해발 고도	106m	2,850m
인구수	약 37만 명	약 198만 명

21 다음 지도를 보고 물음에 답하시오.

(1) A, B 산맥의 이름을 각각 쓰시오.

(2) 제시된 용어를 활용하여 A, B 산맥의 특징을 비교하여 서술하시오.

• 형성 시기   • 해발 고도   • 지진과 화산 활동

22 다음 자료를 통해 알 수 있는 라틴 아메리카 민족(인종)의 특징을 서술하시오.

멕시코 출신 화가 프리다 칼로는 독일인 아버지와 혼혈인 어머니 사이에서 태어났다.

◀ 프리다 칼로, 「나의 할아버지, 부모님, 그리고 나」(1936년)

VI

오세아니아와 극지방

오세아니아

오세아니아의 국가와 주요 도시의 위치, 지형과 기후를 나타낸 지도입니다.
Ⅵ단원 학습에 활용하세요.

◆ 오세아니아의 국가와 주요 도시

> 다음 국가와 주요 도시를 지도에서 찾아보자.

국가	도시
오스트레일리아, 뉴질랜드, 파푸아뉴기니, 키리바시, 투발루, 피지	캔버라, 시드니, 웰링턴, 오클랜드, 포트모르즈비, 타라와, 푸나푸티, 수바

◆ 오세아니아의 지형

인도양

태평양

비스마르크 산맥

그레이트디바이딩 산맥

대보초

그레이트샌디 사막

대찬정 분지

그레이트빅토리아 사막

달링 평원

머리 분지

달링강

머리강

서던알프스 산맥

0°

20°S

남회귀선

40°S

> 다음 초성에 맞는 지형을 왼쪽 지도에서 찾아 용어를
> 완성해 보자.

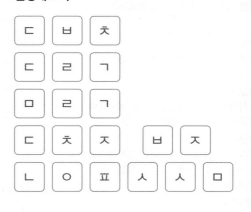

ㄷ	ㅂ	ㅊ
ㄷ	ㄹ	ㄱ
ㅁ	ㄹ	ㄱ
ㄷ	ㅊ	ㅈ		ㅂ	ㅈ
ㄴ	ㅇ	ㅍ	ㅅ	ㅅ	ㅁ

정답 대보초, 달링강, 머리강, 대찬정 분지, 남알프스산맥

◆ 오세아니아의 기후

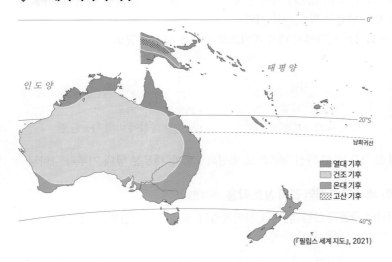

인도양

태평양

0°

20°S

남회귀선

40°S

■ 열대 기후
□ 건조 기후
■ 온대 기후
▨ 고산 기후

(『필립스 세계 지도』, 2021)

Ⅵ단원을 학습하면서 오세아니아의 자연환경과
인문환경의 특성을 백지도에 표현하여
나만의 오세아니아 지도를 완성해 보자.

백지도는 [시험대비편]에 있어요.

오세아니아의 지리적 특성과 자원 수출

+ 산호초
산호 군락과 그 분비물인 탄산 칼슘이 쌓여서 만들어진 암초

+ 피오르
빙하의 의해 U자 모양으로 깎인 계곡에 바닷물이 들어와 만들어진 좁고 긴 만

+ 보크사이트
알루미늄(가볍고 내구성이 커 원자재로 많이 사용됨)을 풍부하게 가지고 있는 광물로 철반석이라고도 불림

+ 기업적 농목업
곡물, 유제품, 육류 등을 세계 시장에 팔기 위해 농업이나 목축업이 대규모로 이루어지는 것

1 오세아니아의 위치와 주요 국가 및 도시

(1) 위치 대부분 남반구에 있고 날짜 변경선 가까이에 위치, 동쪽에는 태평양, 서쪽에는 인도양, 남쪽에는 남극해, 북쪽에는 아시아가 있음

(2) 구성 오스트레일리아와 뉴질랜드, 파푸아뉴기니 등 태평양의 크고 작은 섬나라로 구성

(3) 주요 국가와 도시 자료 ❶

구분	오스트레일리아	뉴질랜드
주요 도시	캔버라(수도), 멜버른, 시드니 등	웰링턴(수도), 오클랜드 등
특징	오세아니아에서 국토 면적이 가장 넓음	• 깨끗하고 아름다운 자연환경 보존 • 북섬, 남섬 등으로 이루어짐

(4) 태평양의 섬 국가 솔로몬제도, 피지, 바누아투, 투발루, 나우루 등

2 오세아니아의 자연환경

(1) 오스트레일리아

① 지형 대체로 낮고 평탄한 지형이 나타남

서부	넓은 사막 분포 → 그레이트샌디 사막, 그레이트빅토리아 사막
중앙 저지대	대찬정 분지
남동부	머리강과 달링강이 평원 위를 흐름
동부	그레이트디바이딩산맥 → 오랜 침식으로 고도가 낮고 경사가 완만함
북동부 해안	대보초 해안 → 세계 최대 규모의 산호초 군락

② 기후 자료 ❷
• 기후 분포 열대 기후(적도와 가까운 북부 지역), 건조 기후(중앙 평원 및 서부 지역), 온대 기후(남동부 및 남서부 지역)
• 특징 대체로 해안 지역에서 내륙 지역으로 갈수록 강수량 감소

(2) 뉴질랜드

구분	지형	기후
북섬	화산 지형과 온천 발달	• 대부분 온대 기후
남섬	빙하 지형 → U자곡과 피오르	• 남섬은 북섬에 비해 서늘한 편

(3) 태평양의 섬 국가 주로 화산 활동으로 형성되었으며, 대부분 열대 기후가 나타남

3 오세아니아와 세계 다른 지역 간의 상호 작용 자료 ❸

(1) 오세아니아의 자원과 산업 천혜의 자연환경과 풍부한 천연자원을 바탕으로 농업과 광업, 축산업 발달, 관광 자원 풍부

오스트레일리아	• 풍부한 지하자원: 철광석, 보크사이트, 석탄 등 → 세계 여러 국가로 수출 • 기업적 농목업: 양모, 양고기, 밀, 소고기 등의 생산 활발
뉴질랜드	양고기, 양모, 소고기, 유제품, 목재 등 생산 활발
태평양의 섬 국가	바다의 풍부한 어족 자원을 이용한 수산업 발달, 관광 산업 발달

(2) 오세아니아의 경제 교류 현황
① 과거 주로 유럽, 미국과의 교류가 많았음
② 최근 우리나라, 중국, 일본 등 지리적으로 가까운 아시아 국가들과의 교역 증가, 아시아태평양경제협력체(APEC)와 다자간 자유무역협정 등으로 경제 협력 증진

개념 확인 문제

● 바른답·알찬풀이 28쪽

1 다음 설명이 맞으면 ○표, 틀리면 ×표를 하시오.
(1) 오스트레일리아의 지형은 대체로 높고 험준하다. ( )
(2) 뉴질랜드의 남섬은 다양한 빙하 지형이 나타난다. ( )

2 다음 괄호 안의 내용 중 옳은 것에 ○표를 하시오.
(1) 오스트레일리아의 북부와 북동부에서는 (열대 기후, 건조 기후), 내륙과 서부에서는 (온대 기후, 건조 기후)가 주로 나타난다.
(2) 오스트레일리아는 최근 지리적으로 가까운 (유럽, 아시아) 지역과의 교류가 활발해지고 있다.

꼭 나오는 자료

자료 1 오세아니아의 주요 도시

└ 오페라 하우스는 시드니의 대표적인 랜드마크야.

▲ 시드니(오스트레일리아)

▲ 오클랜드(뉴질랜드)

시드니는 오스트레일리아에서 인구가 가장 많은 도시이며, 멜버른은 오스트레일리아의 옛 수도로 유럽의 영향을 많이 받은 곳이다. 뉴질랜드의 북섬에 수도 웰링턴이 위치하며, 오클랜드는 뉴질랜드에서 인구가 가장 많은 도시이다.
└ 경제 중심지 역할을 해.

자료 2 오세아니아의 기후

└ 남반구에 있어 북반구와 계절이 반대로 나타나.

열대 기후 지역	온대 기후 지역	건조 기후 지역
다윈	오클랜드	앨리스스프링스

└ 인구 밀도가 높아.   └ 오스트레일리아의 내륙에 위치해.

(다윈) 우기 / 건기 (climate-data, 2023)
(오클랜드) 일 년 내내 비가 고르게 내려. (climate-data, 2023)
(앨리스스프링스) (climate-data, 2023)

▲ 우기 때 물에 잠긴 도로   ▲ 키위 재배   ▲ 앨리스스프링스

└ 뉴질랜드 양모 생산량은 오스트레일리아에 이어 세계에서 두 번째로 많고, 양모 수출은 뉴질랜드 국가 경제에 중요한 역할을 해.

자료 3 오세아니아의 자원과 산업

┌ 오스트레일리아와 뉴질랜드는 자원은 풍부하지만 인구가 적어 다른 국가와의 무역이 경제 발전에 중요한 역할을 해.

▲ 철광석 광산(오스트레일리아)
└ 제철·기계·조선 등의 중화학 공업이 발달한 우리나라, 중국, 일본 등으로 많이 수출되고 있어.

▲ 밀 재배(오스트레일리아)

▲ 양모 생산(뉴질랜드)

▲ 로토루아 화산 지대의 간헐천(뉴질랜드)

오스트레일리아는 철광석, 석탄 등의 생산이 세계적인 수준이며, 기업적 목농업이 이루어져 양모, 양고기, 밀, 소고기 등의 생산이 활발하다. 뉴질랜드는 청정한 자연환경에서 양고기, 양모, 소고기, 유제품 등을 많이 생산하며, 아름다운 자연 경관, 독특한 원주민 문화 등 매력적인 관광 요소가 많다.
└ 뉴질랜드의 원주민인 마오리족의 문화가 관광 자원으로 활용되고 있어.
└ 북반구의 주요 밀 수출국과 수확 시기가 달라 수출에 유리해.

≫ 오세아니아의 지형과 기후 (선택지 하나 더)

1 오스트레일리아의 지형과 기후에 관한 설명으로 옳은 것은?

	지형	지형	기후
①	서부	그레이트디바이딩 산맥	열대 기후
②	동부	그레이트빅토리아 사막	열대 기후
③	북부	빙하 지형	고산 기후
④	남동부	머리강과 달링강	온대 기후
⑤	북동부 해안	대보초	건조 기후
⑥	중앙 저지대	대찬정 분지	온대 기후

이것만은 꼭 기억하자! 오스트레일리아는 대체로 낮고 평탄한 지형이 나타나고, 국토 면적이 넓어 위치에 따라 다양한 기후가 나타나.
⤴ 126쪽 03번, 139쪽 06번 문제도 풀어 보자!

≫ 오세아니아의 자원과 산업

2 오세아니아의 자원과 산업에 관한 설명으로 옳지 않은 것은?

① 뉴질랜드는 독특한 원주민 문화와 같은 관광 자원이 풍부하다.

② 오스트레일리아는 철광석과 석탄이 풍부해 세계 여러 나라로 수출한다.

③ 오스트레일리아는 건조 기후가 널리 분포해 농·축산업이 발달하기 어렵다.

④ 뉴질랜드는 넓은 목초지에서 양을 방목해 양모, 양고기 등을 세계로 수출한다.

⑤ 오세아니아는 북반구와 계절이 반대로 나타나 북반구가 겨울로 접어드는 시기에 찾아오는 관광객이 많다.

이것만은 꼭 기억하자! 오세아니아의 여러 국가는 천혜의 자연환경과 풍부한 천연자원을 바탕으로 농업과 광업, 축산업이 발달했어.
⤴ 126쪽 06번, 139쪽 07번 문제도 풀어 보자!

실력 다지기

01 오세아니아의 지리적 특성에 관한 옳은 설명을 〈보기〉에서 고른 것은?

┌ 보기 ┐
ㄱ. 주로 북반구에 위치한다.
ㄴ. 날짜 변경선에 가까이 위치한다.
ㄷ. 동쪽에는 대서양, 서쪽에는 태평양이 있다.
ㄹ. 오스트레일리아와 뉴질랜드, 태평양의 크고 작은 섬으로 이루어져 있다.

① ㄱ, ㄴ   ② ㄱ, ㄷ   ③ ㄴ, ㄷ
④ ㄴ, ㄹ   ⑤ ㄷ, ㄹ

02 오세아니아의 국가와 주요 도시에 관한 설명으로 옳지 않은 것은?

① 웰링턴은 뉴질랜드의 수도이다.
② 오스트레일리아가 국토 면적이 가장 넓다.
③ 뉴질랜드는 북섬과 남섬으로 이루어져 있다.
④ 캔버라는 오스트레일리아에서 인구가 가장 많은 도시이다.
⑤ 태평양에는 솔로몬제도, 투발루, 나우루와 같은 작은 섬 국가들이 있다.

중요✦
03 ㉠, ㉡에 들어갈 내용을 바르게 연결한 것은?

┌─────────────────────────────┐
│ 탐구 주제: 오스트레일리아의 지형 │
│ 1. 특징: 대체로 낮고 평탄한 지형이 나타남 │
│ 2. 분포: 중앙에는 넓은 평원이, 서부에는 (㉠) │
│   이/가 펼쳐져 있으며, 동부의 (㉡)은/는 오 │
│   랜 시간 침식을 받아 비교적 고도가 낮고 경사가 │
│   완만함 │
└─────────────────────────────┘

	㉠	㉡
①	사막	남알프스산맥
②	사막	그레이트디바이딩산맥
③	달링 평원	머리 분지
④	대보초 해안	그레이트디바이딩산맥
⑤	대찬정 분지	비스마르크산맥

중요✦
04 지도의 A 지역에서 나타나는 기후 특성에 관한 설명으로 옳은 것은?

① 연중 기온이 높다.
② 기온의 연교차가 크다.
③ 겨울이 매우 춥고 길다.
④ 사계절의 변화가 뚜렷하다.
⑤ 강수량보다 증발량이 많아 나무가 자라기 어렵다.

05 그래프와 같은 특성이 나타나는 기후는?

① 열대 기후
② 건조 기후
③ 온대 기후
④ 냉대 기후
⑤ 한대 기후

06 ㉠에 들어갈 알맞은 국가는?

┌─────────────────────────────┐
│ (㉠)는 철광석, 보크사이트, 석탄 등의 생산이 │
│ 세계적인 수준이며 세계 여러 국가로 수출하고 있 │
│ 다. 또한 기업적 농목업이 이루어져 양모, 양고기, │
│ 밀, 소고기 등의 생산이 활발하다. │
└─────────────────────────────┘

① 나우루   ② 키리바시
③ 솔로몬 제도   ④ 파푸아뉴기니
⑤ 오스트레일리아

07 자료와 관계 깊은 오세아니아의 국가에 관한 설명으로 옳지 <u>않은</u> 것은?

- 깨끗하고 아름다운 자연환경이 잘 보존되어 있으며, 남섬과 북섬으로 이루어져 있다.
- 사진 속 장소는 영화 「나니아 연대기」의 촬영지로 유명하다.

① 고위도에 위치한 남섬은 북섬에 비해 서늘한 편이다.
② 세계 최대 규모의 산호초 지역인 대보초 해안이 있다.
③ 북섬에는 화산 지대의 간헐천과 같은 관광 자원이 있다.
④ 넓은 목초지에서 양을 방목하여 양고기를 세계로 수출한다.
⑤ 독특한 원주민 문화인 마오리족 춤과 같은 관광 요소가 있다.

고난도

08 자료를 통해 알 수 있는 오스트레일리아의 경제 교류 현황에 관한 설명으로 옳지 <u>않은</u> 것은?

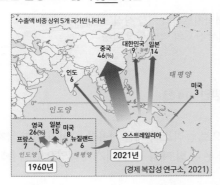

① 1960년에 오스트레일리아의 최대 수출국은 영국이다.
② 2021년에 오스트레일리아의 최대 수출국은 중국이다.
③ 2021년에는 지리적으로 먼 국가들과의 교역이 증가하였다.
④ 우리나라는 과거에 비해 오스트레일리아와 교역이 증가하였다.
⑤ 영국과 프랑스는 과거에 비해 오스트레일리아와 교역이 감소하였다.

중요✦

09 오스트레일리아와 세계 다른 지역 간의 상호 작용에 관한 옳은 설명을 〈보기〉에서 고른 것은?

┤ 보기 ├

ㄱ. 최근 미국과의 교역이 크게 증가하였다.
ㄴ. 제조업의 원료가 되는 철광석 등의 지하자원을 주로 수입한다.
ㄷ. 인구가 적어 다른 국가와의 무역이 경제 발전에 중요한 역할을 한다.
ㄹ. 앞으로 오스트레일리아와 아시아 국가 간 경제 협력의 상호 의존성은 더욱 커질 것이다.

① ㄱ, ㄴ　　② ㄱ, ㄷ　　③ ㄴ, ㄷ
④ ㄴ, ㄹ　　⑤ ㄷ, ㄹ

서술형

10 지도의 A, B 지역의 지형 특징을 비교하여 서술하시오.

서술형

11 오스트레일리아가 북반구의 주요 밀 수출국에 비해 밀 재배에 유리한 조건을 서술하시오.

주제 18 태평양 지역의 환경 문제와 해결 방안

+ **미세 플라스틱**
5mm 미만의 작은 플라스틱

+ **기후변화**
자연적·인위적 요인에 의해 기후가 점차 변화하는 것

+ **벌목(伐 벨, 木 나무)**
목재를 생산하기 위해 산림에서 성장한 나무를 자르는 작업

+ **염해(鹽 소금, 害 해할)**
염분에 의해 농작물이나 토양, 건축물, 시설 등이 입는 피해

+ **세계 해양의 날**
지구 표면의 약 71%를 차지하는 바다의 소중함을 일깨우고 해양 환경 보호의 중요성을 알리기 위해 지정된 기념일로, 2008년 국제연합(UN)에서 공식적으로 채택해 매년 6월 8일을 세계 해양의 날로 지정함

1 태평양 지역의 환경 문제

(1) 태평양의 중요성
① 지구 표면적의 약 30% 차지하는 세계에서 가장 큰 해양
② 다양한 해양 생물의 서식지이자 사람들의 중요한 삶의 터전

(2) 환경 문제의 발생 원인　인구 증가 → 자원 소비와 쓰레기 배출 증가

(3) 환경 문제의 종류 자료 ❶
① 해양 쓰레기

의미	바다로 유입된 쓰레기로 해안, 바다 표면, 바닷속의 모든 쓰레기를 말함
원인	태평양 주변 지역에서 바다로 흘러들거나 어업 활동 중 버려지는 쓰레기 → 해류를 따라 이동하다가 흐름이 약한 곳에 모여 쓰레기 섬 형성
영향	• 수질 오염 유발, 해양 생태계 파괴 •⁺미세 플라스틱 바다로 유출 → 어패류를 거쳐 사람의 체내로 들어오기도 함 • 지역 주민의 경제활동인 어업, 양식업, 관광 산업에 커다란 피해를 끼침

② ⁺기후변화에 따른 해수면 상승

원인	산업화 이후 화석 연료의 사용 증가, 무분별한⁺벌목, 도시화, 축산과 농업 확대 등 → 온실가스 배출량이 증가함에 따라 지구 온난화 발생 → 빙하가 녹고 수온이 높아진 바닷물이 팽창 → 해수면 상승
영향	• 태평양의 저지대 섬과 해안 침수 위기 예 투발루, 키리바시 • 지하수에 바닷물이 섞여 식수가 부족해지고, 농작물도⁺염해 피해를 입음 • 해수 온도의 상승으로 바닷속의 생태계에 영향을 줌

③ 산호의 백화 현상

의미	산호의 표면이 하얗게 변하는 현상으로, 바다의 사막화라고도 함
원인	지구 온난화로 해수 온도 상승 → 산호에 붙어 공생하는 조류가 사라지고 산호의 표면이 하얗게 변함
영향	산호초가 해양 생물의 서식지로서의 역할 상실 → 해양 생태계 파괴 예 오스트레일리아 북동부의 대보초에서 산호의 백화 현상 발생

2 태평양 지역의 환경 문제 해결 방안 자료 ❷

(1) 해양 쓰레기 문제 해결 방안
① **국제 사회** 국제연합을 중심으로 플라스틱 제품 사용을 줄이기 위한 국제 협약 마련
② **국가(우리나라)** 해양 폐기물 관련 법 제정 → 쓰레기가 해양으로 유출되는 것을 막기 위해 노력
③ **개인** 플라스틱 사용 줄이기, 쓰레기 줍기, 장바구니와 다회용 컵 사용하기, 해양 보호에 대한 인식을 높이고 확산에 기여하는 활동하기 등

(2) 해수면 상승 문제 해결 방안
① **국제 사회** 온실가스 배출량을 단계적으로 감축하기 위한 국제 협약 체결 → 파리 협정(2015년)
② **국가(우리나라)** '2050 탄소중립 비전' 정책 수립
③ **기업** 자원 순환 기술 개발 → 제품의 생산과 이동, 폐기 과정에서 환경 오염 방지
④ **개인** 에너지 절약하기, 대중교통 이용하기, 저탄소 제품 구매하기 등

(3) ⁺세계 해양의 날 지정　국내외의 지방 자치 단체, 기업, 시민 단체 등이 전시회, 캠페인, 해양 정화 활동 등 다양한 행사 진행

꼭 나오는 자료

자료 ❶ 태평양 지역의 환경 문제

└ 태평양은 지구의 모든 육지 면적을 합한 것보다 넓고 태평양에는 여러 국가가 분포해.

▲ 쓰레기로 가득한 해안가

▲ 그물에 걸린 바다거북

└ 투발루와 같이 국토의 평균 해발 고도가 낮은 국가들은 침수 위기에 처해 있어.

▲ 해수면 상승(투발루)

▲ 산호의 백화 현상

해양 쓰레기는 태평양 주변 지역에서 바다로 흘러들거나 배에서 버려지는 쓰레기가 해류를 따라 이동하다가 한곳에 모여 거대한 쓰레기 섬을 이루기도 한다. 또한 수질 오염을 유발하고 바다에 사는 생물을 다치게 하는 등 해양 생태계를 파괴한다. 기후변화에 따른 해수면 상승으로 태평양의 저지대 섬과 해안은 침수 위기를 겪고 있으며, 해수 온도 상승으로 오스트레일리아 북동부의 대보초에서는 바다 생물의 보금자리와 먹을거리를 제공하는 산호에 백화 현상이 나타나고 있다.

자료 ❷ 태평양 지역의 환경 문제 해결 방안

└ 태평양에서 건져낸 플라스틱 쓰레기로 만든 고래 모양의 조형물을 전시하여 해양 쓰레기 문제의 심각성을 알리고 있어.

▲ 해안가 쓰레기 줍기 활동

▲ 해양 쓰레기로 만든 작품 전시

▲ 기후변화 캠페인 진행

▲ 파리 협정

태평양 지역에서 나타나는 해양 쓰레기와 해수면 상승 등의 환경 문제는 그 지역의 주민뿐만 아니라 우리 생활에 직간접적으로 미치는 영향이 크다. 따라서 태평양 지역의 국가는 물론 세계시민 모두가 전 지구적 관점에서 태평양 지역의 환경 문제를 살펴보고 이를 해결하기 위한 노력을 해야 한다.

└ 2015년 국제연합 기후변화 회의에서 세계 195개국은 지구 평균 기온 상승을 1.5℃ 이내로 제한하기로 약속했어.

대표 문제로 실력 쌓기
● 바른답·알찬풀이 29쪽

>> **태평양 지역의 환경 문제** [선택지] 하나 더

1 태평양 지역에서 발생하는 환경 문제로 적절하지 <u>않</u>은 것은?
① 해수면 상승
② 사막화 진행
③ 해양 쓰레기 증가
④ 해양 생태계 파괴
⑤ 산호의 백화 현상
⑥ 미세 플라스틱 배출

이것만은 꼭 기억하자! 태평양 지역에서는 최근 해양 쓰레기와 해수면 상승, 산호의 백화 현상 등 여러 가지 환경 문제가 심각하게 나타나고 있어.
✈ **130쪽** 02번, **139쪽** 09번 문제도 풀어 보자!

>> **태평양 지역의 환경 문제 해결 방안**

2 자료에서 설명하는 환경 문제를 해결하는 방안으로 가장 적절한 것은?

> 해수 온도가 상승하면서 알록달록한 산호가 색을 잃고 죽어 버렸다. 특히 2016년 이후 산호의 절반 이상이 죽자, 그곳에 살던 해양 생물들도 사라졌다.

 →

① 벌목하기
② 플라스틱 사용 늘리기
③ 저탄소 제품 구매하기
④ 화석 연료 사용 늘리기
⑤ 재생 에너지 이용 비중 줄이기

이것만은 꼭 기억하자! 태평양 지역의 환경 문제를 해결하기 위해서는 플라스틱 제품 사용을 줄이고 에너지를 절약하는 등 다양한 노력을 해야 해.
✈ **131쪽** 08번, **140쪽** 14번 문제도 풀어 보자!

01 태평양에 관한 옳은 설명을 〈보기〉에서 고른 것은?

> ┤ 보기 ├
> ㄱ. 세계에서 두 번째로 큰 바다이다.
> ㄴ. 지구의 모든 육지 면적을 합한 것보다 넓다.
> ㄷ. 수많은 해양 생물들이 살아가는 자원의 보고이다.
> ㄹ. 최근 해수면이 낮아지는 환경 문제가 나타나고 있다.

① ㄱ, ㄴ   ② ㄱ, ㄷ   ③ ㄴ, ㄷ
④ ㄴ, ㄹ   ⑤ ㄷ, ㄹ

02 사진과 관련 있는 태평양 지역의 환경 문제는?

▲ 태평양의 작은 섬 국가, 투발루

① 해양 쓰레기   ② 해수면 상승
③ 해양 생태계 파괴   ④ 산호의 백화 현상
⑤ 미세 플라스틱 배출

03 태평양 지역의 해양 쓰레기 문제에 관한 설명으로 옳지 않은 것은?

① 지역 주민의 어업 활동에 커다란 피해를 준다.
② 가볍고 잘 썩는 생분해 쓰레기의 비중이 높다.
③ 수질 오염을 유발하고 해양 생태계를 파괴한다.
④ 해류를 따라 이동하다가 한곳에 모여 쓰레기 섬을 이룬다.
⑤ 해양 생물이 먹이로 오인하고 섭취하여 생명에 위협이 된다.

04 ㉠에 관한 설명으로 옳지 않은 것은?

> 플라스틱 쓰레기는 오랜 기간 썩지 않고 아주 작게 쪼개져 (㉠)이/가 된다. 바다에 있는 (㉠)은/는 먹이 사슬에 따라 물고기에게 축적된다.

① 자연 분해가 잘 되지 않는다.
② 해양 생물의 성장과 번식에 피해를 준다.
③ 크기가 너무 작아서 걷어 내기가 쉽지 않다.
④ 해안가, 깊은 바다, 극지방 등 지구 전체에 퍼져 있다.
⑤ 먹이 사슬을 타고 최종적으로 플랑크톤에게 피해를 준다.

중요✦
05 사진과 같은 환경 문제가 발생하는 원인으로 가장 적절한 것은?

① 해수 온도 상승
② 해양 쓰레기 증가
③ 미세 플라스틱 감소
④ 물고기 개체 수 증가
⑤ 온실가스 배출량 감소

고난도
06 (가)에 들어갈 내용으로 적절하지 않은 것은?

> 탐구 주제: 지구 온난화의 원인과 결과
> 1. 원인: 산업화 이후 화석 연료의 사용 증가, 무분별한 벌목, 도시화, 축산과 농업 확대 등
> 2. 결과: _____ (가)

① 해수면이 상승한다.
② 극지방의 빙하가 녹는다.
③ 바닷속의 생태계에 영향을 준다.
④ 수온이 낮아진 바닷물이 수축한다.
⑤ 바닷물이 육지로 넘쳐 시설물이 무너진다.

07 ㉠~㉤ 중 태평양 지역의 환경 문제에 관한 설명으로 옳지 않은 것은?

> 태평양 지역에서 나타나는 ㉠ 해양 쓰레기와 ㉡ 해수면 상승, ㉢ 산호의 백화 현상 등의 환경 문제는 ㉣ 멀리 떨어진 지역의 환경에는 영향을 주지 않는다. 이러한 환경 문제를 해결하기 위해서는 여러 주체가 꾸준히 관심을 가지고 ㉤ 지속가능한 해결 방안을 찾기 위해 노력해야 한다.

① ㉠ ② ㉡ ③ ㉢ ④ ㉣ ⑤ ㉤

08 태평양 지역의 환경 문제를 해결하는 방안으로 옳은 것을 〈보기〉에서 고른 것은?

> ┤ 보기 ├
> ㄱ. 자원 순환 기술을 개발한다.
> ㄴ. 재생 에너지 이용 비중을 줄인다.
> ㄷ. 일회용 플라스틱 사용량을 늘린다.
> ㄹ. 해양 정화 활동에 적극적으로 참여한다.

① ㄱ, ㄴ ② ㄱ, ㄷ ③ ㄱ, ㄹ
④ ㄴ, ㄷ ⑤ ㄷ, ㄹ

09 다음 글의 내용과 관련 있는 국제 협약은?

> 2015년 국제연합 기후변화 회의에서 195개국이 채택한 조약으로, 온실가스 배출량을 단계적으로 줄이기로 약속한 국제적인 협약이다.

① 런던 협약 ② 바젤 협약
③ 파리 협정 ④ 람사르 협약
⑤ 제네바 협약

10 해수면 상승 문제 해결을 위해 개인이 할 수 있는 방안으로 옳은 것을 〈보기〉에서 고른 것은?

> ┤ 보기 ├
> ㄱ. 저탄소 제품을 구매한다.
> ㄴ. '2050 탄소중립 비전' 정책을 수립한다.
> ㄷ. 에너지를 절약하고 대중교통을 이용한다.
> ㄹ. 일회용 비닐 봉투 사용 규제 법안을 만든다.

① ㄱ, ㄴ ② ㄱ, ㄷ ③ ㄴ, ㄷ
④ ㄴ, ㄹ ⑤ ㄷ, ㄹ

서술형

11 다음은 투발루에 살고 있는 학생을 인터뷰한 것이다. ㉠에 들어갈 알맞은 말을 쓰고, 그 영향을 두 가지 서술하시오.

> 제가 살고 있는 투발루는 대부분 낮고 평평한 섬이라서 가장 높은 곳의 해발 고도가 5m도 되지 않아요. (㉠)(으)로 해수면이 상승하여 우리 가족과 친구들의 삶의 터전이 사라질 위기에 놓여 있어요.

서술형

12 다음 글의 내용과 관련된 환경 문제를 해결하기 위해 개인이 할 수 있는 방안을 두 가지 서술하시오.

> 벨기에 브뤼헤의 운하에 고래 모양의 대형 조형물이 전시되었다. 이 조형물은 태평양에서 건져낸 플라스틱 쓰레기 5톤을 모아 만든 것으로, 해양 쓰레기 문제의 심각성을 알고 경각심을 갖도록 사람들이 많이 찾는 관광지에 세워졌다.

주제19 극지방의 지리적 중요성과 지역 개발

이 주제의 **학습 목표**
극지방의 지리적 중요성과 지역 개발을 둘러싼 다양한 이해관계를 알아 두자.

✦ **담수(淡 맑을, 水 물)**
강이나 호수 등과 같이 염분이 없는 물

✦ **남극 조약**
1959년에 12개국이 참가하여 남극 대륙의 국제법상 지위를 정하고 남극의 평화적 이용 원칙을 확립한 조약으로, 2023년 기준 56개국이 가입되어 있음

✦ **영유권(領 거느릴, 有 있을, 權 권세)**
일정한 영토에 대한 해당 국가의 관할권

1 극지방의 위치와 특성

(1) 극지방의 위치 지구의 남쪽과 북쪽 끝을 중심으로 한 주변 지역

북극 지방	북극점을 중심으로 북극해가 펼쳐져 있으며 유라시아, 북아메리카, 그린란드에 둘러싸여 있음
남극 지방	남극점을 중심으로 남극 대륙과 이를 둘러싼 남극해로 이루어져 있음

(2) 극지방의 특성
① 영하의 기온이 나타나는 날이 많고 눈과 얼음으로 덮인 곳이 있음
② 과거 인간이 접근하기 어려운 미지의 영역으로 탐험과 개척의 대상
③ 오늘날 기후변화로 개발 가능성이 높아지면서 중요성 증대

2 극지방의 중요성

(1) 북극 지방의 중요성
① **삶의 터전** 여러 원주민이 살아가는 공간, 북극곰 등 다양한 동물의 서식지
② **항공 교통의 요지** 북반구 국가의 주요 도시를 최단 거리로 이동 가능
③ **북동 항로 개발** 기존 항로보다 이동 시간 단축 가능 **자료❶**
④ **풍부한 자원** 석유, 천연가스, 가스 하이드레이트 등 에너지 자원 및 수산 자원 풍부, 생명 자원을 활용한 신약과 신소재 개발(의료 산업, 농업 분야에서 사용)

(2) 남극 지방의 중요성
① **풍부한 자원**
• 전 세계 담수의 약 70% 정도를 얼음과 눈으로 보유
• 수산 자원 풍부 → 해양 생태계 연구의 장으로서 가치가 큼
• 많은 양의 석탄, 석유, 천연가스 등이 매장되어 있을 것으로 추정함
② **연구 대상**
• 남극의 빙하는 과거의 지구 환경과 기후변화를 연구하는 데 중요한 역할을 함
• 남극 조약을 맺은 많은 국가가 연구 기지를 설치하여 남극에 관한 연구 활동을 함

(3) 우리나라의 극지방 연구 활동

구분	과학 기지	연구 활동
남극	세종 과학 기지, 장보고 과학 기지	• 해양 생물 자원에 관한 연구 • 해빙 분석을 통한 기후변화 연구
북극	다산 과학 기지	• 운석 분석을 통한 태양계 연구

3 극지방의 지역 개발을 둘러싼 이해관계

(1) 북극해를 둘러싼 이해관계 **자료❷**
① 북극해에 매장된 자원 개발을 둘러싼 주변 국가의 경쟁 심화 → 북극해를 더 많이 차지하기 위한 영유권 주장
② 북극 지방이 개발되면서 북극해의 빙하가 녹는 속도가 빨라져 해수면 상승 가속화, 북극곰의 서식처 감소, 원주민의 삶의 터전 소멸, 해양 오염 등

(2) 남극 대륙을 둘러싼 이해관계 **자료❸**
① 현재는 남극의 자원 탐사가 금지되어 있지만 남극의 빙하가 녹아 접근성이 높아지면 자원 탐사와 개발을 둘러싼 국제적 인식이 달라질 수 있음
② 남극 대륙에 사람들의 출입이 잦아짐에 따라 청정한 자연환경이 오염됨
③ 불법 어업과 동물 포획 등이 이루어지면서 남극의 생태계 위협

개념 확인 문제
● 바른답·알찬풀이 30쪽

1 다음 설명이 맞으면 ○표, 틀리면 ×표를 하시오.

(1) 북극 지방은 전 세계 담수의 약 70% 정도를 얼음과 눈으로 보유하고 있다.
( )

(2) 남극의 빙하를 통해 과거의 지구 환경과 기후변화를 연구할 수 있다. ( )

2 다음 괄호 안의 내용 중 옳은 것에 ○표를 하시오.

(1) 북극 지방은 (도로, 항공) 교통의 요지로 북반구 국가에서 반대편으로 이동 시 (최단, 최장) 거리로 이동이 가능하다.

(2) 북극해에는 (석유, 보크사이트) 매장량이 풍부하여 이를 둘러싸고 연안 국가들이 서로 (영유권, 개발권)을 주장하고 있다.

꼭 나오는 자료

핵심 개념 체크 문제 QR 코드를 스캔해 보세요.

자료 ① 북동 항로

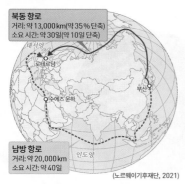

북동 항로
거리: 약 13,000 km(약 35% 단축)
소요 시간: 약 30일(약 10일 단축)

남방 항로
거리: 약 20,000 km
소요 시간: 약 40일

(노르웨이기후재단, 2021)

▲ 남방 항로(기존 항로)와 북동 항로

북극해 주변의 국가들은 각국 해안 200해리 선까지 자원 개발의 권리를 인정받고 있어.

┌ 북극은 지구 온난화의 영향을 크게 받는 곳이야.

기후변화로 북극해의 빙하가 녹으면서 대형 선박이 북극해를 통과하여 항해할 수 있는 북동 항로가 열리고 있다. 북동 항로를 이용하면 기존의 항로보다 유럽과 아메리카 동부로 이동하는 거리와 시간을 단축할 수 있다. 하지만 북동 항로의 개발과 이용으로 북극해의 오염을 우려하는 목소리도 점점 커지고 있다.

자료 ② 북극해를 둘러싼 이해관계

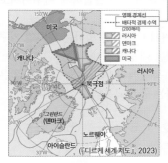

영해 경계선
배타적 경제 수역(200해리)
러시아
덴마크
캐나다
미국

(『디르케 세계 지도』, 2023)

▲ 북극해 영유권 주장 지역

북극해에는 약 900억 배럴의 석유가 매장되어 있는 것으로 추정하고 있어.

(단위: 십억 배럴)
10억 이상
5억~10억
1억~5억
1억 미만

(해양 수산부, 2023)

▲ 북극해 주변의 석유 매장량

북극해 주변 국가들은 북극해에 매장된 석유와 천연가스, 광물 자원의 개발을 위해 각국의 배타적 경제 수역에 속하지 않은 북극해 공해를 차지하기 위한 영유권 주장을 하고 있다. 북극 지방의 개발은 북극해 연안 국가뿐만 아니라 북극해의 자원을 공동으로 개발하고 이용하고자 하는 국가들의 입장까지 더해져 국제적으로 관심이 높다.

┌ 세계의 여러 국가가 남극 조약을 맺어 군사적인 조치를 금지하고 공동으로 관리하며 평화적인 목적의 과학 연구와 탐사를 허용하고 있어.

자료 ③ 남극 대륙을 둘러싼 이해관계

*상설 기지만 표시함.

1 페라즈(브라질)
2 아르토우스키(폴란드)
3 아르티가스(우루과이)
4 세종 과학 기지
5 벨링스하우젠(러시아)
6 프레이·에스쿠데로(칠레)
7 장성(중국)
8 아르투로 프라트(칠레)
9 에스페란자(아르헨티나)
10 베르나르도 오이긴스(칠레)
11 마람비오(아르헨티나)
12 파머(미국)
13 베르나츠키(우크라이나)
14 로데라(영국)
15 산 마르틴(아르헨티나)

▲ 남극 대륙에 세워진 여러 국가의 연구 기지

▲ 세종 과학 기지

▲ 장보고 과학 기지

남극 대륙에 여러 국가의 연구 기지가 세워지고 사람들의 출입이 잦아짐에 따라 청정한 자연환경이 오염되고, 불법 어업과 동물 포획 등이 이루어지면서 남극의 생태계가 위협받고 있다.

대표 문제로 **실력 쌓기** ● 바른답·알찬풀이 30쪽

≫ 북극 지방과 남극 지방 (선택지 하나 더)

1 극지방에 관한 설명으로 옳지 않은 것은?

구분		북극 지방	남극 지방
①	위치	북쪽 끝	남쪽 끝
②	구성	북극해와 연안 국가	남극 대륙과 남극해
③	인간 생활	거주 불가	원주민 거주
④	자원	에너지 자원 풍부	수산 자원 풍부
⑤	중요성	항공 교통의 요지	빙하를 통해 기후변화 연구
⑥	우리나라 과학 기지	다산 과학 기지	세종·장보고 과학 기지

이것만은 꼭 기억하자! 극지방은 북극과 남극을 중심으로 한 주변 지역으로 기온이 매우 낮아 인간이 거주하기 불리하지만 정치·경제적 중요성이 점차 커져 세계 많은 국가의 관심을 받고 있어.

134쪽 01번, 140쪽 15번 문제도 풀어 보자!

≫ 극지방의 지역 개발을 둘러싼 이해관계

2 남극 대륙을 둘러싼 이해관계에 관한 옳은 설명을 〈보기〉에서 고른 것은?

┤ 보기 ├
ㄱ. 현재는 자원 채굴이 금지되어 있다.
ㄴ. 불법 어업이 이루어지면서 생태계가 위협받고 있다.
ㄷ. 공해를 더 많이 차지하기 위해 영유권 주장을 하는 국가들이 많다.
ㄹ. 매장된 광물 자원 개발을 위해 여러 국가가 연구 기지를 설치하고 있다.

① ㄱ, ㄴ ② ㄱ, ㄹ ③ ㄴ, ㄷ
④ ㄴ, ㄹ ⑤ ㄷ, ㄹ

이것만은 꼭 기억하자! 남극 대륙은 특정 국가가 소유하지 않고 세계의 여러 국가가 남극 조약을 맺어 공동으로 관리하고 있어.

134쪽 04번, 140쪽 16번 문제도 풀어 보자!

01 극지방의 위치와 지리적 특성에 관한 설명으로 옳지 <u>않은</u> 것은?

① 영하의 기온이 나타나는 날이 많다.
② 지구의 남쪽과 북쪽 끝에 위치한다.
③ 기후변화로 개발 가능성이 높아지고 있다.
④ 북극 지방은 유라시아, 북아메리카, 그린란드에 둘러싸여 있다.
⑤ 북극 지방은 전 세계 담수의 약 70% 정도를 얼음과 눈으로 보유하고 있다.

02 ㉠에 들어갈 알맞은 지역은?

(㉠)은/는 지구 육지 면적의 약 10%를 차지할 정도로 넓고, 표면은 전체적으로 평균 2,000m 두께의 빙하로 덮여 있다.

① 그린란드　　　　② 알래스카
③ 시베리아　　　　④ 남극 대륙
⑤ 캐나다 북부

중요✦
03 북극 지방의 중요성에 관한 설명으로 옳지 <u>않은</u> 것은?

① 북극해 연안은 원주민들의 삶의 터전이다.
② 석유, 천연가스 등의 에너지 자원이 많이 매장되어 있다.
③ 비행기로 북반구 국가에서 반대편으로 이동 시 최단 거리로 이동할 수 있다.
④ 북극 조약을 맺고 여러 국가가 공동으로 관리하여 연구 및 탐사 활동을 하고 있다.
⑤ 빙하가 녹아 선박이 북극해를 통과하게 되면 기존보다 이동 시간을 단축할 수 있다.

중요✦
04 지도에 나타난 지역의 중요성에 관한 옳은 설명을 〈보기〉에서 고른 것은?

보기
ㄱ. 크릴새우와 같은 수산 자원이 풍부하다.
ㄴ. 현재 자원 탐사와 개발이 활발하게 이루어지고 있다.
ㄷ. 오랜 시간을 거쳐 만들어진 빙하는 과거의 지구 환경을 연구하는 데 중요하다.
ㄹ. 유럽, 아시아, 북아메리카의 주요 도시를 짧은 거리로 연결하는 항공 교통의 중심지이다.

① ㄱ, ㄴ　　　② ㄱ, ㄷ　　　③ ㄱ, ㄹ
④ ㄴ, ㄷ　　　⑤ ㄷ, ㄹ

05 사진에 나타난 두 연구 기지의 역할에 관한 설명으로 옳은 것은?

▲ 세종 과학 기지　　　▲ 장보고 과학 기지

① 남극 지방의 자원을 탐사한다.
② 해빙 분석을 통한 기후변화를 연구한다.
③ 남극 지방의 영유권 확보를 위해 설치하였다.
④ 남극 지방에 매장된 천연자원과 광물 자원을 채굴한다.
⑤ 남극 주변 바다의 크릴, 이빨고기 등을 잡는 어업 활동을 한다.

고난도

06 지도에 나타난 지역에 관한 설명으로 옳지 <u>않은</u> 것은?

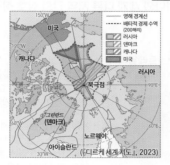

① 북극해를 둘러싼 영유권 주장 지역이다.
② 현재는 북극의 자원 탐사가 금지되어 있다.
③ 북극해 공해를 더 많이 차지하기 위해 영유권을 주장하고 있다.
④ 북극해에 매장된 석유 자원 개발을 위한 경쟁이 심화되고 있다.
⑤ 북극 지방이 개발되면서 북극해의 빙하가 녹는 속도가 빨라지고 있다.

07 (가)에 들어갈 주장으로 적절하지 <u>않은</u> 것은?

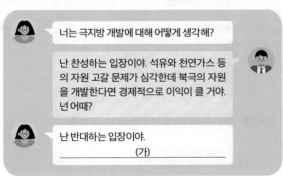

너는 극지방 개발에 대해 어떻게 생각해?

난 찬성하는 입장이야. 석유와 천연가스 등의 자원 고갈 문제가 심각한데 북극의 자원을 개발한다면 경제적으로 이익이 클 거야. 넌 어때?

난 반대하는 입장이야.
(가)

① 북극의 생태계가 급격하게 변화하고 있어.
② 개발 과정에서 지구 온난화가 가속화될 수 있어.
③ 자원 개발을 위해 쇄빙선이 드나들면서 공해가 발생하고 있어.
④ 남극 여행객이 증가하면서 쓰레기 처리 문제가 발생하고 있어.
⑤ 북극해 주변의 천연가스를 생산한다면 난방비 부담을 줄일 수 있어.

08 북극해 주변 지역 개발의 긍정적 영향에 관한 옳은 설명을 〈보기〉에서 고른 것은?

| 보기 |

ㄱ. 석유 자원 개발 과정에서 석유 유출 사고가 발생한다.
ㄴ. 천연가스 개발로 얻은 이익으로 각종 기반 시설을 설치한다.
ㄷ. 석유와 천연가스의 매장량이 많아 자원 고갈 문제를 해결한다.
ㄹ. 툰드라의 영구동토층이 녹으면서 땅속의 온실가스가 대기로 방출된다.

① ㄱ, ㄴ   ② ㄱ, ㄷ   ③ ㄴ, ㄷ
④ ㄴ, ㄹ   ⑤ ㄷ, ㄹ

서술형

09 지도에 나타난 북동 항로를 이용할 경우의 장단점을 각각 <u>한 가지씩</u> 서술하시오.

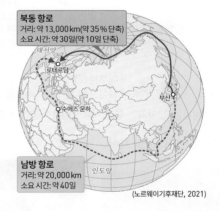

북동 항로
거리: 약 13,000 km(약 35% 단축)
소요 시간: 약 30일(약 10일 단축)

남방 항로
거리: 약 20,000 km
소요 시간: 약 40일

(노르웨이기후재단, 2021)

_____

_____

서술형

10 자료에서 설명하는 조약을 통해 국가 간 합의된 내용을 <u>두 가지</u> 서술하시오.

· 1959년에 12개국이 참가하여 남극 대륙의 국제법상 지위를 정하고 남극의 평화적 이용 원칙을 확립한 조약이다.
· 2023년 기준 56개국이 가입되어 있다.

_____

_____

주제 17 오세아니아의 지리적 특성과 자원 수출

1. 오세아니아의 위치와 자연환경

위치		• 주로 남반구에 위치 • 동쪽에는 태평양, 서쪽에는 인도양, 남쪽에는 남극해, 북쪽에는 아시아가 있음
주요 국가 및 도시	**(❶)**	• 오세아니아에서 국토 면적이 가장 넓음 • 주요 도시: 캔버라(수도), 멜버른, 시드니 등
	뉴질랜드	• 북섬과 남섬으로 이루어짐 • 주요 도시: 웰링턴(수도), 오클랜드 등
	태평양 섬 국가	솔로몬제도, 피지, 바누아투, 투발루 등
지형 **자료 ❶**	오스트레일리아	• 서부: 넓은(❷) 분포 • 중앙 저지대: 대찬정 분지 • 남동부: 머리강, 달링강, 달링 평원 • 동부: 그레이트디바이딩산맥 • 북동부 해안: 대보초 해안
	뉴질랜드	• 북섬: 화산 지형과 온천 발달 • 남섬: (❸) 지형 발달
	태평양 섬 국가	주로 화산 활동으로 형성
기후 **자료 ❷**	오스트레일리아	• 북부 지역: (❹) 기후 • 중앙 평원 및 서부 지역: 건조 기후 • 남동부 및 남서부 지역: 온대 기후 • 해안 지역에서 내륙 지역으로 갈수록 강수량 감소
	뉴질랜드	• 대부분(❺) 기후 • 남섬은 북섬에 비해 서늘한 편
	태평양 섬 국가	열대 기후 → 연중 기온이 높고 강수량 풍부

자료 ❶ 오세아니아의 지형

▲ 블루 마운틴(오스트레일리아)

▲ 프란츠요제프 빙하(뉴질랜드)

🔼 오스트레일리아는 대체로 낮고 평탄한 지형이 나타나며, 블루 마운틴은 (❻)의 일부이다.
🔼 뉴질랜드의 (❼)에서는 U자곡과 피오르 등 다양한 빙하 지형을 볼 수 있다.

자료 ❷ 오세아니아의 기후

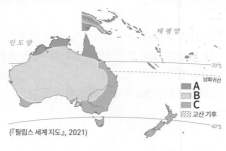

인도양 / 태평양 / 넉 / 20°S / 남회귀선 / 40°S

A / B / C / ▨ 고산 기후

『필립스 세계 지도』, 2021

🔼 A - (❽) 🔼 B - (❾) 🔼 C - (❿)

2. 오세아니아와 세계 다른 지역 간의 상호 작용

자원과 산업	오스트레일리아 **자료 ❸**	• 다양한 종류의 (⓫)이/가 풍부하게 매장 • 철광석, 보크사이트, 석탄 등의 생산이 세계적인 수준이며, 세계 여러 국가로 수출 • (⓬)이/가 이루어져 양모, 양고기, 밀, 소고기 등의 생산 활발
	뉴질랜드	• 청정한 자연환경에서 양고기, 양모, 소고기, 유제품 등을 많이 생산 • 아름다운 자연 경관, 희귀한 동식물, 독특한 원주민 문화(마오리족) 등 관광 요소가 많음
	태평양 섬 국가	• 풍족한 어족 자원을 이용한 수산업 발달 • 관광 산업이 국가 경제에 중요한 부분 차지
경제 교류 현황 **자료 ❹**	과거	주로 유럽, 미국과 교류가 많았음
	최근	• 우리나라, 중국, 일본 등 지리적으로 인접한 (⓭) 국가들과 교역 증가 → 제조업의 원료가 되는 지하자원을 주로 수출하고 각종 공산품을 수입함 • 아시아태평양경제협력체(APEC)와 다자간 자유무역협정 체결 등으로 경제 협력 증진

자료 ❸ 오스트레일리아의 주요 자원

▲ 철광석 광산

▲ 밀 재배

🔼 오스트레일리아는 (⓮) 수출의 세계 점유율이 50%를 넘을 정도로 세계적인 수준이며 세계 여러 국가로 수출하고 있다.
🔼 오스트레일리아는 북반구와 계절이 반대로 나타나는 자연조건을 바탕으로 (⓯)을/를 재배하여 세계로 수출한다.

자료 ❹ 오스트레일리아의 경제 교류 현황

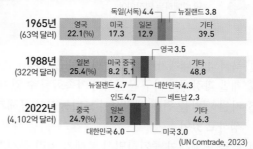

독일(서독) 4.4 / 뉴질랜드 3.8
1965년 (63억 달러) | 영국 22.1(%) | 미국 17.3 | 일본 12.9 | 기타 39.5

영국 3.5
1988년 (322억 달러) | 일본 25.4(%) | 미국 8.2 | 중국 5.1 | 기타 48.8
뉴질랜드 4.7 / 대한민국 4.3

인도 4.7 / 베트남 2.3
2022년 (4,102억 달러) | 중국 24.9(%) | 일본 12.8 | 기타 46.3
대한민국 6.0 / 미국 3.0

(UN Comtrade, 2023)

▲ 오스트레일리아의 무역 상대국 변화

🔼 지하자원이 풍부한 오스트레일리아는 세계적인 (⓰) 수출국이다. 과거에는 유럽, 미국과의 교류가 많았으나 최근에는 지리적으로 가까운 (⓱) 지역과의 교류가 활발해지고 있다.

주제 18 태평양 지역의 환경 문제와 해결 방안

태평양의 중요성		• 지구 표면적의 약 30% 차지 • 다양한 해양 생물의 서식지 • 사람들의 중요한 삶의 터전
환경 문제 자료 5	해양 쓰레기	• 바다로 유입된 쓰레기가 해류를 따라 이동하다가 흐름이 약한 곳에 모여 (❶) 형성 • 수질 오염 및 해양 생태계 파괴 • 미세 플라스틱 바다로 유출 → 어패류를 거쳐 사람의 체내로 들어오기도 함
	해수면 상승	• 화석 연료의 사용 증가, 무분별한 벌목, 도시화, 축산과 농업 확대 → 온실가스 배출량 증가 → (❷) 발생 • 빙하가 녹고 수온이 높아진 바닷물 팽창 → 해수면 상승 • 태평양의 저지대 섬과 해안 침수 위기 예 투발루, 키리바시
	산호의 백화 현상	• 해수 온도가 (❸)하면서 산호의 표면이 하얗게 변하는 현상 • 오스트레일리아 북동부의 대보초에서 산호의 백화 현상 발생
해결 방안 자료 6	해양 쓰레기 문제	• 국제 사회: 국제연합을 중심으로 플라스틱 제품 사용을 줄이기 위해 국제 협약 마련 • 국가: 해양 폐기물 관련 법 제정 • 개인: 쓰레기 줍기, 다회용 컵 사용하기 등
	해수면 상승 문제	• 국제 사회: 온실가스 배출량을 단계적으로 감축하기 위한 (❹) 체결 • 국가: '2050 탄소중립 비전' 정책 수립 • 개인: 에너지 절약하기, 대중교통 이용하기, 저탄소 제품 구매하기 등

자료 5 태평양 지역의 환경 문제

▲ 해양 쓰레기

▲ 해수면 상승(투발루)

🔎 태평양 지역에서는 인간의 활동으로 버려진 (❺   ), 기후변화에 따른 (❻   ) 등 여러 가지 환경 문제가 발생하고 있다.

자료 6 태평양 지역의 환경 문제 해결 방안

▲ 해안가 쓰레기 줍기 활동

▲ 파리 협정

🔎 해양 쓰레기 문제를 해결하기 위해서 (❼   )은/는 쓰레기 줍기, 장바구니와 다회용 컵 사용하기 등의 활동에 동참할 수 있다.
🔎 해수면 상승 문제를 해결하기 위해서 (❽   )은/는 온실가스 배출량을 단계적으로 감축하기 위한 국제 협약을 체결하였다.

주제 19 극지방의 지리적 중요성과 지역 개발

구분	(❶)	(❷)
위치	북극점을 중심으로 북극해가 펼쳐져 있으며 유라시아, 북아메리카, 그린란드에 둘러싸여 있음	남극점을 중심으로 남극 대륙과 이를 둘러싼 남극해로 이루어져 있음
중요성	• 여러 원주민의 삶의 터전 • 항공 교통의 요지 • (❸) 이용 → 이동 시간 단축 • 석유, 천연가스 등 에너지 자원 및 수산 자원 풍부	• 평균 2,000m 두께 빙하 • 전 세계 담수의 약 70% 정도를 얼음과 눈으로 보유 • 과거 지구 환경과 기후변화 연구에 중요한 역할 • 남극 조약 체결
과학 기지 자료 7	다산 과학 기지	세종 과학 기지, 장보고 과학 기지
극지방을 둘러싼 이해관계 자료 8	• 북극해에 매장된 석유, 천연가스, 광물 자원의 개발을 둘러싼 주변 국가의 경쟁 심화 • 북극해 공해를 더 많이 차지하기 위한 (❹) 주장 • 북극 지방의 개발로 해수면 상승 가속화, 북극곰의 서식처 감소 등의 북극 생태계의 변화 발생	• (❺)을/를 맺어 공동으로 관리하며 과학 연구와 탐사 진행 → 접근성이 높아지면 자원 탐사와 개발을 둘러싼 국제적 인식이 달라질 수 있음 • 많은 연구 기지 설치와 사람들의 잦은 출입으로 자연환경 오염 • 불법 어업과 동물 포획 등 남극 생태계 위협

자료 7 남극 대륙에 세워진 우리나라의 과학 기지

▲ 세종 과학 기지

▲ 장보고 과학 기지

🔎 우리나라는 남극에 세종 과학 기지와 장보고 과학 기지를 설치하여 해빙 분석을 통한 (❻   ) 연구, 해양 생물 자원에 관한 연구 등을 진행하고 있다.
🔎 (❼   )은/는 남극의 평화적 이용 원칙을 확립한 조약으로 자원 탐사와 군사 활동을 금지한다.

자료 8 북극해를 둘러싼 이해관계

영해 경계선
배타적 경제 수역 (200해리)
러시아
덴마크
캐나다
미국
미국
캐나다
러시아
북극점
그린란드(덴마크)
노르웨이
아이슬란드
『디르케 세계 지도』, 2023)

◀ 북극해에는 약 900억 배럴의 (❽   )이/가 매장되어 있는 것으로 추정된다.
◀ 북극해에 인접한 국가들은 북극해에 매장된 많은 자원을 먼저 점유하기 위해 이 지역의 (❾   )을/를 주장하고 있다.

① 오세아니아 속으로

01 지도에 표시된 지역에 관한 설명으로 옳은 것은?

① 뉴질랜드가 국토 면적이 가장 넓다.
② 주로 북반구에 위치하는 국가가 많다.
③ 날짜 변경선을 기준으로 국가를 구분한다.
④ 남극해 주변에 위치하여 연중 기온이 낮고 춥다.
⑤ 태평양에는 솔로몬제도, 투발루 등의 작은 섬 국가들이 있다.

02 (가)에 들어갈 내용으로 옳은 것을 〈보기〉에서 고른 것은?

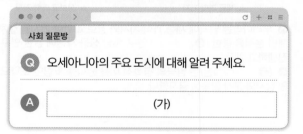

사회 질문방

Q 오세아니아의 주요 도시에 대해 알려 주세요.

A   (가)

┤ 보기 ├
ㄱ. 뉴질랜드의 북섬에 수도 웰링턴이 있어요.
ㄴ. 오스트레일리아의 수도인 시드니는 인구가 가장 많아요.
ㄷ. 오스트레일리아에는 유럽의 영향을 많이 받은 옛 수도 캔버라가 있어요.
ㄹ. 오클랜드는 뉴질랜드에서 가장 인구가 많은 도시로 경제 중심지 역할을 해요.

① ㄱ, ㄴ   ② ㄱ, ㄹ   ③ ㄴ, ㄷ
④ ㄴ, ㄹ   ⑤ ㄷ, ㄹ

03 다음 설명에 해당하는 지형은?

• 오스트레일리아 동부에 위치한다.
• 오랜 시간 침식을 받아 비교적 고도가 낮고 경사가 완만하다.
• 안데스산맥과 로키산맥에 이어 세계에서 세 번째로 긴 산맥이다.

① 알프스산맥
② 히말라야산맥
③ 비스마르크산맥
④ 애팔래치아산맥
⑤ 그레이트디바이딩산맥

04 ㉠, ㉡에 들어갈 지형을 바르게 연결한 것은?

• 뉴질랜드의 북섬에는 (㉠)과 온천 등이 발달하였으며, 남섬에서는 U자곡과 피오르 등 다양한 (㉡)을 볼 수 있다.
• 태평양에 위치한 작은 섬들은 대부분 (㉠)으로 이루어져 있다.

	㉠	㉡
①	고원 지형	화산 지형
②	사막 지형	빙하 지형
③	하천 지형	빙하 지형
④	화산 지형	빙하 지형
⑤	카르스트 지형	화산 지형

05 기후 그래프를 분석한 내용으로 옳은 것은?

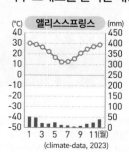

(climate-data, 2023)

① 연중 비가 많이 내린다.
② 가장 더운 달은 6월이다.
③ 월평균 기온이 10℃ 미만이다.
④ 가장 추운 달의 평균 기온이 18℃ 이상이다.
⑤ 증발량이 강수량보다 많아 건조 기후가 나타난다.

06 지도에 표시된 A~C 지역의 기후 특징에 관한 설명으로 옳은 것은?

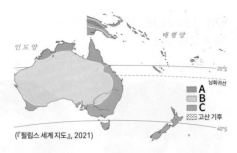

(『필립스 세계 지도』, 2021)

① A는 강수량이 적어 건조 기후가 나타난다.
② A는 적도 부근에 위치해 연중 기온이 높다.
③ B는 태풍의 영향을 많이 받아 강수량이 많다.
④ C는 기온의 일교차가 연교차보다 크다.
⑤ A, B는 인간 거주에 유리한 기후가, C는 인간 거주에 불리한 기후가 나타난다.

07 오스트레일리아의 자원과 산업에 관한 옳은 설명을 〈보기〉에서 고른 것은?

┤ 보기 ├
ㄱ. 첨단 산업이 국가 경제의 대부분을 차지한다.
ㄴ. 철광석, 석탄 등의 지하자원이 풍부해 전 세계에 수출하고 있다.
ㄷ. 북반구와 계절이 반대인 자연조건을 바탕으로 밀 수출이 활발하다.
ㄹ. 화산 지형, 빙하 지형과 같은 독특한 지형을 바탕으로 관광 산업이 발달하였다.

① ㄱ, ㄴ　　　② ㄱ, ㄹ　　　③ ㄴ, ㄷ
④ ㄴ, ㄹ　　　⑤ ㄷ, ㄹ

08 오스트레일리아의 경제 교류 현황에 관한 설명으로 옳지 않은 것은?

① 과거에는 유럽, 미국과의 교류가 많았다.
② 우리나라, 중국, 일본 등에 각종 공산품을 수출한다.
③ 다른 국가와의 무역이 경제 발전에 중요한 역할을 한다.
④ 최근에는 지리적으로 가까운 아시아 지역과의 교류가 활발해지고 있다.
⑤ 아시아태평양경제협력체(APEC)와 다자간 자유무역협정 등으로 경제 협력을 강화해 왔다.

❷ 태평양 지역의 환경 문제

09 다음 내용과 관계 깊은 태평양 지역의 환경 문제는?

• 해양 생물의 생명에 위협이 되기도 한다.
• 지역 주민의 경제활동에 커다란 피해를 끼친다.
• 해류를 따라 이동하다가 한곳에 모여 거대 쓰레기섬을 이룬다.

① 지구 온난화　　　② 해양 쓰레기
③ 해수면 상승　　　④ 해수 온도 상승
⑤ 산호의 백화 현상

10 (가)에 들어갈 내용으로 가장 적절한 것은?

오스트레일리아 북동부의 대보초에서는 알록달록한 산호가 _____(가)_____ 색을 잃고 하얗게 변하는 백화 현상이 일어나고 있다.

 ➡

① 해수면이 하강하면서
② 해수 온도가 상승하면서
③ 어류 서식지가 변화하면서
④ 물고기 개체 수가 증가하면서
⑤ 온실가스 배출량이 감소하면서

11 지구 온난화가 지속될 경우 나타날 현상으로 가장 적절한 것은?

① 해양 쓰레기가 증가한다.
② 태평양 섬 국가들의 식수가 늘어난다.
③ 북극해 일대의 해수 염도가 높아진다.
④ 태평양에 한류성 어족의 개체 수가 증가한다.
⑤ 평균 해발 고도가 낮은 국가들이 침수될 위기에 처한다.

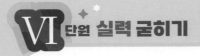

12 (가)에 들어갈 신문 기사의 제목으로 가장 적절한 것은?

> 환경 신문   ○○○○년
>
> | (가) |
>
> 이것은 오랜 기간 썩지 않고 아주 작게 쪼개져서 생성된 물질이다. 바다에 있는 이것은 먹이 사슬을 따라 물고기에게 축적되는데, 이는 결국 먹이 사슬의 꼭대기에 있는 사람에게도 영향을 준다.

① 거대한 쓰레기 섬
② 투발루가 잠기고 있다
③ 썩지 않는 미세 플라스틱
④ 물고기 마구잡이는 이제 그만
⑤ 지구 온난화와 해양 생태계 파괴

13 자료에서 설명하는 국제 협약이 해결하고자 하는 태평양 지역의 환경 문제는?

> 2015년 국제연합 기후 변화 회의에서 195개국이 채택한 조약으로, 지구 평균 기온 상승을 1.5℃ 이내로 제한한 국제적인 협약이다.

① 해양 쓰레기   ② 해수면 상승
③ 열대 우림 파괴   ④ 해수 온도 하강
⑤ 폐기물 해양 투기

14 다음 질문에 대한 답변으로 옳지 <u>않은</u> 것은?

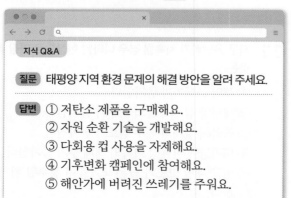

> 지식 Q&A
>
> **질문** 태평양 지역 환경 문제의 해결 방안을 알려 주세요.
>
> **답변** ① 저탄소 제품을 구매해요.
> ② 자원 순환 기술을 개발해요.
> ③ 다회용 컵 사용을 자제해요.
> ④ 기후변화 캠페인에 참여해요.
> ⑤ 해안가에 버려진 쓰레기를 주워요.

❸ 극지방의 중요성

15 (가), (나) 지도에 나타난 지역에 관한 옳은 설명을 〈보기〉에서 고른 것은?

     (가)   (나)

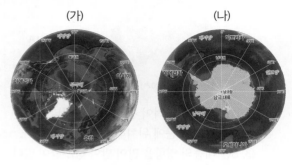

> ┤ 보기 ├
> ㄱ. (가)의 북극해 연안은 여러 원주민이 거주한다.
> ㄴ. (나)는 전체적으로 평균 2,000m 두께의 빙하로 덮여 있다.
> ㄷ. (가), (나)는 기후변화로 개발 가능성이 낮아졌다.
> ㄹ. (가), (나)는 영상의 기온이 나타나는 날이 많다.

① ㄱ, ㄴ   ② ㄱ, ㄷ   ③ ㄱ, ㄹ
④ ㄴ, ㄷ   ⑤ ㄷ, ㄹ

16 다음 게시물을 올린 연구원의 역할에 관한 설명으로 옳지 <u>않은</u> 것은?

> 남극 사랑
>
> 오늘은 펭귄의 보금자리를 관찰했다. 펭귄 옆에서 펭귄의 생활을 관찰하면 펭귄이 이곳의 추위를 어떻게 견디는지 알게 된다.
> #세종 과학 기지 #펭귄 관찰 #매우 추움

① 항공 교통로를 개척한다.
② 해양 생물 자원을 연구한다.
③ 극지방의 육지와 바다의 환경을 탐사한다.
④ 과거에 만들어진 얼음을 채취하여 분석한다.
⑤ 지구 온난화에 따른 극지 생태계의 변화를 연구한다.

17 환경 다큐멘터리 촬영 계획 중 ㉠에 들어갈 내용으로 가장 적절한 것은?

> **지구 북쪽의 최전선에 가다**
> ◎ 촬영 지역: 북극해 연안
> ◎ 기획 의도: 북극해 연안은 매우 춥지만, 여러 원주민이 자연환경을 이용하기도 하고 극복하면서 살아가는 삶의 터전이다. 그러나 최근에는 (㉠)(으)로 주변 국가의 영유권 분쟁이 심화되고 있고, 원주민의 삶의 터전이 사라지고 있다. 이러한 변화를 영상으로 담는다.

① 빙하 연구
② 군사 활동
③ 관광 자원 개발
④ 해양 생물 보존
⑤ 에너지 자원 개발

18 장보고 과학 기지에 관한 설명으로 옳은 것은?

① 북극 지방에 위치한다.
② 자원을 탐사하고 채굴한다.
③ 군사 기지로서 역할을 한다.
④ 극지방에 관한 연구 활동을 한다.
⑤ 공해를 더 차지하기 위한 영유권을 주장한다.

19 다음 상황이 극지방에 끼친 영향으로 옳은 것은?

> 극지방은 인간이 접근하기 어려운 미지의 영역이었으나 오늘날에는 기후변화로 개발 가능성이 높아지면서 세계 여러 국가의 관심을 받고 있다.

① 북극곰의 서식처가 증가하였다.
② 국제적으로 남극 여행객이 증가하였다.
③ 남극 대륙 주변의 어업 활동이 감소하였다.
④ 쇄빙선이 드나들면서 공해 발생이 줄어들었다.
⑤ 남극 지하자원 개발을 위해 남극 조약을 체결하였다.

20 지도는 A, B 자원의 생산지와 국제 이동을 나타낸 것이다. 물음에 답하시오.

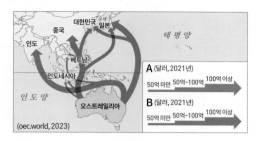

(1) A, B 자원은 무엇인지 각각 쓰시오.

_____

(2) 오스트레일리아의 무역 상대국 중 아시아 국가가 많은 이유를 서술하시오.

_____

_____

21 다음 글을 읽고, 물음에 답하시오.

> 산업화 이후 화석 연료의 사용 증가, 무분별한 벌목, 도시화, 축산과 농업 확대 등으로 온실가스 배출량이 증가함에 따라 지구의 평균 기온이 상승하는 (㉠)이/가 나타나고 있다.

(1) ㉠에 들어갈 알맞은 환경 문제를 쓰시오.

_____

(2) ㉠이 태평양 지역에 끼치는 문제점을 서술하시오.

_____

_____

22 남극의 이용과 관련하여 1959년에 12개국이 참가하여 맺은 조약의 이름을 쓰고, 이 조약의 내용을 **두 가지** 서술하시오.

(1) 조약의 이름: _____

(2) 조약의 내용: _____

_____

MEMO

MEMO

MEMO

2022 개정 교육과정 반영

내신 만점을 위한 **필수 기본서**

엔픽

중등 사회
1·1

NPick

시험대비편

Mirae N 에듀

엔픽

중등 사회

1·1

시험
대비편

① 다양한 세계

01 생성형 AI로 ㉠ 국가에 관해 조사한 내용이다. ㉠ 국가의 위치를 지도의 A~E에서 고른 것은?

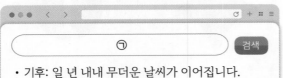

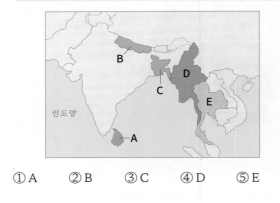

① A ② B ③ C ④ D ⑤ E

02 영국의 런던에서 열리는 ㉠ 행사를 우리나라에서 시청할 수 있는 시각은?

> 한영 수교 140주년을 기념하는 ㉠ 'Korea On ○○○○ in London' 행사가 11월 8일 오후 7시 (런던 현지 시각 기준)에 개최됩니다. 케이팝 공연과 함께 대한민국의 문화를 알릴 수 있는 좋은 기회가 될 것입니다.

① 11월 8일 오전 11시
② 11월 8일 오후 23시
③ 11월 9일 오전 4시
④ 11월 9일 오전 11시
⑤ 11월 9일 오후 12시

중요✨
03 ㉠이 위치해 있는 나라를 지도의 A~E에서 고른 것은?

> ㉠ '그레이트플레인스'는 로키산맥과 애팔래치아산맥 사이에 있는 거대한 평원이다. 농사에 적절한 기후 조건 덕분에 옥수수와 밀 등을 대량으로 재배하며, 초대형 농기구와 항공기 등을 활용한 농업이 이루어진다.

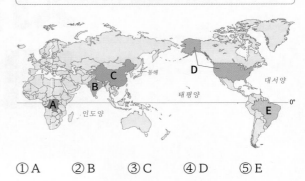

① A ② B ③ C ④ D ⑤ E

04 ㉠에 해당되는 음식으로 옳은 것은?

> 일 년 내내 날씨가 덥고 비가 많이 내리는 지역에서는 음식이 쉽게 상하는 것을 막기 위해 기름에 볶은 음식이 많다. (㉠)은/는 다양한 재료와 소스로 만든 볶음밥으로, 인도네시아와 말레이시아의 대표 음식이다.

① 퍼 ② 초밥 ③ 커리
④ 파스타 ⑤ 나시고렝

05 다음 설명에 해당하는 하천은?

> 중국에서 발원하여 미얀마, 라오스, 타이, 캄보디아, 베트남을 거쳐 남쪽으로 흐르는 동남아시아 최대의 강이다. 이 강은 이 일대의 벼농사에 중요한 역할을 한다.

① 황허강   ② 창장강   ③ 메콩강
④ 갠지스강   ⑤ 짜오프라야강

06 ⊙ 농작물을 재배하는 지역의 특징으로 옳은 것은?

> (⊙)은/는 이탈리아, 에스파냐 등 지중해 연안 국가들의 식탁에서 빠질 수 없는 중요한 식재료이다. 이 지역에서는 (⊙) 열매를 가공하여 먹거나 기름을 짜서 샐러드와 파스타 요리에 널리 활용한다.

① 강수량보다 증발량이 많다.
② 가장 따뜻한 달에도 0℃ 이하이다.
③ 일 년 내내 기온이 높고 강수량이 많다.
④ 겨울이 길고 추우며 침엽수림이 펼쳐져 있다.
⑤ 여름철이 덥고 건조하며 강한 햇빛이 내리쬔다.

중요✦
07 지도의 A 지역에서 나타나는 기후는?

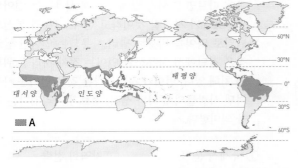

① 열대 기후   ② 건조 기후   ③ 온대 기후
④ 냉대 기후   ⑤ 한대 기후

08 건조 기후가 주로 나타나는 지역을 〈보기〉에서 고른 것은?

> ┤ 보기 ├
> ㄱ. 적도가 지나는 곳
> ㄴ. 남·북위 23.5° 일대
> ㄷ. 중위도의 대륙 내부
> ㄹ. 북극해와 남극해 연안

① ㄱ, ㄴ   ② ㄱ, ㄷ   ③ ㄴ, ㄷ
④ ㄴ, ㄹ   ⑤ ㄷ, ㄹ

중요✦
09 제시된 도시들의 공통점으로 가장 적절한 것은?

> • 페루의 쿠스코
> • 케냐의 나이로비
> • 에콰도르의 키토

① 각 나라의 수도이다.
② 남아메리카에 위치한다.
③ 유목 생활을 하는 주민이 많다.
④ 대하천이 만든 평야 지역에 위치한다.
⑤ 해발 고도가 높은 산지에 위치하며 연중 온화한 기후가 나타난다.

10 세계시민으로서의 태도로 적절하지 <u>않은</u> 것은?

① 지역의 다양성을 이해하고 공감한다.
② 서로 다른 가치관이나 신념을 존중한다.
③ 내가 사는 지역의 문제에만 관심을 갖는다.
④ 세계 여러 지역의 생활 방식 차이를 이해한다.
⑤ 다른 나라와의 소통과 협력을 중요하게 생각한다.

② 서로 연결된 세계

11 자료의 A와 B 국가에 관한 옳은 설명을 〈보기〉에서 고른 것은?

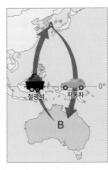

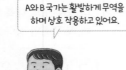
A와 B 국가는 활발하게 무역을 하며 상호 작용하고 있어요.

┤ 보기 ├
ㄱ. A와 B는 계절이 반대이다.
ㄴ. A는 원료를, B는 제품을 수출한다.
ㄷ. A는 아시아, B는 유럽에 속해 있다.
ㄹ. A와 B 국가는 자유무역협정을 체결하였다.

① ㄱ, ㄴ   ② ㄱ, ㄹ   ③ ㄴ, ㄹ
④ ㄴ, ㄷ   ⑤ ㄷ, ㄹ

중요 **12** 사진은 실시간 합주회가 열리는 장면이다. 이와 같은 일이 가능해진 배경으로 옳지 않은 것은?

① 해저 케이블이 구축되었다.
② 국가 간의 분쟁이 증가하고 있다.
③ 정보의 교류와 확산 속도가 빨라졌다.
④ 컴퓨터, 스마트폰 등이 널리 보급되었다.
⑤ 사회 관계망 서비스(SNS)를 이용하는 인구가 증가하였다.

13 다음은 청바지 한 벌이 만들어지는 과정을 조사한 내용 중 일부이다. 이를 보고 분석한 내용으로 옳은 것은?

청바지 제작 과정

생산	참여 국가
디자인	영국(본사)
목화 생산	베냉
직조, 염색	이탈리아
바느질	튀니지
단추 재료	나미비아, 오스트레일리아
지퍼 생산	프랑스, 일본

① 청바지 완제품은 유럽에서 생산된다.
② 국가 규모의 공간적 상호 작용이 일어나고 있다.
③ 아시아 국가는 청바지 생산에 참여하지 않는다.
④ 원료와 부품은 본사가 있는 영국에서 주로 공급받는다.
⑤ 일상적인 소비 과정에서도 세계 규모의 공간적 상호 작용이 일어난다.

③ 하나 된 세계, 서로 다른 지역

14 다음 글과 가장 관련이 있는 개념은?

세계의 많은 언어가 사라지고 있다. 유네스코의 예측에 따르면 21세기 말에는 현재 사용되는 언어의 50~90%가 사라질 것이라고 한다. 교통과 통신의 발달로 영어를 비롯해 널리 사용되는 언어만 남고 작은 집단에서 사용하던 언어는 점차 사라질 위험에 처해 있다. 언어가 사라진다는 것은 언어를 사용하던 사람들의 문화와 생각, 정보가 사라진다는 것을 의미한다.

① 국제적 분업   ② 지역화 전략
③ 현지화 전략   ④ 경제의 세계화
⑤ 문화의 획일화

15 ㉠에 들어갈 말로 가장 적절한 것은?

> 세계가 점점 통합되어 가는 가운데, 세계 각 지역은 고유한 전통이나 특성을 살려 다른 지역보다 독특하고 차별화된 경쟁력을 갖추고자 노력하고 있다. 이처럼 지역적인 것이 세계적 차원에서 독자적인 가치를 지니게 되는 현상을 (㉠)라고 한다.

① 현지화　　　② 지역화　　　③ 획일화
④ 세계화　　　⑤ 표준화

중요✦
16 다음 설명에 해당하는 지역화 전략의 사례로 볼 수 <u>없는</u> 것은?

> 특정 지역의 지리적 특성을 반영한 우수한 상품이 그 지역에서 생산·가공되었음을 증명하고 표시하는 제도이다.

① 인도 다르질링 차
② 미국 아이다호 감자
③ 필리핀 라이스 버거
④ 프랑스 카망베르 드 노르망디 치즈
⑤ 에스파냐 아세이테 델 바호 아라곤 올리브유

17 다음 자료에 나타난 축제가 열리는 도시는?

> 일본 홋카이도에는 겨울철에 엄청난 양의 눈이 내린다. 이렇게 쌓인 눈을 이용하여 다양한 눈 조각을 만들고, 눈과 관련된 축제가 열리기도 한다.

① 도쿄　　　② 나고야　　　③ 삿포로
④ 후쿠오카　　　⑤ 오키나와

18 다음 사진을 보고 물음에 답하시오.

(1) 위와 같은 전통 가옥이 주로 나타나는 기후를 쓰시오.

_____

(2) 이러한 가옥을 짓는 까닭을 <u>두 가지</u> 서술하시오.

_____

_____

19 ㉠과 같은 인식이 중요한 까닭을 서술하시오.

> 우리는 세계 여러 지역에서 벌어지는 다양한 현상에 관심을 가져야 한다. 특히, 세계적 규모로 확대되고 있는 ㉠ 기후변화, 빈곤 문제 등은 서로 연결된 세계에 관한 인식을 바탕으로 바라보는 것이 중요하다.

_____

_____

_____

20 다음과 같은 지역화 전략을 통해 얻을 수 있는 장점은 무엇인지 한 가지만 서술하시오.

_____

_____

① 다양한 세계

01 우리나라의 지리적 특징에 관하여 조사한 수행 평가의 일부이다. 조사한 내용 중 옳지 <u>않은</u> 것은?

〈탐구 주제: 우리나라의 지리적 특징〉	
기후	⑤ 북반구 중위도에 위치하여 사계절이 뚜렷하다.
시간대	⑥ 영국보다 9시간 빠르다.
지리적 위치	⑥ 아시아 대륙의 동쪽 끝에 위치한다. ⑥ 대서양과 접해 있어서 해양 진출에 유리하다.
이웃 국가	⑩ 중국, 일본 등이 있다.

① ⑤ ② ⑥ ③ ⑥ ④ ⑥ ⑤ ⑩

02 민서가 쓴 중국 여행 일기의 일부이다. 민서가 여행한 도시의 특징으로 옳은 것은?

> 2020○년 1월 14일
>
> 하얼빈역 안중근 의사 기념관을 돌아본 후, 국제 빙설제가 열리는 쑹화강변으로 이동했다. 쑹화강의 얼음으로 만든 각양각색의 조각 관람, 음악회, 스케이트 체험을 하고 나니 추위가 멀리 달아나는 것 같았다.

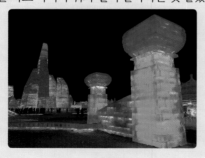

① 겨울이 매우 춥고 길다.
② 여름철에 강수량이 매우 적다.
③ 높은 산에 위치하고 있어 도로 교통이 불편하다.
④ 해안 지역에 위치하여 항구와 수산업이 발달하였다.
⑤ 화산 활동이 활발하여 곳곳에 지열 발전소가 운영되고 있다.

03 여행 일정표의 일부이다. ⑤에 해당하는 국가를 지도의 A~E에서 고른 것은?

(⑤) 여행 일정표	
1일차	핀란드 헬싱키 공항 도착 후 항공편을 환승하여 베르겐 공항에 도착
2일차	베르겐 항구와 '브뤼겐 역사 지구' 탐방
3일차	'송네 피오르' 크루즈 여행

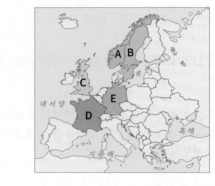

① A ② B ③ C ④ D ⑤ E

04 사진과 같은 경관이 나타나는 기후 지역의 전통적인 주민 생활 모습으로 옳은 것은?

① 주로 헐렁하고 긴 옷을 입는다.
② 1년에 두 번 이상 벼를 수확한다.
③ 순록을 기르고 고래나 물범을 사냥한다.
④ 고무나무 농장에서 천연고무를 채집한다.
⑤ 지붕이 평평하고 창문이 작은 흙집에서 생활한다.

중요✦

05 다음은 지훈이가 가고 싶은 여행 장소들이다. 이 지역에서 공통적으로 나타나는 지형은?

• 일본의 벳푸 온천
• 미국 하와이의 킬라우에아산
• 아이슬란드의 스트로퀴르 간헐천

① 평야 지형   ② 화산 지형
③ 해안 지형   ④ 하천 지형
⑤ 석회암 지형

06 사회 수업 시간에 조사한 내용 중 일부이다. ㉠ 지역에서 주로 재배하는 농작물로 옳은 것은?

(㉠)지역의 주민 생활 모습

이 지역은 일 년 내내 강수량이 매우 적어서 물이 귀하며 식생이 자라기 어려운 환경이다. 그래서 사람들은 물을 얻을 수 있는 오아시스를 중심으로 마을을 이루고 건조한 환경에서도 잘 자라는 작물을 재배한다.

① 벼   ② 토마토
③ 올리브   ④ 바나나
⑤ 대추야자

07 사진과 같은 전통 가옥을 볼 수 있는 국가는?

① 타이   ② 몽골
③ 아이슬란드   ④ 인도네시아
⑤ 아르헨티나

중요✦

08 ㉠에 해당하는 작물을 주로 재배하는 지역을 지도의 A~E에서 고른 것은?

지중해 연안에서는 여름철의 강한 햇빛과 건조한 기후에도 잘 자랄 수 있는 (㉠), 오렌지 등의 작물을 재배한다.

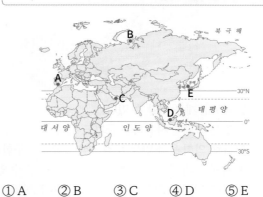

① A   ② B   ③ C   ④ D   ⑤ E

09 그래프는 어떤 도시의 월평균 기온을 나타낸 것이다. 이 도시가 위치한 지역의 특징을 옳게 추론한 것은?

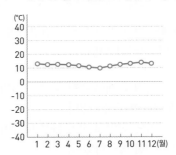

① 고위도 지역일 것이다.
② 해안 지형이 관찰될 것이다.
③ 저위도의 해발 고도가 높은 지역일 것이다.
④ 강수량에 비해 증발량이 많은 지역일 것이다.
⑤ 미국의 그레이트플레인스와 같은 거대한 평야 지역일 것이다.

❷ 서로 연결된 세계

중요✨

10 지도의 A 국가들 사이에서 나타나는 공간적 상호 작용이 아닌 것은?

① 자유롭게 왕래할 수 있다.
② 같은 화폐를 사용하는 국가도 있다.
③ 유럽 의회 등을 만들어 정치적 통합을 추구한다.
④ 회원국 내 다른 국가에서 경제 활동을 할 수 있다.
⑤ 같은 언어와 교육 제도를 사용하여 문화적 통합을 추구한다.

11 다음 글의 내용과 거리가 먼 행동은?

> 세계의 여러 지역은 서로 연결되어 있음을 인식하는 태도가 필요하다.

① 기후변화 문제에 관한 국제 사회의 공동 대응 노력에 대하여 조사하였다.
② 나의 일상적인 소비가 다른 나라에 어떤 영향을 주었는지를 탐구하였다.
③ 기아와 빈곤 문제에 관한 영상을 보고 해당 국가의 책임이라는 내용의 글을 작성하였다.
④ 오늘 먹은 점심 식사의 식재료가 어디서 왔는지를 살펴보고 해당 국가에 대하여 알아보았다.
⑤ 세계 여러 지역에서 벌어지는 분쟁에 관한 뉴스를 보고 국제 분쟁 상황과 영향에 대해 찾아보았다.

12 마트에서 구입한 '□□□ 마늘 맛 과자'에 표시된 상품 정보이다. 자료를 보고 분석한 내용으로 옳은 것은?

제품명	□□□ 마늘 맛
제조	○○○ 충청북도 청주시 △△로
원재료	생감자(국내산), 팜유(말레이시아산), 해바라기유(우크라이나산), 볶은 마늘 분말(중국산) 등

① 원재료는 모두 국내산이다.
② 생산 공장이 해외에 위치한다.
③ 말레이시아는 온대 기후가 나타난다.
④ 제품 생산을 위한 세계적 규모의 네트워크가 연결되어 있다.
⑤ 대한민국에서 이 상품을 구매하기 위해서는 해외 직접 구매만을 활용해야 한다.

❸ 하나 된 세계, 서로 다른 지역

13 ㉠과 ㉡에 들어갈 용어를 바르게 연결한 것은?

> • 경제의 (㉠)가 진행되면서 세계적인 커피 기업들이 세계인의 입맛을 사로잡고 있다. 그러나 지역 고유의 특성을 잘 살려 경쟁력을 갖추어 나가는 커피 전문점도 있어 눈길을 끈다.
> • (㉡)의 C 커피 전문점은 달콤한 연유나 코코넛을 커피에 넣어 판매하며 지역의 문화와 역사를 테마로 한 실내 인테리어로 현지인들뿐만 아니라 외국 관광객에게도 인기가 높다.

	㉠	㉡
①	세계화	미국
②	세계화	베트남
③	현지화	캐나다
④	현지화	싱가포르
⑤	지역화	에티오피아

14 문화의 세계화에 관한 옳은 설명을 〈보기〉에서 고른 것은?

┤ 보기 ├
ㄱ. 한류와 한식의 유행은 문화의 세계화 사례이다.
ㄴ. 각 지역의 문화적 정체성이 점점 강해지고 있다.
ㄷ. 문화가 전파되면서 융합되어 새로운 문화가 만들어지기도 한다.
ㄹ. 교통·통신의 발달로 다른 지역과의 문화 교류에 과거보다 더 많은 시간이 필요하게 되었다.

① ㄱ, ㄴ ② ㄱ, ㄷ ③ ㄴ, ㄷ
④ ㄴ, ㄹ ⑤ ㄷ, ㄹ

15 (가)와 (나)는 세계 여러 지역의 지역화 전략 사례이다. (가), (나)와 관련이 있는 국가를 바르게 연결한 것은?

(가) 여름철에는 밤이 매우 짧거나 해가 지지 않는 백야 현상이 나타난다. 상트페테르부르크에서는 여름을 기념하는 백야 축제가 열린다.
(나) 해발 고도 약 2,000 m에 위치한 다르질링 지역에서 재배되는 차는 지리적 표시제 상품이다.

	(가)	(나)
①	미국	인도
②	미국	중국
③	러시아	중국
④	러시아	인도
⑤	캐나다	러시아

16 브라질의 쿠리치바에서 시작하여 우리나라, 에콰도르 등 여러 나라에 영향을 주었던 정책은?

① 현지화 전략
② 지역 브랜드화
③ 협동조합 활성화
④ 대중교통 체계 개선
⑤ 공정 무역 제품 사용

17 자료는 위도에 따른 태양 에너지의 차이를 나타낸 것이다. A 지역에 비해 B 지역의 평균 기온이 높은 까닭을 서술하시오.

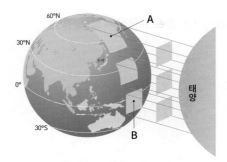

▲ 위도에 따른 태양 에너지의 차이

18 다음은 동남아시아 일대를 나타낸 지도이다. 물음에 답하시오.

(1) A 지역에서 나타나는 기후를 쓰시오.

(2) (1)의 기후 특징을 쓰고, A 지역의 주민 생활 모습을 기후와 관련지어 서술하시오.

1 아시아 속으로

[01-02] 지도를 보고 물음에 답하시오.

01 밑줄 친 '이 도시'가 위치한 지역을 지도의 A ~ E에서 고른 것은?

카타르의 수도인 이 도시에는 '사막의 장미'라는 별명을 가진 국립 박물관이 있다. 오랜 시간 바닷물이 증발하면서 침전물로 만들어진 장미 모양의 모래 덩어리에서 영감을 받아 디자인된 이 건물은 현대 건축의 걸작으로 평가받으며 많은 관광객을 이 도시로 불러 모으고 있다.

① A   ② B   ③ C   ④ D   ⑤ E

중요✦
02 E 지역에 관한 옳은 설명을 〈보기〉에서 고른 것은?

┤ 보기 ├
ㄱ. 주로 열대 기후가 나타난다.
ㄴ. 종교와 민족이 매우 다양하게 나타난다.
ㄷ. 국가 이름에 '스탄'을 사용한 국가가 많다.
ㄹ. 가축을 키우며 이동하는 유목민을 볼 수 있다.

① ㄱ, ㄴ   ② ㄱ, ㄷ   ③ ㄴ, ㄷ
④ ㄴ, ㄹ   ⑤ ㄷ, ㄹ

03 중앙아시아 지역에 관한 설명으로 옳은 것은?

① 세계 최대의 인구 밀집 지역이다.
② 울창한 열대 우림이 넓게 분포한다.
③ 주민 대다수가 크리스트교를 믿는다.
④ 한자와 젓가락 문화가 공통으로 나타난다.
⑤ 과거 아시아와 유럽을 연결했던 교역 중심지이다.

04 ㉠에 들어갈 용어로 옳은 것은?

아시아에서 지진과 화산 활동이 활발하고 이와 관련된 자연재해가 빈번하게 발생하는 국가는 일본, 필리핀, 인도네시아 등이다. 이들 국가는 (㉠)에 위치하여 지각 운동이 활발한 편이다.

① 우랄산맥   ② 카스피해
③ 티베트고원   ④ 환태평양 조산대
⑤ 알프스 – 히말라야 조산대

중요✦
05 어느 지역 여행기의 일부이다. (가), (나) 지역의 기후 그래프를 〈보기〉에서 골라 바르게 연결한 것은?

(가) 끝없이 펼쳐진 초원 위에서 성인 남성들이 말을 타고 염소와 양의 이동 행렬을 이끌고 있다.
(나) 적도에서 가까운 섬의 서쪽 평지에도 논이 있지만, 동쪽과 남쪽의 산악 지역에도 경사지를 논으로 개간한 계단식 논이 곳곳에 많다.

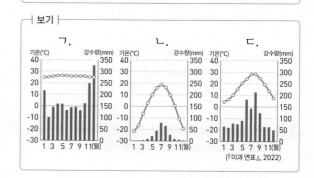

	(가)	(나)		(가)	(나)
①	ㄱ	ㄴ	②	ㄱ	ㄷ
③	ㄴ	ㄱ	④	ㄴ	ㄷ
⑤	ㄷ	ㄱ			

❷ 아시아의 다양한 종교

[06-07] 사진을 보고 물음에 답하시오.

(가) 　(나) 　(다)

06 (가), (나) 경관이 나타나는 종교를 바르게 연결한 것은?

	(가)	(나)
①	불교	힌두교
②	불교	크리스트교
③	힌두교	이슬람교
④	힌두교	크리스트교
⑤	이슬람교	힌두교

중요✧
07 (다)와 같은 경관이 나타나는 종교에 관한 옳은 설명을 〈보기〉에서 고른 것은?

┤ 보기 ├
ㄱ. 많은 신들을 숭배한다.
ㄴ. 예수 그리스도가 창시하였다.
ㄷ. 수행과 명상을 통한 깨달음을 중시한다.
ㄹ. 주로 일요일에 예배를 드리고 성가를 부른다.

① ㄱ, ㄴ　　② ㄱ, ㄷ　　③ ㄴ, ㄷ
④ ㄴ, ㄹ　　⑤ ㄷ, ㄹ

08 다음 설명에 해당하는 국가는?

국민의 60% 이상이 이슬람교 신자이며 이슬람교를 국교로 지정하고 있지만, 종교에 대한 자유를 보장하고 다양한 종교 축제를 개최하는 등 여러 종교의 공존을 위해 노력하고 있다.

① 인도　　② 타이　　③ 베트남
④ 필리핀　　⑤ 말레이시아

09 다음 설명에 해당하는 국가를 지도의 A~E에서 고른 것은?

에스파냐의 식민 지배를 받은 영향으로 크리스트교가 주요 종교가 되었으며, 전체 인구 중에서 크리스트교를 믿는 국민들이 92%가 넘는다.

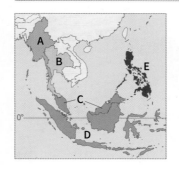

① A
② B
③ C
④ D
⑤ E

10 지도에 표시한 지역의 갈등에 관한 설명으로 옳은 것은?

① 인종 간의 갈등이 심하게 나타난다.
② 서로 다른 종교로 인해 갈등이 발생하고 있다.
③ 하천의 이용을 둘러싸고 갈등이 발생하고 있다.
④ 독립을 요구하는 소수 민족의 반발이 거세지고 있다.
⑤ 천연가스를 차지하기 위한 국가 간 경쟁이 나타난다.

❸ 아시아의 인구

11 출생률이 높은 국가에 관한 옳은 설명을 〈보기〉에서 고른 것은?

┤ 보기 ├
ㄱ. 인구 증가 속도가 매우 느리다.
ㄴ. 식량과 자원 부족으로 빈곤 인구가 증가한다.
ㄷ. 전체 인구 중에서 노년층 인구 비율이 가장 높다.
ㄹ. 생산 활동이 가능한 청장년층 인구 비율이 높아 발전 가능성이 크다.

① ㄱ, ㄴ　② ㄱ, ㄷ　③ ㄴ, ㄷ　④ ㄴ, ㄹ　⑤ ㄷ, ㄹ

12 다음 설명에 해당하는 지역을 지도의 A~E에서 고른 것은?

> 아시아에서 가장 인구가 많이 분포하고 있으며 이 지역에 속하는 3개 국가의 인구의 합이 18억 명을 넘는다. 높은 출생률로 인구 성장률도 높게 나타난다.

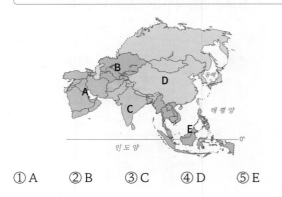

① A ② B ③ C ④ D ⑤ E

[13-14] 다음 글을 읽고 물음에 답하시오.

> 우리나라와 같은 경제 수준이 높은 국가들에서는 최근에 (가) 출산율이 낮아졌으며, 생활 수준과 의료 기술 발달 등으로 (㉠)이/가 늘어나면서 노년층 인구 비율이 증가하고 있다. 따라서 전체 인구에서 유소년층 비율은 줄고, 노년층 비율이 늘어나 (㉡)이/가 높게 나타난다.

13 (가)의 원인으로 옳지 <u>않은</u> 것은?

① 결혼 연령이 높아졌기 때문이다.
② 주택 구입 비용이 상승하였기 때문이다.
③ 여성의 경제 활동 참여가 감소하였기 때문이다.
④ 결혼과 자녀에 대한 가치관이 변화하였기 때문이다.
⑤ 자녀 육아와 가사 노동에 대한 부담이 늘어났기 때문이다.

14 ㉠, ㉡에 들어갈 용어를 바르게 연결한 것은?

	㉠	㉡
①	중위 연령	기대 수명
②	중위 연령	인구 밀도
③	기대 수명	인구 밀도
④	기대 수명	중위 연령
⑤	인구 밀도	중위 연령

중요✨

15 (가), (나) 인구 구조를 가진 국가에 관한 옳은 설명만을 〈보기〉에서 있는 대로 고른 것은?

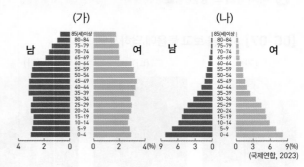

(국제연합, 2023)

> **┤ 보기 ├**
> ㄱ. (가)는 (나)보다 기대 수명이 낮다.
> ㄴ. (가)는 (나)보다 경제 수준이 높다.
> ㄷ. (가)는 (나)보다 합계 출산율이 낮다.
> ㄹ. (가)는 (나)보다 노년층을 부양하기 위한 비용이 크다.

① ㄱ, ㄴ ② ㄱ, ㄷ ③ ㄷ, ㄹ
④ ㄱ, ㄴ, ㄹ ⑤ ㄴ, ㄷ, ㄹ

❹ 아시아의 산업

16 다음 설명에 해당하는 국가를 지도의 A~E에서 고른 것은?

> 농업, 제조업, 첨단 산업 등 다양한 산업이 발달한 국가이다. 영어를 사용하는 사람들이 많으며 우수한 인재가 많아 뉴델리, 벵갈루루, 하이데라바드는 정보 통신 산업의 세계적 중심지로 발달하고 있다.

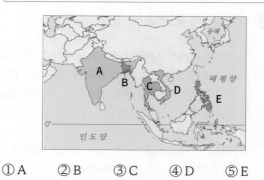

① A ② B ③ C ④ D ⑤ E

17 (가), (나) 국가에 관한 옳은 설명을 〈보기〉에서 고른 것은?

> (가) 섬유, 의복을 가공하는 산업과 전자 제품을 조립하여 생산하고 수출하는 산업이 발달하였다.
> (나) 자동차, 철강, 석유 화학 제품을 수출하는 산업이 발달하였다.

| 보기 |

> ㄱ. (가)는 노동 집약적 제조업이 발달하였다.
> ㄴ. (나)는 플랜테이션의 주요 생산지이다.
> ㄷ. (가)는 (나)보다 기술 수준이 낮다.
> ㄹ. (나)는 (가)보다 천연자원의 매장량과 생산량이 많다.

① ㄱ, ㄴ   ② ㄱ, ㄷ   ③ ㄴ, ㄷ
④ ㄴ, ㄹ   ⑤ ㄷ, ㄹ

중요✦
18 다음 사례와 같이 우리나라 기업이 공장을 이전한 이유로 가장 적절한 것은?

> • 우리나라 대표 수출품인 스마트폰은 현재 베트남으로 공장을 이전하여 대부분 생산되고 있다.
> • 최근 우리나라 의류 기업들이 중국에 있는 공장을 방글라데시로 이전하여 적극적으로 현지에 진출하고 있다.

① 고급 전문 인력을 고용하기 위해
② 첨단 기술 개발에 유리하기 때문에
③ 제품의 원료가 매우 풍부하기 때문에
④ 임금이 낮고 풍부한 노동력을 활용하기 위해
⑤ 석유, 천연가스 등 에너지 자원을 확보하기 위해

19 사진을 보고 물음에 답하시오.

(1) 사진과 같은 가옥을 무엇이라고 하는지 쓰시오.

(2) 사진과 같은 가옥 특색이 나타나는 이유를 기후 특성과 관련하여 서술하시오.

20 어느 종교의 분포 지역을 나타낸 지도를 보고 물음에 답하시오.

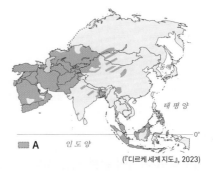

(『디르케 세계 지도』, 2023)

(1) A와 같은 분포를 보이는 종교를 쓰시오.

(2) A 종교 지역에서 볼 수 있는 종교 경관을 서술하시오.

21 카타르의 인구 피라미드를 보고 A와 같이 청장년층의 남성 비율이 높게 나타나는 이유를 서술하시오.

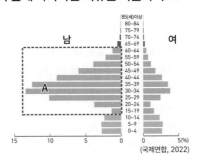

(국제연합, 2022)

① 아시아 속으로

01 아시아의 주요 도시와 관련된 설명으로 옳은 것은?

① 방콕 – 인도에서 가장 인구가 많으며 상업과 무역, 첨단 산업 등이 다양하게 발달하였다.

② 메카 – 화려한 불교 사원과 왕궁, 그리고 전통 수상 시장을 보러 전 세계에서 많은 관광객이 방문한다.

③ 베이징 – 과거부터 해상 무역의 중심지였으며 다양한 문화, 인종, 종교가 함께 공존하는 지역이다.

④ 두바이 – 과거 사막 지역이었던 곳에 많은 시설을 건설하고 관광, 금융 산업이 발달하였다.

⑤ 사마르칸트 – 중국의 정치, 행정 중심지로 청나라 시대의 수많은 유물과 유적지가 보존되어 있다.

02 지도의 A 지역에 관한 옳은 설명을 〈보기〉에서 고른 것은?

┤ 보기 ├

ㄱ. 히말라야산맥 북쪽의 건조 기후 지역이다.

ㄴ. 해상 교통의 중심지로 다양한 문화가 나타난다.

ㄷ. 여름철에 고온 다습하여 벼농사가 활발히 이루어진다.

ㄹ. 과거 '실크로드'로 불리며, 동서 문명을 연결하는 교류가 활발하게 이루어졌다.

① ㄱ, ㄴ   ② ㄱ, ㄷ   ③ ㄴ, ㄷ
④ ㄴ, ㄹ   ⑤ ㄷ, ㄹ

03 다음 설명에 해당하는 지역을 지도의 A~E에서 고른 것은?

> 국가마다 언어가 달라도 공통으로 한자를 쓰고 있어 어느 정도 뜻이 통하며, 유교 문화와 불교 문화가 전해져 문화적으로 동질감을 느끼고 있다.

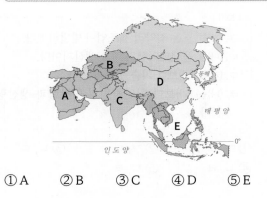

① A   ② B   ③ C   ④ D   ⑤ E

04 열대 기후의 특징으로 옳은 것을 〈보기〉에서 고른 것은?

┤ 보기 ├

ㄱ. 적도에서 가까운 지역에 분포한다.

ㄴ. 다양한 식물들이 빽빽한 숲을 이룬다.

ㄷ. 여름이 덥고 겨울이 추워 계절 변화가 뚜렷하다.

ㄹ. 증발량이 강수량보다 많아 초원이 넓게 펼쳐진다.

① ㄱ, ㄴ   ② ㄱ, ㄷ   ③ ㄴ, ㄷ
④ ㄴ, ㄹ   ⑤ ㄷ, ㄹ

중요✦
05 다음 그래프가 나타나는 지역의 농목업으로 옳은 것은?

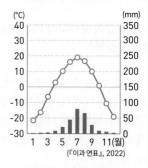

① 열대 우림을 태워 농경지를 만든다.

② 가축의 먹이를 찾아 이동하는 유목을 한다.

③ 하천 주변의 평야 지대에서 벼농사를 짓는다.

④ 가축 사육과 곡물 재배를 함께하는 농업을 한다.

⑤ 일 년 내내 기온이 높고 강수량이 많아 농작물을 두 번 수확한다.

❷ 아시아의 다양한 종교

06 사진은 대표적인 종교 경관을 찍은 것이다. (가), (나) 종교에 관한 옳은 설명을 〈보기〉에서 고른 것은?

(가)   (나)

┤ 보기 ├

ㄱ. (가)는 여러 신을 믿는 다신교이다.
ㄴ. (나)는 갠지스강에서 목욕을 하는 의식을 한다.
ㄷ. (가)는 인도, (나)는 필리핀의 주요 종교이다.
ㄹ. (나)는 (가)보다 아시아에서 신자 수가 많다.

① ㄱ, ㄴ   ② ㄱ, ㄷ   ③ ㄴ, ㄷ
④ ㄴ, ㄹ   ⑤ ㄷ, ㄹ

중요✦
07 다음 설명에 해당하는 종교와 관련된 경관을 〈보기〉에서 고른 것은?

알라를 유일신으로 섬기고 창시자인 무함마드를 추앙하며 서남 및 중앙아시아 대부분과 남부 및 동남아시아 일부 지역에서 지배적인 종교이다.

┤ 보기 ├

ㄱ.   ㄴ.
ㄷ.   ㄹ.

① ㄱ, ㄴ   ② ㄱ, ㄷ   ③ ㄴ, ㄷ
④ ㄴ, ㄹ   ⑤ ㄷ, ㄹ

08 다음 설명에 해당하는 종교는?

기원전 6세기 인도 북동부에서 싯다르타가 창시한 종교이다. 살생을 금지하여 채식을 선호하며, 자비와 평등을 실천하고 깨달음을 얻기 위한 수행과 명상을 중요시한다.

① 유교   ② 불교   ③ 힌두교
④ 이슬람교   ⑤ 크리스트교

09 다음 설명에 해당하는 국가를 지도의 A~E에서 고른 것은?

대부분 불교를 믿지만, 라카인주에 사는 로힝야족은 이슬람교를 믿는다. 이 때문에 로힝야족이 종교를 이유로 국가로부터 많은 차별과 억압을 받고 있다.

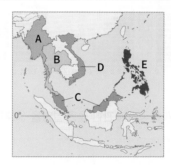

① A   ② B   ③ C   ④ D   ⑤ E

10 서로 다른 문화나 종교와의 공존을 위해 가져야 할 태도로 옳은 것을 〈보기〉에서 고른 것은?

┤ 보기 ├

ㄱ. 다문화주의
ㄴ. 문화 상대주의
ㄷ. 타 국가의 이민자 제한
ㄹ. 종교 갈등을 막기 위해 유일신 신봉

① ㄱ, ㄴ   ② ㄱ, ㄹ   ③ ㄴ, ㄷ
④ ㄴ, ㄹ   ⑤ ㄷ, ㄹ

❸ 아시아의 인구

11 아시아의 지역별 인구 특징으로 옳은 것은?

① 동남아시아는 인구가 빠르게 증가하는 지역이다.
② 남부 아시아는 건조 기후의 영향으로 인구가 적다.
③ 중앙아시아는 남부 아시아 다음으로 총인구가 많다.
④ 서남아시아는 동아시아보다 노년층 인구 비율이 높다.
⑤ 동아시아에서 서남아시아로 많은 인구가 이동하고 있다.

[12-13] (가), (나) 국가의 인구 피라미드를 보고 물음에 답하시오.

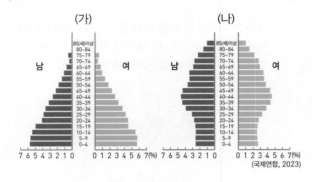

12 (가), (나) 국가에 관한 옳은 설명을 〈보기〉에서 고른 것은?

┤ 보기 ├
ㄱ. (가)는 (나)보다 출생률이 낮다.
ㄴ. (가)는 (나)보다 기대 수명이 낮다.
ㄷ. (나)는 (가)보다 중위 연령이 낮다.
ㄹ. (나)는 (가)보다 노인 인구에 대한 부양 부담이 크다.

① ㄱ, ㄴ   ② ㄱ, ㄷ   ③ ㄴ, ㄷ
④ ㄴ, ㄹ   ⑤ ㄷ, ㄹ

13 (가), (나)에 해당하는 국가를 바르게 연결한 것은?

	(가)	(나)
①	인도	베트남
②	일본	인도
③	베트남	대한민국
④	대한민국	인도네시아
⑤	인도네시아	베트남

중요✦ 14 그래프는 중국의 합계 출산율을 나타낸 것이다. 이러한 변화가 지속될 경우 나타나게 될 현상으로 옳은 것은?

① 인구가 급격히 증가할 것이다.
② 노동력 부족 문제가 나타날 것이다.
③ 경제가 빠른 속도로 성장할 것이다.
④ 노년층 인구 비율이 감소할 것이다.
⑤ 전체 인구의 평균 연령이 낮아질 것이다.

15 그래프는 전체 인구 중 이주자(외국인)의 비율을 나타낸 것이다. 두 국가에서 이주자(외국인)의 비율이 높은 이유로 가장 적절한 것은?

① 종교의 자유를 찾아 이동하였기 때문이다.
② 휴가를 보내기 위해 이동하였기 때문이다.
③ 해외 유학을 위해 떠난 사람들이 많기 때문이다.
④ 인종 차별을 피해 떠난 사람들이 많기 때문이다.
⑤ 일자리를 얻기 위해 유입한 인구가 많기 때문이다.

16 ㉠에 들어갈 용어로 가장 적절한 것은?

민족 간 내전과 분쟁, 종교 탄압 등으로 혼란한 시리아, 미얀마, 아프가니스탄 등에서 주변 국가로의 (㉠)의 이동이 발생하고 있다.

① 군인   ② 난민
③ 빈곤 인구   ④ 이주 노동자
⑤ 결혼 이민자

④ 아시아의 산업

17 아시아에서 한류 문화의 인기가 높아지는 현상에 따른 영향으로 옳지 <u>않은</u> 것은?

① 우리나라의 문화 상품 수출이 증가한다.
② 우리나라를 방문하는 해외 관광객이 감소한다.
③ 우리나라의 국가 이미지가 긍정적으로 개선된다.
④ 우리나라와 아시아 국가 간의 문화 교류가 활성화된다.
⑤ 우리나라의 화장품, 의류, 가공 식품 등의 해외 수요가 증가한다.

18 다음 국가들에서 공통으로 발달한 산업의 특징은?

> 타이   인도네시아   말레이시아   베트남   인도

① 석유, 천연가스를 전 세계에 수출한다.
② 자동차, 철강, 석유 화학 산업이 발달하였다.
③ 플랜테이션 농장에서 재배한 상품 작물을 수출한다.
④ 반도체, 우주 항공, 로봇 등의 첨단 산업이 발달하였다.
⑤ 세계적으로 인기를 얻는 게임, 영화, 음악 등 문화 콘텐츠를 생산한다.

중요+
19 다음 대화의 (가)에 들어갈 말로 가장 적절한 것은?

> • 현우: 우리나라 의류 기업들이 최근 방글라데시에 공장을 세우고 있어.
> • 희영: 그 이유는 아마도 _____(가)_____ 때문인 것 같아.

① 임금이 저렴하기   ② 전력이 풍부하기
③ 우리나라와 가깝기   ④ 해상 교통이 편리하기
⑤ 정보 수집에 유리하기

20 어느 종교의 대표적인 경관 사진이다. (가), (나) 종교의 식생활 특징을 각각 서술하시오.

(가)   (나)

_____

_____

21 다음 글을 읽고 일본에 나타난 인구 문제와 해결 방안을 <u>두 가지</u> 서술하시오.

> 일본은 2005년 전체 인구 중에서 노년층 인구 비율이 20%를 넘었고 계속 증가하는 추세이다. 2023년 현재 29.1%로 세계에서 노년층 인구 비율이 가장 높다.

_____

_____

22 우리나라 산업을 설명한 글을 읽고 밑줄 친 '새로운 산업'의 특징을 서술하시오.

> 우리나라는 원료를 수입하여 공장에서 제품으로 만들어 이를 수출하는 가공 무역을 중심으로 발달하였다. 한편 중국, 베트남, 인도 등의 국가에서 저임금 노동력과 대규모 생산 시설을 갖추어 경쟁하면서 우리나라의 노동력 기반 산업이 쇠퇴하였고, 연구 개발과 기술 혁신에 집중하여 <u>새로운 산업</u>을 키우는 변화를 이끌어 냈다.

_____

1 유럽 속으로

01 다음은 유럽의 지역을 구분한 지도이다. 이에 관한 설명으로 옳은 것은?

① 북부 유럽에서는 연중 온화한 기후가 나타난다.
② 유럽에서 사용하는 언어에 따라 지역을 구분하였다.
③ 동부 유럽은 교육, 의료 등 복지 제도가 발달하였다.
④ 지중해와 접하고 있는 남부 유럽은 관광 산업이 발달하였다.
⑤ 산업 혁명의 발상지가 있는 동부 유럽은 세계의 산업화를 주도하였다.

중요✨
02 지도에 표시된 국가들이 분포한 지역의 자연환경 특징으로 옳은 것을 〈보기〉에서 고른 것은?

┤ 보기 ├
ㄱ. 남반구의 중위도에 속한다.
ㄴ. 유라시아 대륙의 동쪽에 위치한다.
ㄷ. 북쪽으로 북극해, 서쪽으로 대서양과 접한다.
ㄹ. 우랄산맥과 카스피해를 경계로 아시아와 구분된다.

① ㄱ, ㄴ   ② ㄱ, ㄹ   ③ ㄴ, ㄷ
④ ㄴ, ㄹ   ⑤ ㄷ, ㄹ

03 ㉠, ㉡에 들어갈 유럽의 도시를 바르게 연결한 것은?

서부 유럽에는 금융업이 발달하여 세계 경제를 주도하는 도시인 (㉠), 세계무역기구(WTO), 국제노동기구(ILO), 세계보건기구(WHO) 등 세계적으로 영향력이 큰 국제기구의 본부가 있는 도시인 (㉡) 등이 있다.

	㉠	㉡
①	런던	제네바
②	파리	그리스
③	런던	브뤼셀
④	베를린	헬싱키
⑤	스톡홀름	오슬로

04 다음 글과 관련이 있는 유럽 국가에 관한 설명으로 옳지 <u>않은</u> 것은?

▲ 콜로세움

남부 유럽에 있는 이 나라의 수도는 과거 로마 제국의 수도였으며, 가톨릭교의 중심지인 '바티칸'이 시내에 있다.

① 국토 모양이 장화 모양을 닮았다.
② 잘 보존된 역사 유적이 많아 관광지로 유명하다.
③ 드넓은 국토와 농경지가 있어 '유럽의 빵 바구니'로 불린다.
④ 패션 산업이 발달하였으며 장인들이 만든 고급 의류는 인기가 많다.
⑤ 문학 작품 『베니스의 상인』의 배경이 되는 도시인 베네치아가 있다.

05 유럽의 도시와 랜드마크를 바르게 연결한 것은?
① 빈 - 에펠탑
② 아테네 - 루브르 박물관
③ 모스크바 - 성 바실리 대성당
④ 마드리드 - 할그림스키르캬 교회
⑤ 프라하 - 사그라다 파밀리아 성당

● 바른답·알찬풀이 38쪽

중요✨
06 (가), (나) 산맥에 관한 설명으로 옳은 것은?

▲ 알프스산맥

▲ 스칸디나비아산맥

① (가)는 비교적 형성 시기가 오래되었다.
② (나)는 (가)보다 형성 시기가 오래되었다.
③ (나)는 오늘날에도 활동하는 화산이 있다.
④ (나)는 최근에 형성되어 해발 고도가 높고 험준하다.
⑤ (가), (나) 모두 유럽의 중부와 동부에 넓게 분포한다.

07 유럽 평원에 관한 설명으로 옳지 <u>않은</u> 것은?

① 유럽의 중앙에 분포한다.
② 인구와 산업이 밀집해 있다.
③ 라인강을 비롯한 여러 하천이 흐른다.
④ 강수량이 풍부하여 주변의 넓은 평야에서 쌀을 주로 재배한다.
⑤ 프랑스·북독일 평원에서 동유럽 평원으로 이어지며 밀 재배가 활발하다.

중요✨
08 다음과 같은 지형 경관을 볼 수 있는 국가는?

빙하의 침식으로 만들어진 U자 모양의 골짜기에 바닷물이 들어와서 생긴 좁고 긴 만이다.

① 프랑스   ② 스위스
③ 노르웨이   ④ 포르투갈
⑤ 에스파냐

09 A, B 기후에 관한 설명으로 옳은 것은?

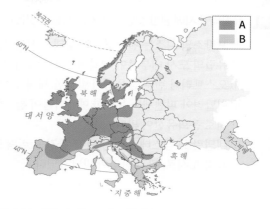

① A는 여름이 덥고 건조하다.
② A는 강수량의 계절별 차이가 크다.
③ B는 바다에서 불어오는 계절풍의 영향을 많이 받는다.
④ B 지역에서는 올리브, 코르크나무를 재배하는 수목 농업이 발달하였다.
⑤ A와 B 기후는 사람들이 살기에 적합하지 않다.

10 사회 수업 시간에 유럽의 기후에 관해 탐구한 내용 중 일부이다. ㉠에 해당하는 기후는?

탐구 주제: (㉠) 지역의 주민 생활

• 산토리니섬의 집들은 주로 벽을 밝은색으로 칠하여 여름의 뜨거운 햇볕을 반사시킨다.
• 가옥의 벽을 두껍게 하여 외부의 열기를 차단한다.

① 냉대 기후   ② 한대 기후
③ 지중해성 기후   ④ 열대 우림 기후
⑤ 서안 해양성 기후

2 유럽의 다양한 도시

11 유럽의 도시에 관한 설명으로 가장 적절한 것은?

① 프랑스의 니스는 친환경적인 생태 도시이다.
② 유럽의 도시 대부분이 계획적으로 만들어졌다.
③ 오스트리아 빈은 금융업이 발달한 세계 도시이다.
④ 이탈리아 피렌체는 유명한 예술가들이 활동하던 도시로 문화유산이 많다.
⑤ 네덜란드 암스테르담은 해양 환경을 바탕으로 한 휴양 도시로, 관광 산업이 발달하였다.

12 ㉠, ㉡에 들어갈 말을 바르게 연결한 것은?

프랑스 소피아 앙티폴리스, 핀란드 오울루 테크노폴리스, 스웨덴 시스타 사이언스 시티는 (㉠)(으)로 (㉡)이/가 발달하였다.

	㉠	㉡
①	관광 도시	관광 산업
②	첨단 도시	산업 클러스터
③	세계 도시	산업 클러스터
④	생태 도시	국제 금융 산업
⑤	역사·문화 도시	수목 농업

13 다음 내용과 관계 깊은 도시를 〈보기〉에서 고른 것은?

• 산업화 및 도시화 과정에서 발생한 도시 문제를 해결하기 위해 노력하고 있다.
• 기후위기에 대응할 수 있도록 탄소중립을 실천하는 등 다양한 정책을 추진하고 있다.

| 보기 |
ㄱ. 그리스의 아테네
ㄴ. 덴마크의 코펜하겐
ㄷ. 독일의 프라이부르크
ㄹ. 에스파냐의 바르셀로나

① ㄱ, ㄴ ② ㄱ, ㄷ ③ ㄴ, ㄷ
④ ㄴ, ㄹ ⑤ ㄷ, ㄹ

14 다음과 같은 정책을 실현하는 방법으로 옳은 것을 〈보기〉에서 고른 것은?

탄소중립은 이산화 탄소를 배출한 만큼 이산화 탄소를 흡수하는 대책을 세워 실질적인 이산화 탄소 배출을 '0'으로 만드는 개념이다.

| 보기 |
ㄱ. 교통 제한 구역을 축소한다.
ㄴ. 신·재생 에너지의 비율을 늘린다.
ㄷ. 도시 속에 녹지 공간의 비율을 확대한다.
ㄹ. 석유, 석탄 등 화석 에너지의 사용을 늘린다.

① ㄱ, ㄴ ② ㄱ, ㄷ ③ ㄴ, ㄷ
④ ㄴ, ㄹ ⑤ ㄷ, ㄹ

15 지속가능한 도시를 만들기 위한 노력으로 적절하지 않은 것은?

① 탄소중립을 실천한다.
② 풍력 발전을 활용하여 전력을 생산한다.
③ 전통 시장 주차장에 태양광 패널을 설치한다.
④ 건물을 지을 때 철거 건물의 재료를 재활용한다.
⑤ 자동차 전용 도로를 건설하여 교통 정체 문제를 해결한다.

3 유럽의 지역 통합과 분리 움직임

16 다음과 관련이 있는 유럽 국가들의 연합 기구에 관한 설명으로 옳지 않은 것은?

유럽석탄철강공동체(ECSC) → 유럽경제공동체(EEC) → 유럽공동체(EC) → 유럽연합(EU) 결성

① 회원국 모두 유로화를 사용한다.
② 출범 후 유럽 대륙 내 교역이 증가하였다.
③ 회원국 간에 인구와 물자의 이동이 자유롭다.
④ 경제 협력을 위해 유럽 중앙 은행을 설립하였다.
⑤ 회원국 간에 자유롭게 회사를 설립하여 사업 활동을 할 수 있다.

17 지도에 표시된 지역에 관한 설명으로 옳은 것은?

① 북아일랜드는 전통 의상인 킬트로 유명하다.
② 카탈루냐는 다른 지역보다 경제적 수준이 낮다.
③ 벨기에의 플랑드르 지역은 프랑스어를 사용한다.
④ 이탈리아 파다니아에는 밀라노, 베네치아가 있다.
⑤ 브렉시트 이후 코르시카의 분리·독립 움직임이 커지고 있다.

중요✦
18 다음 글에서 설명하는 분리 움직임이 있는 국가는?

> 네덜란드어를 사용하는 북부의 플랑드르 지역과 프랑스어를 사용하는 남부의 왈롱 지역으로 나뉘어 있다. 북부 지역은 남부 지역보다 소득 수준이 높은데, 북부의 플랑드르 지역 주민들은 언어 차이와 경제적 차이를 이유로 분리·독립을 요구하고 있다.

① 영국   ② 벨기에   ③ 프랑스
④ 이탈리아   ⑤ 에스파냐

19 다음 내용과 관련이 있는 조약으로 옳은 것은?

> 유럽 각국이 국경 검문·검색 폐지, 여권 검사 면제 등을 통해 국가 간 통행에 제한이 없도록 한다는 내용의 조약이다. 2023년 현재 아이슬란드, 노르웨이, 스위스는 유럽연합 비가입국이지만, 이 조약에는 가입하였다.

① 파리 협정   ② 런던 협약
③ 바젤 협약   ④ 솅겐 조약
⑤ 스톡홀름 협약

20 다음은 영국의 혼합 농업 지역 모습이다. 이 지역이 혼합 농업에 유리한 까닭을 기후와 관련하여 서술하시오.

21 A, B 도시명을 쓰고, 두 도시의 공통점을 서술하시오.

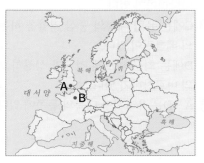

22 지도는 벨기에의 영토를 나타낸 것이다. A, B 중 분리·독립의 움직임이 있는 지역을 쓰고, 분리·독립을 요구하는 까닭을 서술하시오.

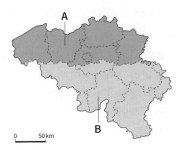

❶ 유럽 속으로

중요✦
01 A∼D 지역에 관한 설명으로 옳은 것은?

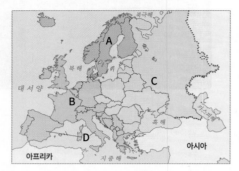

① A 지역 국가들의 수도는 비교적 온화한 남부 해안을 따라 분포한다.
② B에는 역사가 오래되어 관광지로 유명한 에스파냐, 이탈리아가 있다.
③ C에는 유럽 대륙의 중심 역할을 하는 도시인 독일의 베를린이 있다.
④ D에는 최근 빠르게 경제가 성장하고 있는 폴란드의 바르샤바가 있다.
⑤ A∼D는 유라시아 대륙의 동쪽에 있다.

02 그래프는 세계 도시 경쟁력 순위를 나타낸 것이다. A 도시에 관한 옳은 설명을 〈보기〉에서 고른 것은?

(순위) 1 **A** (유럽) 1560.1(점)
2 **뉴욕**(북아메리카) 1386.3
3 **도쿄**(아시아) 1354.7
4 **파리**(유럽) 1282.1
5 **싱가포르**(아시아) 1224.6
6 **서울**(아시아) 1143.5
7 **암스테르담**(유럽) 1129.8
8 **베를린**(유럽) 1107.8
9 **홍콩**(아시아) 1090.1
10 **시드니**(오세아니아) 1078.0 (모리 기념 재단, 2017)

┤ 보기 ├
ㄱ. 유럽 서부에 위치한 섬 나라의 수도이다.
ㄴ. 성 바실리 대성당이 유명한 랜드마크이다.
ㄷ. 넓은 평원의 농경지에서 밀 재배가 활발하다.
ㄹ. 금융 산업이 발달하였으며, 항공 교통의 중심지이기도 하다.

① ㄱ, ㄴ   ② ㄱ, ㄹ   ③ ㄴ, ㄷ
④ ㄴ, ㄹ   ⑤ ㄷ, ㄹ

03 다음 설명에 해당하는 유럽의 도시는?

지열 발전으로 난방을 하는 친환경 도시이다. 이 도시는 화산 지형을 본떠 만든 랜드마크인 할그림스키르캬 교회가 유명하다.

① 빈   ② 브뤼셀
④ 마드리드   ④ 바르셀로나
⑤ 레이캬비크

04 다음 자료와 관련이 있는 도시가 위치한 국가를 지도의 A∼E에서 고른 것은?

이 지역은 지중해와 맞닿은 항구 도시이다. 이 도시의 랜드마크인 사그라다 파밀리아 성당은 세계적인 건축가 안토니오 가우디가 설계하였다.

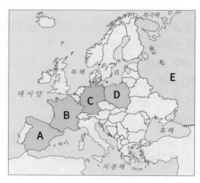

① A   ② B   ③ C   ④ D   ⑤ E

중요✦
05 유럽의 지형에 관한 설명으로 옳은 것은?

① 유럽의 북부에는 화산 활동으로 형성된 국가가 있다.
② 유럽의 북부에는 해발 고도가 낮은 피레네산맥이 있다.
③ 유럽의 중앙에는 해발 고도가 높은 스칸디나비아산맥이 있다.
④ 도나우강은 스위스, 독일, 네덜란드를 거쳐 북해로 흘러들어간다.
⑤ 동부 유럽에는 빙하의 영향으로 형성된 피오르 해안이 발달해 있다.

06 지도의 A 기후에 관한 설명으로 옳은 것은?

① 지중해 연안 지역에서 나타난다.
② 여름과 겨울의 기온 차이가 작다.
③ 침엽수림 지대인 타이가가 넓게 분포한다.
④ 내륙으로 갈수록 바다의 영향을 많이 받는다.
⑤ 일 년 내내 얼었던 땅이 짧은 여름에만 녹는다.

중요✦
07 A, B 기후에 관한 설명으로 옳은 것은?

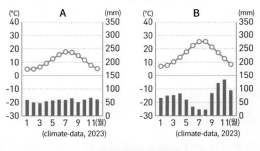

(climate-data, 2023)

① A 기후는 한낮에 스콜이 내린다.
② A 기후는 계절풍의 영향을 많이 받는다.
③ B 기후는 여름철에 덥고 비가 많이 내린다.
④ B 기후는 올리브, 코르크나무 등을 재배하는 수목 농업에 유리하다.
⑤ A, B 기후는 유라시아 대륙의 동쪽에서 나타난다.

08 ㉠에 해당하는 용어로 옳은 것은?

> 서안 해양성 기후 지역에서는 주로 밀을 비롯한 식량 작물과 사료 작물을 재배하고 소, 돼지 등의 가축을 함께 사육하는 (㉠)이/가 발달하였다.

① 유목
② 혼합 농업
③ 원예 농업
④ 수목 농업
⑤ 이동식 화전 농업

❷ 유럽의 다양한 도시

중요✦
09 다음 설명에 해당하는 유럽의 국가는?

> 이 국가는 알프스산맥에 위치하여 겨울이 춥다. 추운 날씨 때문에 굳어버린 빵을 녹인 치즈에 찍어 먹는 퐁뒤가 발달하였다. 또한 이 국가에는 세계무역기구(WTO), 국제노동기구(ILO), 세계보건기구(WHO) 등 세계적으로 영향력이 큰 국제기구의 본부가 위치해 있다.

① 그리스
② 스위스
③ 프랑스
④ 이탈리아
⑤ 네덜란드

10 (가), (나)에 해당하는 지역을 지도의 A~E에서 골라 바르게 연결한 것은?

> (가) 과거에는 제철 산업과 조선 산업이 번성한 도시였으나, 오늘날에는 도심에 있던 항만 시설을 항구로 옮기고 강변에 생태 공원을 조성하였다. 또한 지방 정부와 주민들이 문화 시설인 '구겐하임 미술관'을 유치하면서 새로운 문화 도시로 변모하고 있다.
>
> (나) 파리의 과도한 집중을 해소하기 위해 연구소와 선도 기업을 유치하면서 조성되었다. 대학, 국공립 연구소 등이 입지하여 우수 연구 인력도 쉽게 확보할 수 있었다. 이러한 조건을 바탕으로 세계적인 기업의 입주가 증가하여 혁신 클러스터가 형성되었다. 이 지역은 국제공항과 가까우며 니스, 칸과 인접하여 휴양지에 온 듯한 느낌도 든다.

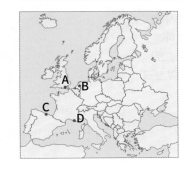

	(가)	(나)
①	A	B
②	A	C
③	B	D
④	C	B
⑤	C	D

11 다음 검색 내용과 관련이 있는 (가) 도시는?

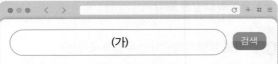

(가)   검색

이 산업 지역이 세계적인 클러스터로 성장한 비결은 기업과 대학, 정부 간의 유기적인 협력 때문이다. 이 국가의 대표 기업인 E사의 뛰어난 기술력과 수요가 협력 업체를 유인하였으며, 왕립 공과대학에서는 기업에 필요한 연구 인력과 벤처 기업인을 배출하였다. 또한 산업 단지가 위치한 스톡홀름시는 산업 단지가 자족 기능을 갖출 수 있도록 교통, 문화, 교육 등의 각종 사회 간접 시설을 지원하였다.

① 실리콘 글렌
② 소피아 앙티폴리스
③ 오울루 테크노폴리스
④ 시스타 사이언스 시티
⑤ 케임브리지 사이언스 파크

12 다음과 같은 배경으로 등장하게 된 도시를 〈보기〉에서 있는 대로 고른 것은?

- 이상 기후 현상에 따른 자연재해 발생
- 제조업 쇠퇴, 노후된 공장과 산업 시설
- 전 세계가 환경 문제에 주목하고 있으며 도시에 대한 인식도 변화함

┤ 보기 ├
ㄱ. 폴란드 바르샤바
ㄴ. 덴마크 코펜하겐
ㄷ. 노르웨이 오슬로
ㄹ. 독일 프라이부르크

① ㄱ, ㄴ, ㄷ   ② ㄱ, ㄷ, ㄹ
③ ㄱ, ㄴ, ㄹ   ④ ㄴ, ㄷ, ㄹ
⑤ ㄱ, ㄴ, ㄷ, ㄹ

13 (가)와 (나) 도시의 공통점으로 옳지 않은 것은?

(가) 스웨덴의 말뫼는 재생 에너지를 생산하는 정책을 펼쳐 스웨덴 최초의 환경 친화 지구로 지정되었다. 특히, 말뫼는 '터닝 토르소'라는 풍력 발전으로 만든 전기를 사용하고, 태양열을 이용하여 난방을 하는 등 건물 내부에서 사용하는 에너지를 모두 재생 에너지로만 충당하고 있다.

(나) 덴마크의 수도 코펜하겐에 있는 아마게르 바케는 쓰레기를 태워 주변 지역에 있는 전기와 난방 열을 제공하는 발전소와 문화 시설이 공존하고 있다. 쓰레기 소각장이 시민들의 사랑을 받는 관광 명소가 되었다.

① 화석 에너지 사용을 늘린다.
② 녹지 공간을 보존하고 확대한다.
③ 탄소 배출을 줄이는 정책을 편다.
④ 건물을 지을 때 자원을 재활용하여 건설한다.
⑤ 환경, 경제, 사회가 조화를 이루며 지속가능한 발전을 위해 노력한다.

❸ 유럽의 지역 통합과 분리 움직임

중요✦
14 지도의 A 지역에 관한 설명으로 옳지 않은 것은?

① 회원국 대부분이 유로를 사용한다.
② 회원국 간에 적은 관세로 상품을 수출한다.
③ A에 의해 유럽 대륙 내 교역이 증가하였다.
④ 튀르키예는 A에 가입하기를 희망하고 있다.
⑤ 경제 협력을 위해 유럽 중앙 은행을 설립하였다.

중요✦
15 A와 B 지역에 관한 설명으로 옳은 것은?

① A는 주로 프랑스어를 사용한다.
② A는 다른 지역보다 경제 발전 수준이 높다.
③ B는 네덜란드어를 사용한다.
④ B는 다른 지역보다 경제 발전 수준이 낮다.
⑤ A, B 모두 이슬람교를 믿는 신자의 수가 많다.

16 자료의 ㉠ 지역이 있는 국가는?

> **○○ 신문**   ○○○○년
>
> ㉠ 이 지역은 국가 내 국내 총생산(GDP)의 약 20 %를 차지할 정도로 영향력이 크다. 또한 고유한 역사와 문화를 보유하고 있으며 독자적인 언어인 카탈루냐어를 사용한다. 2014년, 2017년 두 차례에 걸쳐 분리·독립 투표를 실시하였으나, 중앙 정부에서 실시한 투표가 아니라는 이유로 독립이 무산되었다.

① 벨기에   ② 프랑스
③ 이탈리아   ④ 에스파냐
⑤ 포르투갈

17 유럽 국가 내 분리·독립 움직임이 미치는 부정적 영향으로 적절하지 <u>않은</u> 것은?

① 유럽의 통합에 방해가 될 수 있다.
② 서로 다른 문화 간에 갈등이 발생할 수 있다.
③ 유럽 지역의 경제 성장에 도움이 될 수 있다.
④ 이민자와 난민에 대해 적대감을 조성할 수 있다.
⑤ 유럽 각국의 주민 생활에 혼란을 일으킬 수 있다.

18 지도에 표시된 지역들의 공통점을 서술하시오.

19 다음 글을 읽고 물음에 답하시오.

> 브렉시트는 (㉠)의 ㉡유럽연합(EU) 탈퇴를 의미하는 말이다. 2016년 6월에 진행된 브렉시트 찬반 국민 투표에서 탈퇴가 결정되었으며, (㉠)은/는 결국 2020년 1월 31일에 유럽연합(EU)을 탈퇴하였다.

(1) ㉠에 해당하는 국가명을 쓰시오.

(2) ㉡의 원인을 한 가지만 서술하시오.

20 지도에 표시된 B 공업 지역의 특징을 A와 비교하여 서술하시오.

❶ 아프리카 속으로

01 ㉠~㉢에 들어갈 용어를 바르게 연결한 것은?

> 아프리카는 북쪽에 (㉠), 동북쪽에 (㉡)이/가 있으며, 인도양과 (㉢) 사이에 위치한다.

	㉠	㉡	㉢
①	유럽	아시아	태평양
②	유럽	아시아	대서양
③	아시아	유럽	대서양
④	아시아	유럽	태평양
⑤	아메리카	아시아	대서양

02 아프리카의 주요 국가에 관한 설명으로 옳지 않은 것은?

① 모로코 – 지중해를 사이에 두고 유럽과 인접해 있다.
② 탄자니아 – 세렝게티 초원에서 사파리 관광이 발달하였다.
③ 나미비아 – 고릴라 서식지로 유명한 열대 우림이 분포한다.
④ 남아프리카 공화국 – 아프리카 최초로 월드컵을 개최하였다.
⑤ 마다가스카르 – 바오바브나무와 같은 독특한 동식물 서식지로 유명하다.

03 ㉠에 해당하는 도시는?

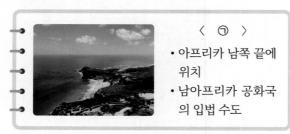

> 〈 ㉠ 〉
> • 아프리카 남쪽 끝에 위치
> • 남아프리카 공화국의 입법 수도

① 카이로
② 카사블랑카
③ 케이프타운
④ 아디스아바바
⑤ 요하네스버그

04 다음 도시들의 공통점으로 가장 적절한 것은?

> 카사블랑카   요하네스버그   케이프타운

① 인류 역사와 문명의 출발지이다.
② 온대 기후 지역에 위치한 도시이다.
③ 열대 우림이 발달하여 인구 밀도가 낮다.
④ 연중 서늘한 고원에 위치한 고산 도시이다.
⑤ 자원 개발과 수출 산업이 활발한 경제 중심지이다.

05 ㉠에 해당하는 지형을 지도의 A ~ E에서 고른 것은?

> 지각이 갈라지고 있는 (㉠)은/는 거대한 골짜기를 이루며 그 주변에서는 화산과 지진 활동이 활발하게 일어난다. 인근에는 화산 활동으로 형성된 킬리만자로산과 케냐산이 위치하고 있다.

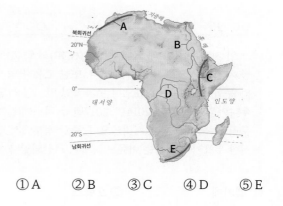

① A   ② B   ③ C   ④ D   ⑤ E

중요✦
06 (가), (나)에 해당하는 지형을 바르게 연결한 것은?

> (가) 아프리카 여러 국가를 거쳐 지중해로 흘러드는 대하천으로, 하류는 이집트 문명의 발상지이다.
> (나) 아프리카에서 가장 높은 산으로 탄자니아와 케냐의 국경 부근에 위치한다.

	(가)	(나)
①	나일강	케냐산
②	나일강	킬리만자로산
③	콩고강	케냐산
④	콩고강	킬리만자로산
⑤	잠베지강	킬리만자로산

[07-08] 다음 기후 그래프를 보고 물음에 답하시오.

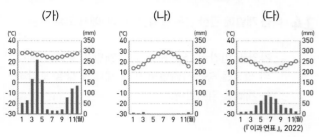

(가)   (나)   (다)

(『이과연표』, 2022)

07 (가)~(다) 기후에 관한 옳은 설명을 〈보기〉에서 고른 것은?

┤ 보기 ├
ㄱ. (가)는 건조 기후에 해당한다.
ㄴ. (나)는 (가)에 비해 기온의 연교차가 작다.
ㄷ. (다)는 남반구의 온대 기후이다.
ㄹ. (다)는 (가)에 비해 고위도 지역에 분포한다.

① ㄱ, ㄴ   ② ㄱ, ㄷ   ③ ㄴ, ㄷ
④ ㄴ, ㄹ   ⑤ ㄷ, ㄹ

09 A 기후 지역에 관한 설명으로 옳지 <u>않은</u> 것은?

(『필립스 세계 지도』, 2021)

① 기온의 연교차가 작다.
② 증발량이 강수량보다 많다.
③ 넓고 울창한 숲이 발달한다.
④ 주로 적도 부근에 나타난다.
⑤ 건기와 우기가 뚜렷한 기후가 나타난다.

2 아프리카의 다양한 문화와 지역 잠재력

10 ㉠~㉣에 관한 옳은 내용에만 모두 ○표를 한 학생은?

아프리카는 초기 인류의 기원지로 일찍부터 ㉠ 여러 문명이 발달하였다. 지역마다 자연환경이 다르며 수많은 민족(인종)과 부족이 고유한 언어와 종교, 생활양식을 간직하고 있다. 다른 지역에서 유입된 ㉡ 크리스트교와 ㉢ 이슬람교가 아프리카 각 지역의 ㉣ 토속 신앙과 결합하여 새로운 문화가 만들어지기도 하였다.

중요 ✦
08 A, B 경관을 볼 수 있는 기후 지역을 (가)~(다) 기후 그래프와 바르게 연결한 것은?

A   B

	A	B		A	B
①	(가)	(나)	②	(가)	(다)
③	(나)	(가)	④	(나)	(다)
⑤	(다)	(가)			

내용	학생				
	갑	을	병	정	무
이집트 문명이 ㉠의 대표 사례이다.	○	○	○		○
㉡은 유럽인의 식민 지배 과정에서 전파되었다.		○	○	○	
㉢은 주로 북부 아프리카에 영향을 주었다.	○		○		○
㉣은 아프리카에서 신자 수가 증가하고 있다.	○	○		○	

① 갑   ② 을   ③ 병   ④ 정   ⑤ 무

11 아프리카의 생활 문화에 관한 옳은 설명을 〈보기〉에서 고른 것은?

┤ 보기 ├
ㄱ. 비가 많이 내리는 지역에서는 밀이 주식이다.
ㄴ. 사하라 이남에서는 화려한 색상과 무늬의 옷을 주로 입는다.
ㄷ. 연중 기온이 높은 북부 아프리카에서는 얇고 짧은 옷을 입는다.
ㄹ. 열대 기후 지역인 가나의 대표 음식은 카사바를 이용한 푸푸이다.

① ㄱ, ㄴ   ② ㄱ, ㄷ   ③ ㄴ, ㄷ
④ ㄴ, ㄹ   ⑤ ㄷ, ㄹ

중요✧
12 다음 글로 추론할 수 있는 아프리카의 인구 특성과 잠재력으로 옳지 <u>않은</u> 것은?

아프리카의 인구는 2021년 기준 약 14억 명으로 세계 인구의 약 17%를 차지하고 있으며, 전체 인구의 약 70%가 30세 이하이다.

① 젊은 노동력이 풍부할 것이다.
② 생산 연령층의 인구가 증가할 것이다.
③ 중위 연령이 다른 대륙에 비해 높을 것이다.
④ 소비 시장이 커져 세계 경제에서의 비중이 커질 것이다.
⑤ 전 세계에서 아프리카 인구가 차지하는 비율이 높아질 것이다.

13 표는 아프리카 어느 국가의 주요 광물 자원을 나타낸 것이다. 이 국가에 관한 설명으로 옳은 것은?

자원	세계 생산 점유율(%)	세계 순위	자원	세계 생산 점유율(%)	세계 순위
백금	73.7	1위	다이아몬드	13.0	4위
코발트	69.2	1위	철광석	2.9	6위
망간	36.0	1위	금	3.5	8위

(미국 지질 조사국, 2023)

① 나일강의 발원지로 빅토리아 호수가 유명하다.
② '놀리우드'라 불리는 영화 산업이 급성장하였다.
③ 고대 유적인 피라미드와 스핑크스를 볼 수 있다.
④ 세렝게티 국립 공원의 사파리 관광으로 유명하다.
⑤ 요하네스버그와 케이프타운 등의 도시가 대표적이다.

❸ 아프리카의 지속가능한 발전을 위한 노력

14 다음 개발에 관한 옳은 설명을 〈보기〉에서 고른 것은?

자연과 인간이 조화를 이루는 개발을 통해 현세대의 필요를 충족시키면서 미래 세대의 삶을 보장하는 개발을 의미한다.

┤ 보기 ├
ㄱ. 빠른 경제 성장이 가능해진다.
ㄴ. 파괴된 환경을 복원하기 위한 활동을 추진한다.
ㄷ. 경제적 가치를 양적인 것보다 질적인 것에 관심을 둔다.
ㄹ. 인간에게 유용하도록 자연을 적극적으로 개척하도록 한다.

① ㄱ, ㄴ ② ㄱ, ㄷ ③ ㄴ, ㄷ ④ ㄴ, ㄹ ⑤ ㄷ, ㄹ

15 지도는 그레이트 그린 월 프로젝트에 관한 것이다. 이 사업의 목적은?

그레이트 그린 월 프로젝트
총 길이: 7,775km
총면적: 1,166만 ha
평균 폭: 15km
0   700km
(그레이트 그린 월, 2023)

① 사막화 방지   ② 전력난 해소
③ 정치적 통합   ④ 지하자원의 개발
⑤ 농업 생산량 증대

중요✧
16 ㉠, ㉡에 관한 옳은 설명을 〈보기〉에서 고른 것은?

아프리카의 지속가능한 발전을 위해서는 ㉠ 아프리카 내 국가 간 협력을 통한 노력도 필요하지만 ㉡ 세계시민으로서 개인의 노력도 매우 중요하다.

┤ 보기 ├
ㄱ. ㉠의 주체는 국제연합(UN)이 대표적이다.
ㄴ. 아프리카연합(AU)의 활동은 ㉠에 해당한다.
ㄷ. 옥스팜, 굿 네이버스는 ㉡에 해당한다.
ㄹ. 공정 무역 제품을 구입하는 것은 ㉡에 해당한다.

① ㄱ, ㄴ ② ㄱ, ㄷ ③ ㄴ, ㄷ ④ ㄴ, ㄹ ⑤ ㄷ, ㄹ

17 다음과 같은 소비 활동의 변화를 통해 기대되는 효과로 적절한 것만을 〈보기〉에서 있는 대로 고른 것은?

▲ 일반 커피와 공정 무역 커피의 이익 배분 구조

| 보기 |

ㄱ. 커피 프랜차이즈 기업의 이익을 극대화할 수 있을 것이다.

ㄴ. 생산 농장의 노동자에게 정당한 대가를 지불할 수 있을 것이다.

ㄷ. 유통 과정을 줄여 생산자의 경제적 상황을 개선할 수 있을 것이다.

ㄹ. 소비자들은 직거래를 통해 신뢰할 수 있는 제품을 구입할 수 있을 것이다.

① ㄱ, ㄷ　　　② ㄴ, ㄹ　　　③ ㄱ, ㄴ, ㄷ
④ ㄱ, ㄴ, ㄹ　　⑤ ㄴ, ㄷ, ㄹ

18 다음과 같은 홍보물을 만드는 목적으로 가장 적절한 것은?

〈 여행자의 약속 〉
• 걷거나 대중교통 이용하기
• 현지인이 운영하는 숙소 및 식당 이용하기
• 동물을 학대하는 쇼나 투어에 참가하지 않기
• 멸종 위기의 동식물로 만든 기념품 구입하지 않기
• 여행지의 생활 방식과 종교를 존중하고 예의 지키기

① 자연환경 개발을 통한 관광지 개발
② 관광객 유치를 위한 지역 특성 홍보
③ 지속가능한 관광 자원의 개발과 보전
④ 관광 소득 증대를 통한 주민 소득 증대
⑤ 관광 자원 개발을 통한 지역 경제 활성화

19 사진과 같은 경관이 나타나는 지역의 기후 특징을 서술하시오.

▲ 콩고 민주 공화국의 삼림

20 다음 글을 읽고 아프리카 음악의 영향에 관해 서술하시오.

특유의 리듬감과 경쾌함을 지닌 아프리카 음악은 아메리카 대륙으로 전파되어 아프로-아메리카 음악이라는 장르로 발전하였으며, 이러한 음악은 남아메리카의 대표적인 축제로 발전하기도 하였다.

21 지도는 대륙별 중위 연령을 나타낸 것이다. 이와 관련된 아프리카의 잠재력을 서술하시오.

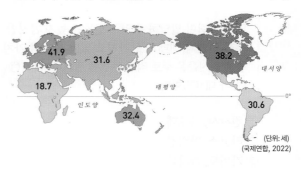

(단위: 세)
(국제연합, 2022)

Ⅳ 아프리카 **2회**

1 아프리카 속으로

01 아프리카에 관한 설명으로 옳지 <u>않은</u> 것은?

① 북부 아프리카에서는 대부분 열대 기후가 나타난다.
② 세계에서 두 번째로 큰 대륙으로 남반구와 북반구에 걸쳐 있다.
③ 남부 아프리카는 온대 기후가 나타나 일찍부터 유럽인이 진출하였다.
④ 사하라 사막을 기준으로 북부 아프리카와 중·남부 아프리카로 구분한다.
⑤ 서부 아프리카의 해안 지역은 수출 산업을 중심으로 경제활동이 활발하다.

02 사진과 관련 있는 국가는?

▲ 케이프타운

▲ 희망봉

① 케냐
② 이집트
③ 모로코
④ 에티오피아
⑤ 남아프리카 공화국

03 ㉠에 해당하는 도시는?

> 열대 우림이 발달하여 인구 밀도는 높지 않지만 풍부한 자연과 생태계를 가지고 있어 환경적 가치가 높은 도시들은 주로 적도 주변에 위치하며 (㉠)이/가 대표적이다.

① 킨샤사, 야운데
② 라고스, 아비장
③ 카이로, 카사블랑카
④ 아디스아바바, 나이로비
⑤ 케이프타운, 요하네스버그

04 (가), (나)에 해당하는 국가를 지도의 A~E에서 골라 바르게 연결한 것은?

> (가) 세렝게티 초원에서는 다양한 동식물을 관찰하는 사파리 관광을 할 수 있다.
> (나) 백금, 크롬, 망간의 세계 생산 점유율 1위인 아프리카 최대의 광공업국이다.

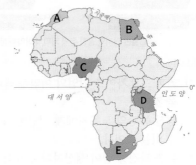

	(가)	(나)		(가)	(나)
①	A	C	②	A	D
③	B	D	④	B	E
⑤	D	E			

05 게임의 종료를 위해 ㉠에 들어갈 내용으로 알맞은 것은?

> ※ 다음에 설명하는 도시의 글자를 표에서 지우시오.
> (1) 아프리카연합(AU)의 본부가 위치한 도시
> (2) 이집트 문명의 발상지, 피라미드와 스핑크스로 유명한 도시
> (3) _____ ㉠ _____

아	카	카	스	카	바	로
블	아	디	이	사	랑	바

① 남아프리카 공화국의 입법 수도
② 아프리카에서 가장 인구가 많은 도시
③ 나일강 하구에 위치한 이집트의 수도
④ 과거 광산 개발로 성장한 남아프리카 공화국의 금융 도시
⑤ 에스파냐어로 '하얀 집'을 뜻하는 지중해 연안의 관광 도시

● 바른답·알찬풀이 42쪽

중요✦
06 A~E 지형에 관한 설명으로 옳지 <u>않은</u> 것은?

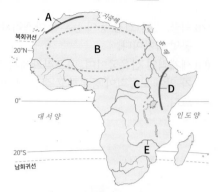

① A - 판의 경계에 가까워 높고 험준하다.
② B - 화산 활동으로 형성된 아프리카에서 가장 높은 산이 있다.
③ C - 아프리카에서 가장 긴 하천으로 여러 국가를 통과한다.
④ D - 지각이 갈라지고 있으며 지진과 화산 활동이 발생한다.
⑤ E - 하천의 상류에 세계 3대 폭포 중 하나인 빅토리아 폭포가 있다.

07 A~C 기후의 특징을 〈보기〉에서 고른 것은?

(『필립스 세계 지도』, 2021)

| 보기 |
ㄱ. A는 연중 기온이 높고 강수량이 많다.
ㄴ. B는 증발량이 강수량보다 많다.
ㄷ. C는 연 강수량 500mm 미만이다.
ㄹ. A는 C보다 연교차가 크다.

① ㄱ, ㄴ ② ㄱ, ㄷ ③ ㄴ, ㄷ
④ ㄴ, ㄹ ⑤ ㄷ, ㄹ

08 (가)~(다)의 검색어와 관련 있는 도시를 지도의 A~G에서 골라 바르게 연결한 것은?

(가)	#모로코의 관광 도시 #에스파냐어로 '하얀 집'이라는 뜻 #유럽과 인접
(나)	#에티오피아의 수도 #아프리카 항공 교통의 중심지 #아프리카연합의 본부
(다)	#나이지리아의 항구 도시 #나이지리아의 경제 중심지 #아프리카에서 인구가 가장 많은 도시

	(가)	(나)	(다)
①	A	B	G
②	A	E	C
③	B	F	A
④	D	E	G
⑤	F	D	C

❷ 아프리카의 다양한 문화와 지역 잠재력

09 아프리카의 문화에 관한 설명으로 옳지 <u>않은</u> 것은?

① 북부 아프리카는 이슬람교의 영향을 많이 받았다.
② 유럽 식민 지배의 영향으로 토속 신앙은 사라졌다.
③ 인류의 기원지로 여러 고대 문명이 발달하였다.
④ 수많은 민족(인종)과 부족이 고유 문화를 간직하고 있다.
⑤ 중·남부 아프리카는 북부 아프리카보다 크리스트교의 신자 수 비중이 높다.

10 사진과 같은 전통 가옥이 나타나는 지역에 관한 옳은 설명을 〈보기〉에서 고른 것은?

┤ 보기 ├
ㄱ. 증발량이 강수량보다 많다.
ㄴ. 흙벽돌로 지은 집은 창문이 작고, 벽이 두껍다.
ㄷ. 전통 음식의 식재료는 카사바와 옥수수가 많다.
ㄹ. 빗물이 잘 흘러내리도록 지붕의 경사를 급하게 만든다.

① ㄱ, ㄴ   ② ㄱ, ㄷ   ③ ㄴ, ㄷ
④ ㄴ, ㄹ   ⑤ ㄷ, ㄹ

중요✦
11 ㄱ~ㄷ에 들어갈 알맞은 말을 바르게 연결한 것은?

세계에서 아시아 다음으로 인구가 많은 아프리카는 다른 대륙보다 출생률이 (㉠), 평균 연령이 (㉡). 인구가 가장 많은 (㉢)를 비롯한 아프리카의 국가들은 풍부한 노동력과 소비 시장의 잠재력을 바탕으로 경제가 성장하고 있다.

	㉠	㉡	㉢
①	높고	낮다	이집트
②	높고	낮다	나이지리아
③	높고	낮다	에티오피아
④	낮고	높다	나이지리아
⑤	낮고	높다	에티오피아

12 ㉠에 해당하는 국가는?

전 세계 다이아몬드 생산량의 약 20%를 차지하는 (㉠)은/는 다이아몬드 채굴, 관광 산업 활성화 등을 바탕으로 경제가 성장하였다.

① 케냐   ② 리비아   ③ 보츠와나
④ 나이지리아   ⑤ 남아프리카 공화국

13 (가), (나)에 해당하는 국가를 지도의 A~C에서 골라 바르게 연결한 것은?

(가) 백금, 망간, 크롬 등이 풍부한 아프리카 제1의 광공업 국가이다.
(나) 세계적인 산유국이며, 아프리카에서 가장 인구가 많아 노동력이 풍부하고 성장 잠재력이 매우 크다.

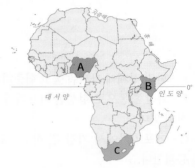

	(가)	(나)		(가)	(나)
①	A	B	②	B	A
③	B	C	④	C	A
⑤	C	B			

❸ 아프리카의 지속가능한 발전을 위한 노력

14 다음 글의 사례로 옳은 내용을 〈보기〉에서 고른 것은?

아프리카의 여러 국가는 지속가능한 발전을 위하여 다양한 분야에서 협력하고 있다.

┤ 보기 ├
ㄱ. 정부 간 연합체인 아프리카연합(AU)을 결성하였다.
ㄴ. 무역 규제를 없애기 위해 자유 무역 지대를 구축하였다.
ㄷ. 공적 개발 원조(ODA)에서 원조국으로 활동하고 있다.
ㄹ. 경제 성장에 주력하여 대부분의 국가가 빈곤에서 벗어났다.

① ㄱ, ㄴ   ② ㄱ, ㄷ   ③ ㄴ, ㄷ
④ ㄴ, ㄹ   ⑤ ㄷ, ㄹ

15 지속가능한 발전을 위한 아프리카의 노력으로 적절하지 <u>않은</u> 것은?

① 탄소중립을 위해 신·재생 에너지의 생산 비율을 늘리고 있다.
② 농업국에서는 안정적인 물 공급을 위해 관개 기술을 개발하였다.
③ 농업 생산성 향상을 위해 화학 비료의 사용을 적극 권장하고 있다.
④ 아동의 교육 환경 개선을 위해 솔라 카우 프로젝트를 시행하고 있다.
⑤ 의약품 배송에 드론을 사용하여 의료 서비스 안정화를 위해 노력하고 있다.

16 밑줄 친 실천 방안으로 적절한 것만을 〈보기〉에서 있는 대로 고른 것은?

> 우리는 세계시민으로서 아프리카의 지속가능한 발전을 위해 일상에서 실천할 수 있는 다양한 방안을 찾고, 이를 실천하려고 노력해야 한다.

┤ 보기 ├
ㄱ. 적정 기술 개발하기
ㄴ. 공정무역 제품 구매하기
ㄷ. 주관적인 정보를 바탕으로 아프리카 이해하기

① ㄱ   ② ㄴ   ③ ㄱ, ㄴ
④ ㄱ, ㄷ   ⑤ ㄱ, ㄴ, ㄷ

17 밑줄 친 기술이 갖추어야 할 조건으로 옳지 <u>않은</u> 것은?

> 정화 빨대는 오염된 물을 깨끗하게 만드는 빨대이다. 이 빨대에는 질병의 위험을 막고, 물 부족 문제 해결에 도움을 주는 <u>적정 기술</u>이 적용되었다.

① 제작 및 판매 비용이 저렴해야 한다.
② 뚜렷한 지역성을 갖추고 있어야 한다.
③ 사용과 유지 및 관리가 손쉬워야 한다.
④ 현지의 기술과 노동력을 활용해야 한다.
⑤ 높은 기술력과 자본 투자가 이루어져야 한다.

18 다음 프로젝트의 주된 목표를 서술하시오.

> 케냐와 탄자니아, 콩고 민주 공화국 등은 자녀를 일터 대신 학교에 보내 아이가 수업을 받는 동안 '솔라 카우(Sodar Cow)'라는 태양광 발전기를 통해 배터리를 충전하고, 하교할 때 배터리를 집에 가져가 활용하도록 하는 솔라 카우 프로젝트를 실시하고 있다.

_____
_____

19 다음 글의 밑줄 친 정책의 구체적인 내용을 서술하시오.

> 아프리카연합(AU)는 2019년 5월 30일 아프리카 자유 무역 지대(AfCFTA)를 출범하고 아프리카의 지속가능한 개발과 <u>경제 통합을 추구하기 위한 정책</u>을 도입하였다.

_____
_____

20 다음 내용을 보고 물음에 답하시오.

  (가) (으)로 질 좋고 신뢰할 수 있는 에티오피아의 커피 원두와 코트디부아르의 카카오를 구입해서 소비자들에게 제공할 수 있어요.

케냐의 장미 농장 노동자에게 정당한 임금을 지불할 수 있어요.

(1) (가)에 해당하는 무역 방식을 쓰시오.

_____

(2) (가)의 무역 방식이 생산자와 소비자에게 주는 긍정적인 효과를 각각 <u>한 가지씩</u> 서술하시오.

_____

1 아메리카 속으로

중요✦
01 ㉠~㉢에 들어갈 내용을 바르게 연결한 것은?

> 아메리카는 세계 육지 면적의 약 30 %를 차지하며 북쪽은 북극해, 서쪽은 (㉠), 동쪽은 (㉡)과/와 접한다. 또한 (㉢)을/를 경계로 북아메리카와 남아메리카로 구분할 수 있다.

	㉠	㉡	㉢
①	대서양	태평양	파나마 지협
②	대서양	카리브해	리오그란데강
③	태평양	대서양	파나마 지협
④	태평양	대서양	미시시피강
⑤	카리브해	태평양	리오그란데강

02 아메리카의 주요 국가에 관한 설명으로 옳지 <u>않은</u> 것은?

① 미국은 세계 최대의 경제 대국이다.
② 페루는 잉카 문명의 발상지로 고대 유적이 많다.
③ 캐나다는 북아메리카에서 국토 면적이 가장 넓다.
④ 멕시코는 지리적으로는 북아메리카에, 문화적으로는 라틴 아메리카에 속한다.
⑤ 아르헨티나는 과거 포르투갈의 식민 지배를 받아 주민 대부분이 포르투갈어를 사용한다.

03 다음 설명에 해당하는 국가를 A~E에서 고른 것은?

> 에스파냐어로 '적도'라는 뜻을 가진 국가로, 수도인 키토는 안데스 산지의 해발 고도 2,850 m에 위치한 대표적인 고산 도시이다.

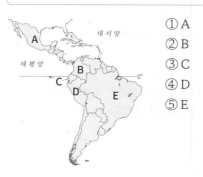

① A
② B
③ C
④ D
⑤ E

04 사진과 같은 경관을 볼 수 있는 도시는?

① 뉴욕
② 시카고
③ 상파울루
④ 로스앤젤레스
⑤ 부에노스아이레스

05 다음은 아메리카의 도시를 소개한 카드이다. (가)에 들어갈 내용으로 가장 적절한 것은?

> **아메리카 도시 여행**
> • 세계에서 가장 큰 예수 상이 있는 항구 도시
> • 과거 브라질의 수도였음
> • _____(가)_____

① 이슬람교의 영향이 큼
② 태평양 연안에 위치함
③ 탱고와 낭만의 도시로 유명함
④ 삼바로 유명한 리우 카니발이 열림
⑤ 태평양 연안에 위치한 인구가 가장 많은 도시

중요✦
06 다음 도시들의 공통점으로 옳은 것은?

> • 라파스   • 쿠스코   • 보고타

① 인류의 역사와 문명의 출발지이다.
② 온대 기후 지역에 위치한 도시이다.
③ 열대 우림이 발달하여 인구 밀도가 낮다.
④ 연중 서늘한 고산 지대에 위치한 도시이다.
⑤ 세계적인 영향력을 행사하는 정치·경제의 중심지이다.

07 아메리카의 지형에 관한 ○× 퀴즈이다. 학생이 받게 될 점수는 몇 점인가? (단, 점수는 문항당 1점임)

문제	답
(1) 아메리카 서쪽에는 높고 험준한 산맥이 분포한다.	○
(2) 미국의 미시시피강은 멕시코만으로 흘러 들어간다.	○
(3) 미국 중부에는 세계에서 유량이 가장 풍부한 아마존강이 흐른다.	×
(4) 애팔래치아산맥은 오랜 시간 침식을 받아 비교적 해발 고도가 낮고 완만하다.	○

① 0점   ② 1점   ③ 2점   ④ 3점   ⑤ 4점

08 ㉠에 들어갈 알맞은 산맥은?

> 북아메리카는 서부에 높고 험준한 (㉠)이 남북으로 뻗어 있다. (㉠)에서 흘러내린 콜로라도강이 계곡의 지층을 깎아 형성된 거대한 협곡인 그랜드 캐니언은 세계 자연 유산으로 지정되어 있다.

① 로키산맥   ② 알프스산맥
③ 안데스산맥   ④ 히말라야산맥
⑤ 애팔래치아산맥

09 (가), (나)와 같은 경관을 볼 수 있는 지역을 지도의 A~C에서 골라 바르게 연결한 것은?

(가)

(나)

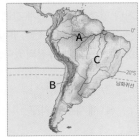

	(가)	(나)
①	A	B
②	A	C
③	B	A
④	B	C
⑤	C	B

10 ㉠에 해당하는 기후 그래프로 가장 적절한 것은?

> 적도 주변의 안데스산맥 일대는 해발 고도가 높아 연중 서늘한 (㉠)이/가 나타나 일찍부터 사람이 거주하면서 도시가 발달하였다.

①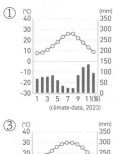
(climate-data, 2023)

②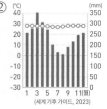
(세계 기후 가이드, 2023)

③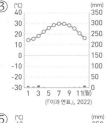
(『이과 연표』, 2022)

④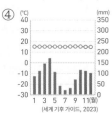
(세계 기후 가이드, 2023)

⑤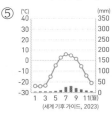
(세계 기후 가이드, 2023)

❷ 아메리카의 다양한 민족(인종)과 문화

11 다음은 미국으로 유입된 지역(대륙)별 이주자 수이다. A, B 지역에 관한 설명으로 옳은 것은?

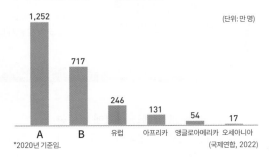
(단위: 만 명)

A 1,252 / B 717 / 유럽 246 / 아프리카 131 / 앵글로아메리카 54 / 오세아니아 17
*2020년 기준임.
(국제연합, 2022)

① A의 주민은 대부분 가톨릭교를 믿는다.
② A의 주요 국가는 캐나다와 멕시코이다.
③ B의 주민은 에스파냐어를 주로 사용한다.
④ B는 과거 목화 농장이 많았던 남동부 지역에 주로 분포한다.
⑤ B는 A보다 미국과의 거리가 가깝다.

중요✦
12 지도는 라틴 아메리카의 언어 분포를 나타낸 것이다. 이를 통해 알 수 있는 내용으로 옳은 것은?

① 개신교가 주요 종교로 자리 잡았다.
② 에스파냐와 포르투갈의 지배를 받았다.
③ 대부분의 국가에서 포르투갈어를 사용한다.
④ 서부 유럽과 비슷한 문화적 특성이 나타난다.
⑤ 대부분의 지역에서 언어 갈등이 나타나고 있다.

13 다음 문학 작품의 ㉠, ㉡에 관한 옳은 설명을 〈보기〉에서 고른 것은?

…… (브라질에 사는 5세 소년 제제) ……
"아저씨, 우리 엄마 한번도 못 봤죠? 우리 엄마는 ㉠인디언이에요. 진짜 인디언의 딸이에요. 그래서 우리 식구들은 모두 반쯤은 인디언이에요."

…… "그런데 너는 어떻게 그렇게 피부가 하얗지? 머리는 흰색에 가까운 금발이고 말이야." "㉡포르투갈인의 피가 섞여서 그렇대요."
- 조제마우루지바스콘셀루스, 『나의 라임 오렌지 나무』 -

┤ 보기 ├
ㄱ. ㉠은 주로 안데스 산지에 거주한다.
ㄴ. ㉠은 라틴 아메리카 인구 중 가장 높은 비율을 차지한다.
ㄷ. ㉡의 식민 지배로 가톨릭교가 전파되었다.
ㄹ. ㉡의 언어는 브라질을 제외한 라틴 아메리카 대부분 지역에서 사용된다.

① ㄱ, ㄷ   ② ㄱ, ㄹ   ③ ㄴ, ㄷ
④ ㄴ, ㄹ   ⑤ ㄷ, ㄹ

14 사진과 같은 전통 의복을 입는 주민들이 주로 거주하는 지역에 관한 옳은 설명을 〈보기〉에서 고른 것은?

┤ 보기 ├
ㄱ. 아프리카계의 비율이 높게 나타난다.
ㄴ. 주민의 대부분이 에스파냐어를 사용한다.
ㄷ. 과거에 잉카 문명 등 고대 문명이 번성하였다.
ㄹ. 원주민들은 특별 보호 구역에서만 거주하고 있다.

① ㄱ, ㄴ   ② ㄱ, ㄷ   ③ ㄴ, ㄷ
④ ㄴ, ㄹ   ⑤ ㄷ, ㄹ

15 ㉠~㉢에 들어갈 내용을 바르게 연결한 것은?

라틴 아메리카에서 (㉠)의 식민 지배를 받은 (㉡)은/는 (㉢) 신자의 비율이 높다. 유럽의 (㉢)을/를 받아들이는 과정에서 과달루페 성모상의 피부색은 (㉡)인의 피부색과 비슷한 갈색으로 변화하였다.

	㉠	㉡	㉢
①	영국	캐나다	개신교
②	포르투갈	브라질	가톨릭교
③	포르투갈	멕시코	가톨릭교
④	에스파냐	브라질	개신교
⑤	에스파냐	멕시코	가톨릭교

❸ 아메리카의 초국적 기업

16 ㉠에 들어갈 용어로 가장 적절한 것은?

수입품의 관세를 없애거나 낮추어 특정 국가 간에 상품과 서비스의 이동을 자유롭게 하는 (㉠)이/가 확대됨에 따라 경제활동의 세계화가 촉진되었다.

① 공정 무역   ② 경제 블록
③ 국제 분업   ④ 세계무역기구
⑤ 자유무역협정

17 다음 글에 관한 옳은 설명을 〈보기〉에서 고른 것은?

> 초국적 기업의 활동은 특정 지역에서만 이루어지지 않고 연구 개발, 생산, 판매 등 각각 전문화된 핵심 기능을 수행하기 유리한 지역에 분산되어 나타난다.

| 보기 |
ㄱ. 초국적 기업의 공간적 분업에 관한 설명이다.
ㄴ. 자회사는 본사가 위치한 국가에 주로 입지한다.
ㄷ. 초국적 기업의 영향력이 축소되는 데 영향을 준다.
ㄹ. 주로 저렴한 노동력이 풍부한 지역에 생산 공장이 들어선다.

① ㄱ, ㄷ   ② ㄱ, ㄹ   ③ ㄴ, ㄷ
④ ㄴ, ㄹ   ⑤ ㄷ, ㄹ

18 ㉠에 해당하는 국가를 지도의 A~E에서 고른 것은?

> (㉠)은/는 현재 세계 경제를 주도하고 있으며 세계 주요 초국적 기업의 본사가 가장 많이 입지한 국가이다. 초국적 기업은 이 국가가 위치한 대륙을 포함한 전 세계에 진출해 있다.

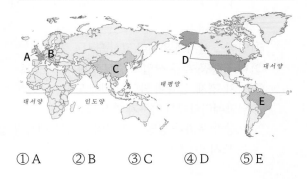

① A   ② B   ③ C   ④ D   ⑤ E

19 초국적 기업의 생산 공장이 들어선 지역에서 나타날 수 있는 변화로 가장 적절한 것은?

① 지역 경제가 침체된다.
② 대규모 실업 사태가 발생한다.
③ 이익의 대부분이 현지 노동자에게 배분된다.
④ 유해 물질의 배출로 환경 문제가 발생할 수 있다.
⑤ 국내 산업이 타격을 받아 국가 전체의 경제가 활성화된다.

20 지도를 보고 물음에 답하시오.

(1) A와 B를 구분하는 기준인 ㉠ 하천 이름을 쓰시오.

_____

(2) 아래의 내용을 포함하여 A, B 지역의 문화적 특징을 각각 서술하시오.

> • 종교   • 언어 분포

_____
_____

21 A 민족(인종)의 문화적 특징을 언어와 출신지를 포함하여 서술하시오.

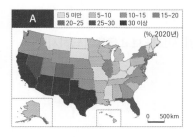

_____
_____

22 자료는 디트로이트의 인구 변화를 나타낸 것이다. 이와 같은 현상이 나타나게 된 원인과 영향을 서술하시오.

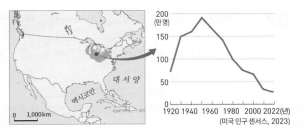

_____

1 아메리카 속으로

중요✦
01 지도는 아메리카를 두 가지 관점에서 구분한 것이다. 이에 관한 설명으로 옳은 것은?

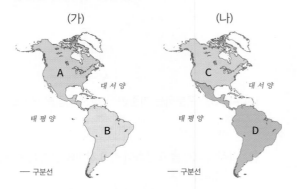

(가)   (나)

① (가), (나) 지역 구분의 기준은 모두 산맥이다.
② (가)는 지리적 구분, (나)는 문화적 구분으로 볼 수 있다.
③ A는 앵글로아메리카, B는 라틴 아메리카이다.
④ C는 북아메리카, D는 남아메리카이다.
⑤ C에는 D보다 더 많은 국가가 위치한다.

[02-03] 지도를 보고 물음에 답하시오.

02 ㉠에 해당하는 국가를 위 지도의 A~E에서 고른 것은?

> 선생님: 라틴 아메리카의 내륙 국가인 (㉠)에 대해 말해 볼까요?
> 학생 1: 페루, 브라질 등과 접해 있어요.
> 학생 2: 세계적인 리튬 매장지이자 소금 사막인 우유니 사막이 유명해요.

① A   ② B   ③ C   ④ D   ⑤ E

03 다음은 아메리카 여행 계획의 일부이다. 여행 경로를 지도의 A~E에서 골라 순서대로 바르게 나열한 것은?

출발지	경유지	도착지
잉카 문명의 중심지인 마추픽추 방문하기	리우 카니발에서 사진 찍어 가족에게 보내기	활화산인 비야리카 화산 체험하기

① A → B → D   ② B → A → D
③ B → D → E   ④ C → A → B
⑤ C → B → E

04 아메리카의 도시 학습을 위한 게임이다. 이 게임을 완료하기 위해 (가)에 들어갈 내용으로 옳은 것을 고르면?

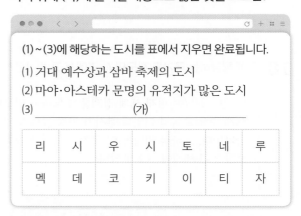

> (1)~(3)에 해당하는 도시를 표에서 지우면 완료됩니다.
> (1) 거대 예수상과 삼바 축제의 도시
> (2) 마야·아스테카 문명의 유적지가 많은 도시
> (3) _____ (가)

리	시	우	시	토	네	루
멕	데	코	키	이	티	자

① 안데스 산지에 위치한 고산 도시
② 미국 항공·우주 산업의 중심 도시
③ 정치·경제·금융이 발달한 세계 도시
④ 남아메리카에서 인구가 가장 많은 도시
⑤ 프랑스 문화가 발달하고 다양한 국제 행사가 열리는 도시

05 ㉠에 들어갈 알맞은 도시는?

> (㉠)은/는 아르헨티나의 수도이자 최대 도시이며 남아메리카의 남동부 해안에 위치한 항구 도시이다. 온대 기후 지역으로 유럽계 백인의 거주 비율이 높으며 탱고와 낭만의 도시로 유명하다.

① 쿠스코   ② 보고타
③ 멕시코시티   ④ 리우데자네이루
⑤ 부에노스아이레스

● 바른답·알찬풀이 45쪽

06 다음 설명에 해당하는 지형은?

> • 아메리카 서부에 남북으로 길게 뻗어 있다.
> • 환태평양 조산대의 일부로 지진과 화산 활동이 활발하다.
> • 보고타, 쿠스코, 라파스 등의 고산 도시들이 발달하였다.

① 로키산맥
② 알프스산맥
③ 안데스산맥
④ 아틀라스산맥
⑤ 애팔래치아산맥

중요✦
07 A 산맥과 비교한 B 산맥의 특징으로 옳은 설명을 〈보기〉에서 고른 것은?

┤ 보기 ├
ㄱ. 평균 해발 고도가 낮다.
ㄴ. 지각판의 경계에 더 가깝다.
ㄷ. 지진과 화산 활동이 더 활발하다.
ㄹ. 오랜 시간 침식을 받아 비교적 경사가 완만하다.

① ㄱ, ㄷ
② ㄱ, ㄹ
③ ㄴ, ㄷ
④ ㄴ, ㄹ
⑤ ㄷ, ㄹ

08 아메리카의 기후에 관한 설명으로 옳지 <u>않은</u> 것은?

① 남부 내륙 지역에서는 건조 기후가 나타난다.
② 아마존 분지에서는 열대 우림 기후가 나타난다.
③ 북극해 주변은 연중 기온이 낮아 인간 거주에 불리하다.
④ 오대호 연안에서는 일 년 내내 서늘한 고산 기후가 나타난다.
⑤ 남·북위 20°~30° 부근의 서부 해안 지역에서는 건조 기후가 나타난다.

09 그래프와 같은 기후 특성이 나타나는 A 지역에 관한 설명으로 옳지 <u>않은</u> 것은?

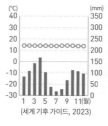

(세계 기후 가이드, 2023)

① 일 년 내내 서늘한 기후가 나타난다.
② 기온의 연교차가 크고 강수량이 연중 고르다.
③ 일찍부터 사람이 거주하면서 도시가 발달하였다.
④ 적도 주변의 안데스 산지 일대에서 나타나는 기후이다.
⑤ 저지대의 열대 기후 지역보다 인간이 생활하기에 적합한 기후가 나타난다.

❷ 아메리카의 다양한 민족(인종)과 문화

10 (가), (나)에 해당하는 지역을 지도의 A~C에서 골라 바르게 연결한 것은?

> (가) 에스파냐어를 사용하는 라틴 아메리카 출신의 이민자들이 집중 분포한다.
> (나) 프랑스어를 주로 사용하며 주민들은 프랑스의 전통문화를 유지하며 살아간다.

	(가)	(나)		(가)	(나)
①	A	B	②	A	C
③	B	A	④	B	C
⑤	C	B			

11 자료는 미국 내 어떤 인종(민족)이 주로 분포하는 지역을 나타낸 것이다. 이에 관한 설명으로 옳은 것은?

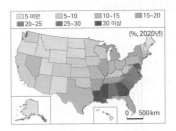

① 대부분 에스파냐어를 사용한다.
② 주로 원주민 보호 구역에 거주한다.
③ 라틴 아메리카 출신의 이민자가 대부분이다.
④ 아시아에서 경제적 이유로 유입된 이민자가 많다.
⑤ 과거 유럽인들에 의해 아프리카에서 강제로 이주되었다.

중요✦
12 지도는 아메리카의 민족(인종) 구성과 분포를 나타낸 것이다. 이에 관한 설명으로 옳지 <u>않은</u> 것은?

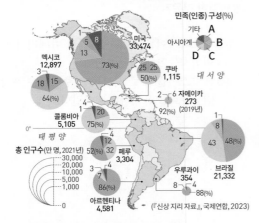

① 미국의 A는 주로 영어를 사용한다.
② 아르헨티나의 A는 주로 포르투갈어를 사용한다.
③ B는 과거 유럽인이 대규모 농장을 운영하기 위해 아프리카에서 강제로 이주시켰다.
④ 페루의 C는 잉카 문명을 번성시켰다.
⑤ D는 라틴 아메리카 전역에 걸쳐 거주하고 있는 혼혈이다.

13 (가), (나)에 해당하는 국가를 지도의 A~D에서 골라 바르게 연결한 것은?

(가) 아스테카 문명이 번성했던 지역으로 옥수수로 빚은 토르티야에 야채와 고기를 얹어 먹는 타코가 대표적인 음식이다.
(나) 남부 유럽에서 온 이민자들의 춤곡과 라틴 아메리카의 토착 음악이 결합하여 탱고라는 음악과 춤이 만들어졌다.

	(가)	(나)
①	A	C
②	A	D
③	B	A
④	B	C
⑤	C	D

14 아메리카의 다양한 문화에 관한 설명으로 옳지 <u>않은</u> 것은?

① 라틴 아메리카는 가톨릭교 신자 수가 많다.
② 앵글로아메리카는 서부 유럽의 영향을 많이 받았다.
③ 각각의 민족(인종)이 고유 문화를 그대로 유지하고 있다.
④ 유럽의 식민 지배 영향으로 원주민 문명이 대부분 파괴되었다.
⑤ 남부 유럽의 영향을 받은 라틴 아메리카는 대부분 에스파냐어와 포르투갈어를 사용한다.

❸ 아메리카의 초국적 기업

15 초국적 기업에 관한 설명으로 옳지 <u>않은</u> 것은?

① 전 세계를 대상으로 생산과 판매 활동을 한다.
② 이윤을 최대한 창출하기 위해 공간적 분업을 한다.
③ 글로벌 생산체제에서 초국적 기업의 영향력은 점차 축소되고 있다.
④ 초국적 기업의 자회사는 본사와 상호 의존적이며 수평적으로 연결되어 있다.
⑤ 최근 농업, 제조업, 서비스업, 금융업 등 다양한 분야로 역할과 범위가 확대되고 있다.

16 다음 글은 초국적 기업의 입지에 관한 내용이다. 이와 관련된 옳은 설명을 〈보기〉에서 고른 것은?

> 미국에 본사가 있는 초국적 기업 S사는 인도의 생산 공장에서 제품을 생산하고, 필리핀에 외주 콜센터를 다수 유치하여 전 세계에 걸쳐 판매망을 관리하고 있다.

┌ 보기 ┐
ㄱ. 공간적 분업
ㄴ. 보호 무역의 강화
ㄷ. 경제활동의 세계화
ㄹ. 필리핀 시장 점유율 축소

① ㄱ, ㄴ ② ㄱ, ㄷ ③ ㄴ, ㄷ
④ ㄴ, ㄹ ⑤ ㄷ, ㄹ

17 초국적 기업의 본사가 자회사와 협력하여 제품을 생산하는 까닭으로 적절하지 <u>않은</u> 것은?

① 제품 운송비 등 비용을 절감할 수 있다.
② 생산 과정에서 환경 오염을 줄일 수 있다.
③ 예측할 수 없는 위험을 분산하는 효과가 있다.
④ 각국 정부의 규제 완화 정책을 기대할 수 있다.
⑤ 현지의 지역 특성에 맞춰 제품을 생산하고 판매할 수 있다.

18 D사의 파인애플 농장이 코스타리카에 입지하게 된 배경으로 옳은 것을 〈보기〉에서 고른 것은?

┌ 보기 ┐
ㄱ. 저렴한 노동력
ㄴ. 넓은 소비 시장
ㄷ. 농업에 유리한 기후
ㄹ. 매력적인 자연 경관

① ㄱ, ㄴ ② ㄱ, ㄷ ③ ㄴ, ㄷ
④ ㄴ, ㄹ ⑤ ㄷ, ㄹ

19 지도에 표시된 A 지역에 고산 도시가 발달한 까닭을 서술하시오.

_____

_____

20 다음 글을 읽고 물음에 답하시오.

> 서로 다른 문화가 섞여 여러 가지 정체성을 가진 새로운 문화를 만들어 내는 현상을 (㉠)(이)라고 한다. 이는 아메리카의 음식, 음악, 운동, 종교 등 다양한 분야에서 나타나는데, 멕시코의 과달루페 성모상은 _____(가)_____

▲ 과달루페 성모상

(1) ㉠에 들어갈 용어를 쓰시오.

(2) (가)에 들어갈 (1)의 요소를 종교적 측면에서 서술하시오.

_____

_____

21 ㉠, ㉡에 해당하는 내용을 각각 **두 가지씩** 서술하시오.

> 초국적 기업이 진출한 지역에서는 초국적 기업이 여러 가지 ㉠ <u>긍정적인 영향</u>을 주기도 하지만 ㉡ <u>부정적인 영향</u>을 주어 문제가 발생하기도 한다.

㉠:

㉡:

❶ 오세아니아 속으로

01 지도에 표시된 지역에 관한 설명으로 옳은 것은?

① 주로 북반구에 위치한다.
② 유라시아 대륙의 서쪽에 위치한다.
③ 국토 면적이 가장 넓은 국가는 뉴질랜드이다.
④ 태평양의 크고 작은 섬나라로 이루어져 있다.
⑤ 동쪽에는 인도양, 서쪽에는 태평양, 남쪽으로는 남극해가 있다.

02 오세아니아의 주요 도시의 특징을 바르게 연결한 것은?

① 오클랜드 – 뉴질랜드의 수도
② 시드니 – 오스트레일리아의 수도
③ 웰링턴 – 뉴질랜드에서 인구가 가장 많은 도시
④ 캔버라 – 오스트레일리아에서 인구가 가장 많은 도시
⑤ 멜버른 – 유럽의 영향을 받은 오스트레일리아의 옛 수도

03 다음 설명에 해당하는 국가에 관한 설명으로 옳지 **않은** 것은?

> • 수도 웰링턴
> • 북섬과 남섬으로 구성
> • 깨끗하고 아름다운 자연환경이 잘 보존됨

① 양모 수출이 국가 경제에 중요하다.
② 남섬은 북섬에 비해 서늘한 편이다.
③ 북섬에는 북극곰, 바다표범이 살아가고 있다.
④ 남섬은 U자곡과 같은 빙하 지형이 발달하였다.
⑤ 북섬은 지각이 불안정하여 화산 활동이 활발하다.

04 지도의 A~E 지형에 관한 옳은 설명을 〈보기〉에서 고른 것은?

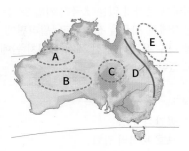

> | 보기 |
> ㄱ. A와 B는 사막이 넓게 분포한다.
> ㄴ. C는 화산 지형이 발달하여 간헐천을 볼 수 있다.
> ㄷ. D는 안데스산맥과 로키산맥에 이어 세계에서 세 번째로 긴 산맥이다.
> ㄹ. E는 단층이 발달하여 지진이 자주 일어난다.

① ㄱ, ㄴ   ② ㄱ, ㄷ   ③ ㄴ, ㄷ
④ ㄴ, ㄹ   ⑤ ㄷ, ㄹ

05 다음과 같은 기후 그래프가 나타나는 지역을 지도의 A~E에서 고른 것은?

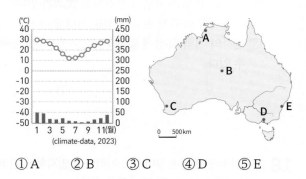

① A   ② B   ③ C   ④ D   ⑤ E

06 오세아니아의 기후에 관한 설명으로 옳지 **않은** 것은?

① 뉴질랜드는 주로 냉대 기후가 나타난다.
② 뉴질랜드의 남섬은 북섬에 비해 서늘한 편이다.
③ 태평양의 섬 국가는 주로 열대 기후가 나타난다.
④ 오스트레일리아 남동부 해안은 온대 기후가 나타난다.
⑤ 오스트레일리아의 북부 지역은 열대 기후가 나타난다.

07 자료와 같은 독특한 원주민 문화로 관광 산업이 발달한 국가는?

> 마오리족 춤은 우렁찬 구호에 맞춰 발 구르기, 혀 내밀기, 위협적인 표정 짓기 등이 특징이다.

① 투발루   ② 바누아투
③ 뉴질랜드   ④ 솔로몬제도
⑤ 파푸아뉴기니

08 ㉠, ㉡에 들어갈 식량 자원을 바르게 연결한 것은?

> • 오스트레일리아는 넓은 땅에서 (㉠)와/과 같은 작물을 대규모로 재배하며, 북반구와 계절이 반대로 나타나 (㉠) 수출에 유리하다.
> • 뉴질랜드에서는 청정한 자연환경에서 (㉡), 소고기, 유제품 등을 많이 생산한다. 넓은 목초지가 있어 (㉡) 생산이 유리하다.

	㉠	㉡		㉠	㉡
①	쌀	양고기	②	밀	양고기
③	밀	닭고기	④	쌀	돼지고기
⑤	커피	오리고기			

중요✨
09 오세아니아의 자원과 산업에 관한 설명으로 옳지 않은 것은?

① 오세아니아에는 관광 자원이 풍부하다.
② 태평양의 섬 국가들은 수산업이 발달하였다.
③ 오스트레일리아는 기업적 농목업이 이루어진다.
④ 뉴질랜드는 철광석, 보크사이트 등의 생산이 세계적인 수준이다.
⑤ 오스트레일리아는 천연자원이 풍부하지만 공업 발달이 미약하다.

10 오스트레일리아의 경제 교류 현황에 관한 옳은 설명을 〈보기〉에서 고른 것은?

> ┤ 보기 ├
> ㄱ. 과거에는 유럽, 미국과의 교류가 많았다.
> ㄴ. 제조업의 원료가 되는 지하자원을 주로 수입한다.
> ㄷ. 최근 지리적으로 가까운 아시아 지역과의 교류가 활발해지고 있다.
> ㄹ. 다자간 자유무역협정이 체결되어 태평양 연안 국가들과의 경제 협력이 줄어들 것이다.

① ㄱ, ㄴ   ② ㄱ, ㄷ   ③ ㄴ, ㄷ
④ ㄴ, ㄹ   ⑤ ㄷ, ㄹ

❷ 태평양 지역의 환경 문제

11 태평양에 관한 설명으로 옳지 않은 것은?

① 다양한 해양 생물의 서식지이다.
② 세계에서 두 번째로 큰 해양이다.
③ 지구 표면적의 약 30%를 차지한다.
④ 지구의 모든 육지 면적을 합한 것보다 넓다.
⑤ 해양 쓰레기가 이동하면서 태평양 섬 국가 주민들에게 피해를 주고 있다.

12 다음 글의 ㉠에 관한 설명으로 옳지 않은 것은?

> 태평양에서 건져 올린 쓰레기에는 세계 여러 나라의 글자가 쓰여 있다. 이 ㉠해양 쓰레기는 바닷물의 흐름에 따라 태평양 전 지역을 이동하면서 피해를 준다.

① 미세 플라스틱은 잘 분해된다.
② 선박의 안전사고 원인이 될 수 있다.
③ 어업 활동으로 버려진 쓰레기도 포함된다.
④ 가볍고 잘 썩지 않는 플라스틱류의 비중이 높다.
⑤ 해양 생물이 먹이로 오인하고 섭취하여 생명에 위협이 되기도 한다.

VI

13 사진과 관련 있는 태평양 지역의 환경 문제는?

① 산성비   ② 해양 쓰레기

③ 미세 플라스틱   ④ 해수 온도 상승

⑤ 물고기 개체 수 증가

중요✦

14 지구 온난화의 원인으로 옳은 것만을 〈보기〉에서 있는 대로 고른 것은?

| 보기 |
ㄱ. 무분별한 벌목
ㄴ. 재생 에너지 이용
ㄷ. 온실가스 배출량 증가
ㄹ. 화석 연료의 사용 증가
ㅁ. 저탄소 제품의 사용 증가

① ㄱ, ㄷ   ② ㄴ, ㅁ   ③ ㄱ, ㄷ, ㄹ

④ ㄴ, ㄷ, ㄹ   ⑤ ㄱ, ㄹ, ㅁ

15 다음 자료를 보고 투발루에 발생할 것으로 예상되는 상황으로 옳은 것을 〈보기〉에서 고른 것은?

> 한 남성이 허벅지 높이까지 찬 바닷물 속에서 연설을 시작하였다. 그는 투발루 외교 장관으로 전 세계 사람들에게 지구 온난화에 따른 문제의 심각성을 전하였다. 투발루 외교 장관은 "차가운 바닷물이 지금 이 순간에도 투발루에 차오르고 있으며, 이 모습이 모든 것을 말해 준다."라고 전하였다.

| 보기 |
ㄱ. 해수면이 상승할 것이다.
ㄴ. 주민들이 먹을 식수가 증가할 것이다.
ㄷ. 주민들의 다른 국가 이주가 늘어날 것이다.
ㄹ. 주요 생산 작물인 바나나를 재배할 수 있는 땅이 늘어날 것이다.

① ㄱ, ㄴ   ② ㄱ, ㄷ   ③ ㄴ, ㄷ

④ ㄴ, ㄹ   ⑤ ㄷ, ㄹ

16 태평양 지역의 해수면 상승 문제를 해결하기 위한 방안으로 가장 적절한 것은?

① 다회용 컵 사용을 자제한다.

② 일회용 플라스틱 사용을 늘린다.

③ 석유 사용량을 늘려 탄소중립을 실천한다.

④ 해양으로 쓰레기가 유출되는 것을 막는다.

⑤ 국제 협약을 통해 온실가스 배출량을 단계적으로 줄여 나간다.

③ 극지방의 중요성

17 극지방의 지리적 특성에 관한 옳은 설명을 〈보기〉에서 고른 것은?

| 보기 |
ㄱ. 지구의 남쪽과 북쪽 끝에 위치하고 있다.
ㄴ. 여름철에 영상의 기온이 나타나는 날이 많다.
ㄷ. 극지방은 접근하기 쉬워 오래전부터 개척되었다.
ㄹ. 북극 지방은 북극해와 인근의 시베리아 북부, 알래스카 북부, 그린란드 등으로 이루어져 있다.

① ㄱ, ㄴ   ② ㄱ, ㄹ   ③ ㄴ, ㄷ

④ ㄴ, ㄹ   ⑤ ㄷ, ㄹ

18 자료에 나타난 지역에 관한 설명으로 옳지 <u>않은</u> 것은?

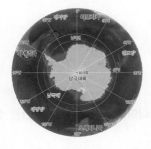

① 평균 2,000m 두께의 빙하로 덮여 있다.

② 우리나라는 장보고 과학 기지를 설치하였다.

③ 이누이트족과 같은 원주민이 살아가는 터전이다.

④ 전 세계 담수의 약 70%를 얼음과 눈으로 보유하고 있다.

⑤ 빙하를 통해 과거의 지구 환경을 연구하는 데 중요한 역할을 한다.

중요★
19 지도에 나타난 지역을 둘러싸고 이해관계가 발생하는 주요 원인으로 옳은 것은?

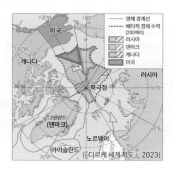

① 물 자원 확보
② 식량 자원 확보
③ 민족 및 종교 갈등
④ 태양광, 풍력 자원 확보
⑤ 석유와 천연가스 자원 확보

20 ㉠에 들어갈 알맞은 과학 기지는?

〈탐구 주제: 우리나라 (㉠)의 연구 활동〉

1. 연구 활동 내용
• 펭귄 보금자리 관찰
• 과거에 만들어진 얼음 채취 및 분석
• 빙하를 통한 과거의 지구 환경과 기후변화 연구

① 다산 과학 기지
② 세종 과학 기지
③ 쇼와 과학 기지
④ 장성 과학 기지
⑤ 파머 과학 기지

21 남극 조약의 주요 내용으로 옳지 않은 것은?

① 연구 기지를 세울 수 있다.
② 군사 활동을 금지하고 있다.
③ 남극 대륙의 영유권을 분할하였다.
④ 남극에 관한 과학적 연구 활동을 할 수 있다.
⑤ 남극의 자원을 탐사하는 것을 금지하고 있다.

22 지도를 보고 물음에 답하시오.

(1) A와 B 지역에서 공통적으로 나타나는 기후를 쓰시오.

_____

(2) A와 B 지역에서 볼 수 있는 지형과 지형의 형성 원인을 각각 서술하시오.

_____

_____

23 신문 기사를 보고 미세 플라스틱이 인간 생활에 미치는 영향을 서술하시오.

환경 신문	○○○○년

미세 플라스틱은 해안가, 외딴 섬, 깊은 바다, 극지방 등 지구 전체에 퍼져 있으며, 크기가 너무 작아서 걸어 내기가 쉽지 않다. 특히 조류나 해양 생물들이 이를 먹이로 착각하여 먹게 되어 해양 생물에 축적된다.

_____

_____

24 사진에 나타난 지역의 개발을 반대하는 이유를 <u>두 가지</u> 서술하시오.

_____

① 오세아니아 속으로

[01-02] 지도를 보고, 물음에 답하시오.

01 지도의 A~E 지역에 관한 옳은 설명을 〈보기〉에서 고른 것은?

┤ 보기 ├
ㄱ. A는 오스트레일리아의 계획도시이다.
ㄴ. B는 오스트레일리아에서 인구가 가장 많다.
ㄷ. C는 유럽의 영향을 많이 받은 옛 수도이다.
ㄹ. D는 뉴질랜드에서 인구가 가장 많은 도시로 경제 중심지 역할을 한다.
ㅁ. E는 뉴질랜드의 수도이다.

① ㄱ, ㄴ   ② ㄱ, ㅁ   ③ ㄴ, ㄷ
④ ㄷ, ㄹ   ⑤ ㄹ, ㅁ

02 사진에 나타난 랜드마크를 볼 수 있는 도시를 위 지도의 A~E에서 고른 것은?

① A   ② B   ③ C   ④ D   ⑤ E

중요✦
03 오스트레일리아의 지형에 관한 설명으로 옳은 것은?

① 국토의 대부분이 해발 고도가 높다.
② 북동부에는 대찬정 분지가 나타난다.
③ 서부에는 건조한 사막이 넓게 분포한다.
④ 남동부에는 화산 지형과 온천 등이 발달하였다.
⑤ 중앙 저지대에는 빙하에 의해 깎인 U자곡이 있다.

04 (가), (나)에 해당하는 지형을 바르게 연결한 것은?

(가) 오스트레일리아 동부에 있는 산맥으로 안데스산맥과 로키산맥에 이어 세계에서 세 번째로 긴 산맥이다.
(나) 오스트레일리아의 북동부 해안에 있는 세계 최대의 산호초 군락으로, 산호초 대부분이 바다에 잠겨 있고 일부가 바다 위로 나와 방파제와 같은 외관을 형성한다.

	(가)	(나)
①	우랄산맥	대찬정 분지
②	알프스산맥	머리 분지
③	피레네산맥	대보초
④	그레이트디바이딩산맥	대보초
⑤	그레이트디바이딩산맥	대찬정 분지

05 사진과 같은 지형의 직접적인 형성 원인으로 가장 적절한 것은?

① 지진 활동   ② 화산 활동
③ 빙하의 퇴적 작용   ④ 빙하의 침식 작용
⑤ 해안의 침식 작용

06 뉴질랜드의 기후에 관한 옳은 설명을 〈보기〉에서 고른 것은?

┤ 보기 ├
ㄱ. 연중 강수량이 고르다.
ㄴ. 대부분 열대 기후가 나타난다.
ㄷ. 남섬은 북섬에 비해 서늘한 편이다.
ㄹ. 바다의 영향을 받아 기온의 연교차가 크다.

① ㄱ, ㄴ   ② ㄱ, ㄷ   ③ ㄴ, ㄷ
④ ㄴ, ㄹ   ⑤ ㄷ, ㄹ

문제 풀이 전 개념 확인

⊿개념학습편 136~137쪽

QR 코드를 스캔해 보세요.

● 바른답·알찬풀이 47쪽

07 지도에 표시된 A~C 기후 지역에 관한 설명으로 옳은 것은?

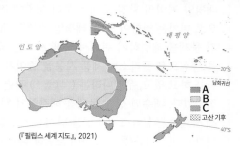

(『필립스 세계 지도』, 2021)

① A는 밀 생산에 유리하다.
② A는 B보다 기온의 일교차가 크다.
③ B는 연중 기온이 높고 강수량이 많다.
④ C는 기후가 온화하여 인간 생활에 유리하다.
⑤ 대체로 C에서 B 기후 지역으로 갈수록 강수량이 많아진다.

중요✨
08 자료는 오스트레일리아의 수출입 품목을 나타낸 것이다. 이에 관한 옳은 설명을 〈보기〉에서 고른 것은?

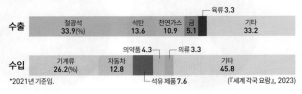

*2021년 기준임.   (『세계 각국 요람』, 2023)

┌ 보기 ┐
ㄱ. 오스트레일리아는 농축산품 수입 비율이 높다.
ㄴ. 오스트레일리아는 광물 자원에 대한 수출 의존도가 높다.
ㄷ. 오스트레일리아는 철광석, 석탄 등의 생산이 세계적인 수준이다.
ㄹ. 오스트레일리아는 제조업이 발달해 다양한 지하자원에 대한 수요가 많다.
└───────────────────────┘

① ㄱ, ㄴ   ② ㄱ, ㄷ   ③ ㄴ, ㄷ
④ ㄴ, ㄹ   ⑤ ㄷ, ㄹ

09 자료는 오스트레일리아의 주요 자원 이동을 나타낸 것이다. A, B 자원에 관한 설명으로 옳은 것은?

(oec.world, 2023)

① A와 B 모두 가정용 연료로 많이 사용된다.
② A는 냉동 액화 기술 발달로 소비가 증가하였다.
③ B는 중화학 공업이 발달한 국가로 많이 수출된다.
④ 오스트레일리아는 A를 계단식으로 길을 만들어 가며 채굴한다.
⑤ 중국은 A 매장량이 적어 오스트레일리아에서 많은 양을 수입한다.

② **태평양 지역의 환경 문제**

10 ㉠에 들어갈 알맞은 해양은?

(㉠)은/는 지구 표면적의 약 30%를 차지하는 세계에서 가장 큰 바다로, 수많은 해양 생물들이 살아가는 자원의 보고이다.

① 남극해   ② 북극해   ③ 대서양
④ 인도양   ⑤ 태평양

11 태평양 지역의 해양 쓰레기에 관한 설명으로 옳은 것은?

① 어업 활동 중 버려진 쓰레기가 가장 많다.
② 쓰레기들이 바람과 해류의 순환으로 한곳에 모여 쓰레기 섬을 이룬다.
③ 플라스틱 쓰레기는 북극해 연안의 원주민에게 가장 많은 영향을 끼친다.
④ 미세 플라스틱은 먹이 사슬을 타고 최종적으로 플랑크톤에게 피해를 준다.
⑤ 플라스틱 쓰레기는 바다로 들어가 염분에 노출되면 분해되는 시간이 줄어든다.

중요✦

12 자료에서 설명하는 환경 문제가 미치는 영향으로 옳지 <u>않</u>은 것은?

> 자연적·인위적 요인에 의해 기후가 점차 변화하고 있다. 최근에는 산업 발달로 이산화탄소와 같은 온실가스가 많이 배출되어 지구의 평균 기온이 높아지고 있다.

① 해수 온도가 내려간다.
② 태평양 지역의 어류 서식지가 변화한다.
③ 바닷물이 육지로 넘쳐 시설물이 무너진다.
④ 태평양의 섬 국가들이 침수 위기를 겪는다.
⑤ 지하수에 바닷물이 들어와 마실 물이 줄어든다.

13 신문 기사에 나타난 현상과 가장 관계 깊은 지역을 지도의 A ~ E에서 고른 것은?

> **환경 신문** ○○○○년
>
> 산호초는 해저 면적의 약 0.2 %만을 차지하지만, 해양 생물 약 25 %의 서식지이다. 산호초가 없어지는 주된 원인은 급격한 수온 변화이다. 해수 온도가 상승하면서 산호에 영양을 공급하는 조류가 사라져 산호가 하얗게 변하면서 죽는 '백화 현상'이 나타난다.

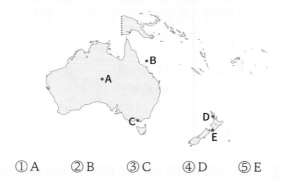

① A   ② B   ③ C   ④ D   ⑤ E

14 해양 쓰레기 문제 해결을 위해 개인이 할 수 있는 일로 가장 적절한 것은?

① 해안가 쓰레기 줍기
② 자원 순환 기술 개발하기
③ 다회용 컵 사용 자제하기
④ 일회용 플라스틱 사용 늘리기
⑤ 일회용 비닐 봉투 사용 규제 법 제정하기

15 ㉠, ㉡에 들어갈 내용을 바르게 연결한 것은?

> 태평양 지역의 환경 문제는 우리 생활에 직간접적으로 미치는 영향이 크다. 태평양 지역의 해양 쓰레기 문제를 해결하기 위해서 국제 사회는 국제연합을 중심으로 플라스틱 제품 사용을 줄이기 위한 노력을 하고 있고, 우리나라는 (㉠) 관련 법을 제정하였다. 해수면 상승 문제를 해결하기 위해서 국제 사회는 온실가스 배출량을 단계적으로 감축하기 위한 (㉡)을/를 체결하여 노력해 나가고 있다.

	㉠	㉡
①	유해 폐기물	몬트리올 의정서
②	질소 산화물	제네바 협약
③	해양 폐기물	바젤 협약
④	해양 폐기물	파리 협정
⑤	대기 오염 물질	런던 협약

③ 극지방의 중요성

16 (가), (나) 지역에 관한 설명으로 옳지 <u>않</u>은 것은?

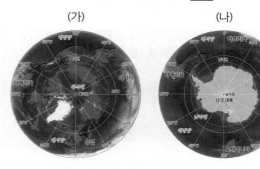

(가)   (나)

① (가)는 유라시아, 북아메리카, 그린란드에 둘러싸여 있다.
② (가)는 세계 여러 국가들이 공동으로 관리하며 평화적으로 이용하고 있다.
③ (나)는 전체적으로 평균 2,000m 두께의 빙하로 덮여 있다.
④ (나)의 빙하는 과거의 지구 환경과 기후변화를 연구하는 데 중요한 역할을 한다.
⑤ (가), (나) 모두 영하의 기온이 나타나는 날이 많고 눈과 얼음으로 덮인 곳이 있다.

17 ㉠, ㉡에 해당하는 과학 기지를 바르게 연결한 것은?

> 우리나라는 1999년 북극 탐사를 시작하였다. 이후 북극에 (㉠) 과학 기지를 건설하고 북극 연구를 하고 있으며, 기후 위기 대응 연구, 북극 해양 생태계 보호 활동 등도 하고 있다. 남극에서도 (㉡) 과학 기지를 건설하여 빙하와 오존층 등을 연구하고 있다.

	㉠	㉡		㉠	㉡
①	다산	파머	②	다산	장보고
③	세종	다산	④	장보고	다산
⑤	아라온호	다산			

중요✦

18 자료에 관한 설명으로 옳지 <u>않은</u> 것은?

① 북극의 석유 유출로 수질 오염의 우려가 있다.
② 북극에는 전 세계 석유의 약 13%가 매장되어 있다.
③ 북극해에 인접한 국가들은 이 지역의 영유권을 주장하고 있다.
④ 북극 지방의 개발로 북극해의 빙하가 녹는 속도가 빨라지고 있다.
⑤ 북극해의 천연자원 개발로 이 지역 원주민에게 공공재 및 기반 시설을 제공하고 있다.

19 극지방의 개발에 관한 설명으로 옳은 것은?

① 극지방의 개발로 북극곰의 서식처가 줄고 있다.
② 극지방은 기후변화로 개발 가능성이 낮아지고 있다.
③ 북극은 특정 국가가 소유하지 않은 채 공동으로 관리하고 있다.
④ 북극의 해양 생태계 연구로 크릴새우의 개체 수가 늘어나고 있다.
⑤ 남극 대륙에 매장되어 있는 천연가스를 둘러싸고 많은 국가가 영유권을 주장하고 있다.

20 그래프를 보고 오스트레일리아의 무역 상대국 변화의 특징을 서술하시오.

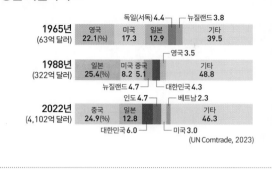

21 사진은 해수면 상승으로 침수 위기를 겪고 있는 투발루의 모습이다. 이와 같은 해수면 상승 문제가 발생하는 원인은 무엇인지 서술하시오.

22 자료를 참고하여 북동 항로의 특징을 서술하시오.

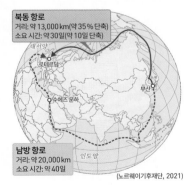

MEMO

세계 백지도

점선을 따라 오려서 활용하세요.

대 서 양

태 평 양

인 도 양

0   2,000km

아시아 백지도

카스피해

동해

황해

태평양

인도양

0°

유럽 백지도

대 서 양

북해

지 중 해

흑해

카스피해

아프리카 백지도

지 중 해

대 서 양

홍 해

인 도 양

0°

아메리카 백지도

대서양

멕시코만

카리브해

태평양

0°

오세아니아 백지도

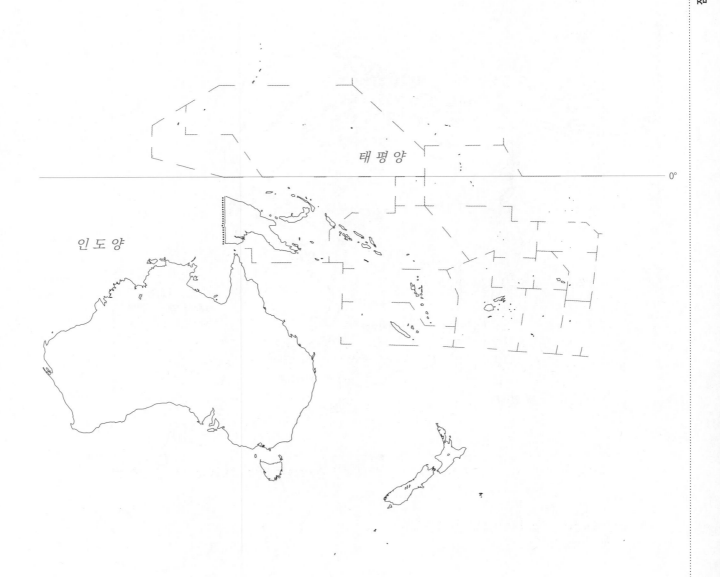

태 평 양

인 도 양

0°

중등 도서 안내

국어 독해·문법·어휘 훈련서

수능 국어의 자신감을 깨우는 단계별 실력 완성 훈련서

깨독

독해   0_준비편, 1_기본편, 2_실력편, 3_수능편
어휘   1_종합편, 2_수능편
문법   1_기본편, 2_수능편

영어 문법·독해 훈련서

중학교 영어의 핵심 문법과 독해 스킬 공략으로
내신·서술형·수능까지 단계별 완성 훈련서

GRAMMAR BITE

문법   PREP
문법   Grade 1, Grade 2, Grade 3
문법   PLUS 수능

READING BITE

독해   PREP
독해   Grade 1, Grade 2, Grade 3
독해   SUM

내신 필수 기본서

자세하고 쉬운 설명으로 개념을 이해하고, 특별한 비법으로 자신 있게
시험을 대비하는 필수 기본서

[2022 개정]
사회   ①-1, ①-2*
역사   ①-1, ①-2*
과학   1-1, 1-2*
        *2025년 상반기 출간 예정

올리드

[2022 개정]
국어   (신유식) 1-1, 1-2*
        (민병곤) 1-1, 1-2*
영어   1-1, 1-2*
        *2025년 상반기 출간 예정

[2015 개정]
국어   2-1, 2-2, 3-1, 3-2
영어   2-1, 2-2, 3-1, 3-2
수학   2(상), 2(하), 3(상), 3(하)
사회   ①-1, ①-2, ②-1, ②-2
역사   ①-1, ①-2, ②-1, ②-2
과학   2-1, 2-2, 3-1, 3-2

*국어, 영어는 미래엔 교과서 연계 도서입니다.

수학 개념·유형 훈련서

빠르게 반복하며 수학 실력을 제대로 완성하는
단계별 내신 완성 훈련서

 개념

[2022 개정]
수학   1-1, 1-2, 2-1, 2-2, 3-1*, 3-2*
        *2025년 상반기 출간 예정

개념수다

[2015 개정]
수학   2(상), 2(하), 3(상), 3(하)

올리드 유형완성

[2015 개정]
수학   2(상), 2(하), 3(상), 3(하)

2022 개정 교육과정 반영

내신 만점을 위한 **필수 기본서**

엔픽

중등 **사회**

1·1

N Pick

바른답·알찬풀이

Mirae N 에듀

바른답 · 알찬풀이

엔픽

중등 사회

1·1

간결하고 명확한 해설

바른답
알찬풀이

Ⅰ. 세계화 시대, 지리의 힘

주제 01 세계 여러 지역의 차이와 다양성

개념 확인 문제   10쪽

1 (1)× (2)○   2 (1)북반구, 중위도 (2)냉대 기후, 침엽수림

대표 문제로 실력 쌓기   11쪽

1 ⑤   2 ②

1 해안 지형에서는 항구 도시가 발달하고 관광 산업과 수산업 등이 활발하다. 노르웨이의 베르겐은 유럽 북부의 대표적인 해안 지역 중 하나이다.

2 제시된 사진은 열대 기후 지역에서 볼 수 있는 열대 우림의 모습이다. 열대 기후 지역은 적도 부근에서 나타난다.

엔픽 포인트 세계의 기후 특징과 주민 생활

구분	특징	주민 생활 모습
열대 기후	기온이 높고 강수량이 많은 편	고상 가옥
건조 기후	강수량보다 증발량이 많고 식생 빈약	오아시스 주변의 농업
온대 기후	사계절의 변화가 뚜렷하고 온화함	지중해 연안의 올리브 재배
냉대 기후	겨울이 길고 추워 침엽수림이 넓게 발달함	캐나다 몬트리올의 지하 도시
한대 기후	연중 기온이 매우 낮음	순록 유목
고산 기후	저위도의 고산 지역은 연중 봄과 같이 온화한 날씨	안데스 산지의 고산 도시

실력 다지기   12~13쪽

01 ①	02 ⑤	03 ⑤	04 ⑤	05 ④	06 ②

07 ④   08 ①   09 ④   10 **예시 답안** 저위도의 고산 지역으로 해발 고도가 높아 일 년 내내 온화한 기후가 나타나기 때문이다 .

01 절대적 위치는 위도와 경도, 대륙에서의 위치 등을 이용하여 위치를 표현하는 방법이다. 상대적 위치는 주변 국가와의 관계 등에 따라 결정되기 때문에 시대나 상황에 따라 변화하는 특징이 있다.
    바로잡기 ㄷ, ㄹ. 시대나 상황에 따라 변화할 수 있으므로 상대적 위치이다.

02 적도 부근은 태양 에너지가 집중되어 평균 기온이 높고, 극지방에 가까워질수록 태양 에너지가 분산되어 평균 기온이 낮다. 또한 지구의 자전축이 23.5° 기울어져 있기 때문에 태양

에너지를 많이 받는 시기가 달라진다. 이로 인해 적도 부근을 제외한 북반구와 남반구의 계절이 반대로 나타난다.

03 아이슬란드는 유럽의 북부에 위치한 섬 나라로, 화산 활동이 활발하여 '불과 얼음의 나라'라고 불린다. 화산 근처의 높은 지열을 활용한 지열 발전이 발달하였으며, 지열에 의해 데워진 온천과 간헐천을 볼 수 있다.

04 제시된 사진은 미국 그레이트플레인스의 경관이다. 미국 중부에 위치한 이 평야 지역(E)에서는 밀, 옥수수 등이 대규모로 재배된다.
    바로잡기 A는 화산 지형(아이슬란드), B는 해안 지형(노르웨이), C는 산지 지형(히말라야산맥), D는 하천 지형(메콩강)이다.

엔픽 포인트 지형에 적응한 주민 생활 모습

산지 지형	인간 거주에 불리, 유목과 관광 산업 발달
평야 지형	대규모 농업이나 목축업 발달
해안 지형	항구 도시 성장, 수산업 발달
하천 지형	하천을 이용한 운송과 벼농사 발달
화산 지형	관광 산업 발달, 지열 발전

05 A는 히말라야산맥이다. 히말라야산맥은 지각판이 충돌하여 형성된 거대한 산맥으로, 해발 고도가 높고 경사가 급하여 농사를 짓기 어려운 곳이 많다. 따라서 이곳의 주민들은 양이나 야크 등을 기르거나 관광 산업에 종사한다.

06 제시된 여행 광고는 건조 기후가 나타나는 사우디아라비아의 사막 지역에 관한 내용이다. 지도의 A는 온대 기후, B는 건조 기후, C는 열대 기후, D는 냉대 기후, E는 한대 기후가 나타나는 지역이다.

07 캐나다의 몬트리올은 냉대 기후가 나타나 겨울이 춥고 길다. 이러한 기후의 영향으로 주민들이 겨울철에도 편리하게 시설을 이용할 수 있도록 '지하 도시'가 건설되었다.

08 열대 기후 지역에는 '고상 가옥'이라고 불리는 전통 가옥이 있다. 무덥고 습한 열대 기후 지역에서 지면의 습기와 해충을 피하기 위해 바닥에서 띄워 지은 집이다. 또한 고상 가옥에는 빗물이 잘 흘러내릴 수 있도록 경사가 가파른 지붕을 설치한다.

09 지도에 표시된 A 지역은 한대 기후가 나타난다. 이 지역에 사는 주민들은 전통적으로 추위에 강한 동물인 순록을 키우며 이동하는 유목 생활을 한다.

10 보고타(콜롬비아), 키토(에콰도르), 쿠스코(페루)는 안데스 산지에 위치한 고산 도시들로 모두 2,000 m 이상의 고지대에 위치한다. 적도 부근의 평지에서는 기온이 높아 거주에 불리하지만, 고산 지대는 일 년 내내 온화한 기후가 나타나 거주에 유리하다. 이러한 기후 특성에 따라 적도 주변의 해발 고도가 높은 곳에서는 일찍부터 고산 도시가 발달하였다.

구분	채점 기준
상	해발고도가 높은 고산 지역은 연중 온화한 기후가 나타난다는 점을 정확히 서술한 경우
하	고산 지역이 인간 거주에 유리하다고만 서술한 경우

주제 02 세계 여러 지역의 공간적 상호 작용

개념 확인 문제
14쪽

1 (1) ○ (2) × 　2 (1) 통신 (2) 네트워크, 규모

대표 문제로 실력 쌓기
15쪽

1 ④ 　2 ③

1 교통과 통신의 발달로 다른 지역과의 교류가 더 쉬워졌고, 공간적 상호 작용이 더욱 활발해졌다.

2 제시된 자료는 자유무역협정(FTA)에 관한 내용이다. 우리나라와 오스트레일리아가 맺은 자유무역협정으로 인해 오스트레일리아의 천연자원과 우리나라의 공산품이 활발하게 거래되고 있다.

실력 다지기
16~17쪽

01 ④　02 ②　03 ②　04 ⑤　05 ③　06 ④
07 ③　08 ⑤　09 ②　10 (1) 국가 규모 (2) 예시 답안 서울을 포함한 수도권에 있는 많은 사람과 인천 국제공항을 통해 입국한 외국인들이 제주도를 많이 방문하기 때문이다.

01 교통과 통신의 발달로 세계 여러 지역은 더 빨리 오갈 수 있게 되었고 실시간으로 연결이 가능해져 상호 작용에 필요한 시간이 줄어들었는데, 이를 시공간 압축이라고 한다.

02 유럽연합은 유럽의 여러 나라가 모여 상호 작용을 통해 자유로운 이동과 경제적·정치적 통합을 추구하는 국제기구이다. 유럽연합 회원국은 회원국 어디든지 살고 싶은 나라에서 살 수 있으며 직업도 가질 수 있다.

엔픽 포인트 국가 간의 상호 작용 사례

자유무역협정 (FTA)	두 나라 이상이 모여 국가 간 활발한 무역을 위해 맺은 협정
유럽연합 (EU)	유럽의 여러 국가들이 모여 경제적·정치적 통합을 실현하기 위해 노력하는 국제기구
국제연합 (UN)	세계 평화와 안전 보장을 위해 설립한 국제기구

03 교통과 통신이 발달하면서 사람, 상품, 정보 등이 경계를 넘어 다른 지역으로 활발하게 이동할 수 있게 되었다. 그리고 다양한 규모의 공간적 상호 작용이 점점 확대되고 있다.

04 일상적으로 먹는 음식에도 공간적 상호 작용이 일어나고 있다. 제시된 자료에서 밀의 생산지인 오스트레일리아는 우리나라와 자유무역협정을 체결한 국가이다.
　바로잡기 ㄱ. 오렌지는 미국의 플로리다에서 국제 이동을 하였고, 달걀은 국내 이동을 하였다. ㄴ. 세계의 다양한 음식 재료가 이동하면서 식단이 풍성해졌다.

05 인터넷에 올라온 정보는 국내에 설치된 초고속 통신망을 거친 후 해저 케이블을 통해 실시간으로 세계 각국에 전달된다.
　바로잡기 ① 해저 케이블은 바다 밑에 설치된다. ② 정보는 거의 실시간으로 전달된다. ④ 해저 케이블로 오가는 정보의 양은 점점 많아지고 있다. ⑤ 해저 케이블이 설치되면서 전 세계적으로 사회 관계망 서비스 운영이 활발해졌다.

06 제시된 자료는 다양한 규모의 공간적 상호 작용을 나타내고 있다. (가)는 세계 규모, (나)는 지역 규모, (다)는 국가 규모의 상호 작용이다.

07 외국에 직접 가지 않더라도 해외에 있는 사람들과 교류하거나, 해외의 여러 문화를 접하는 것도 세계적 규모의 공간적 상호 작용에 해당한다.
　바로잡기 ㄱ. 지역 내에서 일어나는 공간적 상호 작용이다. ㄹ. 국가 내에서 일어나는 공간적 상호 작용이다.

08 기후변화, 빈곤 문제 등 전 지구적 문제는 특정 지역의 노력만으로는 해결할 수 없다. 세계의 모든 구성원이 서로 이해하고 협력하는 데에서 문제 해결이 시작된다.

09 우리의 삶이 세계와 긴밀하게 연결되어 있다는 사실을 인식하고, 이러한 인식을 바탕으로 세계 여러 지역에서 벌어지는 다양한 현상에 관심을 가져야 한다.
　바로잡기 ② 교통과 통신의 발달에 따라 세계적 규모의 공간적 상호 작용이 증가하면서 일상적인 활동이 다른 나라에 영향을 주는 경우가 많아지고 있다.

10 제시된 항공 노선은 모두 각 나라의 국내선으로, 국가 규모의 상호 작용에 해당된다. 서울과 제주 간의 공간적 상호 작용이 활발한 까닭은 인구가 많고 교통이 발달한 수도권에서 제주도를 찾는 관광객이 많을 뿐만 아니라 인천 국제공항을 통해 입국한 외국인들도 제주도를 방문하기 때문이다.

구분	채점 기준
상	공간적 규모를 쓰고, 수도권의 많은 인구와 외국인들이 제주도를 방문한다는 내용을 정확히 서술한 경우
중	공간적 규모를 쓰고, 많은 사람이 제주도를 찾는다라고만 서술한 경우
하	공간적 규모만 쓴 경우

주제 03 세계화와 지역화

개념 확인 문제
18쪽

1 (1)○ (2)× 2 (1)지리적 표시제 (2)송크란

대표 문제로 실력 쌓기
19쪽
1 ① 2 ②

1 세계화가 진행되어 국경의 벽이 낮아지면서 지역의 소득을 높이고 지역의 긍정적인 이미지를 구축하려는 경쟁이 더욱 치열해졌다.

2 세계 여러 지역은 지역을 상징하는 슬로건과 브랜드를 만들어 지역의 이미지를 긍정적으로 만들고 지역 홍보에 활용하고 있다.

실력 다지기
20~21쪽

01 ④   02 ④   03 ③   04 ②   05 ④   06 ②
07 ⑤   08 ③   09 ②
10 (1) 지리적 표시제   (2) 예시답안 특정 지역의 기후, 지형, 토양 등 지리적 특성과 관련이 있는 상품에 생산지의 이름을 상표로 사용하는 제도이다.

01 세계화가 진행되면서 국경의 벽은 점점 낮아지고 있다. 반면에 세계의 각 지역은 국제 사회에서 적극적으로 행동하는 경제적·사회적 주체로 등장하였다.

02 세계화가 진행되면서 세계 여러 지역의 문화가 만나 융합되고 있다. 특히, 음식 문화의 경우 문화 융합이 잘 이루어져 햄버거와 피자 등은 현지인의 입맛에 맞게 판매되는 상품이 많은데, 대표적인 것이 불고기 버거, 라이스 버거 등이다.
바로잡기 ① M사가 진출한 국가는 아프리카보다 유럽에 많다. 유럽 대부분의 나라에 M사 매장이 있다. ② M사는 초국적 기업이다. ③ 문화 융합의 사례이다. ⑤ 세계의 경제를 하나의 지표로 판단할 수 있다는 점에서 경제의 세계화가 이루어지고 있다는 것을 의미한다.

03 세계무역기구(WTO)가 출범한 이후 세계는 하나의 시장으로 통합되고, 초국적 기업의 등장과 국제적 분업 등 경제의 세계화가 빠르게 진행되었다.

04 미국의 상황에 따라 전 세계의 주식 시장이 영향을 받는 것은 금융과 경제 활동의 세계화 사례이다.

05 제시된 자료는 지역을 상징하는 슬로건과 디자인을 통해 지역의 특징을 홍보하고 긍정적인 이미지를 만들어 내는 지역 브랜드에 관한 내용이다.

06 옥토버페스트는 매년 10월에 독일에서 열리는 지역 축제로, 전 세계에서 규모가 가장 큰 맥주 축제이다. 지도의 A는 영국, B는 독일, C는 에스파냐, D는 나이지리아, E는 사우디아라비아이다.

07 제시된 자료는 브라질의 생태 도시인 쿠리치바에 관한 내용이다. 쿠리치바는 체계적인 교통 시스템을 도입하여 친환경 도시로 거듭났다.

엔픽 포인트 지역의 변화가 세계에 미친 영향

쿠리치바 (브라질)	체계적인 교통 시스템으로 친환경 도시가 되었으며 우리나라, 콜롬비아, 에콰도르 등의 대중교통 체계에 영향을 줌
가스탕 (영국)	세계 최초의 공정 무역 도시, 세계적으로 공정 무역에 관한 관심이 높아짐
볼로냐 (이탈리아)	현재 볼로냐에는 400개 이상의 협동조합이 운영되며, 우리나라에서도 협동조합이 늘어나고 관심이 증가함

08 프랑스의 노르망디에 위치한 카망베르 마을에서 시작된 카망베르 치즈는 그 지역에서만 맛볼 수 있는 독특한 맛과 향 덕분에 유명해졌으며, 지리적 표시제 상품으로 등록되어 있다.

09 세계적인 기업들도 전 세계에 모두 같은 제품을 판매하는 것은 아니다. 진출한 국가의 소비자 취향에 맞는 제품을 판매하여 세계화의 효과를 높이기도 한다. 이러한 의사 결정 과정을 현지화 전략이라고 한다.
바로잡기 ⑤ 제시된 자료로는 경제의 세계화에 따른 경제적 격차를 파악하기 어렵다.

10 제시된 자료에서 지역의 이름이 농산물인 커피와 함께 사례로 기록된 것으로 보아 지역화 전략 중 지리적 표시제 상품의 사례임을 알 수 있다.

구분	채점 기준
상	지리적 표시제를 쓰고, 지리적 특성을 포함하여 지리적 표시제의 의미를 정확히 서술한 경우
하	지리적 표시제만 쓴 경우

I 단원 표와 자료로 정리하기 한 번 더
22~23쪽

주제 01 ❶ 해안 지형 ❷ 평야 지형 ❸ 간헐천 ❹ 아이슬란드
❺ 히말라야산맥 ❻ 메콩강 ❼ 그레이트플레인스 ❽ 적도
❾ 올리브 ❿ 열대 기후 ⓫ 건조 기후 ⓬ 온대 기후
⓭ 냉대 기후 ⓮ 기후 ⓯ 고산 ⓰ 해충 ⓱ 고상

주제 02 ❶ 교통·통신의 발달 ❷ 초국적 기업 ❸ 자유무역협정
❹ 시공간 압축 ❺ 네트워크

주제 03 ❶ 경제 ❷ 지리적 표시제 ❸ 지역 브랜드 ❹ 융합
❺ 전통문화 ❻ 지역화 ❼ 프랑스 ❽ 에스파냐 ❾ 미국
❿ 인도 ⓫ 콜롬비아 ⓬ 옥토버페스트 ⓭ 자연환경
⓮ 리우

Ⅰ단원 실력 굳히기
24~27쪽

01 ③ 02 ④ 03 ② 04 ② 05 ③ 06 ② 07 ④ 08 ③
09 ① 10 ⑤ 11 ① 12 ⑤ 13 ③ 14 ① 15 ① 16 ②
17 ④

서술형 연습 문제 18 (1) 고산 기후 (2) **예시 답안** 저위도의 고산 지역에서는 일 년 내내 봄과 같이 온화한 날씨가 이어져 쾌적한 기후에서 생활할 수 있기 때문이다.
19 (1) 인도네시아(또는 말레이시아) (2) **예시 답안** 무덥고 비가 많이 내리는 기후 때문에 음식이 쉽게 상하는 것을 막기 위해 기름에 볶거나 튀긴 음식이 발달하였다.
20 **예시 답안** 우리나라도 협동조합 운동이 확산하고 있으며, 협동조합 매장 수와 조합원 수가 증가하고 있다.

01 절대적 위치는 위도와 경도 또는 대륙이나 해양의 분포를 이용해 나타낸다. 반면에 상대적 위치는 주변 국가와의 관계에 따라 결정되는 위치이다.
바로잡기 ㄴ. 상대적 위치에 관한 설명이다. ㄷ. 대륙과 해양의 분포를 설명한 것으로, 절대적 위치에 해당한다.

02 적도 부근은 태양이 수직으로 비추어 열이 집중되고, 대체로 기온이 높다. 반면에 극지방으로 갈수록 열이 분산되면서 기온이 낮아지게 된다. 또한 지구의 자전축이 기울어져 있기 때문에 북반구와 남반구가 태양과 좀 더 가까운 시기가 서로 반대로 나타나 계절이 반대가 된다.

엔픽 포인트 위도·경도와 일상생활

위도	고위도 지역	극지방, 연중 기온이 낮음
	중위도 지역	사계절의 변화가 뚜렷함
	저위도 지역	적도 근처, 연중 기온이 높음
경도	동경	영국 런던을 기준으로 동쪽
	서경	영국 런던을 기준으로 서쪽
	시차	동쪽으로 15° 이동할 때마다 1시간씩 빨라짐

03 대표적인 산지 지형인 히말라야산맥에 거주하는 주민들은 유목 생활을 하거나 관광 산업에 종사한다.
바로잡기 A는 화산 지형이 발달한 아이슬란드, B는 히말라야의 산지, C는 타이, D는 넓은 평원이 펼쳐진 미국의 그레이트플레인스, E는 항구가 있는 아르헨티나의 부에노스아이레스이다.

04 지도의 A 하천은 메콩강이다. 메콩강은 중국에서 발원하여 동남아시아의 여러 국가를 거치며 흐르는 국제 하천이다. 주변의 평야 지역에서는 벼농사가 활발하게 이루어진다.

05 냉대 기후 지역에 속하는 중국의 하얼빈은 겨울이 매우 춥고 길다. 겨울이 되면 이곳을 흐르는 쑹화강이 두껍게 얼어붙는데, 하얼빈에서는 쑹화강의 얼음을 이용한 축제인 국제 빙설제가 열린다.

06 제시된 글은 한대 기후 지역에 관한 내용이다. 한대 기후는 극지방 주변에서 나타난다.

07 지중해 연안은 여름에 덥고 건조하다. 기온이 높지만, 덥고 습한 우리나라와 달리 습도가 낮아 그늘에서는 시원함을 느낄 수 있다.

엔픽 포인트 온대 기후 지역의 특징

서부 유럽	일 년 내내 고르게 비가 내리며, 기온의 연교차가 작음
지중해 연안	덥고 건조한 여름과 비교적 온화하고 비가 잦은 겨울, 올리브·포도·오렌지·코르크나무 등을 재배함
동아시아	여름에 비가 집중되고 겨울은 춥고 건조, 벼농사가 발달함

08 캐나다 동부의 몬트리올에서는 냉대 기후가 나타나 겨울이 몹시 길고 춥다. 이 지역에서는 추운 겨울에도 각종 시설을 이용할 수 있도록 '지하 도시'가 발달하였다.

09 (가)는 몽골의 게르, (나)는 열대 기후 지역의 고상 가옥이다. 게르는 유목 생활에 적응하기 위해 만들어진 이동식 가옥이다. 고상 가옥은 많은 비에 대비하기 위해 가파른 지붕을 설치하고 지면의 습기와 열기, 해충을 피하기 위해 바닥에서 띄워 지은 집이다.
바로잡기 ㄷ. (나)가 통풍에 유리한 가옥 구조이다. ㄹ. (가)는 유목 생활에 유리한 이동식 가옥이다.

10 세계시민은 지역의 다양성에 대해 탐구하고 이해하기 위해 노력하며, 지구촌 문제가 우리의 문제임을 알고 이를 해결하기 위해 협력하는 자세를 가진 사람이다.
바로잡기 지역의 차이와 다양성을 인정하고 이해하는 태도가 필요하며, 나의 이익보다 전 지구적 문제의 해결을 먼저 생각해야 한다.

11 지역 축제를 방문하고 특산품을 구입하는 것은 국가 규모의 상호 작용이다.

12 초국적 기업과 같이 여러 국가에 걸쳐 기업 활동을 하는 경우 본사·연구소와 생산 공장을 서로 다른 나라에 만드는 경우가 많다. 특히, 미국과 국경을 접하고 있고 자유무역협정을 맺은 멕시코에는 미국 기업들의 생산 공장이 많다. 쌍둥이 도시가 발달하게 된 것은 미국과 멕시코 사이의 상호 작용이 많아 이동 거리를 줄이기 위해서이다.

13 지역에서 생산된 농산물이 여러 나라로 수출되면 기업적 농업이 활발해지며, 이는 생산량과 수출량의 증가로 이어져 소득과 일자리가 늘어나게 된다.
바로잡기 대규모 농업 활동이 많아지면 이산화 탄소와 같은 온실가스 배출이 대체로 많아진다.

14 경제의 세계화로 세계가 하나의 시장으로 통합되면서 생산 과정에서도 가장 효율적인 지역에서 생산 활동이 이루어지는 국제적 분업을 나타낸 것이다.

15 사진에는 코끼리와 군중이 물을 뿌리며 즐기는 축제의 모습이 담겨 있다. 타이에서는 매년 4월에 우기를 기념하여 송크란 축제가 열린다.

엔픽 포인트 세계의 다양한 지역 축제

송크란 축제(타이)	매년 4월에 우기를 기념하는 축제
옥토버페스트(독일)	매년 10월에 추수와 수확의 기쁨을 나누는 축제, 전 세계에서 규모가 가장 큰 맥주 축제
백야 축제(러시아)	매년 하지에 밤이 거의 없는 러시아의 여름을 기념하는 축제

16 ㉠은 지역 브랜드, ㉡은 지리적 표시제의 사례이다. 이러한 지역화 전략은 지역의 정체성을 강화하고 인지도를 높여 주는 역할을 한다.

바로잡기 ㄴ. 카망베르 지역에서 생산된 치즈 중 기준을 통과하면 이름을 쓸 수 있다. ㄹ. 지역의 정체성을 강화하는 역할을 한다.

17 지역의 독특한 문화를 바탕으로 하는 지역 축제를 통해 긍정적 이미지를 만들고 지역을 알릴 수 있다.

바로잡기 ① 세계화에 따라 지역 축제에는 전 세계인이 참여한다. ③ 삿포로 눈 축제 등 자연 경관을 대상으로 한 축제가 많다. ⑤ 지역의 개성을 살려 지역의 이미지를 만들 수 있는 축제가 바람직하다.

18 저위도 지역의 평지는 기온이 높아 인간이 거주하기에 불리하지만, 남아메리카의 안데스 산지에서는 일 년 내내 온화한 기후가 나타나 고산 도시가 발달하였다.

구분	채점 기준
상	기후의 명칭을 쓰고, 연중 온화한 날씨가 이어져 생활하기에 쾌적하다는 내용을 정확히 서술한 경우
중	기후의 명칭을 썼으나, 고산 기후에 관한 서술이 다소 미흡한 경우
하	기후의 명칭만 쓴 경우

19 나시고렝은 동남아시아에 있는 인도네시아의 전통 음식이다. 열대 기후 지역에서는 덥고 습한 날씨에 음식이 상하기 쉽기 때문에 기름에 튀기거나 볶은 음식이 발달하였다.

구분	채점 기준
상	국가의 명칭을 쓰고, 음식이 상하기 쉬운 기후라는 점을 서술한 경우
중	국가의 명칭을 썼으나 기후에 관한 서술이 다소 미흡한 경우
하	국가의 명칭만 쓴 경우

20 지역의 변화가 세계에 영향을 주기도 한다. 이탈리아의 볼로냐는 협동조합을 통해 경제 발전을 이룬 지역으로, 이후 세계 여러 지역에서 협동조합에 관한 관심이 높아졌다.

구분	채점 기준
상	우리나라에서 협동조합에 대한 관심이 높아지고 있으며, 매장과 종업원 수가 증가하고 있다고 정확히 서술한 경우
하	지역에 관한 언급 없이 협동조합이 증가한다고만 서술한 경우

II. 아시아

주제 04 아시아의 위치와 자연 환경

개념 확인 문제 32쪽

1 (1)× (2)○ (3)○ 2 (1)우랄산맥 (2)서남아시아 (3)계절풍

대표 문제로 실력 쌓기 33쪽

1 ① 2 ④

1 제시된 글은 서남아시아(A)에 대한 설명이다. B는 중앙아시아, C는 남부 아시아, D는 동아시아, E는 동남아시아이다.

2 그래프는 열대 기후가 나타나는 타이 푸껫의 기온, 강수량을 나타낸 것이다. 이 지역에서는 계절풍의 영향으로 여름철 기온이 높고 비가 많이 내려 벼농사가 활발하다.

실력 다지기 34~35쪽

01 ⑤ 02 ③ 03 ④ 04 ③ 05 ② 06 ③
07 ① 08 ④ 09 ① 10 ③
11 **예시 답안** 유교, 불교, 젓가락, 한자 문화가 있다.
12 **예시 답안** 계절풍의 영향으로 여름에는 기온이 높고 강수량이 많으며, 겨울에는 기온이 낮고 강수량이 적다.

01 아시아는 세계에서 가장 큰 대륙으로 서쪽으로는 유럽, 서남쪽으로는 아프리카와 연결된다.

바로잡기 ㄱ. 북반구에 속한다. ㄴ. 북쪽으로는 북극해와 맞닿아 있다.

02 지도에서 A는 서남아시아, B는 중앙아시아, C는 동아시아, D는 남부 아시아, E는 동남아시아이다.

03 남부 아시아는 히말라야산맥 남쪽의 인도반도를 중심으로 한 지역을 말한다. 인도, 파키스탄, 방글라데시, 네팔, 스리랑카 등의 국가가 포함되며 세계적인 인구 밀집 지역이다.

엔픽 포인트 아시아의 지역별 특징

동아시아	• 오늘날 세계 경제 주도 • 불교, 유교, 한자, 젓가락 문화가 공통으로 나타남
동남아시아	• 다양한 문화, 종교, 민족(인종)이 나타남 • 주로 열대 기후가 나타남
남부 아시아	세계 최고의 인구 밀집 지역
서남아시아	• 유럽, 아시아, 아프리카가 만나는 지역 • 주로 건조 기후, 이슬람 문화권
중앙아시아	과거 동서 문명의 문화 교류 및 교역 중심지

04 동남아시아는 해상 교통의 중심지로 일찍부터 다양한 민족과 문화가 서로 교류하면서 민족(인종), 종교, 문화가 다양하게 나타나는 지역이다.

(바로잡기) ① 내륙에 위치하는 지역은 중앙아시아이다. ② 도쿄, 베이징은 동아시아의 대표 도시이다. ④ 메카와 메디나는 서남아시아에 위치한다. ⑤ '스탄'을 국가명에 사용하는 국가는 주로 중앙아시아에 위치한다.

05 뭄바이는 인도에서 가장 인구가 많고 상업과 무역이 크게 발달한 도시이다.

(바로잡기) ① 하노이는 베트남의 수도이다. ③ 마닐라는 필리핀의 수도이다. ④ 자카르타는 인도네시아의 수도이다. ⑤ 두바이는 아랍 에미리트의 도시이다.

06 아시아 대륙 중앙에 솟아 있는 히말라야산맥은 해발 고도가 높아 '세계의 지붕'이라고 불린다. 갠지스강, 메콩강, 창장강 등의 대하천은 넓은 지역을 흐르면서 주변에 평야 지대를 만들었다.

(바로잡기) ㄱ. 사막이 넓게 발달한 지역은 건조 기후가 나타나는 서남아시아와 중앙아시아 지역이다. ㄹ. 지진과 화산 활동이 활발한 환태평양 조산대에 위치한 국가는 일본, 필리핀, 인도네시아 등이 있다.

07 유라시아 대륙은 우랄산맥과 카스피해를 기준으로 동쪽의 아시아와 서쪽의 유럽으로 구분된다.

08 환태평양 조산대는 태평양판과 이를 둘러싼 판들이 충돌하는 화산대로 지진과 화산 활동이 활발하여 '불의 고리'라고도 한다. 일본, 필리핀, 인도네시아 등은 환태평양 조산대에 위치하여 지진과 화산 활동이 활발하고 곳곳에 화산 지형이 나타난다.

09 열대 기후는 일 년 내내 기온이 높고 강수량이 많아 습기와 해충을 피하기 위해 집을 바닥에서 띄워 짓고 빗물이 빠르게 흘러내리도록 지붕의 경사를 급하게 만든다.

10 그래프는 중앙아시아에 위치한 몽골 울란바토르의 기후를 나타낸 것이다. 이 지역은 건조 기후 지역으로 초원이 넓게 나타나며 양, 염소, 말 등을 키우는 유목민을 볼 수 있다.

(바로잡기) ㄱ. 적도 부근에서는 주로 열대 기후가 나타난다. ㄹ. 일 년 내내 기온이 높고 강수량이 많은 열대 기후는 식물 성장에 좋은 환경으로 밀림(열대림)이 형성된다.

11 동아시아는 유교, 불교, 한자, 젓가락 문화가 공통으로 나타나는 것이 특징이다.

구분	채점 기준
상	유교, 불교, 젓가락, 한자 등의 문화적 공통점 중 세 가지 이상 포함하여 정확하게 서술한 경우
중	유교, 불교, 젓가락, 한자 등의 문화적 공통점 중 두 가지만 포함하여 서술한 경우
하	유교, 불교, 젓가락, 한자 등의 문화적 공통점 중 한 가지만 포함하여 서술한 경우

12 계절풍의 영향을 받는 아시아의 온대 기후 지역에서는 여름에는 덥고 강수량이 많으며 겨울에는 춥고 강수량이 적어 계절의 변화가 뚜렷하게 나타난다.

구분	채점 기준
상	계절풍에 의한 고온 다습한 여름과 한랭 건조한 겨울의 기후 특징을 정확하게 서술한 경우
중	계절풍에 의한 고온 다습한 여름과 한랭 건조한 겨울의 기후 특징 중 한 가지만을 정확하게 서술한 경우
하	계절풍에 의한 여름과 겨울의 기후 차이에 대한 서술이 미흡한 경우

주제 **05** 아시아의 종교와 문화 다양성

개념 확인 문제 36쪽

1 (1) × (2) ○ (3) × **2** (1) 모스크 (2) 힌두교, 이슬람교

대표 문제로 실력 쌓기 37쪽

1 ④ **2** ①

1 (가)는 이슬람교의 예배당인 모스크로 중앙의 돔형 지붕과 주변의 첨탑이 어우러져 있다. (나)는 크리스트교의 성당으로 십자가와 종탑을 볼 수 있으며 성당이나 교회는 신에게 예배를 드리는 신성한 곳이다.

2 지도의 A 지역은 카슈미르 지역으로 힌두교를 믿는 인도와 이슬람교를 믿는 파키스탄이 서로 지배권을 두고 갈등을 빚고 있다.

실력 다지기 38~39쪽

01 ① **02** ⑤ **03** ④ **04** ② **05** ② **06** ②
07 ④ **08** ④ **09** ①

10 (예시 답안) 하루에 다섯 번 성지를 향해 기도한다. 할랄 음식을 먹는다. 돼지고기와 술을 금기시한다. 여성은 히잡을 착용한다. 등

11 (예시 답안) 힌두교를 믿는 인도와 이슬람교를 믿는 파키스탄이 카슈미르 지역의 지배권을 두고 갈등을 빚고 있다.

01 힌두교는 인도, 네팔 등 남부 아시아에서 주요 종교로 자리 잡고 있으며, 불교는 동남 및 동아시아에 널리 퍼져 있다.

(바로잡기) ㄷ. 필리핀은 유럽 식민 지배의 영향으로 크리스트교가 가장 영향력있는 종교가 되었다. ㄹ. 서남 및 중앙아시아 대부분 지역에서 지배적인 종교는 이슬람교이다.

02 힌두교는 인도에서 신자가 가장 많은 종교로 신성시하는 갠지스강에서 목욕을 하면 죄를 씻을 수 있다는 믿음이 있다.
바로잡기 ① 힌두교에서는 소를 숭배하여 소고기를 먹지 않는다. ② 크리스트교와 관련이 있다. ③, ④ 불교와 관련이 있다.

03 연등 행사를 개최하여 부처의 자비로운 정신을 기리고 평등을 강조하는 것은 불교와 관련이 있다. A는 크리스트교, B는 힌두교, C는 이슬람교, D는 불교, E는 유대교이다.

04 (가)는 수행과 명상을 실천하는 불교의 모습이며, (나)의 십자가는 예수의 희생을 표현하며 크리스트교를 상징한다.

05 불교는 부처의 가르침에 따라 살생을 금지하고 생명을 중시하여 채식을 선호한다. 크리스트교는 주로 일요일에 성당이나 교회에서 예배를 보는 생활양식을 가진다.
바로잡기 ㄴ. 불교는 보편 종교이다. ㄷ. 이슬람교는 여성의 히잡 착용이 의무화되어 있다.

엔픽 포인트 보편 종교와 민족 종교

보편 종교	· 국경과 민족을 초월하여 전 세계에 널리 퍼져 있는 종교 · 불교, 이슬람교, 크리스트교
민족 종교	· 특정 민족이나 인종을 중심으로 전파된 종교 · 힌두교, 유대교

06 여성들이 머리나 목 등을 가리기 위해 쓰는 히잡은 이슬람교의 가르침에 따라 행해지는 의무이다.
바로잡기 ② 소를 신성시하여 소고기를 먹지 않는 것은 힌두교의 생활양식이다. 이슬람교에서는 돼지고기와 술을 금기시한다.

07 (가) 싱가포르는 동서양의 다양한 민족과 종교가 공존하고 있다. (나) 이스라엘의 예루살렘은 크리스트교, 이슬람교, 유대교의 성지가 공존하는 곳으로 오래전부터 종교 갈등을 겪어 왔다.

08 말레이시아의 믈라카는 동서양을 연결하는 중요한 해상 교통로에 위치하여 다양한 민족, 종교, 언어 간의 교류가 이루어져 오늘날 아시아의 대표적인 다문화 도시로 성장하였다.

09 문화 다양성을 위해서는 한 사회 속에 공존하는 다른 인종과 문화를 서로 인정하고 존중하는 다문화주의와 어떠한 문화가 우월하거나 열등하지 않으며 모든 문화가 존중받아야 한다고 보는 문화 상대주의 태도가 요구된다.

10 이슬람교는 건조 기후가 나타나는 서남아시아 및 중앙아시아 대부분의 지역에서 지배적인 종교이다. 하루에 다섯 번 성지를 향해 기도하고, 할랄 음식을 먹으며, 돼지고기와 술을 금기시하고, 여성은 히잡을 착용하는 등의 생활양식이 나타난다.

구분	채점 기준
상	이슬람교의 생활양식 두 가지를 정확하게 서술한 경우
하	이슬람교의 생활양식에 대한 서술이 미흡한 경우

11 카슈미르 지역은 힌두교를 믿는 인도와 이슬람교를 믿는 파키스탄이 지역의 지배권을 두고 갈등하고 있는 대표적인 종교 갈등 지역이다.

구분	채점 기준
상	인도(힌두교)와 파키스탄(이슬람교)이 서로 다른 종교로 인해 갈등을 겪고 있음을 정확하게 서술한 경우
중	인도와 파키스탄이 서로 갈등하고 있다고 서술한 경우
하	종교가 달라서 갈등이 일어나고 있다고만 서술한 경우

주제 06 아시아의 인구 특징과 변화

개념 확인 문제 40쪽

1 (1) ○ (2) × (3) ×   **2** (1) 높게, 높게 (2) 저출산, 고령화

대표 문제로 실력 쌓기 41쪽

1 ⑤   **2** ④

1 아시아에서 가장 인구가 많은 국가는 인도이며, 그다음은 중국으로 각각 세계 인구 1위와 2위 국가이다.
바로잡기 ① 자연환경, 농목업, 도시 분포에 따라 인구 분포가 불균등하게 나타난다. ② 아시아 지역 중 남부 아시아에 인구가 가장 많이 분포한다. ④ 서남아시아는 기후가 건조하여 상대적으로 인구가 적다.

2 제시된 인구 피라미드는 저출산·고령화가 나타나는 우리나라, 일본 등에서 나타나는 형태이다. 노년층 인구 비율이 늘어나면서 노인 부양 부담이 크게 증가하게 된다.

실력 다지기 42~43쪽

01 ②	**02** ④	**03** ②	**04** ③	**05** ⑤	**06** ③
07 ⑤	**08** ②	**09** ④			

10 예시답안 (가)는 출생률 감소에 따른 저출산 현상과 노년층 인구 증가에 따른 고령화 현상이 나타난다. (나)는 높은 출생률로 급격한 인구 증가가 나타난다.

11 예시답안 임금이 높은 일자리를 찾기 위해 경제 수준이 낮은 지역에서 높은 지역으로 이동한다.

01 인도, 파키스탄이 속한 남부 아시아는 세계적인 인구 밀집 지역으로 인구 밀도가 높게 나타난다. 동남아시아는 인구 부양력이 높은 벼농사가 가능한 평야 지역에 인구가 밀집해 있다.

바로잡기 ㄴ. 서남아시아는 기후가 건조하여 인간이 거주하기에 불리하기 때문에 상대적으로 인구가 적게 분포한다. ㄹ. 동아시아는 저출산·고령화의 영향으로 인구가 정체하거나 감소하고 있다.

02 아시아 대륙은 세계 전체 면적의 약 33%를 차지하지만, 인구는 세계 전체 인구의 약 60%가 살고 있다. 따라서 단위 면적당 인구 분포를 나타내는 인구 밀도가 높게 나타난다.

03 아시아에서 가장 인구가 많은 국가는 인도이고, 2위는 중국이다. 인도와 중국은 전 세계에서도 인구 1위와 2위에 해당한다.

04 생활 수준의 향상과 의학 기술의 발달로 사람이 태어났을 때 앞으로 살아갈 것으로 기대되는 평균 생존 연수인 기대 수명이 크게 증가하였다.

05 시리아, 아프가니스탄, 미얀마 등의 국가에서는 최근 발생한 민족 탄압과 내전, 분쟁 등을 피하여 주변 국가로 이동하는 난민이 늘어나고 있다.

06 저출산·고령화를 겪는 국가에서는 유소년층 인구 비율이 줄어들고 노년층 인구 비율이 높아지면서 총인구는 정체하거나 감소하는 모습이 나타난다.
바로잡기 ① 경제적 수준이 높다. ② 유소년층 인구 비율이 낮다. ④ 노동력 부족, 소비 감소 등의 문제가 나타난다. ⑤ 경제 성장률이 둔화될 것이다.

07 출생률이 높게 나타나는 지역에서는 기대 수명 증가와 함께 인구가 빠르게 증가하여 사회 기반 시설이 부족해지며 식량 및 자원 부족, 높은 실업률 등의 문제가 나타나기도 한다.
바로잡기 ㄱ, ㄴ. 저출산·고령화가 나타나는 지역의 인구 문제를 해결하기 위한 방안이다.

08 일본은 저출산·고령화로 유소년층 인구 비율이 낮아지고, 노년층 인구 비율은 높아지고 있다. 네팔, 필리핀, 파키스탄, 방글라데시 등의 국가들은 출생률이 높아 유소년층 인구 비율이 높게 나타난다.

09 경제 발전 수준이 높은 국가에서는 자녀와 결혼에 대한 가치관 변화, 여성의 사회 참여 확대 등으로 태어나는 아이의 수가 줄어드는 저출산 현상이 심화되고 있다.

10 (가)와 같은 인구 구조가 나타나는 국가에서는 출생률 감소에 따른 저출산 문제와 노년층 인구 증가에 따른 고령화 현상이 나타난다. (나)와 같은 인구 구조가 나타나는 국가에서는 높은 출생률로 급격한 인구 증가가 나타난다.

구분	채점 기준
상	저출산·고령화를 겪는 (가)의 인구 현상과 출생률이 높은 (나)의 인구 현상을 모두 정확하게 서술한 경우
중	(가)와 (나)에서 나타날 인구 현상 중 한 가지만 정확하게 서술한 경우
하	(가)와 (나)에서 나타날 인구 현상을 모두 정확하게 서술하지 못한 경우

11 소득 수준이 낮고 고용 기회가 적은 국가에서 임금이 높고 고용 기회가 많은 국가로 이동하는 경우가 많다.

구분	채점 기준
상	임금이 높은 일자리를 찾아 경제 수준이 높은 국가로 이동한다는 내용을 정확하게 서술한 경우
하	경제 수준이 높은 국가로 이동한다고만 서술한 경우

주제 **07** 아시아의 산업 특징과 변화

개념 확인 문제
44쪽

1 (1) × (2) ○ (3) ○   **2** (1) 동남 (2) 에너지 자원

대표 문제로 **실력 쌓기**
45쪽

1 ④   **2** ②

1 서남아시아는 석유, 천연가스 등 에너지 자원의 공급지 역할을 하고 있으며, 우리나라와 일본은 고부가 가치 첨단 산업이 성장하여 세계에서 영향력을 확대하고 있다.
바로잡기 갑. 아시아는 전 세계 국내 총생산의 38%를 차지하며 세계 산업의 중심지 역할을 하고 있다. 병. 중국에 대한 설명이다.

2 우리나라 기업들이 노동 집약적 제조업 분야에서 저렴하고 풍부한 노동력과 넓은 소비 시장을 확보할 수 있는 동남아시아 지역으로 진출하고 있다.

실력 다지기
46~47쪽

01 ④	02 ④	03 ⑤	04 ②	05 ⑤	06 ④
07 ②	08 ③	09 ⑤			

10 **예시 답안** 농업에서 제조업, 첨단 산업 중심으로 산업 구조가 변화하였다.

11 **예시 답안** K-콘텐츠가 아시아 시장에서 큰 인기를 끌면서 우리나라의 문화 상품과 그와 관련된 상품의 수출이 늘어나고 우리나라를 찾는 해외 관광객도 증가할 것이다.

01 오늘날 아시아의 여러 국가에서는 제조업과 서비스업의 비중이 높아지는 산업 구조의 고도화가 나타나고 있다. 서남아시아 국가들은 석유, 천연가스를 전 세계에 수출하며 크게 성장하였다.
바로잡기 ㄱ. 우리나라, 일본 등은 천연자원이 부족하여 이를 해외에서 수입하여 공장에서 제품을 만들어 내는 가공 무역이 발달하였다. ㄷ. 인도네시아, 방글라데시 등의 국가는 노동 집약적 제조업이 발달하였다.

엔픽 포인트 아시아의 대표적인 산업

천연자원 생산	• 산업에 필요한 주요 천연자원의 공급지 역할 ⑩ 에너지 자원(석탄, 석유, 천연가스), 광물 자원(희토류, 철광석, 주석) • 식량 자원 생산 ⑩ 곡물 자원(쌀, 밀), 플랜테이션 작물(커피, 천연고무, 차 등) • 서남아시아 국가들은 석유, 천연가스 수출을 통해 경제 성장
제조업	• 우리나라, 일본, 중국은 제조업 성장을 바탕으로 경제 성장 • 최근 노동 집약적 제조업의 생산 기지가 동남아시아, 남부 아시아로 이전
첨단 산업	우리나라, 일본, 중국 등에서 부가 가치가 높은 첨단 산업 발달 ⑩ 반도체, 정보 통신 기기, 로봇, 인공 지능(AI) 등

02 중국은 풍부한 노동력과 자원을 이용하여 저렴한 가격의 물건을 세계 각국에 공급하는 생산 기지 역할을 하며 '세계의 공장'이라고 불리기도 하였다. 이를 바탕으로 중국은 경제 성장을 이루었고 세계적인 공업국으로 발달하였다.

03 제시된 자료를 보면 우리나라, 일본, 중국에서 생산한 반도체가 전 세계 생산량의 30% 이상을 차지하고 있다. 우리나라, 일본, 중국은 우수한 고급 인력과 높은 기술 수준을 바탕으로 반도체, 정보 통신 기기 등 첨단 기술을 필요로 하는 제품의 기술 개발부터 생산까지 전 분야에서 핵심적인 역할을 하고 있다.
바로잡기 ① 동남아시아는 노동 집약적 제조업에서 경쟁력을 갖고 있다. ③ 서남아시아는 석유, 천연가스를 전 세계로 수출하여 성장하였다.

04 제시된 그래프에서 중국, 방글라데시, 베트남 등은 인건비가 저렴한 노동력이 풍부하여 의류, 전자 조립 등의 노동 집약적 공업이 발달하였다.

05 우리나라 기업들이 아시아 전역에 진출하여 경제적 협력을 강화하고 있다. 그 중에서도 사우디아라비아, 아랍 에미리트 등의 국가에 진출하여 관광 및 제조업 등에 필요한 기반 시설 건설에 참여하고 있다.

06 우리나라의 음악, 영화, 게임 등이 아시아에서 유행하면서 한류 문화를 체험하기 위한 외국인 관광객이 증가하고 있다. 이에 따라 방문 지역의 상권이 활성화되고 관련 문화 콘텐츠 산업이 함께 발달하고 있다.
바로잡기 ㄱ. 직접적인 관련이 없다. ㄷ. 한류 문화의 유행은 우리나라 국가 이미지와 브랜드를 좋게 만드는 긍정적인 요소이다.

07 중국의 인건비 상승은 노동 집약적 제조업이 상대적으로 인건비가 저렴한 지역으로 이전하는 원인이 되었다.

08 우리나라 기업들이 아시아 국가의 산업 변화에 적응하고 다른 국가와의 경쟁과 상호 협력을 통해 기술 혁신을 이루어 반도체, 정보 통신 기기 등의 분야에서 선도적 역할을 하고 있다.

09 동남아시아에서 정보 통신 기술이 발달하면서 우리나라 기업들도 첨단 기술 분야에서 해외 협력을 강화하여 보다 발전된 형태의 서비스를 제공하고 있다.

10 우리나라는 농업 중심에서 제조업, 첨단 산업 중심으로 산업 구조가 고도화하였다.

구분	채점 기준
상	산업 구조의 변화를 정확하게 서술한 경우
하	산업 구조의 변화 중 한 가지만을 서술한 경우

11 K-콘텐츠의 열풍은 아시아에서 우리나라의 문화 상품과 그와 관련된 화장품, 식품, 가전 제품 등의 상품 수출이 늘어나고 우리나라를 방문하는 해외 관광객이 증가하는 효과를 가져오게 된다.

구분	채점 기준
상	문화 상품과 그와 관련된 수출 증가, 해외 관광객 증가 등 긍정적인 효과를 바르게 서술한 경우
하	긍정적 효과에 대한 서술이 미흡한 경우

Ⅱ단원 표와 자료로 정리하기 한 번 더 48~49쪽

주제 04 ❶ 우랄산맥 ❷ 인구 ❸ 건조 ❹ 히말라야산맥 ❺ 환태평양 ❻ 벼농사 ❼ 동아시아 ❽ 동남아시아 ❾ 남부 아시아 ❿ 중앙아시아 ⓫ 서남아시아 ⓬ 벼농사 ⓭ 초원 ⓮ 유목

주제 05 ❶ 불교 ❷ 힌두교 ❸ 이슬람교 ❹ 모스크 ❺ 돼지고기 ❻ 카슈미르 ❼ 다문화주의 ❽ 힌두교 ❾ 크리스트교

주제 06 ❶ 남부 아시아 ❷ 동남아시아 ❸ 건조 ❹ 저출산·고령화 ❺ 노인 ❻ 난민 ❼ 인도 ❽ 중앙아시아 ❾ 높게 ❿ 낮게 ⓫ 높게

주제 07 ❶ 노동 ❷ 문화 ❸ 상승 ❹ 관광객 ❺ 아시아 ❻ 노동력 ❼ 첨단 산업

Ⅱ단원 실력 굳히기 50~53쪽

01⑤ 02⑤ 03④ 04① 05④ 06⑤ 07⑤ 08④ 09① 10② 11③ 12② 13② 14① 15⑤ 16③ 17③ 18④ 19① 20⑤

서술형 연습 문제 21 예시 답안 (가)는 물이 부족한 사막 지역으로 물을 끌어와 농사를 짓는 관개 농업이 이루어진다. (나)는 초원 지역으로 염소, 말, 양 등을 키우며 이동하는 유목 생활을 하기도 한다.
22 예시 답안 문화 상대주의 입장에서 종교 간에 우월하거나 열등한 종교는 없음을 인식하고 서로의 종교를 상대방의 입장에서 이해하고 존중하려는 태도를 가져야 한다.
23 예시 답안 (가) 국가는 (나) 국가보다 중위 연령이 높고 기대 수명이 높게 나타난다.

01 중앙아시아 지역은 과거 동서 문명을 연결하는 실크로드의 교역 중심지였다. 중앙아시아는 유라시아 대륙의 내륙에 위치하며 주민 대부분이 이슬람교를 믿는다.

02 싱가포르는 동남아시아에 위치한 해상 교통의 중심지로 다양한 인종과 민족이 교류하면서 중국인, 인도인, 말레이인 등이 함께 공존하며 독특한 문화를 형성한 다문화 국가이다.
(바로잡기) A는 사우디아라비아의 메카, B는 인도의 뉴델리, C는 몽골의 울란바토르, D는 일본의 도쿄, E는 싱가포르이다.

03 ㉠강은 동남아시아에서 가장 긴 메콩강으로 여러 국가를 흐르는 국제 하천이다. 메콩강 주변에 형성된 넓은 평야 지대에는 주로 벼농사가 이루어진다.

04 A는 남부 아시아 지역으로 인도, 파키스탄, 방글라데시 등 인구가 많은 국가가 위치하여 인구 밀도가 세계에서 가장 높은 인구 밀집 지역이다.
(바로잡기) ③ 동아시아 지역에 대한 설명이다. ④ 이스라엘 예루살렘에 대한 설명이다. ⑤ 서남아시아와 중앙아시아에 대한 설명이다.

05 (가)는 열대 기후, (나)는 사막이 나타나는 건조 기후, (다)는 온대 기후 지역이다.
(바로잡기) ① 사계절의 변화가 뚜렷한 것은 온대 기후이다. ② 계절풍의 영향으로 여름에는 덥고 강수량이 많은 것은 온대 기후이다. ⑤ 적도에 가까운 곳에는 주로 열대 기후가 나타난다.

06 보편 종교는 국경과 민족을 초월하여 세계 각 지역의 사람들이 널리 믿는 종교로 불교, 이슬람교, 크리스트교가 해당한다.

07 사진은 인도의 힌두교 사원이다. 힌두교는 소를 신성시하여 소고기를 먹지 않으며, 갠지스강을 성스럽게 여겨서 목욕을 통해 죄를 씻고 장례 의식을 치르기도 한다.
(바로잡기) ㄱ. 이슬람교에서는 여성들이 히잡으로 머리와 목을 가린다. ㄴ. 불교는 개인의 수행과 명상을 통한 깨달음을 중시한다.

08 (가)는 십자가가 장식되어 있는 필리핀의 크리스트교 성당이다. (나)는 부처의 사리를 모신 탑이 있는 미얀마의 불교 사원이다. (다)는 아랍 에미리트에 있는 이슬람교의 모스크로 첨탑과 돔형 지붕이 특징이다.

09 ㉠은 이슬람교이다. 이슬람교는 돼지고기와 술을 금기시하며, 이슬람 율법에 따라 할랄 음식을 먹고 여성의 히잡 착용을 의무화한다. 일생에 한 번 사우디아라비아의 메카로 성지 순례를 해야 하며, 하루에 다섯 번 성지인 메카의 방향을 향해 예배를 드려야 한다.
(바로잡기) ②,⑤ 힌두교에 대한 설명이다. ③ 크리스트교에 대한 설명이다. ④ 이슬람교는 서남아시아의 주요 종교이다.

10 카슈미르 지역은 힌두교를 믿는 인도와 이슬람교를 믿는 파키스탄 간의 종교 갈등이 나타나는 곳이다. 예루살렘은 유대교를 믿는 이스라엘과 이슬람교를 믿는 팔레스타인 간의 종교 갈등이 나타나는 곳이다.

11 동남아시아는 최근 높은 출생률로 인구 증가 속도가 매우 빠르다. 특히 인도네시아, 필리핀 등에서 인구가 빠르게 증가하고 있어 성장 잠재력이 크다.
(바로잡기) ① 아시아는 세계에서 인구가 가장 많은 대륙이다. ② 아시아는 면적에 비해 인구가 많아 인구 밀도가 높다. ④ 세계적인 인구 밀집 지역은 남부 아시아이다. ⑤ 우리나라, 일본, 중국은 저출산의 영향으로 인구가 정체하거나 감소하고 있다.

12 A는 서남아시아 지역으로 기후가 건조하여 농사가 제한적이기 때문에 인구가 적게 분포한다. C는 계절풍의 영향으로 벼농사에 유리하여 인구가 많이 분포하는 지역이다.
(바로잡기) ㄴ. B는 중앙아시아 지역으로 기후가 건조하여 인구가 적다. ㄹ. 동아시아에 속하는 우리나라, 일본은 석유, 천연가스가 거의 매장되어 있지 않다.

13 생활 수준의 향상과 의학 기술의 발달로 사망률이 낮아지고, 사람이 태어났을 때 앞으로 생존할 것으로 기대되는 평균 수명인 기대 수명이 증가하고 있다.

14 인구 고령화 문제를 해결하기 위해서는 노인 연금 등 사회 보장 제도를 정비하고 정년 연장이나 노인 일자리 창출을 통해 취업 기회를 제공해야 한다.

엔픽 포인트	저출산과 고령화 대책
저출산 대책	· 다양한 출산 장려 정책, 양육 및 육아 지원 시설 확충 · 외국인 이민 수용
고령화 대책	· 노인 복지 제도, 연금 제도 등 정비 · 정년 연장 및 노인 일자리 창출

15 (가)는 인도, 필리핀 등 출생률이 높아 인구가 급격히 증가하는 국가로 사회 기반 시설 부족과 빈곤 문제가 발생한다. (나)는 우리나라, 일본 등 저출산·고령화를 겪는 국가로 노인 부양 부담이 커지는 문제가 발생한다.

16 경제적 요인에 따라 경제 수준이 낮은 동남아시아나 남부 아시아에서 경제 수준이 높은 동아시아, 서남아시아로 일자리를 찾아 많은 인구가 이동한다.

17 그래프는 세계 10대 석유 생산국을 나타낸 것이다. 사우디아라비아, 이라크, 아랍 에미리트, 쿠웨이트 등의 서남아시아 국가들은 석유를 생산하여 전 세계에 수출하고 있다.

18 일본을 비롯한 우리나라, 중국 등 동아시아 국가들은 첨단 기술에 대한 연구 개발을 통해 고부가 가치 첨단 산업 분야에서 핵심적인 역할을 담당하고 있다.

19 사우디아라비아, 카타르, 아랍 에미리트 등의 서남아시아 국가들은 석유와 천연가스 생산뿐만 아니라 관광 산업과 같은 서비스업의 비중을 높이는 등 산업 구조를 고도화하기 위해 노력하고 있다.

20 우리나라보다 임금이 상대적으로 낮은 중국, 베트남, 인도 등의 국가에서 저임금 노동력을 바탕으로 대규모 생산 시설을 갖추어 제품을 생산하게 되자 우리나라의 노동 집약적 제조업 경쟁력은 약화되었다.

21 (가)는 사막 지역으로 물이 부족하여 물을 끌어와 농사를 짓는 관개 농업이 이루어진다. (나)는 초원 지역으로 염소, 말, 양 등을 키우며 이동하는 유목 생활을 하기도 한다.

구분	채점 기준
상	(가)에서의 관개 농업과 (나)에서의 유목을 모두 정확하게 서술한 경우
중	(가), (나) 농목업의 특징 중 한 가지만을 정확하게 서술한 경우
하	(가)는 사막, (나)는 초원이 나타난다고만 쓴 경우

22 문화 상대주의 입장에서 종교 간에 우월하거나 열등한 종교는 없으며 서로의 종교를 상대방의 입장에서 이해하고 존중하려는 태도를 가져야 한다.

구분	채점 기준
상	문화 상대주의 용어를 사용하여 상대방 종교를 이해하고 존중하려는 태도를 정확하게 서술한 경우
하	문화 상대주의 용어를 사용하지 않고 서술한 경우

23 (가)는 저출산·고령화가 나타나는 지역이고, (나)는 출생률이 높게 나타나는 지역이다. 따라서 (가) 국가는 (나) 국가보다 중위 연령이 높고 기대 수명이 높게 나타난다.

구분	채점 기준
상	(가), (나) 국가의 중위 연령과 기대 수명을 모두 정확하게 비교하여 서술한 경우
하	(가), (나) 국가의 중위 연령과 기대 수명 중 한 가지만 정확하게 비교하여 서술한 경우

III. 유럽

주제 08 유럽의 위치와 자연환경

개념 확인 문제
58쪽

1 (1)× (2)○ (3)×
2 (1)오래되지 않아, 높다 (2)편서풍, 북대서양 난류

대표 문제로 실력 쌓기
59쪽

1 ④ 2 ⑤

1 에펠탑은 프랑스 파리의 랜드마크로 서부 유럽에 있으며, 할그림스키르캬 교회는 북부 유럽에 있는 아이슬란드의 랜드마크이다.

2 제시된 글과 사진은 러시아의 모스크바에 관한 내용이다. 지도의 A는 영국의 런던, B는 프랑스의 파리, C는 독일의 베를린, D는 폴란드의 바르샤바, E는 러시아의 모스크바이다.

실력 다지기
60~61쪽

01 ① 02 ③ 03 ① 04 ④ 05 ④ 06 ⑤
07 ⑤ 08 ① 09 ②

10 예시 답안 지중해성 기후, 지중해성 기후는 여름철에 덥고 건조하며 겨울철에 따뜻하고 비가 자주 내린다.

11 예시 답안 A 산맥은 비교적 형성 시기가 오래되지 않아 높고 험준하다. B 산맥은 비교적 형성 시기가 오래되어 침식을 많이 받으면서 낮고 경사가 완만하다.

01 유럽은 북반구에 있는 대륙으로 우랄산맥, 카스피해 등을 경계로 아시아와 구분된다. 북쪽으로 북극해, 서쪽으로 대서양, 남쪽으로 지중해와 접하고 있다.

02 서부 유럽에는 영국, 프랑스, 독일이 위치하고 있다. 이 국가들은 세계의 근대화와 산업화를 주도하였으며, 세계 도시인 런던과 파리가 있다.

바로잡기 ① 유럽은 도시 발달의 역사가 길다. ② 노르웨이, 스웨덴, 핀란드는 북부 유럽이다. ④ 유럽의 새로운 시장으로 떠오르는 곳은 동부 유럽이다. 유럽에서 가장 빠르게 경제가 성장하는 곳은 동부 유럽에 있는 폴란드의 바르샤바이다. ⑤ 서부 유럽은 주로 서안 해양성 기후가 나타난다.

03 프랑스 파리의 랜드마크인 에펠탑에 관한 설명이다. 에펠탑은 1889년 파리의 만국 박람회장에 세워졌으며, 에펠탑을 세운 프랑스의 교량 기술자 '에펠'의 이름을 따서 명명되었다.

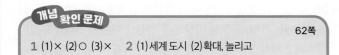

엔픽 포인트 유럽에 있는 주요 도시의 랜드마크

국가	도시	랜드마크
프랑스	파리	에펠탑
영국	런던	빅벤
이탈리아	로마	콜로세움
에스파냐	바르셀로나	사그라다 파밀리아 성당
러시아	모스크바	성 바실리 대성당
핀란드	로바니에미	산타 마을
아이슬란드	레이캬비크	할그림스키르캬 교회

04 A는 북부 유럽, B는 서부 유럽, C는 남부 유럽, D는 동부 유럽이다. 동부 유럽의 폴란드 바르샤바는 최근 유럽에서 가장 빠르게 경제가 성장하고 있는 도시 중 하나이다.

바로 잡기 ① 산업 혁명의 발상지는 영국으로 B에 있다. ② 강수량이 매우 적어 식생이 빈약한 곳은 건조 기후 지역으로 A~D에 해당하지 않는다. ③ 서안 해양성 기후로 비가 내리는 날이 많아서 외출할 때 우산을 준비하는 곳은 영국으로 B에 있다. ⑤ A~D는 위치와 문화적 특성에 따라 구분한 것이며, 지역 구분은 기준에 따라 다를 수 있다.

05 노르웨이의 북서 해안에서는 피오르 해안, 핀란드를 비롯한 스칸디나비아반도의 여러 나라에서는 빙하호를 볼 수 있다.

바로 잡기 ① 밀 재배가 활발한 평원은 유럽 평원이다. ② 올리브 재배 농장은 남부 유럽에서 볼 수 있다. ③ 여러 국가를 흐르는 하천은 라인강으로 스위스, 독일, 네덜란드를 거쳐 북해로 유입된다. ⑤ 코르크나무 껍질을 벗기는 농장은 지중해성 기후가 나타나는 남부 유럽에서 볼 수 있다.

06 C는 우랄산맥으로 유럽과 아시아의 경계를 이룬다.

바로 잡기 ①, ② A는 알프스산맥으로 비교적 형성 시기가 오래되지 않아 높고 험준하다. ③, ④ B는 스칸디나비아산맥으로 비교적 형성 시기가 오래되어 낮고 경사가 완만하다.

엔픽 포인트 유럽의 산지 지형

스칸디나비아산맥, 우랄산맥	• 비교적 형성 시기가 오래되어 침식을 많이 받음 • 해발 고도가 낮고 경사가 완만함
알프스산맥, 피레네산맥	• 비교적 형성 시기가 오래되지 않음 • 해발 고도가 높고 험준함

07 ㉠에 들어갈 말은 서안 해양성 기후로 바다에서 불어오는 편서풍의 영향으로 기온의 연교차가 작고, 계절별 강수량이 고르게 분포한다. 이 지역은 흐리고 비 오는 날이 많아 맑은 날에 일광욕을 즐기는 사람들이 많다.

엔픽 포인트 유럽의 기후

서안 해양성 기후	• 서늘한 여름, 온화한 겨울→기온의 연교차 작음 • 연중 강수량이 고름 → 수운 교통에 유리(운하 발달) • 낙농업 및 화훼 농업, 혼합 농업 발달
지중해성 기후	• 여름 고온, 겨울 온난→기온의 연교차 작음 • 여름에 건조하고 겨울에 비가 자주 내림 • 관광 산업 및 수목 농업 발달

08 A는 에스파냐의 바르셀로나로 지중해성 기후가 나타난다. 이 지역은 여름철이 덥고 건조하며 겨울철이 온난 습윤하다.

바로 잡기 ③, ⑤ 서안 해양성 기후에 관한 설명이다.

09 유럽 평원이 위치하는 지역은 B이다. 유럽 평원은 프랑스·북독일 평원에서 동유럽 평원으로 이어지며, 인구와 산업이 밀집해 있다. 평원에는 라인강을 비롯한 여러 하천이 흐르는데, 운하로 연결되어 있어 교통로로 이용하기도 한다.

바로 잡기 A는 페나인산맥, B는 유럽 평원, C는 알프스산맥, D는 피레네산맥, E는 이베리아 고원이다.

10 이탈리아 로마는 지중해성 기후가 나타나는 지역으로 기후 그래프를 살펴보면 여름철에는 덥고 건조하며, 겨울철에는 따뜻하고 비가 자주 내린다.

구분	채점 기준
상	지중해성 기후를 쓰고, 기온과 강수의 특징을 모두 정확히 서술한 경우
하	지중해성 기후를 쓰고, 기온이나 강수의 특징 중 한 가지만 서술한 경우

11 A는 알프스산맥이고, B는 스칸디나비아산맥이다. A는 비교적 형성 시기가 오래되지 않아 높고 험준한 반면에 B는 비교적 형성 시기가 오래되어 낮고 경사가 완만하다.

구분	채점 기준
상	알프스산맥과 스칸디나비아산맥의 형성 시기와 지형의 특징을 모두 정확히 서술한 경우
하	알프스산맥과 스칸디나비아산맥의 특징 중 한 가지만 서술한 경우

주제 09 유럽의 다양한 도시

개념 확인 문제 62쪽

1 (1)× (2)○ (3)× 2 (1)세계 도시 (2)확대, 늘리고

대표 문제로 실력 쌓기 63쪽

1 ④ 2 ②

1 세계 도시에는 기업의 본사, 국제기구의 본부 등이 입지해 있다. 유럽의 역사·문화 도시는 오래된 역사·문화 유적이 많다. 생태 도시는 사람과 자연환경 및 문화가 조화를 이루는 친환경적인 도시이며, 관광 도시(휴양 도시)는 독특한 자연환경을 바탕으로 성장한 도시를 말한다.

2 ㉠ 도시는 파리이다. 제시된 사진은 파리의 라데팡스이다.

실력 다지기

01 ② 02 ⑤ 03 ⑤ 04 ⑤ 05 ③ 06 ⑤
07 ⑤ 08 ①

09 예시답안 A는 런던, B는 파리, C는 도쿄, D는 시드니, E는 뉴욕으로 세계의 중심 도시 역할을 하는 세계 도시이다. 세계 도시에는 기업의 본사나 금융 기관, 국제기구의 본부, 문화·예술 기관이 모여 있다.

10 예시답안 신·재생 에너지를 사용한다. 녹지 공간을 확대한다. 이산화 탄소 같은 온실 기체 배출량을 줄인다. 자동차 대신 자전거를 이용한다. 등

01 스위스는 알프스 산지 관광으로 잘 알려진 관광(휴양) 도시가 발달한 국가이다. 스위스에서는 산악 열차를 타고 알프스 산지를 관광할 수 있는데, 이 열차를 타고 갈 수 있는 융프라우요흐역은 유럽에서 가장 높은 곳에 위치한 기차역이다.

02 영국의 런던과 프랑스의 파리는 세계 도시이다. 이 두 도시는 세계의 경제 중심지 역할을 하는 곳으로, 기업의 본사나 금융 기관 등이 모여 있다.
바로잡기 ⑤ 영국은 산업 혁명 시기에 면직 공업과 같은 제조업이 발달하였다.

03 (가)는 자전거 문화와 친환경적인 정책으로 유명한 도시인 네덜란드의 암스테르담, (나)는 건축가 가우디의 도시로 알려진 에스파냐의 바르셀로나에 관한 설명이다.

04 친환경 도시인 덴마크 코펜하겐에 있는 아마게르 바케(코펜힐) 소각장에 관한 설명이다. 이 소각장은 쓰레기를 태워 주변 지역에 전기와 난방열을 제공하는 발전소를 지었으며 다양한 문화 시설이 공존하여 시민들의 사랑을 받고 있다.

05 제시된 도시들은 유럽의 첨단 도시로 산업 클러스터가 형성되어 있다. 산업 클러스터는 서로 관련 있는 기업과 연구소, 대학, 정부 기관 등이 가까이에 위치하여 긴밀한 협력이 가능한 지역이다.

06 유럽은 스모그나 산성비 피해 등의 환경 문제를 겪었으며, 최근에는 폭염, 홍수 등 이상 기후 현상에 따른 자연재해도 잦아지고 있다. 이러한 문제를 해결하기 위해 지속가능한 도시가 등장하게 되었다.
바로잡기 ㄱ. 유럽의 도시들은 도시 재생 사업으로 낡은 시설을 재정비하였다. ㄹ. 유럽의 도시들은 산업 혁명을 거치며 제조업을 바탕으로 경제가 크게 성장하였지만, 이후 제조업이 쇠퇴하며 노후한 공장과 산업 시설이 주민들에게 불편을 주기도 하였다.

07 유럽의 친환경 도시는 탄소중립을 실천하고 자동차 대신 자전거 이용을 장려하며, 이산화 탄소 등 온실 기체 배출량을 줄이기 위해 노력하고 있다.
바로잡기 ⑤ 친환경 도시는 고갈되지 않고 지속해서 사용할 수 있는 태양광 발전, 풍력 발전과 같은 신·재생 에너지를 활용한 전력 생산의 비율이 높다.

08 스웨덴의 말뫼는 조선 산업이 번성했던 도시였으나 조선소가 문을 닫으면서 어려움을 겪었다. 이후 첨단 산업을 육성하고 신·재생 에너지를 이용한 친환경 도시를 조성하여 탄소중립 시기를 앞당기기 위해 노력하고 있다.

09 A는 영국 런던, B는 프랑스 파리, C는 일본 도쿄, D는 오스트레일리아 시드니, E는 미국 뉴욕이다. 이들 도시는 대표적인 세계 도시이다. 세계 도시는 경제·정치·문화의 중심지로 전 세계에 영향력을 행사한다.

구분	채점 기준
상	세계 도시를 쓰고, 세계 도시의 특징을 모두 정확히 서술한 경우
중	세계 도시를 쓰고, 세계 도시의 특징을 서술하였으나 내용이 다소 미흡한 경우
하	세계 도시만 쓰고, 세계 도시의 특징을 제대로 서술하지 못한 경우

10 제시된 도시들은 대표적인 친환경 도시(생태 도시)이다. 이 도시들은 지속가능한 도시를 만들기 위해 화석 에너지의 사용을 줄이고 친환경 에너지를 적극적으로 활용하여 탄소 배출을 줄이기 위해 노력하고 있다.

구분	채점 기준
상	지속가능한 도시를 만들기 위한 노력 중 두 가지를 정확히 서술한 경우
하	지속가능한 도시를 만들기 위한 노력 중 한 가지만 서술한 경우

주제 10 유럽의 지역 통합과 분리 움직임

개념 확인 문제

1 (1)× (2)○ (3)× 2 (1)브렉시트, 감소 (2)네덜란드어, 높다

대표 문제로 실력 쌓기

1 ① 2 ⑤

1 유럽연합의 회원국은 국가마다 고유한 언어를 사용한다. 유럽연합 회원국 간에는 셍겐 조약에 따라 상품, 자본, 서비스, 노동력 등이 자유롭게 이동한다.

2 제시된 내용은 벨기에 플랑드르 지역의 분리·독립에 관한 내용이다. 지도의 A는 영국의 북아일랜드, B는 에스파냐의 카탈루냐, C는 에스파냐의 바스크, D는 영국의 스코틀랜드, E는 벨기에의 플랑드르이다.

실력 다지기
68~69쪽

01 ①　　02 ⑤　　03 ③　　04 ③　　05 ③　　06 ②

07 ⑤　　08 ①

09 **예시답안** 상품, 자본, 서비스, 노동력 등이 국경을 넘어 자유롭게 이동할 수 있다. 입국 및 출국 수속 없이 자유롭게 국가를 이동할 수 있다. 관세를 내지 않고 물건을 사고팔 수 있다.

10 **예시답안** 브렉시트, 영국은 유럽연합 탈퇴 후 수출 대상국을 다변화할 수 있게 되었다. 그러나 유럽 국가 간 자유로운 교류가 막히면서 노동력 부족, 물가 상승, 경기 침체 등의 어려움을 겪고 있다.

01 제시된 자료는 유럽연합에 관한 설명이다.
바로잡기 ② UN은 국제연합이다. ③ EFTA는 유럽자유무역연합이다. ④ APEC은 아시아·태평양경제협력체이다. ⑤ ASEAN은 동남아시아 국가연합이다.

02 유럽연합 회원국 간에는 상품 이동이 자유롭고 입국 절차가 자유로우며 무관세로 무역할 수 있다.
바로잡기 ⑤ 유럽연합 회원국 간에는 상품과 자본은 물론이고, 노동력도 국경을 넘어 자유롭게 이동할 수 있다.

03 벨기에와 프랑스는 유럽연합 회원국이므로 일하고 싶은 국가에서 직업을 가질 수 있다. 아이슬란드는 법률과 화폐 등의 변경, 이주자들의 유입에 따른 문화적 갈등과 경제적 혼란 등을 우려하여 유럽연합 가입을 반대하는 주민들이 많다.
바로잡기 (나) 스위스는 유럽연합 회원국은 아니지만 솅겐 조약에 가입하였으므로 유럽연합 회원국에 자유롭게 갈 수 있다.
(다) 알바니아는 2024년 현재 유럽연합 가입 후보국이다.

04 튀르키예는 유럽연합 가입을 희망하고 있다. 유럽연합 회원국이 되면 유럽 국가들과의 무역이 증가하여 경제적 이익이 커지며, 국제 사회에서의 영향력이 커질 수 있어서 유럽연합 가입을 희망하고 있다.

05 벨기에의 플랑드르 지역은 네덜란드어를 사용하며, 부가 가치가 높은 지식 기반 산업이 발달하였다. 반면에 남부의 왈롱 지역은 프랑스어를 사용하며, 농업과 광업 중심의 산업 구조가 나타나 두 지역 간의 경제적 격차가 큰 편이다.

06 ㉠은 카탈루냐 지역(B)으로 에스파냐 국내 총생산(GDP)의 약 20%를 차지할 정도로 경제적 영향력이 크다. 또한 고유한 역사와 문화를 가지고 있으며 독자적인 언어를 사용한다. 2014년, 2017년 두 차례에 걸쳐 분리·독립 투표를 시행하였으나 무산되었다.
바로잡기 A는 영국의 북아일랜드, C는 영국의 스코틀랜드, D는 벨기에의 플랑드르, E는 이탈리아의 파다니아 지역이다.

07 유럽 국가 내에서 분리 움직임이 강한 지역은 대부분 고유의 민족, 언어, 종교, 전통문화 등을 가지고 있어서 지역 정체성이 뚜렷한 곳이다. 분리·독립 요구가 나타나는 원인은 다양하다.

엔픽 포인트 유럽 국가 내 분리 움직임이 있는 지역

영국 스코틀랜드	· 잉글랜드와 민족, 언어, 문화가 다름 · 영국의 브렉시트 이후 분리·독립 움직임이 강화됨
벨기에 플랑드르	· 네덜란드어 사용 · 지식 기반 산업의 발달로 경제 발전 수준이 높음
에스파냐 카탈루냐	· 카탈루냐어 사용, 독자적인 문화 · 다른 지역보다 경제 발전 수준이 높음
이탈리아 파다니아	· 이탈리아 북부 평원 일대 · 이탈리아에서 가장 부유한 지역

08 브렉시트는 2012년 유럽연합의 재정 위기에 따른 영국의 유럽연합 분담금 증가로 시작되었다. 영국은 많은 돈을 유럽연합 분담금으로 지불하였지만, 독일과 프랑스가 유럽연합을 주도한다고 생각하였다. 또한 영국 내 이주민의 대거 유입으로 인해 테러 위험이 커지고 노동 시장에서 경쟁이 심화하면서 유럽연합을 탈퇴하게 되었다.

09 유럽연합 회원국 국민은 '유럽연합 시민'으로서 권리를 가지며 솅겐 조약에 따라 국가 간 자유로운 이동이 가능하다.

구분	채점 기준
상	회원국 간 자유로운 이동, 무관세 등을 포함하여 정확히 서술한 경우
하	회원국 간 자유로운 이동과 무관세 중 한 가지만 서술한 경우

10 브렉시트(Brexit)는 영국을 뜻하는 'Britain'과 탈퇴를 뜻하는 'exit'를 합친 말로, 영국의 유럽연합 탈퇴를 의미한다. 브렉시트 이후 영국은 다른 나라와 무역 협정을 빠르게 진행하고 수출 대상국을 다변화할 수 있게 되었다. 그러나 관세 면제 혜택이 사라지면서 유럽연합 회원국으로의 수출이 크게 위축되어 경기가 침체될 수 있다.

구분	채점 기준
상	브렉시트를 쓰고 유럽연합의 탈퇴에 따른 장단점을 모두 정확히 서술한 경우
하	브렉시트만 쓰거나 유럽연합의 탈퇴에 따른 영향을 한 가지만 서술한 경우

Ⅲ단원 표와 자료로 정리하기 한 번 더
70~71쪽

주제 08 ❶ 서부　❷ 남부　❸ 파리　❹ 바르셀로나　❺ 지중해　❻ 아이슬란드　❼ 바르셀로나　❽ 모스크바　❾ 빙하　❿ 알프스　⓫ 유럽 평원　⓬ 편서풍　⓭ 북대서양 난류　⓮ 수목 농업　⓯ 빙하　⓰ 알프스　⓱ 서안 해양성　⓲ 냉대

주제 09 ❶ 자연환경　❷ 첨단 도시　❸ 산업 클러스터　❹ 세계 도시　❺ 암스테르담　❻ 산업 클러스터　❼ 탄소중립

주제 10 ❶ 브렉시트　❷ 솅겐 조약　❸ 유로　❹ 네덜란드어　❺ 유럽연합　❻ 브렉시트　❼ 솅겐 조약

Ⅲ단원 실력 굳히기
72~75쪽

01 ③ 02 ② 03 ⑤ 04 ④ 05 ① 06 ⑤ 07 ① 08 ④
09 ④ 10 ⑤ 11 ⑤ 12 ④ 13 ① 14 ② 15 ① 16 ③
17 ④ 18 ③ 19 ①

서술형 연습 문제 **20** **예시 답안** 영국 런던은 우리나라 서울보다 위도가 높지만, 겨울이 온화하고 여름이 서늘하다. 그 까닭은 북대서양 난류와 편서풍의 영향을 받기 때문이다.

21 **예시 답안** 태양광 발전, 풍력 발전 등 신·재생 에너지를 활용한 전력 생산의 비율을 늘린다. 이산화 탄소와 같은 온실 기체 배출량을 줄이기 위해 자동차 대신 자전거 이용을 장려한다.

22 (1) 유럽연합(EU) (2) **예시 답안** 유럽연합의 출범으로 상품, 자본, 서비스, 노동력 등이 국경을 넘어 자유롭게 이동할 수 있게 되었다. 입국 및 출국 수속 없이 자유롭게 국가를 이동하고, 관세를 내지 않고 물건을 살 수 있다. 유로를 사용하며, 회원국 어디든지 살고 싶은 나라에서 살 수 있고 직업도 가질 수 있다.

01 지도의 A는 유럽이며, 남쪽으로 지중해와 접해 있다.
바로잡기 ① 북반구의 중위도와 고위도에 걸쳐 분포한다. ② 동쪽으로 아시아와 접해 있다. ④ 유라시아 대륙의 서쪽에 있다. ⑤ 우랄산맥을 기준으로 아시아와 경계를 이룬다.

02 서부 유럽에는 프랑스 파리가 있으며, 이 도시의 랜드마크는 에펠탑이다.
바로잡기 ① 핀란드는 북부 유럽에 있다. ② 러시아는 동부 유럽에 있다. ④ 체코는 동부 유럽에 있다. ⑤ 스웨덴은 북부 유럽에 있다.

03 남부 유럽에 위치한 이탈리아는 역사가 오래되어 유명한 유적지가 많으며 로마가 대표적인 도시 중 하나이다.

04 지도의 A 지역은 북부 유럽이다. 북부 유럽은 빙하의 영향으로 형성된 피오르 해안, 빙하호와 화산 지형인 간헐천을 볼 수 있다.

엔픽 **포인트** 유럽의 빙하 지형

피오르 해안	거대한 빙하가 골짜기를 따라 중력이 작용하는 방향으로 이동하면서 침식 작용을 함 → 빙하의 영향으로 U자형 골짜기가 형성됨 → 해수면 상승으로 골짜기에 바닷물이 들어와 좁고 긴 만인 피오르 해안이 발달함
빙하호	빙하의 침식으로 오목해진 곳에 물이 고여 형성된 호수

05 지중해 연안에 있는 이탈리아 로마는 지중해성 기후가 나타나 수목 농업에 유리하다.
바로잡기 ② 건기와 우기가 뚜렷하게 나타나는 곳은 열대의 사바나 기후 지역이다. ③ 여름철에는 건조하다. ④ 우리나라보다 겨울이 따뜻하다. ⑤ 백야 현상은 고위도 지역에서 나타난다.

06 사진은 영국의 날씨와 혼합 농업 지역을 나타낸 것이다. 연중 비가 고르게 내리며 혼합 농업이 발달하는 것은 서안 해양성 기후이다.

07 성 바실리 대성당이 위치한 곳은 러시아의 모스크바이다. 모스크바는 냉대 기후 지역으로 기온의 연교차가 크다.

08 이탈리아의 피렌체는 미켈란젤로, 레오나르도 다빈치, 단테 등 유명한 예술가들이 활동하던 도시로 곳곳에 문화유산과 볼거리가 많은 도시이다. 에스파냐의 바르셀로나는 가우디의 작품인 사그라다 파밀리아 성당과 구엘 공원 등 아름다운 역사·문화적 건축물이 많은 도시이다.

09 지중해성 기후가 나타나 토마토, 올리브를 생산하며 피자가 유명한 지역은 남부 유럽의 이탈리아로, 지도의 D이다.
바로잡기 A는 한대 기후, B는 서안 해양성 기후, C와 E는 주로 냉대 기후, D는 지중해성 기후가 나타난다.

10 프랑스 파리와 영국 런던은 세계화 시대에 국가의 경계를 넘어 세계적인 중심지 역할을 하는 세계 도시이다.

11 제조업이 발달했던 유럽의 도시들은 산업 구조의 변화에 따라 서비스업 중심 도시로 변모하기도 한다. 특히, 최근 첨단 산업의 발달에 따라 산업 클러스터가 발달하였는데, 소피아 앙티폴리스, 오울루 테크노폴리스, 시스타 사이언스 시티 등이 대표적이다.

12 지속가능한 도시는 이상 기후 현상에 따른 자연재해 증가 등 기후위기 문제를 해결하기 위해 등장하였다.

13 자원을 재활용한 건축, 광역 자전거 도로망과 같은 지속가능한 도시를 만들기 위해 노력하고 있는 도시는 덴마크의 코펜하겐이다.

14 지속가능한 친환경 도시를 만들기 위한 노력으로는 숲과 녹지 공간 확대, 신·재생 에너지 이용, 자원 재활용, 탄소 배출 감축 등이 있다.
바로잡기 ② 친환경 도시를 만들기 위해 교통 제한 구역을 늘리고 있다.

15 유럽연합은 유럽의 정치·경제적 통합을 실현하기 위해 결성된 연합 기구이다. 유럽연합 회원국들은 대부분 유로(EURO)라는 단일 화폐를 사용한다.

16 솅겐 조약은 유럽 각국이 공통의 출입국 관리 정책을 시행하고 국가 간의 통행에 제한이 없도록 한다는 내용의 조약이다. 이 조약으로 유럽연합 회원국 시민들은 입국 절차 없이 자유롭게 이동할 수 있으며 회원국 어디든지 살고 싶은 국가에서 살 수 있다.
바로잡기 ㄱ. 2023년 현재 아이슬란드, 노르웨이, 스위스는 유럽연합 비가입국이지만 솅겐 조약에는 가입하였다. ㄹ. 동부 유럽과 서부 유럽의 경제적 격차가 커지는 문제가 발생하였다.

17 벨기에 플랑드르 지역은 네덜란드어를 사용하며 남부 지역과 경제적 격차가 커지면서 분리·독립 요구가 있다.

A는 영국의 북아일랜드, B는 에스파냐의 카탈루냐, C는 영국의 스코틀랜드, D는 벨기에의 플랑드르, E는 이탈리아의 파다니아 지역이다.

18 스코틀랜드는 잉글랜드와 다른 독특한 문화를 유지하고 있다. 잉글랜드는 앵글로색슨족이며, 스코틀랜드는 켈트족이다. 잉글랜드에서는 주민 대다수가 성공회교를 믿지만, 스코틀랜드에서는 주민 대다수가 장로교를 믿고 게일어라는 독자 언어를 사용한다.

19 유럽연합에서 두 번째로 많은 분담금을 내고 있었지만, 이주민의 유입으로 문화 갈등이 발생하고 노동 시장에서 경쟁이 심화하는 등 문제가 발생하면서 유럽연합을 탈퇴한 국가는 영국이다.

20 유라시아 대륙의 서안에 있는 영국 런던은 유라시아 대륙의 동안에 있는 우리나라보다 위도가 높지만, 겨울이 온난 습윤하고 여름이 서늘하다. 그 까닭은 북대서양 난류가 흐르고 편서풍의 영향을 받기 때문이다.

구분	채점 기준
상	위도, 겨울과 여름의 기후 특징, 기후 특징이 나타나는 원인을 모두 정확히 서술한 경우
중	겨울과 여름의 기후 특징이나 기후 특징이 나타나는 원인만 서술한 경우
하	여름과 겨울의 기후 특징 중 한 가지만 서술한 경우

21 지속가능한 도시를 만들기 위한 노력에는 태양광 발전이나 풍력 발전 등의 신·재생 에너지를 활용하거나 온실 기체 배출량을 줄이는 것 등이 있다.

구분	채점 기준
상	신·재생 에너지 활용, 온실 기체 배출량 감축 등 지속가능한 도시를 만들기 위한 노력 사례를 정확히 제시한 경우
하	신·재생 에너지 활용, 온실 기체 배출량 감축 등의 노력을 제시하였으나 일부 잘못된 내용을 포함한 경우

22 유럽연합 회원국 대부분은 국경을 지날 때 출입국 절차 없이 자유롭게 이동할 수 있으며, 유로화 사용으로 환전의 번거로움 등이 없다.

구분	채점 기준
상	유럽연합을 쓰고 주민 생활에 미친 영향을 모두 정확히 서술한 경우
하	유럽연합만 쓴 경우

Ⅳ. 아프리카

주제 **11** 아프리카 위치와 자연환경

개념 확인 문제
80쪽

1 (1)× (2)○ (3)× **2** (1)카이로 (2)사하라 사막 (3)500mm, 많다

대표 문제로 **실력 쌓기**
81쪽

1 ② **2** ⑤

1 피라미드와 스핑크스는 이집트 문명의 대표적인 유적이며, 이집트는 사하라 사막의 일부로 과거에는 낙타가 중요한 교통수단이었다. A는 모로코의 카사블랑카, B는 이집트의 카이로, C는 에티오피아의 아디스아바바, D는 콩고 민주 공화국의 킨샤사, E는 남아프리카공화국의 케이프타운이다.

2 아프리카는 적도를 중심으로 북쪽과 남쪽에 대칭적으로 기후가 분포하며, 적도에서 고위도로 가면서 대체로 열대-건조-온대 기후 순으로 나타난다.

엔픽 포인트 아프리카의 기후 분포

북부 아프리카	건조 기후, 온대 기후(지중해 연안)
적도 부근	열대 기후(열대 우림 기후, 사바나 기후)
남부 아프리카	건조 기후, 온대 기후(남동부 해안)

실력 다지기
82~83쪽

01 ④ **02** ④ **03** ⑤ **04** ② **05** ⑤ **06** ①
07 ① **08** ⑤ **09** ④ **10** ⑤

11 예시 답안 사하라 사막, 아프리카는 사하라 사막을 기준으로 북부 아프리카와 사하라 이남의 중·남부 아프리카로 구분할 수 있다.

12 예시 답안 사바나 기후, 사바나 기후 지역에서는 차를 타고 야생 동물을 관찰하는 사파리 관광이 발달하였다.

01 아프리카는 아시아 다음으로 면적이 큰 대륙으로 서쪽에는 대서양이, 동쪽에는 인도양이 위치하며 지중해를 사이에 두고 유럽과, 홍해를 사이에 두고 아시아와 접해 있다.

02 콩고 민주 공화국은 적도가 통과하는 나라로 연중 기온이 높고 강수량이 많은 열대 우림 기후가 나타난다. 열대 우림 기후는 매월의 평균 기온이 18℃를 넘는 기후로, 크고 작은 나무들이 층을 이루며 자라는 열대림을 형성한다. 지도의 A는 모로코, B는 이집트, C는 니제르, D는 콩고 민주 공화국, E는 남아프리카 공화국이다.

03 남아프리카 공화국은 아프리카 최남단에 위치한 국가로, 2010년에 아프리카 최초로 월드컵을 개최하였다.

바로잡기 ① 사파리 관광은 케냐의 마사이마라 국립 공원과 탄자니아의 세렝게티 국립 공원이 최적지로 꼽힌다. ② 나이지리아, 세네갈 등 대서양 연안 국가에 대한 설명이다. ③ 마다가스카르에 대한 설명이다. ④ 이집트는 고대 문명의 발상지이다.

04 고대 문명의 발상지인 이집트의 카이로에는 다양한 고대 유적이 분포한다. 카이로 인근의 기자 지구에서는 피라미드, 스핑크스 등을 볼 수 있다.

05 아비시니아고원에 위치한 아디스아바바는 에티오피아의 수도이다. 해발 고도가 높은 곳에 위치하여 일 년 내내 선선한 고산 기후가 나타나며, 오래전부터 많은 인구가 거주해온 대도시로 아프리카연합(AU) 본부가 위치하는 등 아프리카의 정치·경제 중심지 역할을 하고 있다.

바로잡기 ⑤ 풍부한 자원을 바탕으로 발달한 아프리카 최대의 상공업 도시는 남아프리카 공화국의 요하네스버그이다.

06 케이프타운은 남아프리카 공화국의 입법 수도로 인도양과 대서양에 접해 있는 희망봉으로 유명한 도시이다.

바로잡기 ㄷ. 아프리카에서 인구가 가장 많은 도시는 나이지리아의 수도인 라고스이다. ㄹ. 이집트의 수도인 카이로에 대한 설명이다.

07 아프리카는 북서부의 아틀라스산맥과 동부의 동아프리카 지구대를 제외하고는 형성 시기가 오래되어 대체로 평탄한 고원 지대를 이룬다.

바로잡기 ② 아틀라스산맥은 북서부에 위치한다. ③ 나일강은 지중해로 유입된다. ④ 빅토리아 호수는 잠비아와 짐바브웨 국경에 위치한다. ⑤ 콩고강과 나이저강의 발원지는 주로 열대 기후 지역이다.

엔픽 포인트 아프리카의 주요 지형

북부	사하라 사막, 아틀라스산맥
동부	동아프리카 지구대, 킬리만자로산, 아비시니아고원, 나일강
중부	콩고 분지, 콩고강
남부	나미브 사막, 칼라하리 사막, 드라켄즈버그산맥

08 동아프리카 지구대는 지각이 갈라지는 곳으로 거대한 골짜기를 이루고, 주변에서는 지진과 화산 활동이 일어난다.

09 적도 부근에서는 대부분 열대 기후, 북부에서는 건조 기후, 지중해 연안과 남동부 해안의 좁은 지역에서는 온대 기후가 나타난다.

10 기후 그래프는 강수량이 매우 적은 건조(사막) 기후를 나타낸 것이다. 건조 기후는 나무나 풀 등의 식생이 자랄 수 없는 사막과 짧은 풀이 자라는 초원을 이룬다.

바로잡기 ①은 열대(우림) 기후, ②는 열대 고산 기후, ③, ④는 열대(사바나) 기후에 대한 설명이다.

엔픽 포인트 건조 기후

구분 기준	연 강수량 500mm 미만
특징	사막과 초원, 강한 햇볕, 일교차가 연교차보다 큼

11 아프리카는 사하라 사막을 기준으로 북부 아프리카와 사하라 이남의 중·남부 아프리카로 구분할 수 있다. 사하라 사막과 같이 큰 지형은 지역 교류에 장애가 되기 때문에 두 지역은 언어나 종교, 문화면에서 서로 다른 특징을 갖게 된다. 사하라 사막 북쪽의 아프리카는 주로 서남아시아의 영향이 큰 반면, 중·남부 아프리카는 토속 문화와 식민 지배를 위해 해안 지역으로 진출한 유럽 문화의 영향을 많이 받았다.

구분	채점 기준
상	사하라 사막을 쓰고, 사하라 사막을 기준으로 북부 아프리카와 중·남부 아프리카를 구분한다고 서술한 경우
하	사하라 사막만 쓴 경우

12 사바나 기후 지역에서는 차를 타고 야생 동물을 관찰하는 사파리 관광이 발달하였다.

구분	채점 기준
상	사바나 기후를 쓰고, 사파리 관광을 구체적으로 서술한 경우
하	사바나 기후만 쓴 경우

주제 12 아프리카의 다양한 문화와 지역 잠재력

개념 확인 문제 84쪽

1 (1) × (2) ○ **2** (1) 이슬람교 (2) 온몸을 감싸는 (3) 흙

대표 문제로 실력 쌓기 85쪽

1 ③ **2** ③

1 건조 기후 지역에서는 주변에서 구하기 쉬운 흙을 이용하여 흙벽돌집을 짓고, 건조한 곳에서 잘 자라는 밀이나 대추야자를 이용한 음식이 발달하였다. 카사바나 얌은 열대 기후 지역의 주식이다.

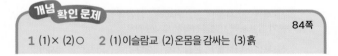

엔픽 포인트 아프리카의 전통 가옥

열대 우림 기후	풀과 흙, 나무가 주요 재료, 개방적 구조, 경사가 급한 지붕
건조 기후	흙벽돌이 주요 재료, 두꺼운 벽, 작은 창, 평평한 지붕

2 아프리카의 대표적인 상품 작물인 카카오는 기니만 연안 지역에서, 커피는 동부 고원 지역에서 주로 생산된다.

실력 다지기

01 ②　　02 ⑤　　03 ①　　04 ③　　05 ①　　06 ⑤
07 ④　　08 ④　　09 ③

10 (예시 답안) 건조한 사막에서는 강한 햇볕과 모래바람, 큰 일교차에 대비하기 위해 온몸을 감싸는 옷을 입는다.

11 (예시 답안) 탄자니아는 세렝게티 국립 공원의 사파리 관광과 잔지바르의 고대 유적을 바탕으로 관광 산업이 발달하였다.

01 북부 아프리카는 지리적으로 가까운 서남아시아로부터 유입된 이슬람교의 영향이 매우 크고, 중·남부 아프리카는 유럽인의 식민 지배로 전파된 크리스트교의 영향이 우세하다.

02 전통 가옥은 기후를 잘 반영하며, 주변에서 구하기 쉬운 재료를 활용해 짓는다. 기온이 높은 지역은 개방적 가옥이, 추운 지역은 폐쇄적 가옥이 발달한다. 그리고 열대 우림 기후 지역에서는 풀과 나무를 주로 활용하며 집을 짓는다.
(바로잡기) ⑤ 건조 기후의 사막 지역에서는 강수량이 적어 지붕을 평평하게 짓는다.

03 놀리우드는 나이지리아의 영화 산업을 일컫는 말로, 미국의 할리우드에 빗대어 지어진 이름이다. 연간 수천 편의 영화가 제작되며 미국의 할리우드, 인도의 발리우드와 함께 새로운 영화 중심지로 성장하고 있다.

04 카사바는 주로 열대 우림 지역에서 재배하고, 옥수수와 감자는 쌀과 밀을 재배하지 못하는 지역에서 주로 생산한다. 아프리카의 동부 지역은 옥수수를 원료로 한 음식이 발달하였다.

05 사막에서는 일사량이 많아 햇볕이 강하고 일교차가 크게 나타나는데 낮에는 뜨겁고 밤에는 추위를 느낄 정도이다. 또한 모래바람이 자주 불기 때문에 이를 막기 위해 온몸을 감싸는 의복을 주로 입는다.

06 아프리카는 아시아 다음으로 인구가 많으며, 다른 대륙에 비해 평균 연령이 낮고 출생률이 높아 생산 연령층 인구의 비율이 높다. 생산 연령층은 노동 및 구매를 주로 하는 연령이므로, 젊은 인구가 많은 것은 아프리카 발전의 원동력이 될 수 있다.

07 중위 연령은 전체 인구를 나이 순으로 줄을 세웠을 때 가운데에 위치한 사람의 연령으로, 평균 연령보다 그 사회의 인구 특성을 파악하는 데 유리한 자료이다. 중위 연령이 낮다는 것은 유소년층이나 청장년층이 많다는 뜻이다. 아프리카는 중위 연령이 다른 대륙에 비해 현저히 낮은 젊은 대륙으로 유소년층과 청장년층의 비율이 높아 노동력이 풍부하며 앞으로 큰 소비 시장으로 성장할 가능성이 매우 높다.
(바로잡기) ㄴ. 아프리카의 중위 연령은 18.7세이다. 인구 고령화는 선진국에서 주로 나타나는 인구 문제이다.

08 남아프리카 공화국은 백금, 망간, 코발트, 다이아몬드, 석탄 등 지하자원이 풍부하며, 이를 바탕으로 발달한 아프리카 제1의 광공업 국가이다.

09 콩고 민주 공화국과 잠비아 일대는 세계적인 구리 생산지이다. 북아프리카의 리비아와 중부 아프리카의 나이지리아는 석유 생산량이 많다. 특히 나이지리아는 아프리카 최대의 산유국이다.

10 건조한 사막에서는 강한 햇볕과 모래바람을 막기 위해 온몸을 감싸는 옷을 입는다. 이러한 옷은 통풍이 잘 되고 큰 일교차로부터 몸을 보호해 준다.

구분	채점 기준
상	강한 햇볕, 모래바람, 큰 일교차를 모두 서술한 경우
하	세 가지 요인 중 한 가지만 서술한 경우

11 많은 관광객이 방문하는 탄자니아는 세렝게티 국립 공원의 사파리 관광과 잔지바르의 고대 유적을 바탕으로 한 관광 산업이 발달하였다.

구분	채점 기준
상	탄자니아 관광 산업의 발달을 세렝게티 초원의 사파리 관광과 잔지바르 유적을 사례로 들어 서술한 경우
하	관광 산업이 발달하였다고만 서술한 경우

주제 13 아프리카의 지속가능한 발전을 위한 노력

개념 확인 문제

1 (1)○ (2)○ (3)○　　2 (1)사막화 방지 (2)공정 무역

대표 문제로 실력 쌓기

1 ②　　2 ⑤

1 솔라 카우(Solar Cow) 프로젝트는 아동들이 학교에서 수업하는 동안 태양광 배터리를 충전하여 하교할 때 나눠주어 활용하도록 함으로써 아이들이 일터에 가지 않고 학교에서 공부할 수 있도록 환경을 조성하는 것이 목적이다. 따라서 솔라 카우 프로젝트의 궁극적인 목적은 아프리카 아동의 교육 환경을 개선하는 것이다.

2 공적 개발 원조(ODA)는 정부를 비롯한 공공 기관이 지원금을 출자하여 개발 도상국을 돕는 것이다.

실력 다지기

01 ③   02 ④   03 ④   04 ⑤   05 ②   06 ③
07 ②   08 ⑤   09 ⑤

10 예시 답안 (1) 모로코는 국토의 대부분이 사막으로 일조량이 풍부해 태양열 발전에 유리하다. (2) 태양열 에너지와 같은 재생 에너지 활용이 많아지면 이산화 탄소의 배출량 감축 효과가 나타난다.

11 예시 답안 말리, 니제르 등이 참여하고 있는 그레이트 그린 월 프로젝트는 사하라 사막 이남 지역의 사막화를 막기 위해 추진하고 있다.

01 지속가능한 발전은 미래 세대가 사용할 자원, 환경 등을 해치지 않으면서 현재 세대의 필요를 충족하는 개발 방식이다.
바로 잡기 ㄹ. 적극적인 자원 개발은 지속가능한 발전이 아니다.

02 국제연합(UN)이 2015년에 발표한 17가지 '지속가능 발전 목표(SDGs)'를 토대로 아프리카가 발표한 지속가능한 발전 계획은 '어젠다 2063'이다.

엔픽 포인트 지속가능 발전 목표(SDGs)

03 어젠다 2063 프로젝트에서는 '강력한 문화 정체성'을 갖추어 아프리카를 세계에서 경쟁력을 갖춘 지역으로 만들 계획이 담겨 있다.

04 잉가 댐은 콩고강 하류에 건설될 세계 최대의 댐이다. 잉가 댐이 건설되어 전력이 공급되면 사하라 사막 이남의 전력난을 해소할 수 있을 것으로 예상된다.

05 아프리카 각국은 빈곤 퇴치, 경제 환경 개선, 아동 교육 확대 등을 목표로 지역 환경을 고려한 지속가능 발전 방안을 추진하고 있다.
바로 잡기 사파리 관광은 아프리카 동부의 사바나 기후 지역에서 주로 이루어지므로 케냐, 탄자니아에 해당하는 내용이다. 아프리카 남부에 위치한 나미비아는 국토의 대부분이 사막이다.

06 아프리카의 지속가능한 발전을 위해 결성된 정부 간 협력체는 아프리카연합(AU)이다.

07 아프리카 대륙 자유 무역 지대(AfCFTA)는 아프리카연합의 주력 프로젝트로, 아프리카 내에서 관세나 무역 규제를 없애 아프리카를 경제적으로 통합하는 것을 목적으로 하고 있다.
바로 잡기 ㄴ. 에티오피아 아디스아바바에 있다. ㄹ. 정부 간 협력체이다.

엔픽 포인트 아프리카의 지속가능한 발전을 위한 협력

아프리카연합(AU)	아프리카의 정치·경제적 통합이 목적인 정부 간 연합체
아프리카 자유 무역 지대 (AfCFTA)	아프리카연합이 아프리카의 경제 협력을 위해 출범시킨 경제 협력체

08 아프리카는 전체 인구의 20% 이상이 농업에 종사하고 있다. 하지만 자연재해, 내전 등의 이유로 식량난이 해소되지 않고 있는데, 인구의 70%가 농업에 종사하는 잠비아를 비롯한 농업 국가들은 식량의 안정적 공급을 위해 관개 시설 개발, 드론을 활용한 농법, 새로운 농업 기술 도입 등 농업 생산성 증대를 위한 다양한 노력을 하고 있다.

09 공정 무역은 저개발국에서 생산되는 작물이나 제품에 대해 공정한 대가를 지불하여 생산자에게 이익이 돌아가도록 하는 무역 형태이다. 커피나 카카오 등의 열대 지역 작물이 대표적이며, 상품의 현지 가격에 비해 소비자 가격이 현저하게 비싼 것은 복잡한 유통 과정과 다국적 기업의 이익 구조 때문이다. 이를 최소화하여 생산자와 소비자 간의 직거래를 유도하고, 생산자에게 정당한 값을 치르기 때문에 생산자뿐만 아니라 생산지의 환경과 경제 상황에도 도움이 될 수 있다.

10 (1) 모로코는 국토의 대부분이 사막으로 일조량이 풍부해 태양열 발전에 유리하다.

구분	채점 기준
상	건조 기후와 풍부한 일조량을 들어 서술한 경우
하	일조량이 풍부하다고만 서술한 경우

(2) 태양열 에너지와 같은 재생 에너지 활용이 많아지면 이산화 탄소 배출량이 줄어드는 효과가 나타난다.

구분	채점 기준
상	재생 에너지 활용 증가와 이산화 탄소 배출 감축을 들어 서술한 경우
하	이산화 탄소 배출이 감소하였다고만 서술한 경우

11 사하라 사막 남쪽 가장자리에 대규모 숲을 조성하는 그레이트 그린 월 프로젝트는 사하라 사막 이남 지역의 사막화를 막기 위해 추진하고 있다.

구분	채점 기준
상	참여국 두 개 이상을 들고, 그레이트 그린 월 프로젝트의 사막화 방지 목적을 서술한 경우
하	사막화 방지를 위한 것이라고만 서술한 경우

IV단원 표와 자료로 ^{한번더}정리하기 92~93쪽

주제 11 ❶ 사하라 사막 ❷ 요하네스버그 ❸ 카이로
❹ 아디스아바바 ❺ 케이프타운 ❻ 열대 ❼ 빅토리아
❽ 500 ❾ 아비시니아 ❿ 아틀라스산맥 ⓫ 사하라 사막
⓬ 나일강 ⓭ 동아프리카 지구대 ⓮ 열대 우림
⓯ 사바나 ⓰ 건조 ⓱ 온대

주제 12 ❶ 이슬람교 ❷ 놀리우드 ❸ 모래바람 ❹ 두껍게
❺ 작게 ❻ 평평 ❼ 중위 연령 ❽ 생산 연령층 ❾ 구리
❿ 석유 ⓫ 커피 ⓬ 카카오

주제 13 ❶ 아프리카 연합 ❷ 어젠다 2063 ❸ 공정 무역 ❹ 사막화
❺ 식량난

IV단원 실력 굳히기 94~97쪽

01 ⑤	02 ⑤	03 ④	04 ①	05 ④	06 ⑤	07 ①	08 ⑤
09 ④	10 ①	11 ④	12 ⑤	13 ②	14 ⑤	15 ④	16 ④
17 ③	18 ④	19 ④					

서술형 연습 문제 **20** (가)는 아틀라스 산맥, (나)는 동아프리카 지구대이다. (가), (나) 지형은 판의 경계 부근에 위치하여 지진과 화산 활동 등 지각 변동이 심하다.

21 **예시 답안** A의 열대 기후 지역에서는 강수량이 많아 빗물이 잘 흘러내리도록 지붕의 경사를 급하게 만들고, 강수량이 거의 없는 B의 건조 기후 지역에서는 지붕을 평평하게 짓는다.

22 **예시 답안** 중위 연령이 낮은 아프리카는 15세~65세의 생산 연령층 인구가 많아 노동력이 풍부하기 때문에 성장 가능성이 매우 크다.

01 지도의 A는 사하라 사막이 대부분을 차지하는 북부 아프리카, B는 기니만 연안의 서부 아프리카, C는 열대 우림 기후가 넓게 나타나는 중앙 아프리카, D는 고원과 사바나 기후가 발달한 동부 아프리카, E는 해안 지역을 따라 온대 기후가 분포하여 유럽인의 진출 역사가 오래된 남부 아프리카이다.

바로잡기 ⑤ 인류 역사와 문명의 발상지는 북아프리카의 이집트 문명, 서남아시아의 메소포타미아 문명, 인도의 인더스 문명, 중국의 황하 문명이다. 따라서 다양한 고대 유적을 볼 수 있는 곳은 A 지역이다.

02 아프리카의 최남단에 위치한 남아프리카 공화국은 대서양과 인도양에 접해 있어 대항해 시대에 매우 중요한 항로의 일부였다. 온화한 기후가 나타나는 남아프리카 공화국은 일찍부터 유럽인의 진출이 이루어졌으며 풍부한 지하자원을 바탕으로 광공업이 발달하였다.

바로잡기 지도의 A는 이집트, B는 나이지리아, C는 콩고 민주 공화국, D는 케냐, E는 남아프리카 공화국이다.

03 나이로비는 케냐의 수도로 국가가 추진하는 핵심 산업인 정보 기술(IT) 산업의 중심지로 급성장하였다. 인근의 사바나 초원은 일찍부터 사파리 관광지로 알려진 곳으로, 나이로비는 첨단 도시와 야생 동물을 동시에 볼 수 있는 특징을 가지고 있다.

04 아프리카는 북서부의 아틀라스산맥과 동부의 동아프리카 지구대를 제외하고는 형성 시기가 오래되어 전체적으로 안정된 고원 지대를 이룬다. 북부에는 사하라 사막이, 남부에는 나미브 사막과 칼라하리 사막이 분포한다.

바로잡기 ㄷ. 아틀라스산맥은 판의 경계에 가까워 높고 험준하다. ㄹ. 세계 최대의 사막은 사하라 사막이다.

05 (가)는 동아프리카 지구대, (나)는 빅토리아 폭포에 대한 설명이다. 지도의 A는 아틀라스산맥, B는 동아프리카 지구대, C는 킬리만자로산, D는 빅토리아 폭포이다.

06 A는 나일강이다. 나일강은 열대 기후 지역의 빅토리아 호수 부근에서 발원하여 여러 국가를 거쳐 지중해로 유입된다. 이집트는 나일강 하구의 넓은 평야와 수자원을 활용하여 이집트 문명을 발달시켰다.

07 아프리카는 적도를 기준으로 남북으로 기후가 대체로 대칭하여 분포한다. 적도에서 고위도로 가면서 대체로 열대 기후, 건조 기후, 온대 기후 순으로 나타난다. 동부의 아비시니아고원은 해발 고도가 높아 연중 기온이 선선한 고산 기후가 나타나 일찍부터 많은 사람이 살고 있다. A는 열대 기후, B는 건조 기후, C는 온대 기후이다.

바로잡기 ㄷ. 열대(사바나) 기후에 대한 설명이다. ㄹ. 연 강수량이 500mm 미만인 기후는 건조 기후이다.

08 사진은 탄자니아의 세렝게티 초원으로 대표적인 사바나 초원이다. 사바나 기후는 긴 건기와 짧은 우기를 특징으로 하며 긴 풀과 드문드문 자란 나무의 경관이 나타난다. 수많은 초식 동물과 육식 동물이 서식하여 '야생 동물의 천국'으로 불리며, 이를 활용한 사파리 관광이 발달하였다.

바로잡기 ② 열대 우림에 대한 설명이다. ③ 건조 기후에 대한 설명이다. ④ 건조 기후 지역의 가옥에 대한 설명이다.

09 ㉠은 이슬람교, ㉡은 크리스트교, ㉢은 토속 신앙이다.

바로잡기 ㄱ. 토속 신앙에 대한 설명이다. ㄷ. 아프리카의 토속 신앙은 외부에서 유입된 이슬람교, 크리스트교와 융합하여 새로운 형태로 변형된 경우가 많다. 토속 신앙의 신자 수 비율이 늘어나지는 않았다.

엔픽 포인트 **아프리카의 종교**

이슬람교	북부 아프리카에 영향
크리스트교	유럽인의 식민 지배 이후 중·남부 아프리카에 주로 전파
토속 신앙	최근 신자 수 비율 감소

10 건조(사막) 기후가 나타나는 모로코의 전통 가옥이다. 국토의 대부분이 사막인 모로코에서는 주민의 대다수가 이슬람교를 믿는다.

바로잡기 ㄷ, ㄹ. 열대 우림 기후는 모든 기후 중 연교차가 가장 작은 기후이며 빽빽한 숲을 이루는 열대림은 생태계의 보고로 알려져 있을 만큼 다양한 생물종이 서식하고 있다.

11 북부 아프리카의 종교와 문화에 큰 영향을 준 것은 지리적으로 가까운 서남아시아로부터 전파된 이슬람교이다.

12 제시된 표는 세계의 중위 연령 통계를 나타낸 것이다. (가) 중위 연령 상위 5개국은 선진국, (나) 중위 연령 하위 5개국은 아프리카에 위치한 국가들이다. 아프리카는 전체 인구의 약 70%가 30세 이하로 중위 연령이 가장 낮기 때문에 장차 인구 증가로 인한 대소비 시장 형성 및 경제활동 인구의 증가로 성장 잠재력이 매우 높다.

13 아프리카는 식민 지배 이후 유럽인들이 선호하는 기호 작물을 플랜테이션의 형태로 재배하였는데, 대표적인 작물이 카카오와 커피이다. 초콜릿의 원료인 카카오는 기니만 연안이 주산지이고, 커피는 동부 고원 지역에서 주로 재배한다.

14 백금, 망간, 코발트의 세계 생산 점유율이 가장 높은 국가는 남아프리카 공화국이다. 남아프리카 공화국은 풍부한 지하자원을 바탕으로 아프리카 최대의 광공업국으로 성장하였다.

15 아프리카연합(AU)의 상징기이다. 아프리카연합은 아프리카의 발전을 위해 결성한 정부 간 협력 기구로 아프리카 국가들의 단결과 더 나은 삶을 위한 환경을 만들기 위해 노력한다. 또한 경제·사회·문화적 차원에서 지속가능한 발전과 아프리카의 경제 통합을 추구한다. 이에 아프리카 회원국 간의 관세 철폐를 목적으로 하는 아프리카 대륙 자유 무역 지대(AfCFTA)를 출범하였다.

바로잡기 ④ 아프리카연합(AU)은 아프리카 국가로만 구성되어 있다.

16 누르·와르자자트 발전소는 모로코의 사막에 위치한 대표적인 태양열 발전소이다. 건조 기후 지역으로 일사량이 풍부한 모로코의 기후를 활용한 발전소이다. 카사블랑카는 지중해를 사이에 두고 유럽과 인접한 모로코의 도시이다.

바로잡기 ㄱ, ㄷ. 열대 기후 지역은 연중 강수량이 많아 태양열 발전에 적합하지 않다.

17 태양열 발전은 대표적인 재생 에너지로 생산량이 많아지면 화석 연료를 사용하는 화력 발전량을 줄일 수 있다. 따라서 이산화 탄소 배출량을 감축시켜 지구 온난화를 늦출 수 있다.

18 여우원숭이는 마다가스카르의 고유종이며, 이외에도 포사, 방사상 거북이, 자이언트 카멜레온 등 다양한 희귀 동식물이 서식하고 있다. 마다가스카르 정부는 이를 보호하여 생물종 다양성을 유지하기 위해 노력하고 있다.

19 공정 무역은 부의 편중, 노동력 착취, 인권 침해, 환경 파괴 등을 막아 장기적으로 생산자와 소비자는 물론 환경에도 이로운 지속가능한 발전을 이룰 수 있게 한다.

바로잡기 병. 공정 무역은 생산자와 소비자 간의 직거래를 통해 유통 단계를 줄여 생산자가 기존 무역 방식에서 받는 것보다 더 많은 몫을 받을 수 있다.

20 (가)는 아틀라스산맥, (나)는 동아프리카 지구대이다. 아틀라스산맥과 동아프리카 지구대는 판의 경계 부근에 위치하여 화산과 지진 등 지각 변동이 심하다.

구분	채점 기준
상	(가), (나) 지형을 쓰고 판의 경계에 위치하여 지진과 화산 활동이 활발함을 서술한 경우
하	(가), (나) 지형을 쓰고 지진과 화산 활동이 활발하다고만 서술한 경우

21 열대 기후 지역은 강수량이 많아 빗물이 잘 흘러내리도록 지붕의 경사를 급하게 만들며, 강수량이 거의 없는 건조 기후 지역에서는 지붕을 평평하게 짓는다.

구분	채점 기준
상	열대 기후와 건조 기후를 쓰고, 강수량과 지붕의 경사를 연관지어 서술한 경우
하	열대 기후와 건조 기후를 쓰고, 열대 기후는 지붕의 경사가 급하고, 건조 기후는 평평하다고만 서술한 경우

22 중위 연령이 낮은 아프리카는 15세~65세의 생산 연령층 인구가 많아 노동력이 풍부하기 때문에 성장 가능성이 매우 크다.

구분	채점 기준
상	중위 연령, 생산 연령층, 노동력 등 제시한 용어를 모두 사용하여 아프리카의 지역 잠재력을 서술한 경우
중	제시한 용어 중 두 가지를 사용하여 아프리카의 지역 잠재력을 서술한 경우
하	제시한 용어 중 한 가지만으로 아프리카의 지역 잠재력을 서술한 경우

V. 아메리카

주제 14 아메리카의 위치와 자연환경

개념 확인 문제
102쪽

1 (1)× (2)○   2 (1)파나마 지협 (2)뉴욕 (3)고산 기후

대표 문제로 실력 쌓기
103쪽

1 ④   2 ④

1 리오그란데강은 앵글로아메리카와 라틴 아메리카를 구분하는 경계이자 미국과 멕시코의 국경이다. 멕시코를 비롯한 중앙아메리카의 국가들은 지리적으로는 북아메리카에 해당하지만, 문화적으로는 라틴 아메리카로 분류된다.

엔픽 포인트 아메리카의 지역 구분

지리적 구분	파나마 지협을 기준으로 북아메리카와 남아메리카로 구분
문화적 구분	리오그란데강을 기준으로 앵글로아메리카와 라틴 아메리카로 구분

2 자유의 여신상이 있는 뉴욕은 세계의 정치·경제·금융의 중심지 역할을 한다. 국제연합(UN) 본부가 위치해 있어 정치적 영향력이 크고, 증권 회사가 많은 월가(Wall Street)를 중심으로 세계 경제에 미치는 영향력도 매우 크다.

실력 다지기
104~105쪽

01 ⑤   02 ③   03 ②   04 ⑤   05 ⑤   06 ①
07 ⑤   08 ③   09 ①   10 ②

11 **예시 답안** 로키산맥(A)과 안데스산맥(B)은 높고 험준하며, 지각 운동이 활발하여 지진과 화산 활동이 일어나기도 한다.

12 **예시 답안** 해발 고도가 높아질수록 기온이 점차 낮아지기 때문에 고산 지대에 위치한 키토는 비슷한 위도의 저지대에 위치한 이키토스보다 기온이 낮다.

01 남북으로 길게 뻗어 있는 아메리카는 대륙의 중앙 부분에 위치한 파나마 지협을 경계로 북아메리카와 남아메리카로 구분할 수 있다. 또한 영국의 식민 지배를 받아 서부 유럽의 문화와 유사한 문화가 나타나는 앵글로아메리카와 에스파냐, 포르투갈의 지배로 남부 유럽의 문화가 전파된 라틴 아메리카는 리오그란데강을 경계로 구분할 수 있다.

바로 잡기 수에즈 운하는 아시아와 아프리카의 경계가 된다.

02 북아메리카에는 캐나다, 미국, 멕시코, 과테말라 등의 국가가 있고, 남아메리카에는 브라질, 아르헨티나, 콜롬비아, 에콰도르, 페루, 볼리비아, 칠레 등의 국가가 있다.

03 뉴욕은 미국의 최대 도시이자 세계 도시이다. 세계 도시는 한 도시의 기능이나 의사 결정이 전 세계에 영향을 미치는 도시로 뉴욕, 도쿄, 런던이 이에 해당한다.

바로 잡기 ㄴ. 로스앤젤레스에 관한 설명이다. ㄷ. 미국의 수도는 워싱턴 DC이다.

04 멕시코의 수도인 멕시코시티는 원주민의 고대 문명인 아스테카 문명의 유적이 많은 도시로 유명하다. 또한 해발 고도 약 2,240 m에 위치한 고산 도시로 연중 기온이 서늘한 고산 기후가 나타난다.

바로 잡기 ① 키토는 에콰도르의 수도이다. ② 보고타는 콜롬비아의 수도이다. ③ 토론토는 캐나다의 최대 도시로, 정치·경제·문화의 중심지이다. ④ 상파울루는 브라질에서 인구가 가장 많은 도시이다.

05 칠레는 세계에서 남북으로 가장 긴 나라로, 구리 생산량이 세계 1위이며 다양한 기후에서 생산되는 농산물의 수출량도 많다. 특히, 포도 재배에 유리하여 와인 생산으로 유명한 국가이기도 하다. 제시된 지도의 A는 멕시코, B는 콜롬비아, C는 페루, D는 브라질, E는 칠레이다.

06 아메리카 서부에는 주로 높고 험준한 산지가 발달하였고, 동부에는 오랜 시간 침식을 받아 비교적 해발 고도가 낮은 산지와 고원이 나타난다. 두 지형의 가운데에는 평지나 분지가 분포하며 큰 하천이 흐르기도 한다.

바로 잡기 ① 아메리카에는 로키산맥과 안데스산맥이 태평양 연안을 따라 남북으로 뻗어 있다.

07 북아메리카는 서부에 환태평양 조산대에 속하는 로키산맥이 높이 솟아 있고, 동부에는 고생대에 형성되어 침식을 많이 받아 낮아진 애팔래치아산맥이 분포하며, 중앙부의 저지대에는 미시시피강이 흐른다.

엔픽 포인트 아메리카의 산지 지형

서부	높고 험준한 산맥 예 로키산맥, 안데스산맥
동부	오랜 침식으로 낮아진 산지, 고원 예 애팔래치아산맥, 브라질 고원

08 아마존강은 페루의 안데스산맥에서 발원하여 대서양으로 흘러드는 세계에서 유량이 가장 많고, 유역 면적도 가장 넓은 하천이다. 아마존강 주변의 열대 우림 지역은 세계 최대의 밀림으로서 지구 산소의 약 20 %를 생산하고 있기 때문에 '지구의 허파'라고 불리게 되었다.

09 제시된 지도의 A는 건조 기후, B는 온대 기후, C는 냉대 기후, D는 한대 기후이다. 냉대 기후와 한대 기후는 고위도 지역에 분포하고, 건조 기후는 북회귀선 부근과 로키산맥이 바다로부터 불어오는 바람을 막아 수분 공급이 어려운 내륙 지역에서 주로 나타난다.

바로 잡기 ㄷ. 고산 기후에 관한 설명이다. ㄹ. 남아메리카의 아타카마사막에 관한 설명이다.

10 제시된 사진은 안데스 산지의 고산 기후 지역에서 볼 수 있는 모습이다. 고산 기후는 해발 고도가 높아짐에 따라 기온이 낮아져 일 년 내내 서늘한 기후가 나타나며, 기온의 연교차보다 일교차가 더 크다. 이 지역의 전통 의복인 판초는 뜨거운 낮과 기온이 낮은 밤의 기온 차이에 대비한 망토이다.
(바로잡기) ①, ⑤는 온대 기후, ③, ④는 열대 기후에 관한 설명이다.

11 북아메리카의 로키산맥과 남아메리카의 안데스산맥은 높고 험준하며, 지각 운동이 활발하여 지진과 화산 활동이 일어나기도 한다.

구분	채점 기준
상	두 산맥의 공통된 특징을 모두 정확히 서술한 경우
하	두 산맥의 특징을 서술하였으나 미흡한 경우

12 적도 주변의 안데스산맥 일대는 해발 고도가 높아 연중 서늘한 고산 기후가 나타난다. 따라서 키토는 비슷한 위도에 위치한 이키토스에 비해 기온이 낮다.

구분	채점 기준
상	해발 고도에 따른 기온 변화를 근거로 정확히 서술한 경우
하	해발 고도가 높아서라고만 서술한 경우

주제 15 아메리카의 인구 특징과 문화 혼종성

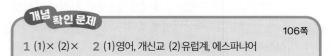

개념 확인 문제 106쪽

1 (1)× (2)×   2 (1)영어, 개신교 (2)유럽계, 에스파냐어

대표 문제로 실력 쌓기 107쪽

1 ④   2 ②

1 앵글로아메리카는 영국의 영향을 받아 주로 영어를 사용하며, 남부 유럽의 영향을 받은 라틴 아메리카는 대부분 에스파냐어와 포르투갈어를 사용한다.

엔픽 포인트	아메리카의 지명 유래
앵글로아메리카	영국의 앵글로색슨족에서 유래
라틴 아메리카	남부 유럽의 라틴족에서 유래

2 아메리카는 원주민, 유럽계, 아프리카계, 아시아계 등 다양한 민족과 인종이 거주하는 만큼 서로의 문화가 혼합되어 새로운 형태로 발전하였다.
(바로잡기) ② 페루의 잉카 문명은 라틴 아메리카 원주민에 의해 형성된 고유의 문화이다.

실력 다지기 108~109쪽

01 ②	02 ④	03 ③	04 ①	05 ②	06 ②
07 ③	08 ④	09 ⑤			

10 (1)아프리카계 (2) 예시 답안 미국 남부 지역의 목화 농장에 필요한 노동력을 확보하기 위해 유럽인들이 아프리카인을 노예로 삼아 강제 이주시켰다.

11 예시 답안 라틴 아메리카는 에스파냐와 포르투갈의 식민 지배를 받아 대부분 에스파냐어와 포르투갈어를 사용하며 가톨릭교를 믿는 사람이 많다.

01 아메리카는 세계 곳곳에서 이주해 온 다양한 민족(인종)이 함께 어울려 살아가는 다문화 사회의 전형적인 모습을 보여 준다.
(바로잡기) ①미국은 유럽계의 인구 비중이 가장 높다. ③아메리카 원주민은 유럽인의 진출 이후 앵글로아메리카에서는 주로 원주민 보호 구역에, 라틴 아메리카에서는 안데스 산지에 주로 거주하고 있다. ④혼혈은 라틴 아메리카에서 비중이 높다. ⑤앵글로아메리카에는 경제적 이유로 아시아계 이주민이 증가하고 있다.

02 히스패닉은 에스파냐어를 사용하는 라틴 아메리카 출신의 미국 이주민과 그 후손들을 일컫는 말이다. 주로 멕시코와 국경을 접한 미국 남서부 지역에 분포한다.

03 A는 캐나다의 퀘벡주이다. 프랑스의 지배를 받았던 퀘벡주는 지금도 프랑스계 주민의 비율이 높은데, 이들은 프랑스어를 사용하고 가톨릭교를 믿는다.

04 A는 미국과 아르헨티나에서 비중이 높은 것으로 보아 유럽계, B는 미국과 브라질에서 상대적으로 비중이 높은 아프리카계, C는 안데스 산지의 페루에서 비중이 높은 원주민, D는 아르헨티나를 제외한 라틴 아메리카 대부분의 국가에서 비중이 높은 혼혈이다.
(바로잡기) ㄷ. 아르헨티나의 유럽계는 에스파냐어를 주로 사용한다. ㄹ. 페루의 잉카 문명을 번성시킨 민족은 원주민이다.

05 A는 라틴 아메리카이다. 라틴 아메리카는 에스파냐와 포르투갈의 식민 지배를 받으면서 라틴 문화의 영향을 받았다.
(바로잡기) ①은 인도, ③은 건조 기후 지역의 특징이다. ④라틴 아메리카는 가톨릭교 신자가 많다. ⑤ 히스패닉은 에스파냐어를 사용하는 라틴 아메리카 출신의 미국 이주민과 그 후손들을 가리킨다.

06 A는 남부 유럽의 에스파냐인과 포르투갈인의 이동을 나타낸 것이다. A의 이동으로 인해 에스파냐어와 포르투갈어, 가톨릭교가 아메리카에 확산되었다.
(바로잡기) ㄴ. 마야·아스테카·잉카 문명은 원주민 문명이다. ㄷ. 라틴 아메리카의 어원이 되었다.

07 B는 아프리카인의 이동을 나타낸 것이다. 아메리카는 유럽인의 식민 지배 이후 목화, 사탕수수 등의 상품 작물을 생산하는 대규모 농장에서 일할 노동력이 필요했기 때문에 아프리카로부터 수많은 노예가 강제 이주되었다.

08 문화 혼종성이란 서로 다른 문화가 섞여 새로운 문화가 만들어지는 것을 말한다. 민족(인종)과 문화가 다양한 아메리카는 원주민, 유럽계, 아프리카계, 그 외 이민자들의 문화가 혼합되어 음식, 음악, 운동, 종교 등 다양한 분야에서 문화 혼종성이 나타난다.

09 아르헨티나의 탱고는 남부 유럽의 춤곡과 라틴 아메리카의 토착 음악이 결합한 것으로, 그 가치를 인정받아 유네스코 세계 문화유산에 등재되었다.

10 유럽인들은 목화와 사탕수수의 대규모 재배에 필요한 노동력을 확보하기 위해 수많은 아프리카인을 노예로 강제 이주시켰다.

구분	채점 기준
상	노동력 확보를 위한 강제 노예 이주에 관해 정확히 서술한 경우
하	노예로 유입되었다고만 서술한 경우

11 남부 유럽의 영향을 받은 라틴 아메리카는 대부분 에스파냐어와 포르투갈어를 사용하며 가톨릭교를 믿는 사람이 많다.

구분	채점 기준
상	라틴 아메리카의 언어 및 종교적 특징을 모두 정확히 서술한 경우
하	언어와 종교적 특징 중 한 가지만 서술한 경우

주제 16 아메리카의 초국적 기업과 지역 변화

개념 확인 문제
110쪽

1 (1) × (2) ○ **2** (1) 본사 (2) 생산 공장 (3) 영어

대표 문제로 실력 쌓기
111쪽

1 ⑥ **2** ③

1 초국적 기업은 글로벌 생산체제를 갖추고 여러 국가에 걸쳐 경영과 연구, 생산, 마케팅 등을 수행한다. 해외 자회사가 전문화된 기능을 맡아 본사와 상호 의존적이며 수평적으로 연결되어 있는데, 기업은 이를 바탕으로 세계적으로 활동한다.

2 초국적 기업이 입지한 지역은 새로운 일자리가 생기고 소득이 증가해 지역 경제가 활성화될 수 있다. 하지만 초국적 기업이 저임금의 단순 노동력만을 필요로 하는 경우가 많아 노동 환경이 열악해지고, 생산 공장에서 유해 물질이 배출되면서 환경 오염 문제가 발생하기도 한다.

실력 다지기
112~113쪽

01 ③	02 ③	03 ②	04 ②	05 ③	06 ②
07 ②	08 ⑤	09 ①			

10 예시 답안 열대 기후 지역인 코스타리카는 파인애플 재배에 적합한 기후 조건을 갖추었고, 노동자의 임금이 낮아 생산비를 절감할 수 있다.

11 예시 답안 초국적 기업이 철수하면 일자리가 줄어들어 인구가 감소하고, 주민 소득도 감소하여 지역 경제가 위축될 수 있다.

01 세계무역기구(WTO)의 등장과 자유무역협정(FTA)의 확대로 자본, 기술, 서비스의 국제 이동이 활발해지고, 교통·통신의 발달로 국가 간 교류가 늘어나면서 초국적 기업의 영향력은 점차 확대되고 있다.

02 초국적 기업은 글로벌 생산체제를 갖추고 여러 국가에 걸쳐 경영과 연구, 생산, 마케팅 등을 수행한다. 자유무역협정(FTA)의 확대는 경제활동의 세계화를 촉진하였고, 초국적 기업은 활동 범위를 넓힐 수 있게 되었다.

03 자회사는 본사와 상호 의존적이며 비교적 동등한 지위를 갖고 수평적으로 연결되어 있다.

04 초국적 기업의 본사는 기업이 설립된 국가에 주로 입지하며 이는 자본과 기술, 정보 수집이 유리한 선진국일 가능성이 높다. 반면에 생산 공장은 인건비 절감을 위해 저렴한 노동력이 풍부한 지역에 위치할 가능성이 높다.

바로잡기 ㄴ. 자회사는 현지의 문화를 반영한 경영 및 제품 개발 등을 통해 기업의 이윤 증대를 꾀한다. ㄷ. 연구소는 전문 기술을 갖춘 고급 인력이 많은 지역에 주로 입지하며, 특정 지역에만 입지하지 않는다.

엔픽 포인트 초국적 기업의 공간적 분업

본사	자본·정보·기술 확보가 유리한 지역, 주로 선진국에 위치
연구소	기술을 갖춘 고급 인력이 많은 지역
생산 공장	지가와 임금이 저렴한 지역, 주로 개발 도상국에 위치

05 세계 정보 기술(IT) 산업의 중심지인 실리콘 밸리는 샌프란시스코에 위치한 스탠퍼드 대학의 인재 등 풍부한 전문 인력을 바탕으로 성장하였다. 하지만 기업이 밀집하면서 여러 가지 도시 문제가 발생하고 있다.

06 저렴한 임금과 낮은 땅값, 미국이라는 큰 소비 시장에 인접해 있는 지리적 이점을 활용해 세계의 대표적인 자동차 기업들이 멕시코와 미국의 접경지역에 생산 공장을 설립하였다.

07 초국적 기업의 연구 시설이나 생산 공장이 들어서는 지역은 새로운 산업 단지가 조성되어 일자리가 생기고, 기술 이전으로 관련 산업이 발달하는 등 경제가 활성화된다.

08 미국 오대호 연안 공업 지역의 대표적인 도시인 디트로이트는 1960년대 이후 치솟는 인건비 등을 이유로 많은 생산 공장이 멕시코 등으로 이전하면서 도시가 침체되기 시작하였다.

09 초국적 기업의 생산 공장이 빠져 나가면 많은 실업자들이 발생하고 주민 소득이 감소하며 지방 재정이 악화될 수 있다.

10 코스타리카는 열대 과일인 파인애플 재배에 적합한 기후 조건을 갖추었고, 노동자의 평균 임금이 상대적으로 낮다.

구분	채점 기준
상	코스타리카의 농업에 유리한 기후, 저렴한 노동력을 들어 입지 배경을 정확히 서술한 경우
하	코스타리카의 기후와 임금 조건 중 한 가지만 서술한 경우

11 초국적 기업이 철수한 지역은 산업 기반이 약해져 실업률이 높아지고, 인구도 감소하여 지역 경제가 침체될 수 있다.

구분	채점 기준
상	초국적 기업의 철수에 따른 문제점을 두 가지 모두 정확히 서술한 경우
하	초국적 기업의 철수에 따른 문제점을 한 가지만 서술한 경우

V단원 표와 자료로 정리하기 114~115쪽

주제 14 ❶ 파나마 지협 ❷ 뉴욕 ❸ 브라질 ❹ 리오그란데강 ❺ 파나마 지협 ❻ 뉴욕 ❼ 멕시코시티 ❽ 리우데자네이루 ❾ 온대 기후 ❿ 안데스 ⓫ 로키산맥 ⓬ 안데스산맥 ⓭ 애팔래치아산맥 ⓮ 아마존강 ⓯ 해발 고도 ⓰ 고산

주제 15 ❶ 에스파냐 ❷ 히스패닉 ❸ 영어 ❹ 가톨릭교 ❺ 히스패닉 ❻ 에스파냐 ❼ 아프리카계 ❽ 유럽계 ❾ 열대 기후 ❿ 원주민 ⓫ 문화 혼종성

주제 16 ❶ 글로벌 생산체제 ❷ 본사 ❸ 생산 공장 ❹ 일자리 ❺ 공간적 분업

V단원 실력 굳히기 116~119쪽

01 ① 02 ② 03 ③ 04 ① 05 ④ 06 ④ 07 ⑤ 08 ②
09 ④ 10 ⑤ 11 ② 12 ③ 13 ① 14 ⑤ 15 ① 16 ③
17 ① 18 ③ 19 ⑤

서술형 연습 문제 20 예시 답안 두 도시는 비슷한 위도에 위치하지만 이키토스는 해발 고도가 낮아 열대 기후가 나타나는 반면, 키토는 해발 고도가 높아 연중 서늘한 고산 기후가 나타난다. 고산 기후 지역은 인간이 거주하기에 유리한 환경이 조성되어 인구가 많다.

21 (1) A - 로키산맥, B - 애팔래치아산맥 (2) **예시 답안** 로키산맥은 비교적 형성 시기가 오래되지 않아 해발고도가 높고 험준하며 지진과 화산 활동이 활발하다. 이에 비해 애팔래치아산맥은 비교적 형성 시기가 오래되어 침식을 많이 받으면서 해발 고도가 낮고 경사가 완만하다.

22 **예시 답안** 라틴 아메리카는 원주민, 유럽계, 아프리카계, 그리고 이들 사이에서 태어난 혼혈인 등 다양한 민족(인종)으로 구성되어 있다.

01 제시된 지도의 A는 리오그란데강, B는 파나마 지협, C는 아마존 분지, D는 앵글로아메리카, E는 라틴 아메리카이다. 앵글로아메리카와 라틴 아메리카를 구분하는 기준은 리오그란데강이다.

02 캐나다는 미국과의 접경지역인 오대호 연안에 대도시가 집중되어 있다. 수도는 오타와이지만 최대 도시는 토론토이며, 올림픽 등의 국제 행사를 주최한 몬트리올도 캐나다를 대표하는 도시이다.

03 멕시코를 비롯한 중앙아메리카의 국가들은 파나마 지협 북쪽에 위치하여 지리적으로는 북아메리카에 해당하지만, 문화적으로는 에스파냐의 식민 지배를 받아 라틴 문화의 특징을 보이는 라틴 아메리카에 해당한다.

바로 잡기 (1) 멕시코는 문화적으로는 라틴 아메리카에 해당한다. (3) 페루는 잉카 문명의 발상지로 찬란한 고대 문명의 유적이 남아 있다.

04 (가)는 페루 쿠스코의 태양제, (나)는 브라질 리우데자네이루의 리우 카니발에 관한 설명이다. 지도의 C는 아르헨티나이다.

05 뉴욕은 세계 도시로 세계 정치·경제·문화의 중심지 역할을 한다. 이곳의 의사 결정은 전 세계에 영향을 끼치고 있다. 지도의 A는 시애틀, B는 우리나라 교민이 많이 거주하는 로스앤젤레스, C는 과거 제철 공업으로 성장한 시카고, E는 항공·우주 산업이 발달한 휴스턴이다.

06 생태 도시는 자연과 인간이 조화를 이루며 공생하는 체계를 갖춘 도시를 의미한다. 브라질의 쿠리치바는 굴절 버스와 버스 노선 체계 정비를 통한 오염 물질 배출 감소로 생태 도시의 모범 사례로 알려져 있다.

엔픽 포인트 아메리카의 도시

세계 도시	뉴욕(미국)
생태 도시	쿠리치바(브라질), 아바나(쿠바)
고산 도시	키토(에콰도르), 보고타(콜롬비아), 라파스(볼리비아), 쿠스코(페루), 멕시코시티(멕시코)

07 아메리카의 지형은 서부에는 높고 험준한 산지, 동부에는 낮은 산지와 고원, 중앙부의 저지대에는 큰 하천이 분포한다. 중앙 저지대를 흐르는 하천은 북아메리카의 미시시피강, 남아메리카의 아마존강이 대표적이며, 남·북회귀선 부근에는 하강 기류가 발달하여 건조한 사막이 나타나기도 한다.

바로 잡기 ⑤ 아메리카 대륙 서부의 로키산맥과 안데스산맥은 환태평양 조산대에 속하여 지진과 화산 활동이 활발하다.

08 (가)는 로키산맥, (나)는 애팔래치아산맥이다. 로키산맥은 해발 고도가 높고 험준하며, 지각이 불안정하여 지진과 화산 활동이 활발하다.

바로 잡기 ㄴ. 잉카 문명이 번성한 지역은 안데스 산지이다. ㄹ. 애팔래치아산맥은 형성 시기 오래되어 침식을 많이 받으면서 해발 고도가 낮고 지각 변동이 거의 없는 안정된 산지이다.

09 제시된 그래프는 일 년 내내 월평균 기온이 약 15℃인 고산 기후이다. 이러한 고산 기후는 적도 부근의 안데스 산지 일대에서 주로 나타나는데, 저지대의 열대 기후 지역보다 인간이 생활하기에 적합하여 일찍부터 사람이 거주하면서 잉카 문명과 같은 고대 문명이 번성하기도 하였다.

(바로잡기) ①은 온대 기후, ②는 건조 기후, ③은 열대 기후, ⑤는 냉대 기후에 관한 설명이다.

10 제시된 지도의 A 지역은 주로 북극해 주변과 그린란드에서 나타나므로 한대 기후에 해당한다. 한대 기후는 가장 따뜻한 달의 평균 기온이 10℃를 넘지 못하며, 월평균 기온이 0℃ 이상인 달이 3~4개월에 불과하다.

(바로잡기) ①은 건기와 우기가 뚜렷한 기후, ②는 연중 무덥고 습한 열대 기후, ③은 건조 기후, ④는 남반구의 온대 기후 그래프이다.

11 캐나다는 영국과 프랑스가 식민지 쟁탈전을 벌인 곳으로, 프랑스의 지배를 받았던 퀘벡주에는 지금도 프랑스계 주민들이 많이 거주한다.

12 A는 앵글로아메리카, B는 라틴 아메리카이다. 앵글로아메리카는 영국 앵글로색슨족의 문화가 전파된 곳으로 영어를 사용하고 개신교를 주로 믿는다. 라틴 아메리카는 남부 유럽 라틴족 문화의 영향을 받았으며, 에스파냐와 포르투갈의 식민 지배로 에스파냐어와 포르투갈어를 사용하고 가톨릭교를 믿는 사람이 많다.

엔픽 포인트 아메리카의 언어와 종교

구분	주요 언어	주요 종교
앵글로아메리카	영어	개신교
라틴 아메리카	에스파냐어, 포르투갈어	가톨릭교

13 제시된 지도는 미국의 히스패닉 분포 지역을 나타낸 것이다. 히스패닉은 에스파냐어를 모국어로 사용하는 라틴 아메리카 출신의 이민자와 그 후손을 가리키는 말로, 주로 미국과 멕시코의 접경지역에 거주한다.

14 지도의 인구 이동은 에스파냐인과 포르투갈인의 라틴 아메리카 이주를 나타낸 것이다. 이는 식민 지배를 위한 것이었으며 가톨릭교와 에스파냐어, 포르투갈어가 라틴 아메리카에 전파되어 라틴 아메리카 문화의 기초가 되었다.

15 A는 아르헨티나에서 비중이 높으므로 유럽계, B는 자메이카 등 열대 기후가 나타나는 지역에서 비중이 높은 아프리카계, C는 라틴 아메리카에서 가장 많은 비중을 차지하는 혼혈, D는 멕시코와 페루 등 안데스 산지에서 비중이 높은 원주민이다.

(바로잡기) ②, ④는 유럽계, ③은 아프리카계, ⑤는 혼혈과 관련된 설명이다.

16 브라질의 거대 예수상은 예수의 모습을 새긴 조각상으로는 세계 최대 규모이며, 로마 가톨릭교회의 상징이자 리우데자네이루의 랜드마크이다.

(바로잡기) ① 미국의 햄버거는 독일인들이 먹던 함부르크 스테이크가 변형된 음식이다. ② 탱고는 남부 유럽 이민자들의 춤곡과 아메리카 토착 음악이 결합하여 형성되었다. ④ 과달루페 성모상은 유럽의 가톨릭과 아메리카 원주민의 전통 신앙이 결합한 것이다. ⑤ 캐나다 퀘벡주의 구시가지는 19세기 프랑스풍 건물이 잘 보존되어 있다.

17 초국적 기업은 이윤의 극대화를 위해 기업의 조직과 기능을 서로 다른 국가에 나누어 배치한다. 원료가 풍부한 곳은 저렴하게 원료를 구할 수 있거나 원료보다 제품의 무게나 부피가 감소하여 운송비를 절감할 수 있는 경우에 공장을 세우는 것이 유리하다. 본사는 다양한 정보와 자본 확보가 유리한 지역에 주로 입지한다.

18 기업의 공간적 분업이 일어나면 본사는 대체로 선진국에 입지하고, 생산 공장은 저렴한 노동력이 풍부한 지역에 주로 입지한다. 교통·통신의 발달로 기업의 글로벌 생산체제가 갖추어지면서 초국적 기업의 영향력이 확대되고 있다.

19 초국적 기업 입지의 긍정적인 영향은 일자리 창출과 지역 경제 활성화이다. 반면에 초국적 기업의 생산 공장은 저렴한 노동력만을 필요로 하는 경우가 많아 노동 환경이 열악해지거나 환경 오염 문제가 발생하기도 한다.

20 고산 기후 지역은 저지대의 열대 기후 지역보다 인간이 생활하기에 적합하여 일찍부터 도시가 발달하였다.

구분	채점 기준
상	해발 고도의 차이를 들어 고산 도시의 특징과 인구 분포를 정확히 서술한 경우
하	키토에 고산 기후가 나타나기 때문이라고만 서술한 경우

21 로키산맥은 높고 험준하며 지각 운동이 활발하여 지진과 화산 활동이 활발한 반면, 동부의 애팔래치아산맥은 오랜 시간 침식을 받아 비교적 고도가 낮고 경사가 완만하다.

구분	채점 기준
상	제시된 용어를 모두 포함하여 두 산맥의 특징을 정확히 서술한 경우
중	제시된 용어 중 두 가지를 포함하여 두 산맥의 특징을 서술한 경우
하	제시된 용어 중 한 가지만 포함하여 두 산맥의 특징을 서술한 경우

22 아메리카에 정착한 유럽인들은 유럽 문화를 전파하였으며 대규모 농장을 운영하기 위해 아프리카에서 많은 노예를 강제 이주시켰다. 이 과정에서 원주민, 유럽계, 아프리카계 간의 혼혈이 이루어졌으며 라틴 아메리카의 민족(인종) 구성이 다양해졌다.

구분	채점 기준
상	라틴 아메리카의 민족(인종) 구성 특징을 혼혈과 관련지어 정확히 서술한 경우
하	민족(인종) 구성이 다양하다라고만 서술한 경우

VI. 오세아니아와 극지방

주제 17 오세아니아의 지리적 특성과 자원 수출

개념 확인 문제
124쪽

1 (1)× (2)○   2 (1)열대 기후, 건조 기후 (2)아시아

대표 문제로 실력 쌓기
125쪽

1 ④   2 ③

1 오스트레일리아의 서부에는 사막이 넓게 분포하고, 남동부에는 머리강과 달링강이 평원 위를 흐르며, 동부에는 그레이트디바이딩산맥이 있다. 적도와 가까운 북부 지역은 열대 기후, 중앙 평원 및 서부 지역은 건조 기후, 남동부와 남서부 지역은 온대 기후가 나타난다.

2 오스트레일리아는 동부 산지 지역에 내린 빗물이 지하로 스며든 후 지하수층을 이루는데, 이 물을 건조 분지에서 농목업에 사용하여 밀과 같은 곡물을 대규모로 재배하고 소와 양을 기른다.

실력 다지기
126~127쪽

01 ④   02 ④   03 ②   04 ①   05 ③   06 ⑤
07 ②   08 ③   09 ⑤

10 예시 답안 A는 뉴질랜드 북섬으로 화산 지형과 온천이 발달하였으며, B는 남섬으로 U자곡과 피오르 등 다양한 빙하 지형이 발달하였다.

11 예시 답안 오스트레일리아는 북반구와 계절이 반대로 나타나는 자연 조건으로 밀 수확 시기가 달라 수출에 유리하다.

01 오세아니아는 주로 남반구에 위치하며 날짜 변경선에 가까이 위치한다. 동쪽에는 태평양, 서쪽에는 인도양, 남쪽에는 남극해가 있고, 북쪽에는 아시아가 있다.

02 오스트레일리아는 오세아니아에서 국토 면적이 가장 넓으며 수도는 캔버라이다. 뉴질랜드는 북섬과 남섬으로 구성되어 있으며, 북섬에 수도 웰링턴이 위치한다. 솔로몬제도와 투발루는 태평양에 있는 섬 국가이다.

바로잡기 ④ 캔버라는 오스트레일리아의 계획도시인 수도이며, 인구가 가장 많은 도시는 시드니이다.

03 오스트레일리아의 서부에는 그레이트샌디 사막, 그레이트빅토리아 사막 등 사막이 넓게 분포하며, 동부에는 남북으로 긴 그레이트디바이딩산맥이 뻗어 있다.

엔픽 포인트 오스트레일리아의 지형

서부	그레이트샌디 사막, 그레이트빅토리아 사막
중앙 저지대	대찬정 분지
남동부	머리강, 달링강, 달링 평원
동부	그레이트디바이딩산맥
북동부 해안	대보초 해안

04 오스트레일리아의 적도와 가까운 북부 지역은 열대 기후가 나타나 연중 기온이 높고 강수량이 풍부한 특징이 있다.

바로잡기 ⑤ 강수량보다 증발량이 많아 식생이 자라기 어려운 건조 기후는 내륙과 서부 지역에 나타난다.

엔픽 포인트 오세아니아의 기후

오스트레일리아	• 북부: 열대 기후 • 중앙 평원 및 서부: 건조 기후 • 남동부와 남서부: 온대 기후
뉴질랜드	온대 기후
태평양 섬 국가	열대 기후

05 뉴질랜드는 대부분 온대 기후가 나타나는데, 바다의 영향을 받아 기온의 연교차가 작고 연중 강수량이 고르다.

06 철광석, 보크사이트, 석탄과 같은 지하자원이 풍부하며 기업적 농목업이 활발한 국가는 오스트레일리아이다. 오스트레일리아에서 생산된 철광석과 석탄은 산업이 발달한 우리나라, 중국, 일본 등으로 수출된다. 또한 오스트레일리아는 넓은 땅에서 밀과 같은 곡물을 대규모로 재배하고 소와 양을 기른다.

07 제시된 자료는 뉴질랜드에 관한 설명이다. 뉴질랜드의 북섬은 화산 지형과 온천이 발달하였고, 남섬은 빙하 지형이 발달하였다. 또한 넓은 목초지에 양을 방목하여 전 세계로 수출하고 있으며, 독특한 원주민 문화로 관광 산업이 발달하였다.

바로잡기 ② 오스트레일리아의 북동부 해안에 세계 최대 규모의 산호초 지역인 대보초 해안이 나타난다.

엔픽 포인트 뉴질랜드의 지형

북섬	지각이 불안정하여 지진과 화산 활동 활발 → 화산 지형, 온천 발달
남섬	다양한 빙하 지형 발달 → U자곡, 피오르

08 1960년에 오스트레일리아 최대 수출국은 영국이었지만 2021년 최대 수출국은 중국이다. 오스트레일리아는 과거에는 주로 유럽, 미국과 교역하였으나 최근에는 우리나라, 중국, 일본 등 지리적으로 가까운 아시아 국가들과의 교역이 크게 증가하였다.

09 아시아·태평양 경제협력체(APEC) 출범으로 아시아 및 태평양 연안 국가들의 경제 협력을 강화해 왔다. 오스트레일리아와 뉴질랜드는 자원이 풍부하지만 인구가 적어 다른 국가와의 무역이 국가 경제에 중요한 역할을 한다.

바로잡기 ㄱ. 오스트레일리아는 과거에 유럽, 미국과 교류를 많이 했으나, 최근에는 지리적으로 인접한 아시아와의 교류가 증가하였다. ㄴ. 오스트레일리아는 제조업의 원료가 되는 지하자원을 주로 수출하고, 우리나라와 중국, 일본 등에서 각종 공산품을 수입한다.

10 뉴질랜드는 북섬과 남섬, 두 개의 큰 섬으로 이루어져 있다. 북섬에는 화산 지형과 온천 등이 발달하였으며, 남섬에서는 U자곡과 피오르 등 다양한 빙하 지형을 볼 수 있다.

구분	채점 기준
상	북섬과 남섬의 특징을 모두 서술한 경우
하	북섬과 남섬 중 한 지역의 특징만 서술한 경우

11 남반구에 있는 오스트레일리아는 11월부터 이듬해 2월까지 밀을 수확하기 때문에 북반구의 주요 밀 수출 국가와 수확 시기가 다르다. 따라서 오스트레일리아는 북반구와 계절이 반대로 나타나는 자연조건으로 수출에 유리하다.

구분	채점 기준
상	북반구와 계절이 반대인 자연조건을 밀 수확 시기와 관련지어 서술한 경우
하	밀 수확 시기가 다르다라고만 서술한 경우

주제 18 태평양 지역의 환경 문제와 해결 방안

개념 확인 문제　　　　　　　　　　　128쪽

1 (1)○ (2)×　2 (1)약한 (2)증가, 상승

대표 문제로 실력 쌓기　　　　　　　129쪽

1 ②　2 ③

1 인구가 증가하고 자원 소비와 쓰레기 배출이 늘어나면서 태평양 지역에서는 해양 쓰레기와 해수면 상승, 산호의 백화 현상 등의 문제가 심각하게 나타나고 있다.
바로잡기 ②사막화는 주로 사막 주변 지역에서 발생하는 환경 문제로, 기후변화로 인한 장기간의 가뭄, 과도한 방목 및 개간, 관개 농업 등으로 발생한다.

2 제시된 자료는 해수 온도의 상승으로 산호가 죽어서 표면이 하얗게 변하는 백화 현상에 관한 설명이다. 해수 온도의 상승을 막기 위해서는 에너지를 절약하고, 저탄소 제품을 구매하는 등 탄소 배출량을 줄여야 한다.

실력 다지기　　　　　　　　　　130~131쪽

01 ③　02 ②　03 ②　04 ⑤　05 ①　06 ④
07 ④　08 ③　09 ③　10 ②

11 예시 답안 지구 온난화, 해수면 상승으로 태평양의 저지대 섬과 해안이 침수 위기를 겪고 있고 해수 온도 상승으로 해양 생태계가 파괴되고 있다.

12 예시 답안 플라스틱 제품 사용을 줄인다. 장바구니와 다회용 컵을 사용한다. 해안가 쓰레기를 줍는 활동에 참여하여 쓰레기가 해양으로 유출되는 것을 막는다.

01 태평양은 세계에서 가장 큰 해양으로, 다양한 해양 생물의 서식지이자 사람들의 중요한 삶의 터전이다. 최근 이 지역에서는 해양 쓰레기 문제, 해수면 상승 등 여러 가지 환경 문제가 나타나고 있다.

02 사진과 관련 있는 태평양 지역의 환경 문제는 해수면 상승이다. 태평양의 작은 섬 국가에서는 기후변화에 따른 해수면 상승으로 바닷물이 육지로 넘쳐 시설물이 무너지거나 지하수에 바닷물이 섞여 식수가 줄어들고 있다. 특히 투발루와 같이 국토의 평균 해발 고도가 낮은 국가들은 침수 위기에 처해 있다.

03 해양 쓰레기는 해양 생물이 먹이로 오인하고 섭취하여 생명에 위협이 되기도 하며, 지역 주민의 경제활동인 어업, 양식업, 관광 산업에도 커다란 피해를 끼친다.
바로잡기 ②해양 쓰레기는 가볍고 잘 썩지 않는 플라스틱류, 어업용 밧줄 등의 비중이 높다.

04 ㉠은 미세 플라스틱이다. 바다에 있는 미세 플라스틱은 먹이 사슬을 따라 물고기에게 축적되는데, 이는 결국 먹이 사슬의 꼭대기에 있는 사람에게도 영향을 준다.

05 산호의 백화 현상은 지구 온난화로 해수 온도가 상승하면서 산호에 붙어 공생하는 조류가 사라지고 산호초 표면이 하얗게 변하는 현상이다.

06 지구 온난화의 결과 해수면 상승으로 바닷물이 육지로 넘쳐 시설물이 무너지기도 하며, 해수 온도의 상승으로 바닷속의 생태계가 파괴되기도 한다.
바로잡기 ④지구 온난화로 빙하가 녹고 수온이 높아진 바닷물이 팽창하면서 해수면이 상승한다.

07 태평양 지역의 환경 문제는 그 지역의 주민뿐만 아니라 우리 생활에 직간접적으로 미치는 영향이 크다.

08 태평양 지역의 환경 문제를 해결하기 위해서는 기업은 자원 순환 기술을 개발하고 제품의 생산과 이동, 폐기 과정에서 환경이 오염되지 않도록 노력해야 한다. 정부와 국제 사회는 해양 정화 활동을 하고, 기후변화를 완화하기 위해서 재생 에너지 이용 비중을 늘려야 한다.

바로잡기 ㄴ. 재생 에너지 이용 비중을 늘린다. ㄷ. 일회용 플라스틱 사용량을 줄인다.

09 파리 협정은 지구 온난화에 대한 국제 협약으로, 온실가스 배출량을 단계적으로 감축하기 위한 국제적 노력을 보여 준다.
바로잡기 ① 런던 협약은 폐기물 해양 투기 방지를 위한 협약, ② 바젤 협약은 유해 폐기물의 국가 간 이동에 관한 규제에 관한 협약, ④ 람사르 협약은 습지 보전을 위한 협약, ⑤ 제네바 협약은 대기 오염 물질의 장거리 이동에 관한 협약이다.

10 해수면 상승 문제를 해결하기 위해 개인적 차원으로는 생활 속에서 에너지를 절약하고 대중교통 이용하기, 저탄소 제품 구매하기 등의 방법으로 탄소 배출을 줄일 수 있다.
바로잡기 ㄴ, ㄹ은 국가 차원에서의 해수면 상승 문제 해결 방안이다.

엔픽 포인트 해수면 상승 문제 해결 방안

국제 사회	온실가스 배출량을 감축하기 위한 파리 협정 체결 등
국가	'2050 탄소중립 비전' 정책 수립 등
개인	에너지 절약하기, 대중교통 이용하기, 저탄소 제품 구매하기 등

11 지구 온난화로 빙하가 녹고 수온이 높아진 바닷물이 팽창하면서 해수면이 상승함에 따라 태평양의 저지대 섬과 해안은 침수 위기를 겪고 있다.

구분	채점 기준
상	지구 온난화를 쓰고, 지구 온난화의 영향을 두 가지 서술한 경우
하	지구 온난화를 쓰고, 지구 온난화의 영향을 한 가지만 서술한 경우

12 해양 쓰레기 문제를 해결하기 위해서 개인 차원에서는 쓰레기 줍기, 장바구니와 다회용 컵 사용하기 등의 활동으로 동참할 수 있다.

구분	채점 기준
상	해양 쓰레기 문제를 해결하기 위한 방안을 두 가지 서술한 경우
하	해양 쓰레기 문제를 해결하기 위한 방안을 한 가지만 서술한 경우

주제 19 극지방의 지리적 중요성과 지역 개발

개념 확인 문제 132쪽

1 (1)× (2)○   2 (1)항공, 최단 (2)석유, 영유권

대표 문제로 실력 쌓기 133쪽

1 ③   2 ①

1 북극해 연안은 매우 춥지만 여러 원주민이 자연환경을 이용하거나 극복하며 살아가는 터전이다. 현재 북극 지방에는 이누이트, 사미 등의 원주민이 거주하고 있다.

2 남극 지방은 현재 남극 조약을 맺고 자원 탐사와 군사 활동을 금지하는 등 남극 대륙을 평화적으로 이용하고 있다.

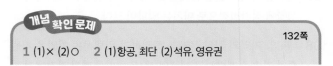

실력 다지기 134~135쪽

01 ⑤   02 ④   03 ④   04 ②   05 ②   06 ②
07 ⑤   08 ③
09 예시답안 북동 항로를 이용하면 북태평양을 지나 유럽과 아메리카 동부로 이동하는 거리와 시간을 단축할 수 있다. 하지만 북동 항로를 개발하여 이용이 증가하면 북극해가 오염될 우려가 있다.
10 예시답안 남극을 평화적으로 이용해야 한다. 자유로운 과학 및 학술 조사가 가능하다. 남극 대륙에 대한 영유권 주장을 하지 못한다.

01 극지방은 지구의 남쪽과 북쪽 끝에 위치하여 영하의 기온이 나타나는 날이 많다. 북극 지방은 유라시아, 북아메리카, 그린란드에 둘러싸여 있고, 남극 지방은 남극 대륙과 이를 둘러싼 남극해로 이루어져 있다.
바로잡기 ⑤ 남극 대륙은 전 세계 담수의 약 70% 정도를 얼음과 눈으로 보유하고 있다.

엔픽 포인트 극지방의 특징

구분	북극 지방	남극 지방
위치	북극점을 중심으로 한 북극해와 이를 둘러싼 주변 국가로 이루어져 있음	남극점을 중심으로 남극 대륙과 이를 둘러싼 남극해로 이루어져 있음
중요성	• 원주민의 삶의 터전 • 항공 교통의 요지 • 북극 항로 이용 • 에너지 자원 풍부	• 전 세계 담수 약 70% 보유 • 과거 지구 환경과 기후변화 연구에 중요 • 해양 생태계 연구의 장
과학 기지	다산 과학 기지	장보고 과학 기지, 세종 과학 기지

02 남극 지방은 남극점을 중심으로 남극 대륙과 이를 둘러싼 남극해로 이루어져 있으며, 남극 대륙은 전체적으로 평균 2,000m 두께의 빙하로 덮여 있다.

03 북극해 연안에는 여러 원주민이 거주하는 삶의 터전이며, 석유, 천연가스 등의 지하자원이 풍부하게 매장되어 있다. 또한 북반구 국가에서 비행기를 이용해 반대편으로 이동 시 최단 거리로 이동할 수 있는 항공 교통의 요지이며, 북극의 빙하가 녹아 선박이 북극해를 통과하게 되면 기존 항로보다 이동 시간을 많이 줄일 수 있다.
바로잡기 ④ 남극 대륙은 세계 여러 국가가 남극 조약을 맺고 공동으로 관리하며, 연구 기지를 설치하여 과학 연구 및 탐사 활동을 하고 있다.

04 제시된 자료는 남극 지방을 나타낸 것이다. 남극 지방은 다양한 해양 생물들이 서식하고 있어 해양 생태계 연구의 장이며, 오랜 시간을 거쳐 만들어진 빙하 속의 물질을 연구함으로써 지구의 기후변화를 알 수 있게 해 주는 중요한 역할을 한다.

(바로잡기) ㄴ. 많은 국가가 남극 대륙의 영유권을 주장하기도 하였지만, 현재는 남극 조약을 맺고 자원 탐사와 군사 활동을 금지하는 등 남극 대륙을 평화적으로 이용하고 있다. ㄹ. 북극 지방에 관한 설명이다.

05 우리나라는 남극 대륙에 세종 과학 기지, 장보고 과학 기지를 설치하여 해빙 분석을 통한 기후변화 연구, 해양 생물 자원에 관한 연구 등을 하고 있다.

06 제시된 지도는 북극해를 둘러싼 이해관계를 나타낸 것이다. 북극해에는 약 900억 배럴의 석유가 매장되어 있는 것으로 추정되는데, 이를 둘러싸고 북극해 연안 국가들이 서로 영유권을 주장하고 있다. 또한 북극해의 자원을 공동으로 개발하고 이용하고자 하는 국가들의 입장까지 더해져 국제적으로 관심이 높다.

(바로잡기) ② 현재 북극해 주변의 국가들은 각국 해안 200해리 선까지 자원 개발의 권리를 인정받고 있다.

07 북극해 주변의 천연가스 생산으로 난방비 부담이 줄어드는 것은 극지방 개발에 찬성하는 입장의 주장이다.

08 북극 지방이 여러 가지 목적으로 개발되면서 북극해의 빙하가 녹는 속도가 빨라져 해수면 상승이 가속화되고, 북극곰의 서식처가 줄어드는 등 북극 생태계에 변화가 나타나고 있다.

(바로잡기) ㄱ. 석유 유출 사고로 환경이 오염될 수 있다. ㄹ. 개발 과정에서 지구 온난화가 가속화될 수 있다.

09 기후변화로 북극해의 빙하가 녹으면서 대형 선박이 다닐 수 있는 북동 항로가 열리고 있다. 북동 항로를 이용하면 북태평양을 지나 유럽과 아메리카 동부로 이동하는 거리와 시간을 단축할 수 있다. 하지만 북동 항로를 개발하여 이용이 증가하면 북극해가 오염될 우려가 있다.

구분	채점 기준
상	북동 항로 이용의 장단점을 모두 서술한 경우
하	북동 항로 이용의 장점과 단점 중 한 가지만 서술한 경우

10 남극 조약은 1959년에 12개국이 참가하여 남극 대륙의 국제 법상 지위를 정하고 남극의 평화적 이용, 자유로운 과학·학술 조사, 영유권 주장 금지, 자연 보호 등의 내용을 지키기 위해 맺은 조약으로, 2023년 기준 56개국이 가입되어 있다.

구분	채점 기준
상	남극 조약의 내용을 두 가지 이상 서술한 경우
하	남극 조약의 내용을 한 가지만 서술한 경우

주제 17 ❶ 오스트레일리아 ❷ 사막 ❸ 빙하 ❹ 열대 ❺ 온대 ❻ 그레이트디바이딩산맥 ❼ 남섬 ❽ 열대 기후 ❾ 건조 기후 ❿ 온대 기후 ⓫ 지하자원 ⓬ 기업적 농목업 ⓭ 아시아 ⓮ 철광석 ⓯ 밀 ⓰ 자원 ⓱ 아시아

주제 18 ❶ 쓰레기섬 ❷ 지구 온난화 ❸ 상승 ❹ 파리 협정 ❺ 해양 쓰레기 ❻ 해수면 상승 ❼ 개인 ❽ 국제 사회

주제 19 ❶ 북극 지방 ❷ 남극 지방 ❸ 북동 항로 ❹ 영유권 ❺ 남극 조약 ❻ 기후변화 ❼ 남극 조약 ❽ 석유 ❾ 영유권

01 ⑤ 02 ② 03 ⑤ 04 ④ 05 ⑤ 06 ② 07 ③ 08 ⑤ 09 ② 10 ② 11 ⑤ 12 ③ 13 ② 14 ③ 15 ① 16 ① 17 ⑤ 18 ④ 19 ②

(서술형 연습 문제) 20 (1) A-석탄, B-철광석 (2) (예시 답안) 오스트레일리아와 아시아는 지리적으로 인접하고 있으며, 제조업의 원료가 되는 지하자원을 수출하고, 우리나라와 중국, 일본 등에서 각종 공산품을 수입하기 때문이다.

21 (1) 지구 온난화 (2) (예시 답안) 지구 온난화로 극지방의 빙하가 녹고 수온이 높아진 바닷물이 팽창하면서 해수면이 상승하여 태평양의 저지대 섬과 해안이 침수 위기를 겪고 있다.

22 (1) 남극 조약 (2) (예시 답안) 남극의 평화적 이용, 자유로운 과학 및 학술 조사, 영유권 주장 금지 등의 내용이 있다.

01 오세아니아의 태평양에는 솔로몬제도, 피지, 바누아투, 투발루, 나우루 등의 작은 섬 국가들이 있다.

(바로잡기) ① 오스트레일리아가 국토 면적이 가장 넓다. ② 주로 남반구에 위치한다. ③ 날짜 변경선이 지나는 국가가 있다. ④ 오스트레일리아는 다양한 기후가 나타나며, 뉴질랜드는 온대 기후, 태평양의 섬 국가는 대체로 열대 기후가 나타난다.

02 뉴질랜드의 수도는 북섬의 웰링턴이며, 오클랜드는 인구가 가장 많은 도시로 경제 중심지 역할을 한다.

(바로잡기) ㄴ. 오스트레일리아의 수도는 계획도시인 캔버라이다. ㄷ. 유럽의 영향을 많이 받은 도시는 옛 수도인 멜버른이다.

03 그레이트디바이딩산맥은 오스트레일리아 동부에 위치하며, 안데스산맥과 로키산맥에 이어 세계에서 세 번째로 긴 산맥이다.

04 뉴질랜드의 북섬은 지진과 화산 활동이 활발한 지대에 위치해 화산 지형과 온천 등이 발달하였고, 남섬은 다양한 빙하 지형이 나타난다.

05 제시된 자료는 건조 기후 지역의 그래프이다. 오스트레일리아의 중앙 평원 및 서부 지역은 강수량이 적어 건조 기후가 나타난다.

06 A는 열대 기후, B는 건조 기후, C는 온대 기후 지역이다. A는 적도 부근에 위치해 연중 기온이 높고 강수량이 풍부하다.
(바로잡기) ① 열대 기후는 연중 강수량이 많다. ③ 건조 기후 지역은 강수량이 매우 적다. ④ 기온의 일교차가 연교차보다 큰 기후는 고산 기후이다. ⑤ A, B는 인간 거주에 불리한 기후이고, C는 인간 거주에 유리한 기후가 나타난다.

07 오스트레일리아는 석탄, 철광석, 금과 같은 지하자원이 풍부해 전 세계에 수출하고 있다. 오스트레일리아의 밀 수확 시기는 북반구와 달라 밀 수출에 유리하다.
(바로잡기) ㄱ. 오스트레일리아는 풍부한 천연자원을 바탕으로 농업과 광업, 축산업이 발달하였다. ㄹ. 화산 지형과 빙하 지형을 모두 볼 수 있는 국가는 뉴질랜드이다.

08 오스트레일리아는 제조업의 원료가 되는 풍부한 지하자원을 주로 수출하고, 우리나라와 중국, 일본 등에서 각종 공산품을 수입한다.

09 해양 쓰레기는 바다로 유입된 쓰레기로, 태평양 주변 지역에서 바다로 흘러들거나 배에서 버려지는 쓰레기가 해류를 따라 이동하다가 한곳에 모여 쓰레기 섬을 이루기도 한다.

10 지구 온난화로 해수 온도가 상승하면서 산호에 붙어 공생하는 조류가 사라지고 산호의 표면이 하얗게 변하는 백화 현상이 일어나고 있다.

11 지구 온난화가 지속되면 해수면 상승으로 국토의 해발 고도가 낮은 국가들이 침수 위기에 처하게 되고 지하수에 바닷물이 섞여 식수가 부족해진다. 또한 북극의 빙하가 녹아 해수 염도가 낮아지고, 해수 온도의 상승으로 난류성 어족의 개체 수가 늘어난다.

12 플라스틱은 바다로 들어가 낮은 수온과 염분에 노출하면 분해되는 시간이 훨씬 더 늘어난다. 특히 미세 플라스틱은 해안가, 깊은 바다, 극지방 등 지구 전체에 퍼져 있으며, 어패류를 거쳐 사람의 체내로 들어오게 된다.

13 파리 협정은 선진국, 개발 도상국 모두 온실가스 감축 의무에 참여하도록 하여 지구 온난화에 따른 해수면 상승 문제를 해결하기 위한 협약이다.

14 태평양 지역의 환경 문제를 해결하기 위한 방안에는 해안가 쓰레기를 줍기, 저탄소 제품을 구매하기, 기후변화 캠페인에 참여하기 등이 있다. 기업 차원에서는 자원 순환 기술을 개발해야 한다.
(바로잡기) ③ 다회용 컵을 사용해 일회용 플라스틱 사용을 줄여야 한다.

15 (가)는 북극 지방, (나)는 남극 지방이다. 기후변화로 개발 가능성이 높아지면서 극지방의 중요성이 커지고 있으며, (가), (나) 모두 영하의 기온이 나타나는 날이 많다.

16 극지방 연구원은 해양 생물 자원에 관한 연구, 해빙 분석을 통한 기후변화 연구, 운석 분석을 통한 태양계 연구 등을 한다.

17 북극해에 매장된 석유와 천연가스, 광물 자원 개발을 위한 주변 국가의 경쟁이 심화되고 있다.

18 장보고 과학 기지는 극지방 연구를 위한 과학 기지이며, 남극은 남극 조약으로 자원 탐사와 군사 활동이 금지되어 있다.

19 극지방은 기후변화로 개발 가능성이 높아져 중요성이 커지고 있다. 극지방이 여러 가지 목적으로 개발되면서 북극해의 빙하가 녹는 속도가 빨라져 해수면 상승이 가속화되고, 북극곰의 서식처가 줄어들고 있다. 또한 남극 대륙은 여러 국가의 연구 기지가 세워지고 남극 여행객의 출입이 잦아짐에 따라 자연환경이 오염되고 불법 어업과 동물 포획 등이 이루어지면서 생태계가 파괴되고 있다.
(바로잡기) ① 북극곰의 서식처가 감소하였다. ③ 남극 대륙 주변 바다의 크릴, 이빨고기 등을 잡는 어업 활동이 증가하였다. ④ 쇄빙선이 드나들면서 공해가 발생하였다. ⑤ 남극의 평화적 이용을 위해 남극 조약을 체결하였다.

20 오스트레일리아는 최근에 지리적으로 가까운 아시아 지역과의 교류가 활발해지고 있다. 오스트레일리아는 제조업의 원료가 되는 풍부한 지하자원을 주로 수출하고, 우리나라와 중국, 일본 등에서 각종 공산품을 수입한다.

구분	채점 기준
상	지리적 인접, 공산품 수입을 포함하여 서술한 경우
하	지리적 인접, 공산품 수입 중 한 가지만 포함하여 서술한 경우

21 지구 온난화로 극지방과 고산 지역의 빙하가 녹아 해수면이 점점 상승하고 있다. 그 결과 투발루, 키리바시 등 태평양의 섬 국가들은 국토가 바닷물에 잠겨 침수 위기에 처해 있다.

구분	채점 기준
상	지구 온난화의 영향을 해수면 상승과 관련지어 구체적으로 서술한 경우
하	해수면이 상승한다고만 서술한 경우

22 남극 지방은 남극 조약을 맺고 자원 탐사와 군사 활동을 금지하는 등 남극 대륙을 평화적으로 이용하고 있다.

구분	채점 기준
상	남극 조약의 내용을 두 가지 이상 서술한 경우
하	남극 조약의 내용을 한 가지만 서술한 경우

시험대비편

I. 세계화 시대, 지리의 힘(1회)

2~5쪽

01 ⑤ 02 ③ 03 ④ 04 ⑤ 05 ③ 06 ⑤ 07 ① 08 ③
09 ⑤ 10 ⑤ 11 ② 12 ② 13 ⑤ 14 ⑤ 15 ② 16 ③
17 ③

서술형 실전 문제 18 (1) 열대 기후 (2) **예시 답안** 첫째, 열대 기후 지역은 무덥고 습하기 때문에 지면에서 올라오는 습기와 열기를 차단하기 위해서이다. 둘째, 해충의 침입을 방지하기 위해서이다.
19 **예시 답안** 기후변화와 빈곤 문제는 다양한 사람, 지역, 국가가 서로 연결되어 발생한 문제로 특정 지역의 노력만으로는 해결할 수 없기 때문이다.
20 **예시 답안** 지역의 이미지를 긍정적으로 바꾸고, 다른 지역 사람들에게 지역을 브랜드로 인식시켜 홍보할 수 있다.

01 타이에 해당하는 설명이다. 타이는 인도차이나반도에 위치한 동남아시아의 국가로, 코끼리 얼굴을 닮은 형상이다.
바로잡기 지도의 A는 스리랑카, B는 네팔, C는 방글라데시, D는 미얀마, E는 타이를 나타낸 것이다.

02 우리나라는 영국보다 9시간이 빠르다. 11월 8일 오후 7시에서 9시간을 더하면 11월 9일 오전 4시가 된다. 유럽에서 열리는 스포츠 행사가 우리나라의 새벽 시간에 중계되는 이유이다.

03 그레이트플레인스는 미국에 위치한 평원이다. 끝없이 펼쳐진 옥수수밭은 이 지역의 대표적인 경관이다.
바로잡기 A는 콩고 민주 공화국, B는 인도, C는 중국, E는 브라질이다.

04 인도네시아와 말레이시아에서 유래된 나시고렝은 '밥을 볶다.'라는 의미로, 동남아시아에서 즐겨 먹는 음식이다.
바로잡기 ① '퍼'는 베트남에서 자주 먹는 쌀국수의 명칭이다.

05 메콩강은 중국에서 발원하여 미얀마, 라오스, 타이 등 동남아시아의 여러 나라를 거쳐 흐르는 국제 하천으로, 지역의 농업과 운송업에 중요한 역할을 한다.

06 올리브는 온대 기후 중에서도 여름이 덥고 건조한 지중해 연안에서 널리 재배되는 농작물이다. 지중해 연안 지역에서는 여름철 덥고 건조한 기후에 잘 견디는 올리브, 포도, 오렌지 등을 많이 재배한다.

07 지도에 표시된 A 지역은 적도 부근으로, 주로 열대 기후가 나타난다.

08 건조 기후는 강수량보다 증발량이 많은 곳에서 나타난다. 건조 기후가 나타나는 지역으로는 바다에서 멀리 떨어져 있어 습한 공기가 적은 중위도의 대륙 내부와 일 년 내내 하강 기류가 발생하여 맑은 날씨가 이어지는 남·북위 23.5° 일대가 있다.
바로잡기 ㄱ은 열대 기후, ㄹ은 한대 및 냉대 기후가 나타나는 지역이다.

09 쿠스코, 키토, 나이로비는 저위도의 고산 지대에 위치한 고산 도시이다. 저위도 지역의 평지는 기온이 높아 거주에 불리한 반면, 고산 지대에는 일 년 내내 봄과 같은 쾌적한 날씨가 이어져 일찍부터 고산 도시가 발달하였다.
바로잡기 ①페루의 수도는 리마이다. ②케냐는 아프리카에 있는 국가이다. ③도시에는 유목 생활을 하는 주민이 거의 없다. ④쿠스코, 키토, 나이로비는 고산 지대에 위치하고 있다.

10 세계시민은 지구촌 문제가 우리의 문제임을 알고 이를 해결하기 위해 협력하는 자세를 지닌 사람이다.

11 A는 대한민국, B는 오스트레일리아이다. 대한민국은 북반구, 오스트레일리아는 남반구에 위치하여 계절이 반대이다. 또 대한민국과 오스트레일리아는 자유무역협정을 체결하여 활발하게 교류하고 있다.
바로잡기 ㄴ. A는 제품(자동차)을, B는 원료(철광석)를 수출하고 있다. ㄷ. 대한민국은 아시아, 오스트레일리아는 오세아니아에 속해 있다.

12 교통·통신의 발달로 세계적 규모의 공간적 상호 작용이 증가하고 있다. 특히, 통신망과 통신 기기의 발달은 세계 각 지역을 실시간으로 교류할 수 있게 하였다.

13 우리가 일상적으로 소비하는 많은 제품은 세계 규모의 공간적 상호 작용을 통해 생산된다. 제시된 사례인 청바지의 경우에도 대륙과 국경을 넘어 많은 기업체와 사람들의 상호 작용을 거쳐 생산되는 제품이다.

14 제시된 글의 소재인 '언어'는 인류 문화에서 중요한 부분 중 하나이다. 언어가 없어진다는 것은 지역의 고유 문화가 사라진다는 것을 뜻하므로, 이는 문화의 획일화와 관련이 있다.

15 지역화는 지역적인 것이 세계적 차원에서 독자적인 가치를 지니는 것을 의미한다.

16 제시된 글은 지리적 표시제에 관한 설명이다. ③ 라이스 버거는 세계적인 기업의 현지화 전략으로, 쌀을 주로 먹는 필리핀 사람들의 취향을 반영한 것이다.

17 삿포로는 일본 홋카이도의 중심 도시이다. 겨울철에 많은 눈이 내리기 때문에 이를 활용한 겨울 축제인 '삿포로 눈 축제'가 열리는 곳이다.

18 고상 가옥은 열대 기후 지역의 전통 가옥으로, 생활 공간을 지면에서 띄워 습기와 열기, 해충으로 인한 피해를 막는다.

구분	채점 기준
상	열대 기후 지역에서 고상 가옥을 짓는 까닭 두 가지를 정확히 서술한 경우
중	고상 가옥을 짓는 까닭을 한 가지만 서술한 경우
하	가옥의 명칭만 쓴 경우

19 전 지구적 문제를 해결하기 위해서는 연결된 세계에 대한 인식이 중요하다.

구분	채점 기준
상	전 지구적 문제의 원인과 대응 방안이 전 세계와 연결되어 있다는 점을 정확히 서술한 경우
하	서술한 내용 중 일부 잘못된 내용이 포함된 경우

20 제시된 자료는 지역 브랜드의 대표적인 사례인 미국 뉴욕의 지역 브랜드이다. 지역 브랜드는 지역의 긍정적인 이미지를 만드는 데 중요하다.

구분	채점 기준
상	지역의 긍정적 이미지를 구축하여 홍보한다는 점을 정확히 서술한 경우
하	지역 브랜드이다라고만 쓴 경우

Ⅰ. 세계화 시대, 지리의 힘(2회)

6~9쪽

01 ④ 02 ① 03 ① 04 ③ 05 ② 06 ⑤ 07 ② 08 ①
09 ③ 10 ⑤ 11 ③ 12 ④ 13 ② 14 ② 15 ④ 16 ④

서술형 실전 문제 17 **예시 답안** B 지역은 A 지역에 비해 태양이 수직으로 비추어 좁은 지역에 열이 집중되기 때문에 평균 기온이 높다.
18 (1) 열대 기후 (2) **예시 답안** 열대 기후 지역(A)은 적도와 매우 가까워 일 년 내내 기온이 높고 강수량이 많다. 열대 기후 지역에서는 지면의 열기와 습기, 해충 등을 피하기 위해 집을 바닥에서 띄워서 지은 고상 가옥을 볼 수 있다.

01 우리나라는 아시아 대륙의 동쪽 끝에 위치하며, 태평양과 접해 있어 대륙과 해양 진출에 모두 유리하다.

02 중국의 북동부에 위치한 하얼빈은 냉대 기후에 속하며, 겨울이 매우 춥고 긴 것이 특징이다. 하얼빈을 감싸고 흐르는 쑹화강은 매년 겨울 두껍게 얼어붙는데, 쑹화강의 얼음을 활용한 빙설제가 1~2월에 열린다.

03 ㉠ 국가는 노르웨이이다. 노르웨이는 고위도에 위치한 나라로, 빙하에 의해 깎인 계곡에 바닷물이 들어와 형성된 좁고 깊은 해안 지형인 피오르가 발달하였으며, 베르겐과 같은 큰 항구 도시가 있다.
바로잡기 A는 노르웨이, B는 스웨덴, C는 영국, D는 프랑스, E는 독일이다.

04 사진은 한대 기후 지역에서 볼 수 있는 경관이다. 한대 기후 지역의 전통적 생활양식으로는 얼음집(이글루), 순록 유목, 고래와 물범 사냥 등이 있다. 오늘날에는 극지방의 자원 개발이 활발해지면서 많은 변화가 일어나고 있다.

바로잡기 ①, ⑤건조 기후 지역의 생활 모습이다. ②, ④열대 기후 지역의 생활 모습이다.

05 일본, 하와이, 아이슬란드는 모두 화산 활동에 의해 형성된 화산 섬이다. 화산 지형이 분포하는 곳에는 간헐천이나 온천이 발달한다.

06 건조 기후 지역(사막)은 일 년 내내 비가 매우 적게 내린다. 사막의 오아시스에서는 건조한 환경에서도 잘 자라는 대추야자를 많이 재배하며, 서남아시아나 북부 아프리카에서는 대추야자를 이용한 다양한 음식이 발달하였다.

07 사진은 몽골의 전통 가옥인 '게르'이다. 초원이 넓게 펼쳐진 몽골에서는 풀을 찾아 이동하면서 가축을 기르는 유목이 발달하였으며 이동식 가옥인 게르를 볼 수 있다.

08 올리브는 여름철에 덥고 건조한 지중해 연안의 온대 기후 지역에서 널리 재배된다. A는 지중해 연안의 에스파냐로, 세계적인 올리브 생산지이다.
바로잡기 B는 한대 기후, C는 건조 기후, D는 열대 기후 지역이다. E는 온대 기후 지역이지만 아시아 대륙의 동쪽에서는 여름철에 비가 많이 내려 올리브를 재배하기에 적합하지 않다.

09 제시된 자료는 고산 지역에 위치한 페루 쿠스코의 기온 분포 그래프이다. 저위도의 고산 지역에서는 일 년 내내 봄과 같이 온화한 날씨가 이어진다.

10 A는 유럽연합(EU)의 회원국들이다. 유럽연합 회원국의 국민들은 자유로운 왕래와 경제활동이 가능하며, 화폐의 통합을 이루었고 유럽 의회를 통한 정치적 통합도 추구하고 있다. 그러나 고유한 문화와 언어의 통합을 추구하고 있지는 않다.

11 기아와 빈곤 문제도 서로 연결된 세계에 대한 인식을 바탕으로 바라보는 것이 중요하다. 이러한 문제는 다양한 사람, 지역, 국가가 서로 연결되어 발생한 문제로 특정 지역의 노력만으로는 해결할 수 없기 때문이다.

12 '□□□ 마늘 맛 과자'는 여러 나라의 원재료를 활용하여 대한민국에서 만들어진 것으로, 제품 생산을 위한 세계적 네트워크를 통해 원재료를 공급받게 된다.
바로잡기 ①원재료는 말레이시아, 우크라이나, 중국 등에서도 공급받았다. ②생산 공장은 충청북도 청주시에 있다. ③팜유가 생산되는 지역은 열대 기후 지역이다. ⑤생산 공장이 대한민국에 있고, 마트에서 구입하였으므로 해외 직접 구매를 이용하지 않아도 된다.

13 경제의 세계화가 진행되면서 국제적 분업을 추구하며 국경을 넘나드는 초국적 기업이 성장하게 되었다. 커피 전문점을 운영하는 기업들은 전 세계를 상대로 운영하고 있는 곳이 많지만, 베트남의 C 커피 전문점과 같이 지역의 특성을 살려 운영하는 곳들도 많다.

14 문화의 세계화로 우리나라의 문화가 다른 나라에서 각광받는

일이 생기고 있다. 또한 문화가 전파되면서 문화 융합이나 문화 갈등과 같은 현상이 발생하기도 한다.

바로잡기 ㄴ. 지역 고유의 정체성이 약화되고 세계의 문화가 비슷해지는 문화의 획일화가 나타나고 있다. ㄹ. 다른 지역과의 문화 교류가 더 활발해지고, 짧은 시간에 일어나고 있다.

15 (가)는 러시아 상트페테르부르크의 백야 축제에 관한 설명이다. (나)는 인도 다르질링의 다르질링 차에 관한 설명이다.

16 브라질 쿠리치바는 버스 전용 차로제 등 대중교통 체계와 관련하여 세계 여러 나라에 영향을 준 도시이다.

17 A는 고위도 지역, B는 적도 부근의 저위도 지역이다. B에는 태양이 수직으로 비추어 열이 집중되지만, A에는 태양이 비스듬하게 비추면서 열이 분산된다.

구분	채점 기준
상	태양이 수직으로 비추어 열이 집중된다는 내용을 정확히 서술한 경우
하	태양이 수직으로 비춘다고만 서술한 경우

18 지도에 표시된 A 지역은 말레이시아(보르네오섬)이다. 이 지역은 적도와 매우 가까워 연중 기온이 높고 강수량이 많은 열대 기후가 나타난다.

구분	채점 기준
상	열대 기후의 특징을 쓰고, 기후와 관련된 주민 생활 모습을 정확히 서술한 경우
하	열대 기후의 특징만 쓰거나 기후와 관련된 주민 생활 모습을 제대로 서술하지 못한 경우

Ⅱ. 아시아(1회)

10~13쪽

01 ① 02 ① 03 ⑤ 04 ④ 05 ③ 06 ① 07 ④ 08 ⑤
09 ⑤ 10 ② 11 ④ 12 ③ 13 ③ 14 ④ 15 ⑤ 16 ①
17 ② 18 ④

서술형 실전 문제 **19** (1) 고상 가옥 (2) **예시 답안** 일 년 내내 기온이 높고 강수량이 많은 열대 기후 지역에서 나타나는 고상 가옥은 지면에서 올라오는 열기를 막기 위해 바닥을 높이 띄우고, 비를 빨리 흘러내리게 하기 위해 지붕의 경사를 급하게 만든다.
20 (1) 이슬람교 (2) **예시 답안** 돔형의 지붕과 뾰족한 첨탑이 있는 모스크, 성지를 순례하는 이슬람교 신자들, 하루에 다섯 번 메카를 향해 기도하는 이슬람교 신자들을 볼 수 있다.
21 **예시 답안** 일자리를 찾아 동남아시아, 남부 아시아 등에서 청장년층 남성 노동자들이 이주해 왔기 때문이다.

01 '카타르의 수도', '사막' 등을 통해 카타르 도하에 대한 설명이라는 것을 알 수 있다. 카타르 도하는 사막 위에 세워진 도시이다.

02 적도와 가까운 동남아시아(E)는 주로 열대 기후가 나타나며, 종교와 민족의 다양성이 나타나는 지역이다.

바로잡기 ㄷ. 중앙아시아 지역에 대한 설명이다. ㄹ. 건조 기후가 나타나는 서남아시아 및 중앙아시아 지역에서 주로 볼 수 있다.

03 중앙아시아는 카자흐스탄, 우즈베키스탄 등의 국가가 위치하며 과거 동서 문명을 연결하는 실크로드의 교역 중심지로 번창했던 지역이다.

04 동남아시아의 인도네시아, 필리핀, 동아시아의 일본은 환태평양 조산대에 위치한 국가로 판과 판의 경계에 위치하고 있어 지진과 화산 활동이 빈번하게 일어난다.

05 (가)는 건조 기후 중에서 초원이 나타나는 지역의 이동식 유목 행렬을 묘사한 것이다. (나)는 적도에서 가까워 일 년 내내 기온이 높고 강수량이 많은 열대 기후 지역에서 벼농사를 짓는 모습을 설명한 것이다.

06 (가)는 불상과 부처의 사리를 안치한 탑이 있는 불교 사원이다. (나)는 수많은 신으로 지붕과 벽면을 장식한 힌두교 사원이다. 힌두교 사원은 신들이 땅에 내려와 머무는 곳으로, 사원 곳곳에 수많은 신들이 조각되어 있다.

07 크리스트교는 성당이나 교회의 높은 종탑, 십자가가 주요 종교 경관으로 나타나며 예수 그리스도가 창시한 유일신교로 주로 일요일에 성당이나 교회에서 예배를 드린다.

08 말레이시아는 대표적인 다문화 국가로 이슬람교, 불교, 힌두교, 크리스트교 등 다양한 민족, 종교, 언어의 자유를 보장하며 서로 공존을 위해 노력한다.

09 A는 미얀마, B는 타이, C는 말레이시아, D는 인도네시아, E는 필리핀이다. 동남아시아 국가 중에서 에스파냐의 식민 지배의 영향으로 크리스트교를 믿는 사람들의 비율이 높게 나타나는 국가는 필리핀이다.

10 카슈미르 지역은 이슬람교를 믿는 파키스탄과 힌두교를 믿는 인도가 지배권을 두고 갈등하고 있는 지역이다.

11 출생률이 높은 국가는 급속한 인구 증가에 따른 식량 및 자원 부족으로 빈곤 인구 증가, 높은 실업률 등의 문제가 발생한다. 한편 청장년층 인구 비율이 높아 앞으로의 경제 발전 가능성이 높다.

바로잡기 ㄱ. 높은 출생률로 인구 증가 속도가 매우 빠르다. ㄷ. 유소년층 인구 비율이 노년층 인구 비율보다 높다.

12 남부 아시아는 아시아 지역 중에서 가장 인구가 많으며 인도, 파키스탄, 방글라데시 세 국가의 인구의 합이 18억 명을 넘는다. 지도에서 A는 서남아시아, B는 중앙아시아, C는 남부 아시아, D는 동아시아, E는 동남아시아이다.

13 여성의 경제 활동 참여가 증가하면서 결혼 연령이 높아지고 자녀 육아 부담이 늘어나기 때문에 출산율이 낮아지는 원인이 된다.

14 생활 수준이 높고 의료 기술이 발달하게 되면 기대 수명이 늘어나 노년층 인구 비율이 증가하며, 저출산으로 유소년층 인구 비율이 줄어들고 노년층 인구 비율이 늘어나면 중위 연령이 높게 나타난다.

15 (가)는 저출산과 고령화가 나타나는 경제 수준이 높은 국가이고, (나)는 출생률이 높아 인구가 급격하게 증가하는 경제 수준이 비교적 낮은 국가이다. (가)는 기대 수명이 높고 노년층 인구 비율이 높아 노인 부양 부담이 커지고 있다.

바로잡기 ㄱ. (가)는 (나)보다 경제 수준이 높아 기대 수명이 높고 노년층 인구 비율이 높게 나타난다.

16 인도는 우수한 수학, 과학 인재를 중심으로 최근에 벵갈루루, 하이데라바드, 뉴델리를 중심으로 소프트웨어, 정보 통신 산업이 크게 발달하였다. 지도의 A는 인도, B는 방글라데시, C는 타이, D는 베트남, E는 필리핀이다.

17 (가)는 풍부한 노동력과 저렴한 인건비를 바탕으로 섬유, 의류, 전자 조립 등의 노동 집약적 제조업이 발달한 국가이다. (나)는 자동차, 석유 화학 등 보다 기술 수준이 높은 제조업이 발달한 국가이다.

18 섬유, 의류, 전자 조립 등 노동 집약적 제조업은 저임금의 풍부한 노동력을 필요로 한다. 이에 따라 베트남, 방글라데시 등 동남아시아 및 남부 아시아 등으로 공장을 이전하여 현지 진출을 하고 있다.

19 고상 가옥은 열대 기후 지역에서 나타나는 전통 가옥이다. 이 지역은 일 년 내내 기온이 높고 강수량이 많아 지면에서 올라오는 열기를 막기 위해 바닥을 높이 띄우고, 비를 빨리 흘러내리게 하기 위해 지붕의 경사를 급하게 만든다.

구분	채점 기준
상	고상 가옥을 짓는 이유를 열대 기후의 기온과 강수량의 특성과 관련하여 정확하게 서술한 경우
중	고상 가옥을 짓는 이유를 기온, 강수량 중에서 한 가지만 관련하여 서술한 경우
하	고상 가옥만 쓴 경우

20 지도에 표시된 A 지역은 이슬람교 분포 지역을 나타낸 것이다. 이슬람교 지역에서는 돔형의 지붕과 뾰족한 첨탑이 있는 모스크, 성지를 순례하는 신자 등을 볼 수 있다.

구분	채점 기준
상	이슬람교에서 볼 수 있는 종교 경관을 정확하게 서술한 경우
하	이슬람교만 쓴 경우

21 아랍 에미리트, 카타르, 쿠웨이트 등의 국가들은 건설업 등에서 필요한 노동력을 동남아시아, 남부 아시아 등 해외에서 적극적으로 받아들여 청장년층 남성의 비율이 높게 나타난다.

구분	채점 기준
상	일자리를 찾아 청장년층 남성이 많이 이주하였다고 서술한 경우
하	청장년층 남성이 이주해 왔다고만 서술한 경우

II. 아시아(2회)

14~17쪽

01 ④ 02 ③ 03 ④ 04 ① 05 ② 06 ④ 07 ③ 08 ②
09 ① 10 ① 11 ① 12 ④ 13 ③ 14 ② 15 ⑤ 16 ②
17 ② 18 ③ 19 ①

서술형 실전 문제 **20** **예시 답안** (가)는 힌두교로 소를 신성시하여 소고기를 먹지 않으며, (나)는 이슬람교로 돼지고기와 술을 금기시한다.
21 **예시 답안** 전체 인구 중에서 노년층 인구 비율이 증가하는 고령화 문제가 나타나고 있으며, 고령화에 대비해 연금 제도와 같은 노인 복지 제도를 정비하고 노인 일자리를 확보해야 한다.
22 **예시 답안** 반도체, 정보 통신 기기 등 부가 가치가 높고 기술력이 요구되는 첨단 산업이다.

01 두바이는 아랍 에미리트의 주요 도시로 과거 석유 수출로 얻은 수익으로 사막 지역에 많은 건물과 시설 등을 건설하고 관광 산업과 금융 산업의 발전을 이루었다.
바로잡기 ①은 뭄바이, ②는 방콕, ③은 싱가포르, ⑤는 베이징에 대한 설명이다.

02 동남아시아는 다양한 인종, 문화가 공존하는 지역으로 대부분 열대 기후가 나타난다. 여름철에는 덥고 비가 많이 내려 하천 주변 평야에서는 벼농사가 주로 이루어진다.
바로잡기 ㄱ, ㄹ. 중앙아시아 지역에 대한 설명이다.

03 동아시아 지역은 한국, 일본, 중국 등이 속해 있으며 유교와 불교, 한자, 젓가락 문화를 공유하며 문화적으로 동질감을 느끼는 지역이다. A는 서남아시아, B는 중앙아시아, C는 남부 아시아, D는 동아시아, E는 동남아시아이다.

04 열대 기후는 동남아시아, 남부 아시아의 적도 주변 지역에 분포하며, 일 년 내내 기온이 높고 강수량이 많아 크고 작은 나무와 식물들이 빽빽하게 열대림을 이룬다.
바로잡기 ㄷ. 온대 기후에 대한 설명이다. ㄹ. 초원이 넓게 펼쳐지는 건조 기후에 대한 설명이다.

05 건조 기후가 나타나는 몽골 울란바토르의 기후 그래프이다. 강수량이 사막보다는 많아 초원이 펼쳐지며 가축의 먹이를 찾아 이동하는 유목을 한다.

06 (가)는 성당이나 교회를 볼 수 있는 크리스트교, (나)는 수많은 신을 조각한 사원이 특징인 힌두교이다. 크리스트교는 하느님을 섬기는 유일신교이며, 힌두교는 갠지스강을 성스러운 강으로 여기며 여러 신을 섬기는 다신교이다. 아시아에서 힌두교는 이슬람교, 불교, 크리스트교보다 신자 수가 많다.

바로잡기 ㄷ. 크리스트교는 필리핀, 힌두교는 인도의 주요 종교이다.

07 제시된 글은 이슬람교에 대한 설명이다. 이슬람교 신자는 돔형 지붕과 첨탑이 어우러진 모스크에서 예배를 드리며, 여성들은 얼굴 일부와 목 등을 가리는 히잡을 써야 한다. 또한 돼지고기와 술을 금기시하고 할랄 음식을 먹으며 성지 순례, 라마단 금식, 기도 등 신앙의 의무를 실천해야 한다.

바로잡기 ㄱ, ㄹ. 불교와 관련된 경관이다.

08 불교는 인도에서 창시되어 동남아시아 및 동아시아에 널리 전해진 보편 종교이다. 불교는 부처의 가르침에 따라 살생을 금지하여 채식을 선호하며, 자비와 평등을 실천하기 위한 수행과 명상을 중시한다.

09 미얀마에서는 국민 대다수가 불교를 믿지만, 라카인주에 사는 로힝야족은 이슬람교를 믿는다. 이 때문에 미얀마 정부가 로힝야족을 차별하여 종교 갈등이 나타나고 있다. 지도의 A는 미얀마, B는 타이, C는 말레이시아, D는 베트남, E는 필리핀이다.

10 서로 다른 종교로 인한 갈등을 극복하기 위해서는 여러 문화나 종교가 공존할 수 있게 인정하는 다문화주의와 어떠한 문화가 우월하거나 열등하지 않다는 문화 상대주의의 태도가 필요하다.

11 인도네시아, 필리핀, 베트남 등의 동남아시아는 출생률이 높게 나타나는 지역으로 인구가 빠르게 증가하고 있다.

바로잡기 ② 남부 아시아는 세계적인 인구 밀집 지역이다. ③ 중앙아시아는 기후가 건조하여 인구가 적게 분포한다. ④ 동아시아는 저출산·고령화의 영향으로 노년층 인구 비율이 높다. ⑤ 일자리를 찾아 서남아시아로 이동하는 인구는 주로 동남아시아나 남부 아시아에서 이주한다.

12 (가)는 출생률이 높은 국가, (나)는 저출산·고령화 현상이 나타나는 국가이다. (나) 국가는 기대 수명이 높고, 노년층 인구 비율이 높아 노인 부양 부담도 높게 나타난다.

바로잡기 ㄷ. 중위 연령은 총인구를 연령순으로 나열할 때 정중앙에 있는 사람의 해당 연령을 말하는데, 유소년층 인구 비율이 낮고 노년층 인구 비율이 높을수록 중위 연령은 높다.

13 (가)는 출생률이 높은 국가로 인도, 베트남, 인도네시아 등이 해당한다. (나)는 저출산·고령화 현상이 나타나는 국가로 우리나라, 일본 등이 해당한다.

14 합계 출산율은 여성 1명이 평생 낳을 것으로 예상되는 평균 출생아 수로, 인구 규모를 유지하기 위한 합계 출산율은 약 2.1명이다. 합계 출산율이 2명 이하로 감소하여 청장년층 인구가 줄어들면 노동력 부족 문제가 나타날 것이다.

15 아랍 에미리트, 쿠웨이트 등은 석유 수출로 축적한 자본을 이용하여 대규모 개발 사업을 진행하고 있다. 일자리를 얻기 위해 남부 아시아 및 동남아시아 국가의 많은 청장년층 남성 인구가 서남아시아 국가로 유입되고 있다.

16 시리아, 미얀마, 아프가니스탄 등에서 발생한 분쟁, 내전 등과 같은 정치적인 이유로 주변 국가로 이동하려는 난민이 발생하고 있다.

17 우리나라의 드라마, 영화, 게임 등 한류 문화 콘텐츠들이 인기를 끌게 되면 우리나라를 찾는 해외 관광객이 증가하고 관광 지역 상권이 활성화되는 효과가 발생한다.

18 제시된 국가는 열대 기후가 나타나는 동남아시아와 남부 아시아에 위치한 국가이다. 동남아시아, 남부 아시아에서는 플랜테이션 농장에서 천연고무, 커피 등의 상품 작물을 대량으로 재배하여 전 세계로 수출하는 산업이 발달하였다.

19 우리나라의 섬유, 의류, 전자 조립 등의 노동 집약적 제조업 공장들은 임금이 보다 저렴하고 노동력이 풍부한 남부 아시아, 동남아시아 등에 진출하여 지속적으로 협력하고 있다.

20 (가)는 힌두교로 소를 신성시하여 소고기를 먹지 않으며, (나)는 이슬람교로 돼지고기와 술을 먹지 않는다.

구분	채점 기준
상	힌두교와 이슬람교의 식생활의 특징을 각각 바르게 서술한 경우
중	힌두교와 이슬람교의 식생활의 특징을 한 가지만 서술한 경우
하	힌두교, 이슬람교만 쓴 경우

21 전체 인구 중에서 노년층 인구 비율이 증가하는 현상을 고령화라고 한다. 고령화 문제에 대비하여 연금 및 사회 복지 제도를 정비하고 노인 일자리를 확보해야 한다.

구분	채점 기준
상	고령화 문제와 해결 방안을 바르게 서술한 경우
하	고령화 문제라고만 쓴 경우

22 우리나라의 노동 집약적 제조업 경쟁력이 주변 국가들에서 경쟁하면서 많이 약해졌다. 따라서 연구 개발과 기술 혁신에 집중하여 반도체, 정보 통신 등 부가 가치가 높고 기술력이 요구되는 첨단 산업을 육성하기 위해 노력하였다.

구분	채점 기준
상	첨단 산업의 특징을 바르게 서술한 경우
하	첨단 산업이라고만 쓴 경우

Ⅲ. 유럽(1회)

18 ~ 21쪽

01 ④	02 ⑤	03 ①	04 ③	05 ③	06 ②	07 ④	08 ③
09 ④	10 ③	11 ④	12 ②	13 ③	14 ③	15 ⑤	16 ①
17 ④	18 ②	19 ④					

서술형 실전 문제 **20** **예시 답안** 서부 유럽에 위치한 영국은 서안 해양성 기후 지역으로 연중 강수량이 고르며, 여름이 서늘하고 겨울이 따뜻하여 목초지 조성에 유리하기 때문에 혼합 농업이 발달하였다.

21 **예시 답안** A는 영국의 런던, B는 프랑스의 파리이다. 런던과 파리는 유럽에 있는 대표적인 세계 도시로 세계 경제의 중심지 역할을 한다.

22 **예시 답안** A는 플랑드르 지역이다. A 지역은 네덜란드어를 사용하며 B 지역에 비해 경제 발전 수준이 높아 경제적 격차가 커지면서 분리·독립을 요구하고 있다.

01 남부 유럽은 지중해와 접하고 있어 아름다운 해안, 따뜻한 기후 등을 바탕으로 관광 산업이 발달하였다.
바로잡기 ① 북부 유럽은 겨울이 매우 길고 추운 냉대 기후 지역이다. ② 교육 및 의료 복지 제도가 발달한 곳은 북부 유럽이다. ③ 지도는 유럽을 위치와 문화적 특성 등에 따라 구분한 것이다. ⑤ 산업 혁명의 발상지는 서부 유럽이다.

02 유럽은 북쪽으로 북극해, 서쪽으로 대서양, 남쪽으로 지중해와 접하고 있으며, 우랄산맥과 카스피해를 경계로 아시아와 구분된다.
바로잡기 ㄱ. 북반구의 중위도와 고위도에 위치한다. ㄴ. 유라시아 대륙의 서쪽에 위치한다.

03 영국 런던은 산업 혁명의 발상지이며, 오늘날에는 전 세계에 영향력을 행사하는 세계 도시이다. 스위스 제네바는 세계적으로 큰 영향력이 있는 국제기구의 본부들이 위치한다.

04 콜로세움이 있으며 과거 로마 제국의 수도였던 곳은 이탈리아이다. 이탈리아는 국토 모양이 장화 모양을 닮았으며, 오래된 역사 유적이 많고, 북동부에는 베네치아가 있다.
바로잡기 ③ 넓은 국토와 농경지가 있어 '유럽의 빵 바구니'로 불리는 곳은 동부 유럽의 우크라이나이다.

05 러시아의 성 바실리 대성당은 모스크바를 상징하는 랜드마크로, 유네스코 세계 문화유산에 등재되어 있다.
바로잡기 ①, ②에펠탑과 루브르 박물관은 파리의 랜드마크이다. ④할그림스키르캬 교회는 아이슬란드의 레이캬비크에 있다. ⑤ 사그라다 파밀리아 성당은 에스파냐 바르셀로나의 랜드마크이다.

06 알프스산맥은 비교적 형성 시기가 오래되지 않은 산지로 높고 험준하며, 스칸디나비아 산맥은 비교적 형성 시기가 오래된 산지로 경사가 완만하다.
바로잡기 ③, ④ 스칸디나비아산맥은 비교적 형성 시기가 오래되어 침식을 많이 받으면서 낮고 경사가 완만하다. ⑤ 알프스산맥은 유럽의 남부, 스칸디나비아산맥은 유럽의 북부에 있다.

07 프랑스·북독일 평원에서 동유럽 평원으로 이어지는 유럽 평원에는 라인강을 비롯한 여러 하천이 흐르는데, 인구와 산업이 밀집해 있고 밀 재배가 활발하다.

08 피오르 해안에 관한 설명이다. 빙하의 침식 작용으로 형성된 지형으로 노르웨이 등 북부 유럽에서 볼 수 있다.

09 A는 서안 해양성 기후, B는 지중해성 기후 지역이다. 두 기후 모두 인간이 생활하기 유리한 기후로 인구가 집중 분포한다. 지중해성 기후 지역에서는 덥고 건조한 여름을 견딜 수 있는 수목 농업이 발달하였다.
바로잡기 ①, ② 서안 해양성 기후는 여름이 서늘하다. 편서풍의 영향을 받으며, 일년 내내 비가 고르게 내린다.

10 사진은 그리스 산토리니섬의 가옥들이다. 여름철 강한 햇빛을 차단하기 위해 밝은색의 벽을 칠하고 벽을 두껍게 만드는 것은 지중해성 기후 지역에서 나타나는 전통 가옥의 특징이다.

11 이탈리아 피렌체는 미켈란젤로, 레오나르도 다빈치, 단테 등 유명한 예술가들이 활동하던 도시로 곳곳에 문화유산과 볼거리가 많다.
바로잡기 ① 프랑스 니스는 아름다운 해변과 여름의 맑은 날씨로 유명한 관광(휴양) 도시이다. ② 유럽의 도시 대부분은 오래 전부터 서로 다른 역사적·문화적 배경을 바탕으로 발달하였다. ③ 오스트리아 빈은 유명한 예술가들이 활동한 고전 음악의 성지로, 구시가지 전체가 유네스코 세계 문화유산에 등재되어 있다. ⑤ 네덜란드의 암스테르담은 탄소 중립을 실천하는 생태 도시이다.

12 프랑스 소피아 앙티폴리스, 핀란드 오울루 테크노폴리스, 스웨덴 시스타 사이언스 시티는 첨단 산업이 발달한 도시로 산업 클러스터가 형성되어 있다.

13 기후위기에 대응할 수 있도록 노력하는 대표적인 친환경 도시는 덴마크의 코펜하겐과 독일의 프라이부르크이다.

14 자료는 탄소중립 정책에 관한 내용이다. 지속가능한 도시를 만들기 위한 노력으로는 신·재생 에너지의 비율을 늘리고 도시 속에 녹지 공간의 비율을 확대해야 한다.
바로잡기 ㄱ. 탄소중립을 위해 교통 제한 구역을 확대한다. ㄹ. 석유나 석탄 등 화석 에너지의 사용을 줄인다.

15 지속가능한 도시를 만들기 위해서 태양광이나 풍력 발전 같은 신·재생 에너지를 사용하며, 자동차 대신 자전거 이용을 장려해야 한다. 자동차 전용 도로를 건설하면 오히려 자동차의 이용이 증가하게 된다.

16 자료는 유럽연합의 변천 과정을 나타낸 것이다. 유럽연합 출범 이후 유럽 대륙 내 교역이 증가하였고, 인구와 물자의 이동이 자유로워졌다.

바로잡기 ① 유럽연합 회원국 중 스웨덴, 덴마크, 폴란드, 체코, 헝가리 등은 유로화를 사용하지 않는다.

17 이탈리아 파다니아는 알프스산맥 이남의 이탈리아 북부 평원 일대로, 밀라노를 주 도로 하는 롬바르디아와 베네치아를 주 도로 하는 베네토 지역이 해당한다. 파다니아는 이탈리아에서 가장 부유한 지역으로, 이 지역 주민들은 자신들이 낸 막대한 세금이 가난한 남부 지역 개발에 모두 쓰인다며 불만이 높아 분리·독립을 주장하고 있다.

바로잡기 ① 킬트가 전통 의상인 곳은 영국의 스코틀랜드이다. ② 카탈루냐는 에스파냐 국내 총생산의 약 20 %를 차지할 정도로 경제적 수준이 높다. ③ 벨기에의 플랑드르 지역은 네덜란드어를 사용한다. ⑤ 영국의 브렉시트 이후 스코틀랜드의 분리·독립 요구가 커지고 있다.

18 네덜란드어를 사용하고 남부 지역보다 경제 발전 수준이 높은 곳은 벨기에의 플랑드르 지역이다.

19 현재 아이슬란드, 노르웨이, 스위스는 유럽연합 비가입국이지만, 셴겐 조약에는 가입하여 유럽연합 회원국처럼 물자와 인구의 이동이 자유롭다.

20 서부 유럽의 영국은 서안 해양성 기후 지역으로 일 년 내내 강수량이 고르게 분포하며 여름이 서늘하고 겨울이 따뜻하여 목초지 형성에 유리하다. 이러한 기후 특징으로 곡물의 경작과 가축 사육을 함께하는 혼합 농업이 발달하였다.

구분	채점 기준
상	서안 해양성 기후의 특징과 목초지 형성에 유리하다는 내용을 포함하여 정확히 서술한 경우
하	서안 해양성 기후의 특징만 서술한 경우

21 A는 런던, B는 파리이다. 런던과 파리는 세계 도시로 세계 경제의 중심지 역할을 한다. 세계 도시에는 기업의 본사나 금융 기관, 문화·예술 기관이 모여 있다.

구분	채점 기준
상	A, B 도시명을 쓰고, 두 도시의 공통점을 정확히 서술한 경우
하	A, B 도시명을 썼으나 두 도시의 공통점을 제대로 서술하지 못한 경우

22 벨기에의 북부 플랑드르 지역은 주로 네덜란드어를 사용하며 남부의 왈롱 지역에 비해 경제 발전 수준이 높아 경제적 격차가 커지면서 분리·독립을 요구하는 목소리가 높다.

구분	채점 기준
상	지역명을 바르게 쓰고, 사용하는 언어와 경제 발전 수준이 다르다는 내용을 모두 정확히 서술한 경우
중	지역명을 바르게 쓰고, 사용하는 언어와 경제 발전 수준이 다르다는 내용 중 한 가지만 서술한 경우
하	지역명을 썼으나 분리·독립을 요구하는 까닭에 관한 서술이 미흡한 경우

Ⅲ. 유럽(2회)

22~25쪽

01 ①	02 ②	03 ⑤	04 ①	05 ①	06 ③	07 ④	08 ②
09 ②	10 ⑤	11 ④	12 ④	13 ①	14 ①	15 ②	16 ④
17 ③							

서술형 실전 문제 **18** **예시 답안** 문화의 차이와 경제적 격차 등에 따라 분리·독립 움직임이 나타나고 있는 지역들이다.

19 (1) 영국 (2) **예시 답안** 영국은 유럽연합에서 많은 분담금을 내고 있었으나, 이주민이 대거 유입되며 문화 갈등이 발생하였고, 노동 시장에서 경쟁이 심화하는 문제 등이 발생하였다.

20 **예시 답안** A는 원료 산지를 중심으로 중화학 공업이 발달한 전통 공업 지역이고 B는 첨단 산업이 발달한 새로운 공업 지역으로 산업 클러스터가 형성되어 있다.

01 북부 유럽 국가들의 수도인 오슬로, 스톡홀름, 헬싱키는 비교적 온화한 남부 해안을 따라 분포한다.

바로잡기 ② 에스파냐와 이탈리아는 남부 유럽(D), ③ 독일의 베를린은 서부 유럽(B), ④ 폴란드는 동부 유럽(C)에 속한다. ⑤ A~D지역 모두 유라시아 대륙의 서쪽에 위치한다.

02 세계 도시 경쟁력 순위 1위는 영국의 런던이다. 런던은 유럽의 서부에 위치한 섬 나라이며 금융 산업이 발달하였다.

바로잡기 ㄴ. 성 바실리 대성당은 러시아의 모스크바에 있다. ㄷ. 넓은 평원의 농경지에서 밀 재배가 활발한 곳은 우크라이나이다.

03 할그림스키르캬 교회가 랜드마크인 도시는 아이슬란드의 레이캬비크이다.

04 사그라다 파밀리아 성당은 에스파냐 바르셀로나의 랜드마크이다.

바로잡기 B는 프랑스, C는 독일, D는 폴란드, E는 러시아이다.

05 유럽 북부의 아이슬란드는 화산 활동으로 형성된 곳이며 지열 발전으로 난방을 한다.

바로잡기 ② 피레네산맥은 해발 고도가 높고 험준하다. ③ 스칸디나비아산맥은 비교적 경사가 완만하다. ④ 스위스, 독일, 네덜란드를 거쳐 북해로 유입되는 하천은 라인강이다. ⑤ 빙하의 영향으로 피오르 해안과 빙하호를 볼 수 있는 곳은 북부 유럽이다.

06 A는 냉대 기후로 침엽수림 지대인 타이가가 넓게 분포한다. 고위도 지역에서는 여름철에 백야 현상이 나타난다.

바로잡기 ②, ④ 냉대 기후는 여름과 겨울의 기온 차이가 크다. 내륙으로 갈수록 바다의 영향을 적게 받아 기온의 연교차가 크게 나타난다.

07 A는 서안 해양성 기후, B는 지중해성 기후이다. 지중해성 기후가 나타나는 지역은 여름철의 덥고 건조한 날씨에 잘 견디는 작물인 올리브, 포도, 코르크나무 등을 재배하는 수목 농업이 발달하였다.

시험대비편

바로잡기 ① 한낮에 스콜이 내리는 곳은 열대 기후이다. ② 서안 해양성 기후는 북대서양 난류와 편서풍의 영향을 많이 받는다. ③ 지중해성 기후는 여름철에 덥고 건조하다. ⑤ A와 B 모두 유라시아 대륙의 서안에서 나타나는 기후이다.

08 일 년 내내 강수량이 고르게 분포하는 서안 해양성 기후 지역은 목초지 형성에 유리하여 밀을 비롯한 식량 작물과 사료 작물을 재배하고, 가축 사육을 함께하는 혼합 농업이 발달하였다.

09 알프스산맥에 위치하며 세계무역기구, 국제노동기구, 세계보건기구의 본부가 있는 곳은 스위스의 제네바이다.

10 (가)는 에스파냐의 빌바오, (나)는 프랑스의 소피아 앙티폴리스에 관한 설명이다.
바로잡기 A는 영국의 런던, B는 네덜란드의 암스테르담이다. C는 에스파냐의 빌바오, D는 프랑스의 소피아 앙티폴리스이다.

11 스톡홀름은 스웨덴의 수도이며, 제시된 글에서 설명하는 산업 지역은 스웨덴의 시스타 사이언스 시티이다.

12 자료는 지속가능한 도시가 등장하게 된 배경이다. 유럽의 지속가능한 도시에는 덴마크의 코펜하겐, 스웨덴의 말뫼, 독일의 프라이부르크, 노르웨이의 오슬로가 있다.
바로잡기 ㄱ. 폴란드는 전력 생산을 위해 석탄을 이용한 화력 발전에 의존하는 국가이다. 최근 폴란드의 바르샤바는 빠르게 경제가 성장하고 있다.

13 스웨덴의 말뫼와 덴마크의 코펜하겐은 대표적인 지속가능한 도시로 탄소중립 실천을 위해 노력하고 있다.
바로잡기 ① 화석 에너지는 온실가스를 배출하여 지구 온난화에 영향을 주기 때문에 화석 에너지의 사용을 줄이고 신·재생 에너지의 사용을 늘려야 한다.

14 지도의 A는 유럽연합이다. 유럽연합 회원국의 대부분은 유로를 사용하고 무관세로 상품을 수출입한다. 유럽연합의 출범으로 유럽 대륙 내 교역이 증가하였으며, 유럽 중앙 은행이 설립되었다.

15 A는 벨기에의 플랑드르 지역, B는 이탈리아의 파다니아 지역이다. 플랑드르 지역은 부가 가치가 높은 지식 기반 산업이 발달하여 남부 지역보다 경제 발전 수준이 높다.
바로잡기 ①, ③ 벨기에의 플랑드르 지역에서는 네덜란드어를 사용한다. ④ 파다니아는 이탈리아에서 가장 경제가 발달한 곳으로 많은 세금을 내고 있다. ⑤ A, B 지역 모두 이슬람교를 믿는 신자의 수가 적다.

16 에스파냐의 카탈루냐 지역은 주민 대다수가 카탈루냐어를 사용하고 고유한 문화를 가지고 있으며, 이탈리아의 다른 지역에 비해 경제 발달 수준이 높다.

17 유럽 국가 내에서 발생하는 분리·독립 움직임이 확대되면 정치적 안정성이 악화하여 지역 경제 성장에 부정적인 영향을 줄 수 있다.

18 유럽 국가 내에서는 문화의 차이와 경제적 차이 등에 따라 분리·독립 움직임이 나타나고 있다.

구분	채점 기준
상	문화의 차이와 경제적 차이 등의 내용을 모두 포함하여 정확히 서술한 경우
하	분리·독립 움직임이 일어나고 있다라고만 서술한 경우

19 영국은 이주민이 대거 유입되면서 문화 갈등이 발생하였고, 노동 시장에서 경쟁이 심화하는 문제 등이 발생하여 유럽연합에서 탈퇴하였다.

구분	채점 기준
상	이주민이 대거 유입되며 문화 갈등이 발생하였고 노동 시장에서 경쟁이 심화되었다는 내용을 모두 포함하여 정확히 서술한 경우
하	이주민 유입으로 인한 문화 갈등 발생과 노동 시장에서의 경쟁 심화 중 한 가지만 서술한 경우

20 지도의 A는 원료 산지를 중심으로 중화학 공업이 발달한 전통 공업 지역이다. B는 첨단 산업이 발달한 새로운 공업 지역으로 산업 클러스터가 형성되어 있다.

구분	채점 기준
상	A는 원료 산지, 전통 공업 지역을 포함하고, B는 첨단 산업, 산업 클러스터를 포함하여 정확히 서술한 경우
중	B 지역의 특징을 서술하였으나 내용이 다소 미흡한 경우
하	B 지역의 특성을 제대로 서술하지 못한 경우

Ⅳ. 아프리카 (1회)

26 ~ 29쪽

01 ②	02 ③	03 ③	04 ②	05 ③	06 ②	07 ⑤	08 ③
09 ②	10 ③	11 ④	12 ③	13 ⑤	14 ③	15 ①	16 ④
17 ⑤	18 ③						

서술형 실전 문제 **19** **예시 답안** 적도 부근은 연중 기온이 높고 강수량이 많은 열대 기후가 나타나 열대 우림이 넓게 분포한다.
20 **예시 답안** 아프리카의 전통 음악은 아메리카로 전해져 삼바, 탱고, 재즈 등의 음악에 영향을 주었으며, 남아메리카에서는 이를 바탕으로 한 삼바 축제인 리우 카니발이 유명하다.
21 **예시 답안** 아프리카는 중위 연령이 다른 대륙에 비해 매우 낮아 젊은 노동력이 풍부하고, 생산 연령층이 많아질 것이므로 생산자와 소비자가 동시에 증가하여 경제 성장 가능성이 높다.

01 아프리카는 세계에서 두 번째로 큰 대륙으로 북쪽으로 유럽과 지중해를 사이에 두고 접해 있으며, 동쪽으로 인도양, 서쪽으로 대서양이 위치한다. 동북쪽으로는 홍해를 사이에 두고 아시아와 구분된다.

02 아프리카의 남서부에 위치한 나미비아는 국토의 대부분이 나미브 사막과 칼라하리 사막으로 이루어진 남아프리카의 건조 지역이다.

(바로잡기) ③ 고릴라 서식지로 유명한 국가는 적도 부근의 콩고 민주 공화국이다.

03 케이프타운(㉠)은 남아프리카 공화국 남쪽 끝에 위치한 도시이다. 대서양과 인도양에 모두 접해 있어 항해에 있어 매우 중요한 거점으로 알려졌으며, 유럽과 아시아를 잇는 무역항이 발달하면서 성장하였다. 남아프리카 공화국의 수도는 모두 3개로 행정 수도는 프리토리아, 입법 수도는 케이프타운, 사법 수도는 블룸폰테인이다. 제시된 사진은 아프리카의 희망봉이다.

(바로잡기) ① 카이로는 인류 역사와 문명의 발상지인 이집트의 수도이다. ② 카사블랑카는 에스파냐어로 '하얀 집'을 뜻하며 지중해를 사이에 두고 유럽과 인접한 모로코의 도시 중 하나이다. ④ 아디스아바바는 에티오피아의 수도로 아프리카연합의 본부가 있다. ⑤ 요하네스버그는 남아프리카 공화국에 있는 도시로 아프리카 최대의 상공업 도시이다.

04 아프리카의 온대 기후는 지중해 연안의 일부 지역과 남아프리카 공화국 해안 지역을 중심으로 좁게 나타난다. 카사블랑카는 모로코, 요하네스버그와 케이프타운은 남아프리카 공화국의 대표 도시이다.

(바로잡기) ① 이집트 카이로 등이 있다. ③ 적도 주변에 있는 콩고 민주 공화국의 킨샤사, 카메룬의 야운데 등이 있다. ④ 에티오피아의 아디스아바바 등이 있다. ⑤ 나이지리아의 라고스, 코트디부아르의 아비장 등이 있다.

05 ㉠은 동아프리카 지구대이다. 동아프리카 지구대는 육지에서 지각이 갈라지는 곳으로 깊은 골짜기를 이루고 있으며 지진, 화산 활동으로 지각 변동이 심하다. A는 아틀라스산맥, B는 나일강, C는 동아프리카 지구대, D는 콩고강, E는 드라켄즈버그산맥이다.

06 나일강은 아프리카에서 가장 긴 하천으로 빅토리아호 인근에서 발원하여 사하라 사막을 통과해 지중해로 흘러든다. 나일강은 하류에 넓은 평야가 발달해 이집트 문명의 기초가 되었다. 아프리카에서 가장 높은 산은 화산 활동으로 형성된 킬리만자로산이다.

07 (가)는 건기와 우기가 뚜렷한 열대 기후, (나)는 건조(사막) 기후, (다)는 남반구에 위치한 온대 기후의 기후 그래프이다. 남반구와 북반구는 계절이 반대이기 때문에 남반구는 7~8월에 기온이 가장 낮은 겨울이 되고, 기온이 높은 1월이 여름이다.

(바로잡기) ㄱ. (가)는 건기와 우기가 뚜렷한 열대(사바나) 기후이다. ㄴ. 기후그래프의 꺾은선 그래프를 비교해 보면 (나)는 (가)보다 기온의 연교차가 크다는 것을 알 수 있다.

08 A는 사막, B는 초원(사바나)의 사진이다. 열대(사바나) 기후

는 건기와 우기가 뚜렷한 것이 특징이며, 건기가 길기 때문에 나무들은 숲을 이루기 어렵고 키가 큰 풀과 드문드문 자란 나무들이 대표적인 경관을 이룬다.

09 A는 열대 기후 지역이다. 열대 기후는 주로 적도 부근에 나타나며, 일 년 내내 기온이 높아 기온의 연교차가 작고 많은 비가 내린다. 열대 기후 지역에는 열대 우림과 사바나가 나타난다. 적도 부근에 발달하는 넓고 울창한 숲(열대 우림)은 다양한 동식물의 서식처로 이용되며 탄소를 흡수하여 생태학적 가치가 높다. 주변 지역에는 우기와 건기가 뚜렷한 기후가 나타나는데, 초원(사바나)이 넓게 펼쳐져 키가 큰 풀과 듬성듬성 서 있는 나무, 수많은 야생 동물이 장관을 이룬다.

(바로잡기) ② 증발량이 강수량보다 많은 기후는 건조 기후 지역이다.

10 아프리카에서 발달한 고대 문명은 이집트 문명이다. 외부에서 유입된 이슬람교와 크리스트교는 아프리카 토속 신앙과 문화에 영향을 주어 새로운 형태로 발전한 사례가 많다.

(바로잡기) 아프리카에서 토속 신앙의 신자가 늘어나는 것은 아니다.

11 사하라 이남 아프리카에서는 자연에서 얻을 수 있는 화려한 색상과 무늬의 옷을 입는다. 가나에서는 카사바를 재료로 한 '푸푸'라는 음식이 대표적이다.

(바로잡기) ㄱ. 비가 많이 내리는 지역에서는 밀을 재배하기 어렵다. ㄷ. 북부 아프리카는 대부분 건조한 사막 지역으로, 강한 햇볕과 모래바람을 막기 위해 온몸을 감싸는 옷을 입는다.

12 아프리카는 높은 출생률과 낮은 중위 연령으로 '세계에서 가장 젊은 대륙'으로 불린다. 이는 생산과 소비를 주로 담당하는 생산 연령층의 증가로 이어져 장차 경제 성장 가능성이 매우 높을 것으로 예상된다.

13 남아프리카 공화국은 금, 코발트, 망간 등 지하자원의 생산량이 세계적이다. 요하네스버그와 케이프타운은 남아프리카 공화국의 대표적인 도시이다.

(바로잡기) ① 빅토리아호는 우간다, 케냐, 탄자니아에 걸쳐 있다. ②는 나이지리아, ③은 이집트, ④는 탄자니아에 대한 설명이다.

14 지속가능한 개발은 미래 세대가 사용할 자원, 환경 등을 해치지 않으면서 현재 세대와 미래 세대를 함께 발전시키는 것을 의미한다. 따라서 빠른 경제 성장보다는 환경 보호와 삶의 질 향상을 고려한 개발을 추구한다.

15 그레이트 그린 월 프로젝트는 최근 계속된 가뭄과 인구 증가로 이루어진 무분별한 개발로 사막화 현상이 심각해진 사하라 사막 이남의 사헬 지대에 총 길이 7,775 km의 대규모 숲을 조성하는 사업이다.

16 지속가능한 발전을 위해 아프리카 각국은 아프리카연합(AU)을 결성하고 경제 통합을 위해 아프리카 자유 무역 지대(AfCFTA)를 출범하는 등 협력을 위해 노력하고 있다.

바로잡기 ㄱ. 국제연합(UN)은 전 세계 국가의 정부를 회원으로 하는 국제기구이다. ㄷ. 옥스팜과 굿 네이버스는 대표적인 비정부 기구(NGO)이다.

17 공정 무역은 개발 도상국의 생산자들에게 정당한 대가를 지불하는 무역 방식으로, 유통 비용을 줄이기 위해 생산자와 소비자 간의 직거래를 유도한다. 이러한 무역 방식은 부의 편중, 노동력 착취, 인권 침해, 환경 파괴 등을 막아 장기적으로 생산자와 소비자는 물론 환경에도 이로운 지속가능한 발전을 이룰 수 있게 한다.

18 공정 여행은 여행지의 환경을 보호하고 현지 문화를 존중하면서 주민들에게 정당한 비용을 치르는 여행 형태이다. 궁극적으로 지속가능한 관광 자원의 개발과 보전을 목적으로 한다.

19 적도 부근은 연중 기온이 높고 강수량이 많은 열대 기후가 나타나 열대 우림이 넓게 분포한다.

구분	채점 기준
상	열대 우림 기후의 특징을 기온, 강수량 측면에서 서술한 경우
하	일년 내내 덥기 때문이라고만 서술한 경우

20 아프리카의 전통 음악은 아메리카로 전해져 삼바, 탱고, 재즈 등의 음악에 영향을 주었으며, 남아메리카에서는 이를 바탕으로 한 삼바 축제인 리우 카니발이 유명하다.

구분	채점 기준
상	삼바, 재즈 등의 음악을 사례로 들고 리우 카니발을 제시한 경우
하	삼바, 재즈 등 음악만을 제시한 경우

21 아프리카는 중위 연령은 약 18.7세로 다른 대륙의 중위 연령이 30세가 넘는 것에 비해 매우 낮다. 따라서 젊은 노동력이 풍부하고 생산 연령층이 많아질 것이므로, 생산자와 소비자가 동시에 증가하여 경제 성장 가능성이 높다.

구분	채점 기준
상	중위 연령이 낮아서 생산 연령층의 높은 비중, 노동력이 풍부하고 큰 소비 시장으로 발전할 가능성을 모두 서술한 경우
중	세 가지 요인 중 두 가지만 서술한 경우
하	세 가지 요인 중 한 가지만 서술한 경우

Ⅳ. 아프리카(2회)

30~33쪽

01 ① 02 ⑤ 03 ① 04 ⑤ 05 ⑤ 06 ② 07 ① 08 ②
09 ② 10 ① 11 ② 12 ③ 13 ④ 14 ① 15 ③ 16 ③
17 ⑤

서술형 실전 문제 **18** **예시 답안** 솔라 카우 프로젝트는 아이들을 학교에 오게 함으로써 아동 노동을 줄이고 아동의 교육 환경을 개선하기 위한 사업이다.
19 **예시 답안** 아프리카 자유 무역 지대는 관세 및 무역 장벽을 철폐하는 경제 정책을 마련해 아프리카의 경제 통합을 추진하고 있다.
20 (1) 공정 무역 (2) **예시 답안** 생산자 입장에서는 정당한 이익을 받음으로써 경제적 안정을 찾을 수 있고, 안전한 노동 환경에서 일할 수 있다는 장점이 있다. 소비자 입장에서는 질 좋고 신뢰할 수 있는 상품을 구입할 수 있으며, 무역을 통해 어려운 사람을 돕는 기회를 갖는다는 장점이 있다.

01 북부 아프리카는 건조 기후가 우세하게 나타나 대부분의 지역에 사막이 발달하였다.

02 사진은 희망봉이 위치한 케이프타운이다. 케이프타운은 남아프리카 공화국의 3개 수도 중 입법 수도이자, 대항해 시대 대서양에서 인도양으로 건너가는 길목으로 유명해졌다.

03 열대 우림은 적도가 통과하는 콩고 분지 일대에 분포하며 이곳에 위치하는 국가는 콩고 민주 공화국, 카메룬, 중앙아프리카 공화국, 적도 기니, 콩고 등이 있다.

04 (가)는 사파리 관광으로 유명한 탄자니아고, (나)는 아프리카 최대의 광공업국인 남아프리카 공화국에 대한 설명이다. A는 모로코, B는 이집트, C는 나이지리아, D는 탄자니아, E는 남아프리카 공화국이다.

05 (1)은 에티오피아의 아디스아바바, (2)는 이집트의 카이로에 대한 설명이다. 표에서 이들 글자를 지우고 나면 카사블랑카가 남게 된다. 카사블랑카는 에스파냐로 '하얀 집'이란 뜻인데, 모로코 북부의 지중해 연안에 위치한 세계적인 관광지이다.
바로잡기 ①은 케이프타운, ②는 라고스, ③은 카이로, ④는 요하네스버그에 대한 설명이다.

06 화산 활동으로 형성된 아프리카에서 가장 높은 산은 케냐와 탄자니아의 국경에 위치한 킬리만자로산이다. 지도의 A는 아틀라스산맥, B는 사하라 사막, C는 나일강, D는 동아프리카 지구대, E는 잠베지강이다.

07 지도의 A는 적도 부근의 열대 기후, B는 건조 기후, C는 온대 기후이다. 열대 기후는 연중 기온이 높고 강수량이 많다. 건조 기후는 연 강수량 500mm 미만으로 강수량이 매우 적다.
바로잡기 ㄷ. 건조 기후에 대한 설명이다. ㄹ. 연교차는 열대 기후보다 온대 기후가 더 크다.

08 (가)는 카사블랑카, (나)는 아디스아바바, (다)는 라고스와 관련 있는 검색어이다.

09 아프리카의 문화는 다양한 자연환경과 민족, 부족 문화에 바탕을 두고 있어 지역마다 차이가 크다. 또한 북부 아프리카에는 서남아시아로부터 전파된 이슬람교에 큰 영향을 받아 대부분의 주민이 이슬람교 교리에 따라 생활하고 있다. 사하라 이남의 중·남부 아프리카는 유럽인의 식민 지배 역사가 길어 크리스트교가 전파되어 북부 아프리카에 비해 크리스트교도의 비중이 높다. 따라서 본래의 토속 신앙은 새로운 문화로 변형되어 그 비중이 감소하였다.

10 사진은 모로코 사막 지역의 전통 가옥이다. 사막에서는 대부분의 주민이 물을 구하기 쉬운 오아시스에 거주하며 주변에서 구하기 쉬운 흙으로 벽돌을 만들어 집을 짓는다. 햇볕이 강하고 일교차가 크기 때문에 낮의 열기와 밤의 한기를 막기 위해 벽을 두껍게, 창문을 작게, 건물은 촘촘하게 붙여서 짓는다.
바로잡기 ㄷ. ㄹ. 열대 기후 지역의 생활 문화에 대한 내용이다.

11 아프리카는 세계에서 아시아 다음으로 인구가 많은 대륙으로 다른 대륙보다 평균 연령이 낮고 출생률이 높다. 또한 인구가 많은 국가로는 나이지리아와 에티오피아가 대표적이다.

12 보츠와나는 전 세계 다이아몬드 생산량의 약 21%를 차지하는 국가이다. 이를 바탕으로 다이아몬드와 보석류의 수출이 보츠와나의 국가 경제에서 차지하는 비중도 매우 높다.

13 지도의 A는 나이지리아, B는 케냐, C는 남아프리카 공화국이다. 백금, 망간, 크롬 등이 풍부한 아프리카 제1의 광공업국은 남아프리카 공화국이고, 아프리카 최대의 산유국은 나이지리아이다. 케냐는 정보 기술(IT) 산업과 장미 생산, 사파리 관광으로 유명하다.

14 공적 개발 원조(ODA)는 개발 도상국의 경제, 사회 개발을 증진할 목적으로 중앙 및 지방 정부를 포함한 공공 기관이나 이를 집행하는 기관이 개발 도상국 및 국제기구에 제공한 자금의 흐름을 의미한다. 아프리카는 공적 개발 원조를 받는 국가가 가장 많은 대륙이다.

15 화학 비료의 사용은 토양 속 미생물의 생존을 감소시켜 단기간의 농업 생산성 증대에는 도움이 될 수 있지만 장기간 사용하면 토양의 자생력과 회복력을 상실시키는 문제가 있다.

16 아프리카의 지속가능한 발전을 위해서 개인은 아프리카를 객관적으로 이해하고 그들의 문화를 존중하며, 공정 무역 제품을 구매하고 공정 여행을 하는 등 아프리카의 본래 모습을 인정하고 어려운 이들을 도우려는 자세가 필요하다.
바로잡기 ㄷ. 주관적인 정보는 개인의 가치관이 포함되어 있어 왜곡된 정보일 가능성이 있으므로 주의해야 한다.

17 적정 기술은 한 지역 사회의 문제를 사회적·문화적·환경적 조건을 고려하여 해결하는 기술이다. 대체로 값이 싸고, 유지 비용이 거의 들지 않으며, 환경오염을 일으키지 않고 에너지 소모량이 없거나 적다. 또 고장이 나더라도 지역 사회에서 수리가 가능하다는 공통점이 있다.

18 솔라 카우 프로젝트는 아이들을 학교에 오게 함으로써 아동 노동을 줄이고 아동의 교육 환경을 개선하기 위한 사업이다.

구분	채점 기준
상	아동 노동의 감소와 아동의 교육 환경 개선을 서술한 경우
하	아동의 교육 환경 개선이 목적이라고만 서술한 경우

19 2019년에 출범한 아프리카 자유 무역 지대는 관세 및 무역 장벽을 철폐하는 경제 정책을 마련하여 아프리카의 경제 통합을 추진하고 있다.

구분	채점 기준
상	관세 및 무역 장벽 철폐를 통한 아프리카의 경제 통합을 서술한 경우
하	자유 무역을 추구한다고만 서술한 경우

20 생산자 입장에서는 정당한 이익을 받음으로써 경제적 안정을 찾을 수 있고, 안전한 노동 환경에서 일할 수 있다는 장점이 있다. 소비자 입장에서는 질 좋고 신뢰할 수 있는 상품을 구입할 수 있으며, 무역을 통해 어려운 사람을 돕는 기회를 갖는다는 장점이 있다.

구분	채점 기준
상	생산자와 소비자의 입장에서 각각의 장점을 한 가지 이상 서술한 경우
하	생산자와 소비자의 입장의 장점 중 한 가지만 서술한 경우

V. 아메리카(1회)

34~37쪽

01 ③ 02 ⑤ 03 ③ 04 ① 05 ④ 06 ④ 07 ⑤ 08 ①
09 ① 10 ④ 11 ① 12 ② 13 ① 14 ③ 15 ⑤ 16 ⑤
17 ② 18 ④ 19 ④

서술형 실전 문제 **20** (1) 리오그란데강 (2) **예시 답안** A 지역은 앵글로아메리카로 개신교의 비율이 높으며 주로 영어를 사용한다. B 지역은 라틴 아메리카로 가톨릭교의 비율이 높으며, 포르투갈어를 사용하는 브라질을 제외한 대부분의 지역에서 에스파냐어를 사용한다.
21 **예시 답안** 미국 남서부 지역에 집중적으로 거주하는 히스패닉은 라틴 아메리카 출신으로 에스파냐어를 주로 사용한다.
22 **예시 답안** 디트로이트는 미국 자동차 산업의 중심지로 번성하였으나 생산 공장이 임금이 저렴한 해외로 이전하면서 쇠퇴하였다. 이로 인해 대규모 실업이 발생하고 지역 경제가 쇠퇴하였다.

01 아메리카는 북극해와 태평양, 대서양에 접해 있으며, 아메리카 대륙의 중앙부에 위치한 파나마 지협을 경계로 북아메리카와 남아메리카로 구분할 수 있다.

02 아르헨티나는 기후가 온화하여 유럽계 백인의 인구 비중이 높은 국가이며, 과거에 에스파냐의 식민 지배를 받아 에스파냐어를 사용한다.

03 에콰도르는 위도상 적도 부근에 위치하고 있으며, 수도는 안데스 산지에 위치한 키토이다. 지도의 A는 멕시코, B는 콜롬비아, C는 에콰도르, D는 페루, E는 브라질이다.

04 자유의 여신상이 있는 뉴욕은 미국 최대의 도시이자 세계 정치·경제·금융의 중심지 역할을 하는 세계 도시이다.

05 세계에서 가장 큰 예수상은 브라질 리우데자네이루의 코르코바두산 정상에 있다. 리우데자네이루는 브라질리아로 수도를 옮기기 전까지 브라질의 수도였으며, 세계 3대 축제 중 하나인 리우 카니발이 열리는 도시로도 유명하다.

06 제시된 도시들은 안데스산지의 해발 고도 약 2,000 ~ 4,000 m 지대에 위치한 고산 도시이다.

07 아메리카 대륙의 서쪽에는 주로 높고 험준한 산지가 발달하였고, 동쪽에는 오랜 시간 침식을 받은 낮은 산지와 고원이 분포한다. (3)아마존강은 브라질 북부를 흐르는 강이다.

08 높고 험준한 로키산맥 일대의 그랜드 캐니언은 미국 남서부의 콜로라도고원을 가로질러 흐르는 콜로라도강의 침식에 의해 형성된 거대한 협곡이다.

09 (가)는 아마존강 유역에서 볼 수 있는 열대 우림, (나)는 칠레의 비야리카 화산이다. 열대 우림은 적도 주변에서 볼 수 있고, 활화산은 안데스산맥에서 볼 수 있다.
(바로잡기) C는 브라질 고원으로 아마존 분지 동남쪽에 위치하며 오래되고 안정된 지형이다.

10 적도 주변의 안데스산맥 일대는 연중 서늘한 고산 기후가 나타나 키토, 보고타 등의 고산 도시들이 발달하였다.
(바로잡기) ①은 여름이 고온 건조하고 겨울이 온난 습윤한 지중해성 기후, ②는 연중 기온이 높고 강수량이 많은 열대 기후, ③은 강수량이 매우 적은 건조 기후, ⑤는 연중 기온이 낮고 월평균 기온이 0℃ 이상인 달이 매우 적은 한대 기후 그래프이다.

11 A는 라틴 아메리카이고, B는 아시아이다. 라틴 아메리카는 미국과 지리적으로 가깝고 크리스트교 문화권이므로 문화적 거리감이 적다. 아시아에서 온 이주자는 주로 경제적인 이유로 더 나은 일자리를 찾아 이동한 사람들이 대부분이다.

12 16세기부터 에스파냐인이 브라질을 제외한 대부분의 지역을 식민 지배하였고, 브라질은 포르투갈인의 식민 지배를 받았다. 따라서 브라질을 제외한 대부분의 지역에서는 에스파냐어를 주로 사용하며, 브라질에서는 포르투갈어를 사용한다.

(바로잡기) ①가톨릭교 신자 수가 많다. ③대부분의 국가에서 에스파냐어를 사용한다. ④남부 유럽의 문화와 비슷하다. ⑤오랜 기간의 식민 지배 역사와 문화 결합 등으로 언어 갈등은 잘 나타나지 않는다.

13 라틴 아메리카의 원주민은 잉카·아스테카 문명 등의 고대 문명을 발전시켰으나, 유럽인의 식민 지배 이후 안데스 산지나 거주에 불리한 지역으로 밀려나게 되었다.
(바로잡기) ㄴ. 라틴 아메리카 인구 중 가장 높은 비율을 차지하는 것은 혼혈이다. ㄹ. 브라질을 제외한 라틴 아메리카에서는 에스파냐어를 주로 사용한다.

14 제시된 사진은 안데스 산지에 살고 있는 아메리카 원주민의 모습이다. 알파카를 주로 사육하며 알파카에서 얻은 털과 가죽으로 만든 판초라는 망토를 만들어 입는데, 판초는 낮에는 뜨거운 햇볕을 차단하고 밤에는 추위를 막아 준다.

15 과달루페 성모상은 멕시코시티의 대성당에 있다. 멕시코는 에스파냐의 식민 지배를 받아 에스파냐어를 사용하며, 가톨릭교 신자의 비율이 높다.

16 자유무역협정(FTA)은 상품 및 서비스의 교역에 관한 관세 및 무역 장벽을 철폐함으로써 마치 하나의 국가처럼 자유롭게 상품과 서비스를 교역하도록 하는 국가 간 협정이다.

17 초국적 기업의 공간적 분업은 기업 이윤의 극대화를 추구하며, 해외에 자회사, 판매 지사, 생산 공장 등을 배치하면서 기업의 영향력은 더욱 확대된다.

18 세계에서 가장 많은 초국적 기업의 본사를 보유한 국가는 미국이다. 제시된 지도의 A는 영국, B는 프랑스, C는 중국, D는 미국, E는 브라질이다.

19 초국적 기업이 입지한 지역은 새로운 일자리가 생기고 소득이 증가해 지역 경제가 활성화될 수 있다. 하지만 노동 환경이 열악해지고 환경 문제가 발생하기도 한다.

20 아메리카는 문화적으로 리오그란데강을 기준으로 앵글로아메리카와 라틴 아메리카로 구분할 수 있다.

구분	채점 기준
상	제시된 내용을 모두 포함하여 A, B의 문화 특징을 정확히 서술한 경우
중	제시된 내용 중 한 가지만 포함하여 A, B의 문화 특징을 서술한 경우
하	A, B의 문화 특징을 서술하였으나 잘못된 내용을 일부 포함한 경우

21 히스패닉은 에스파냐어를 사용하는 라틴 아메리카 출신의 미국 이주민과 그 후손들을 가리키며, 멕시코와 국경을 접한 미국 남서부 지역에 주로 분포한다.

구분	채점 기준
상	에스파냐어를 사용하며 라틴 아메리카 출신임을 정확히 서술한 경우
하	라틴 아메리카 출신이라고만 서술한 경우

22 디트로이트는 미국 자동차 산업의 중심지로 '자동차 도시'로 불리며 성장하였다. 하지만 자동차 생산 공장이 해외로 이전하며 도시도 함께 쇠퇴하였다.

구분	채점 기준
상	자동차 공장 이전의 원인과 영향을 모두 정확히 서술한 경우
하	자동차 공장 이전의 원인과 영향 중 한 가지만 서술한 경우

Ⅴ. 아메리카(2회)

38~41쪽

01 ② 02 ③ 03 ③ 04 ① 05 ⑤ 06 ③ 07 ② 08 ④
09 ② 10 ② 11 ⑤ 12 ② 13 ④ 14 ③ 15 ③ 16 ②
17 ② 18 ②

서술형 실전 문제 19 **예시 답안** 적도 주변의 고산 지대는 해발 고도가 높아짐에 따라 기온이 낮아져 연중 서늘한 고산 기후가 나타난다. 이러한 고산 기후는 인간 거주에 유리하기 때문에 높은 지대임에도 불구하고 고산 도시가 발달하였다.
20 (1) 문화 혼종성 (2) **예시 답안** 아메리카 원주민의 전통 신앙과 유럽에서 전파된 가톨릭교가 결합한 것이다.
21 **예시 답안** ㉠ 초국적 기업이 진출하는 지역은 새로운 일자리가 생기고 소득이 증가하여 지역 경제가 활성화될 수 있다. ㉡ 초국적 기업이 저임금의 단순 노동력만을 필요로 하는 경우가 많아 노동 환경이 열악해지고, 환경 오염 문제가 발생하기도 한다.

01 지도의 A는 북아메리카, B는 남아메리카, C는 앵글로아메리카, D는 라틴 아메리카이다. (가)는 아메리카를 지리적으로 구분한 것이고, (나)는 문화적으로 구분한 것이다.

02 볼리비아(C)는 소금 사막인 우유니 사막으로 유명하며, 배터리의 원료로 사용되는 리튬 생산지이기도 하다. 지도의 A는 멕시코, B는 페루, D는 브라질, E는 칠레이다.

03 출발지는 마추픽추가 있는 페루이고, 경유지는 리우 카니발이 열리는 브라질의 리우데자네이루이며, 도착지는 비야리카 화산이 있는 칠레이다.

04 (1)은 브라질의 리우데자네이루, (2)는 멕시코시티이다. 두 도시의 글자를 제외하면 키토가 남는다. 키토는 에콰도르의 수도이며 해발 고도 약 2,850m에 위치하여 고산 기후가 나타난다.
바로잡기 ②는 미국의 휴스턴, ③은 미국의 뉴욕, ④는 브라질의 상파울루, ⑤는 캐나다의 몬트리올에 관한 설명이다.

05 부에노스아이레스는 아르헨티나의 수도이자 큰 항구 도시이다. 아르헨티나는 남아메리카의 남동부에 위치한 국가로 해안을 중심으로 온대 기후가 분포하는데, 과거 유럽인들이 이지역에 정착하여 유럽계 비율이 높게 나타난다.

06 남아메리카 서부의 안데스산맥은 높고 험준하며 지진과 화산 활동이 활발하다. 보고타, 쿠스코 등의 고산 도시는 적도 주변의 안데스산맥에 위치해 있다.

07 지도의 A는 로키산맥, B는 애팔래치아산맥이다. 지각판의 경계에 가까워 지진과 화산 활동이 더 활발한 것은 로키산맥이다.

08 오대호 연안은 대서양 연안의 일부 온대 기후를 제외한 대부분의 지역에서 냉대 기후가 나타난다.

09 적도 주변의 안데스 산지 일대는 해발 고도가 높아 연중 서늘한 고산 기후가 나타난다. 고산 기후 지역은 저지대의 열대 기후 지역보다 인간이 생활하기에 적합하여 일찍부터 사람이 거주하면서 도시가 발달하였다.

10 지도의 A는 캐나다의 퀘벡주, B는 미국 남서부의 멕시코 접경 지역, C는 과거 대규모 목화 농장이 있었던 곳이다. A는 프랑스어를 사용하는 프랑스계 주민의 비율이 높고, B는 라틴 아메리카로부터 이주한 히스패닉의 비율이 높다.

11 미국 남동부 지역에 집중적으로 거주하는 민족(인종)은 아프리카계이다. 아메리카는 유럽인의 식민 지배 이후 목화, 사탕수수, 커피 등의 상품 작물을 생산하는 대규모 농장에서 일할 노동력이 필요했기 때문에 아프리카로부터 수많은 노예가 강제 이주되었다.

12 A는 미국과 아르헨티나에서 비중이 높은 것으로 보아 유럽계, B는 자메이카, 미국, 브라질에서 상대적으로 비중이 높은 아프리카계, C는 안데스 산지인 페루에서 비중이 높은 원주민, D는 아르헨티나, 우루과이를 제외한 라틴 아메리카 대부분 국가에서 비중이 높은 혼혈이다.

13 (가)는 멕시코, (나)는 아르헨티나에 관한 설명이다. 타코는 아메리카 원주민과 유럽계 이주민의 문화가 결합하여 탄생한 음식이고, 탱고는 남부 유럽에서 온 이민자들의 춤곡과 라틴 아메리카의 토착 음악이 결합하여 형성되었다.

14 아메리카는 민족(인종)이 다양한 만큼 문화도 다양한데, 서로의 문화가 섞여 영향을 주고받으면서 새로운 문화를 만들어내는 문화 혼종성이 나타났다. 탱고, 레게 음악, 재즈, 리우 카니발, 타코 등이 대표적인 사례이다.

15 세계무역기구(WTO)의 등장과 자유무역협정(FTA)의 확대로 자본, 기술, 서비스의 국제 이동이 활발해지고, 교통·통신의 발달로 국가 간 교류가 늘어나면서 초국적 기업의 영향력은 점차 확대되고 있다.

16 경제활동의 세계화로 초국적 기업은 이윤을 최대한 창출하기 위해 기업의 기획·관리·연구·생산·판매 등의 기능을 기업 활동에 도움이 되는 최적의 지역에 분산하여 배치하는데, 이를 공간적 분업이라고 한다. 생산 공장은 지가와 임금이 저렴한 지역에 주로 들어선다. 필리핀은 영어 구사 능력을 갖춘 노동력이 풍부해 수많은 초국적 기업의 콜센터가 진출해 있다.

17 초국적 기업이 자회사를 두는 목적은 비용 절감, 위험 분산, 전문화된 기능 담당 등을 위해서이다. 전문화된 기능을 맡은 해외 자회사가 본사와 상호 의존하며 수평적으로 연결되어 있는데, 기업은 이를 바탕으로 세계적으로 활동한다.

18 코스타리카는 파인애플 재배에 적합한 기후 조건을 갖추었고, 노동자의 평균 임금이 상대적으로 낮다.

19 고산 기후 지역은 저지대의 열대 기후보다 인간이 생활하기에 적합하여 일찍부터 사람이 거주하면서 도시가 발달하였다.

구분	채점 기준
상	고산 도시가 발달한 까닭을 고산 기후와 인구 분포의 특징을 포함하여 정확히 서술한 경우
하	고산 기후 때문이라고만 서술한 경우

20 멕시코의 과달루페 성모상의 피부색은 아메리카 원주민과 비슷하다. 이는 유럽의 가톨릭교와 아메리카 원주민의 전통 신앙이 결합한 것이다.

구분	채점 기준
상	원주민의 토속 신앙과 유럽 가톨릭교의 결합을 정확히 서술한 경우
하	가톨릭교의 영향을 받았기 때문이라고만 서술한 경우

21 초국적 기업이 입지한 지역은 일자리 창출, 소득 증가, 지역 경제 활성화 등의 긍정적인 효과가 있다. 그러나 열악한 노동 환경, 환경 오염 물질 배출 등이 문제가 되기도 한다.

구분	채점 기준
상	긍정적·부정적 영향을 각각 두 가지씩 정확히 서술한 경우
하	긍정적·부정적 영향을 각각 한 가지씩만 서술한 경우

VI. 오세아니아와 극지방(1회)

42~45쪽

01④ 02⑤ 03③ 04② 05② 06① 07③ 08②
09④ 10② 11② 12① 13④ 14③ 15② 16⑤
17② 18② 19⑤ 20② 21③

서술형 실전 문제 22 (1) 온대 기후 (2) **예시 답안** A는 지진과 화산 활동이 활발하여 화산 지형과 온천이 발달하였고, B는 빙하의 침식 작용으로 U자곡과 피오르 등 다양한 빙하 지형이 나타난다.
23 예시 답안 미세 플라스틱은 조류나 해양 생물들이 먹이로 착각하여 먹고, 이는 먹이 사슬을 타고 해양 생물에게 축적되어 결국 인간의 체내에 들어오게 된다.
24 예시 답안 북극해의 빙하가 녹는 속도가 빨라져 해수면 상승이 가속화되고, 북극곰의 서식처가 줄어드는 등 북극 생태계에 큰 변화가 나타나고 있다.

01 지도에 표시된 대륙은 오세아니아이다. 오세아니아는 오스트레일리아와 뉴질랜드, 파푸아뉴기니 등 태평양의 크고 작은 섬나라로 이루어져 있다.
바로잡기 ① 주로 남반구에 위치한다. ② 오세아니아는 유라시아 대륙의 남쪽에 위치한다. ③ 국토 면적이 가장 넓은 국가는 오스트레일리아이다. ⑤ 오세아니아의 동쪽에는 태평양, 서쪽에는 인도양, 남쪽으로는 남극해가 있다.

02 오세아니아의 주요 도시로는 오스트레일리아의 시드니, 멜버른과 뉴질랜드의 오클랜드 등이 있고, 이 도시들은 기후가 온화한 해안 지역에 있다.
바로잡기 ① 오클랜드는 뉴질랜드에서 인구가 가장 많은 도시이다. ② 시드니는 오스트레일리아에서 인구가 가장 많은 도시이다. ③ 웰링턴은 뉴질랜드의 수도이다. ④ 캔버라는 오스트레일리아의 수도이다.

03 제시된 자료는 뉴질랜드에 관한 설명이다. 깨끗하고 아름다운 자연환경이 잘 보존되어 있는 뉴질랜드는 북섬, 남섬 등으로 이루어져 있으며, 북섬에 수도 웰링턴이 위치한다.
바로잡기 ③ 북극곰, 바다표범 등의 동물이 살아가는 곳은 북극 지방이다.

04 지도의 A는 그레이트샌디 사막, B는 그레이트빅토리아 사막, C는 대찬정 분지, D는 그레이트디바이딩산맥, E는 대보초 해안이다. 오스트레일리아 중앙 저지대에는 대찬정 분지가 있고, 북동부 해안에는 세계 최대 규모의 산호초 지역인 대보초 해안이 나타난다.

05 제시된 기후 그래프는 연 강수량이 500mm 미만인 건조 기후 지역을 나타낸 것이다. A는 열대 기후가 나타나는 지역이고, C, D, E는 온대 기후가 나타나는 지역이다.

06 뉴질랜드는 일 년 내내 비가 고르게 내리고 기온의 연교차가 작은 온대 기후가 나타난다.

07 마오리족은 폴리네시아 타히티섬에서 이주해 온 것으로 추정되는 뉴질랜드의 원주민이다.

08 오스트레일리아는 밀을 많이 수출하는 국가 중 하나로, 북반구의 주요 밀 수출국과 수확 시기가 달라 수출에 유리하다. 뉴질랜드는 넓은 목초지에서 양을 방목해서 기른다.

09 오스트레일리아에는 다양한 종류의 지하자원이 풍부하게 매장되어 있다. 철광석, 보크사이트, 석탄 등의 생산이 세계적인 수준이며 세계 여러 국가로 수출하고 있다.

10 오스트레일리아는 제조업의 원료가 되는 풍부한 지하자원을 주로 수출하고, 우리나라와 중국, 일본 등에서 각종 공산품을 수입한다.

11 태평양은 세계에서 가장 큰 해양으로, 지구의 모든 육지 면적을 합한 것보다 넓다.

12 미세 플라스틱은 해안가, 깊은 바다, 극지방 등 지구 전체에 퍼져 있으며, 크기가 너무 작아서 걸어 내기가 쉽지 않다.

13 지구 온난화로 해수 온도가 상승하면서 산호에 붙어 공생하는 조류가 사라지고 산호의 표면이 하얗게 변하는 백화 현상이 발생하고 있다.

14 산업화 이후 화석 연료의 사용 증가, 무분별한 벌목, 도시화, 축산과 농업 확대 등으로 온실가스 배출량이 증가함에 따라 지구의 평균 기온이 상승하는 지구 온난화가 나타나고 있다.

15 투발루는 해수면 상승으로 전 세계에서 가장 먼저 사라질 위기를 겪고 있다. 해수면이 상승함에 따라 지하수에 염분이 스며들어 식수가 부족해지고 농작물도 염해를 입고 있다. 특히 주요 생산 작물인 바나나를 재배할 수 있는 땅이 줄어들고 있다.

16 해수면 상승 문제를 해결하기 위해서 국제 사회는 온실가스 배출량을 단계적으로 감축하기 위한 국제 협약을 체결하여 노력해 나가고 있으며, 우리나라는 '2050 탄소중립 비전'을 세워 국제 사회의 노력에 동참하고 있다.
(바로잡기) ①, ②, ③ 일회용품 사용을 줄이고 석유 사용을 줄여야 탄소 배출을 줄일 수 있다. ④는 해양 쓰레기 문제를 해결하기 위한 방안이다.

17 지구의 남쪽과 북쪽 끝에 위치한 극지방은 영하의 기온이 나타나는 날이 많고 눈과 얼음으로 덮인 곳이 있다.
(바로잡기) ㄴ. 극지방은 북극과 남극을 중심으로 한 주변 지역으로 매우 추운 지역이다. ㄷ. 과거 극지방은 인간이 접근하기 어려운 미지의 영역으로 탐험과 개척의 대상이었으나, 오늘날에는 기후변화로 개발 가능성이 높아지면서 극지방의 중요성이 커지고 있다.

18 남극은 평균 2,000 m 두께의 빙하로 덮여 있으며 전 세계 담수의 약 70 %를 얼음과 눈으로 보유하고 있다. 빙하는 과거의 지구 환경과 기후변화를 연구하는 데 중요한 역할을 한다.
(바로잡기) ③이누이트족은 북극해 연안에 거주하는 원주민이다.

19 제시된 지도는 북극해 영유권 주장 지역을 나타낸 것이다. 북극해에 매장된 석유와 천연가스, 광물 자원의 개발을 위한 주변 국가의 경쟁이 심화되고 있다.

20 우리나라는 남극 지방에 세종 과학 기지와 장보고 과학 기지를 설치하여 극지방에 대한 연구 활동을 수행하고 있다.
(바로잡기) ①다산 과학 기지는 북극에 세워진 우리나라 과학 기지, ③은 남극의 일본 과학 기지, ④는 남극의 중국 과학 기지, ⑤는 남극의 미국 과학 기지이다.

21 많은 국가가 남극 대륙의 영유권을 주장하기도 하였지만, 현재는 남극 조약을 맺고 자원 탐사와 군사 활동을 금지하는 등 남극 대륙을 평화적으로 이용하고 있다.

22 뉴질랜드는 대부분 온대 기후가 나타나고, 북섬에는 화산 지형과 온천 등이 발달하였으며 남섬에서는 U자곡과 피오르 등 다양한 빙하 지형을 볼 수 있다.

구분	채점 기준
상	A 화산 지형, B 빙하 지형과 지형의 형성 원인을 모두 서술한 경우
중	A와 B의 지형의 종류와 형성 원인 중 한 가지만 바르게 서술한 경우
하	A와 B의 지형의 종류만 서술하고 형성 원인을 서술하지 못한 경우

23 바다에 있는 미세 플라스틱은 먹이 사슬에 따라 물고기에게 축적되는데, 이는 결국 먹이 사슬의 꼭대기에 있는 사람에게도 영향을 준다.

구분	채점 기준
상	미세 플라스틱을 해양 생물들이 먹이로 오인한다는 내용과 축적되어 인간에게 영향을 준다는 내용을 서술한 경우
하	미세 플라스틱을 해양 생물들이 먹이로 오인한다는 내용만 서술한 경우

24 북극 지방이 여러 가지 목적으로 개발되면서 북극해의 빙하가 녹는 속도가 빨라져 해수면 상승이 가속화되고, 북극곰의 서식처가 줄어드는 등 북극 생태계에 큰 변화가 나타나고 있다.

구분	채점 기준
상	북극 지방의 개발에 대해 반대하는 입장을 두 가지 서술한 경우
하	북극 지방의 개발에 대해 반대하는 입장을 한 가지만 서술한 경우

VI. 오세아니아와 극지방(2회)

46~49쪽

01⑤	02③	03③	04④	05②	06②	07④	08③
09③	10⑤	11②	12①	13②	14①	15④	16②
17②	18⑤	19①					

서술형 실전 문제 **20** **예시답안** 오스트레일리아는 과거에는 유럽, 미국과의 교류가 많았으나 최근에는 지리적으로 가까운 아시아 지역과의 교류가 활발해지고 있다.

21 **예시답안** 화석 연료의 사용 증가, 무분별한 벌목, 도시화, 축산과 농업 확대 등으로 온실가스 배출량이 증가하여 지구의 평균 기온이 상승하는 지구 온난화 현상이 나타나 해수면 상승 문제가 발생하고 있다.

22 **예시답안** 북동 항로는 북극해를 거쳐 아시아와 유럽을 잇는 최단 해운 항로이다. 북동 항로로 운송하면 기존 항로보다 가까워 이동 시간을 단축할 수 있다.

01 지도의 A는 멜버른, B는 캔버라, C는 시드니, D는 오클랜드, E는 웰링턴이다.
(바로잡기) ㄱ. A는 유럽의 영향을 많이 받은 오스트레일리아의 옛 수도 멜버른이다. ㄴ. B는 오스트레일리아의 수도인 캔버라이다. ㄷ. C는 오스트레일리아에서 인구가 가장 많은 시드니이다.

02 제시된 사진의 랜드마크는 시드니의 오페라 하우스이다.

03 오스트레일리아 서부에는 그레이트샌디 사막, 그레이트빅토리아 사막과 같은 사막이 펼쳐져 있다.

04 (가) 동부의 그레이트디바이딩산맥은 오랜 시간 침식을 받아 비교적 고도가 낮고 경사가 완만하다. (나) 북동부 해안에는 세계 최대 규모의 산호초 지역인 대보초 해안이 나타난다.

05 제시된 사진은 뉴질랜드 북섬의 로토루아 화산 지대의 모습으로 화산 활동으로 형성되었다.

06 뉴질랜드는 대부분 온대 기후가 나타나는데, 바다의 영향을 받아 기온의 연교차가 작고 연중 강수량이 고르다. 고위도에 위치한 남섬은 북섬에 비해 서늘한 편이다.

07 지도의 A는 열대 기후, B는 건조 기후, C는 온대 기후 지역을 나타낸 것이다. 온대 기후 지역은 인간 거주에 유리해 인구가 밀집한다.

08 오스트레일리아는 철광석, 석탄, 천연가스 등 지하자원을 주로 수출하고, 기계류, 자동차, 석유 제품, 의약품 등 공산품을 주로 수입한다.
바로잡기 ㄱ. 오스트레일리아는 기업적 농목업이 이루어져 양모, 양고기, 밀, 소고기 등의 생산이 활발하다. ㄹ. 오스트레일리아는 제조업의 원료가 되는 풍부한 지하자원을 주로 수출하고, 우리나라와 중국, 일본 등에서 각종 공산품을 수입한다.

09 A는 석탄, B는 철광석이다. 철광석은 제철, 기계, 조선 등의 중화학 공업이 발달한 우리나라, 중국, 일본 등으로 많이 수출되고 있다.
바로잡기 ①석탄과 철광석은 주로 산업용 연료로 사용된다. ②냉동 액화 기술로 소비가 증가한 것은 천연가스이다. ④오스트레일리아는 철광석을 계단식으로 길을 만들어서 채굴한다. ⑤중국은 석탄 매장량이 풍부하지만, 소비량이 많아 오스트레일리아에서 많은 양을 수입한다.

10 태평양은 지구 표면적의 약 30 %를 차지하는 큰 바다로, 다양한 해양 생물의 서식지이자 사람들의 중요한 삶의 터전이다.

11 해양 쓰레기는 바다로 유입된 쓰레기로, 해류를 따라 이동하다가 한곳에 모여 쓰레기 섬을 이루기도 한다.
바로잡기 ①해양 쓰레기에는 플라스틱 쓰레기가 큰 비중을 차지하고 있다. ④미세 플라스틱은 작은 해양 생물이나 플랑크톤이 먹이로 오인하고 먹고, 먹이 사슬을 타고 최종에는 인간의 체내로 들어온다. ⑤플라스틱 쓰레기는 바다로 들어가 낮은 수온과 염분에 노출되면 분해되는 시간이 훨씬 더 늘어난다.

12 지구의 평균 기온 상승으로 빙하가 녹고 수온이 높아진 바닷물이 팽창하면서 해수면이 상승함에 따라 태평양의 저지대 섬과 해안은 침수 위기를 겪고 있다.
바로잡기 ①기후변화로 해수 온도가 상승하고 있다.

13 오스트레일리아 북동부의 대보초에서는 해수 온도의 상승으로 산호가 죽어서 하얗게 변하는 백화 현상이 나타나고 있다. 지도의 A는 오스트레일리아의 앨리스스프링스, C는 멜버른, D는 뉴질랜드의 오클랜드, E는 웰링턴이다.

14 태평양 지역의 해양 쓰레기 문제를 해결하기 위해서 개인 차원에서는 쓰레기 줍기, 장바구니와 다회용 컵 사용하기 등의 활동으로 동참할 수 있다.

15 ㉠은 플라스틱 제품 사용을 줄이기 위한 노력과 관련 있는 환경 문제이므로 해양 폐기물이 관련 있으며, ㉡은 온실가스 감축과 관련된 파리 협정에 관한 설명이다.

16 (가)는 북극 지방, (나)는 남극 지방이다. 남극 지방은 남극 조약을 통해 여러 국가가 과학 기지를 세워서 평화적으로 이용하고 있다.

17 우리나라는 북극 지방에는 다산 과학 기지, 남극 지방에는 세종 과학 기지와 장보고 과학 기지를 설치하여 해양 생물 자원에 관한 연구, 해빙 분석을 통한 기후변화 연구 등의 활동을 수행하고 있다.
바로잡기 ①파머 과학 기지는 남극 대륙에 있는 미국의 과학 기지이다. ⑤아라온호는 쇄빙선이다.

18 북극 지역 개발로 전통적인 생활 방식을 버리고 도시로 이주하는 원주민들이 늘고 있다.

19 북극 지방이 여러 가지 목적으로 개발되면서 북극곰의 서식처가 줄어드는 등 북극 생태계에 큰 변화가 나타나고 있다.
바로잡기 ②극지방은 기후변화로 개발 가능성이 높아지고 있다. ③남극은 특정 국가가 소유하지 않은 채로 공동으로 관리하고 있다 ④남극의 크릴새우 개체 수가 감소하고 있다. ⑤북극에 매장된 석유와 천연가스를 둘러싸고 많은 국가가 영유권을 주장하고 있다.

20 지하자원이 풍부한 오스트레일리아는 세계적인 자원 수출국으로 과거에는 유럽, 미국과의 교류가 많았으나 최근에는 지리적으로 가까운 아시아 지역과의 교류가 활발해지고 있다.

구분	채점 기준
상	오스트레일리아의 무역 상대국 변화를 과거와 비교하여 최근의 특징을 바르게 서술한 경우
하	오스트레일리아의 무역 상대국을 최근의 특징만 서술한 경우

21 지구 온난화로 해수면이 상승함에 따라 투발루와 같이 국토의 평균 해발 고도가 낮은 국가들은 침수 위기에 처해 있다.

구분	채점 기준
상	지구 온난화 현상이 나타나는 원인을 두 가지 이상 포함하여 서술한 경우
하	지구 온난화 현상 때문이라고만 서술한 경우

22 북극의 빙하가 녹아 선박이 북극해를 통과하여 항해할 수 있게 되면 기존의 항로보다 가까워 이동 시간을 단축할 수 있다.

구분	채점 기준
상	북동 항로의 특징을 정확하게 서술한 경우
하	북동 항로의 특징을 서술한 내용이 미흡한 경우

www.mirae-n.com

학습하다가 이해되지 않는 부분이나 정오표 등의 궁금한 사항이 있나요?
미래엔 홈페이지에서 해결해 드립니다.

○ **교재 내용 문의**
  나의 교재 문의 │ 자주하는 질문 │ 기타 질문

○ **교재 정답 및 정오표**
  정답과 해설 │ 정오표

○ **교재 학습 자료**
  MP3

Contact Mirae-N

▭ www.mirae-n.com

✉ (우)06532 서울시 서초구 신반포로 321

☎ 1800-8890

미래엔 교과서 연계 도서

교과서 예습 복습과 학교 시험 대비까지
한 권으로 완성하는 자율학습서와 실전 유형서

미래엔 교과서 자습서

[2022 개정]
국어 (신유식) 1-1, 1-2*
　　　(민병곤) 1-1, 1-2*
영어 1
수학 1
사회 ①, ②*
역사 ①, ②*
도덕 ①, ②*
과학 1
기술·가정 ①, ②*
생활 일본어, 생활 중국어, 한문

*2025년 상반기 출간 예정

[2015 개정]
국어 2-1, 2-2, 3-1, 3-2
영어 2, 3
수학 2, 3
사회 ①, ②
역사 ①, ②
도덕 ①, ②
과학 2, 3
기술·가정 ①, ②
한문

미래엔 교과서 평가 문제집

[2022 개정]
국어 (신유식) 1-1, 1-2*
　　　(민병곤) 1-1, 1-2*
영어 1-1, 1-2*
사회 ①, ②*
역사 ①, ②*
도덕 ①, ②*
과학 1

*2025년 상반기 출간 예정

[2015 개정]
국어 2-1, 2-2, 3-1, 3-2
영어 2-1, 2-2, 3-1, 3-2
사회 ①, ②
역사 ①, ②
도덕 ①, ②
과학 2, 3

예비 고1을 위한 고등 도서

비주얼 개념서

룩

이미지 연상으로 필수 개념을 쉽게 익히는
비주얼 개념서

국어　문법
영어　분석독해

문학 입문서
손쉬운

작품 이해에서 문제 해결까지
손쉬운 비법을 담은 문학 입문서

현대 문학, 고전 문학

필수 기본서
엔픽

복잡한 개념은 쉽고, 핵심 문제는 완벽하게!
사회·과학 내신의 필수 개념서

사회　통합사회1, 통합사회2*, 한국사1, 한국사2*
과학　통합과학1, 통합과학2

*2025년 상반기 출간 예정